土地增值税
管理实战与
清算审核实务

主编 ◎ 许明　王洪翔

副主编 ◎ 李桂霞　田金峰　丛欣伟　庞建国　林晓强

图书在版编目(CIP)数据

土地增值税管理实战与清算审核实务/许明,王洪翔主编. —上海:立信会计出版社,2023.7
ISBN 978-7-5429-7375-7

Ⅰ.①土… Ⅱ.①许… ②王… Ⅲ.①土地增值税-税收管理-中国 Ⅳ.①F812.423

中国国家版本馆CIP数据核字(2023)第113568号

责任编辑　毕芸芸

土地增值税管理实战与清算审核实务

TUDI ZENGZHISHUI GUANLI SHIZHAN YU QINGSUAN SHENHE SHIWU

出版发行	立信会计出版社		
地　　址	上海市中山西路2230号	邮政编码	200235
电　　话	(021)64411389	传　　真	(021)64411325
网　　址	www.lixinaph.com	电子邮箱	lixinaph2019@126.com
网上书店	http://lixin.jd.com		http://lxkjcbs.tmall.com
经　　销	各地新华书店		
印　　刷	涿州市星河印刷有限公司		
开　　本	787毫米×1092毫米	1/16	
印　　张	24		
字　　数	426千字		
版　　次	2023年7月第1版		
印　　次	2023年7月第1次		
书　　号	ISBN 978-7-5429-7375-7/F		
定　　价	98.00元		

如有印订差错,请与本社联系调换

前　言

近几年,税务机关加大了土地增值税的清算频率和力度。但土地增值税清算存在四大难点:一是确定清算单位难,二是审核清算收入难,三是核实扣除项目难,四是产生清算结果难。此外,由于土地增值税政策存在一些问题和缺陷,不同的清算人员对同一个清算项目进行清算后可能得出截然不同的结论。其根本原因来源于四点差异:一是各地土地增值税清算政策的差异,二是清算人员对政策理解的差异,三是税务机关基于清算目的的不同造成的结果差异,四是事务所的委托方差异。

为了满足税务机关及税务师事务所等中介机构对清算工作的需求,也为了让纳税人能够准确理解和掌握土地增值税的相关政策,我们组织编写了《土地增值税管理实战与清算审核实务》一书。

本书共分十章。第一章,土地增值税概述,主要针对初学者进行土地增值税基本原理的铺垫;第二章,房地产转让收入与审核,主要讲解土地增值税收入总额的确认及审核;第三章,扣除项目与审核,从土地增值税扣除项目金额的五大组成部分,逐一讲解扣除项目的费用构成、会计处理与税务处理的差异、关联交易产生的扣除项目存在的风险及规避方式、税务机关对扣除项目审核时的关注点等;第四章,应纳税款的计算,通过实际案例,详细讲解土地增值税的计算过程、尾盘土地增值税的计算及商品房转作自用或出租后作为旧房销售时土地增值税的计算方法;第五章,土地增值税与增值税和企业所得税的差异分析,从增值税和企业所得税角度分析与土地增值税政策存在的五大差异;第六章,土地增值税优惠政策,对各项优惠政策进行详细梳理;第七章,土地增值税的征收管理,从土地增值税的预征政策、纳税申报、纳税地点、核定征收、法律责任、征收管理措施及优惠事项办理办法等方面,详细分析土地增值税征收管理的难点及风险点;第八章,房地产开发企业开发流程与会计核算,以房地产开发的流程作为出发点,逐笔梳理各环节会计科目设置、核算内容及所对应的会计处理;第九章,土地增值税清算,对清算单位的确定原则、清算条件、清算时限、申请与受理、税务机关对清算结果的审核等方面进行解析;第十章,土地增值税清算实务案例操作,利用单纯转让土地使用权的土地增值税清算和较为复杂的房地产开发企业商品房销售、自用或出租相结合的清算两个实务案例,从清算流程详解土地增值税清算的"十步法",对清算单位调研评估,确定项目可行性——收集清算资料——确定清算单位——确定清算范围——确定清算对象的各房产类型及清算面积——审核清算收入——审核清算扣除项目——成本分配——计算应纳税额——形成审核结论,出具鉴证报告,真正做到"手把手"教你土地增值税清算技巧。

由于土地增值税政策较为复杂,各地管理办法又千差万别,因此,本书观点仅作为思路引导,如果与各地政策不一致的,请遵循本地政策或与税务机关进行协商后执行。

本书由山东省税务干部学校许明、潍坊市自然资源和规划局编研中心王洪翔担任主编,山东晟大税务师事务所李桂霞、田金峰、丛欣伟,山东元利科技有限公司庞建国,厦门大学资产与后勤事务管理处林晓强担任副主编。

为了本书体系的完整性和可读性,也为了读者理解政策的需要及学习的方便,本书结合法律法规具体条款以及普遍关注的热点问题进行详解,有的在文件末尾一并解析,有的在某一条款后予以解析,对特别难懂的条款也进行了必要的提示,并附以例题与案例分析。

本书在编写过程中引用了中国税务报及少量在互联网公开发布的内容,由于来源较杂,不便一一列举,在此对有关作者和网站深表谢意。如您对教材解析的内容有不同的观点和建议,欢迎发表意见至邮箱845455798@qq.com,后续修订时会参考您的建议,不胜感激。

许 明

2023年7月

目 录

1 土地增值税概述 ······ 001
  1.1 土地增值税的纳税义务人、征税范围和税率 ······ 001
    1.1.1 土地增值税的纳税义务人 ······ 001
    1.1.2 土地增值税的征税范围 ······ 002
    1.1.3 转让股权是否征收土地增值税 ······ 003
    1.1.4 土地增值税的税率 ······ 005
  1.2 土地增值税的计算步骤 ······ 006

2 房地产转让收入与审核 ······ 007
  2.1 收入总额的确认 ······ 007
    2.1.1 土地增值税的应税收入类型 ······ 007
    2.1.2 一般计税方法下扣除土地价款计算销项税额时的应税收入确认 ··· 007
      案例分析 开发项目的土地增值税清算 ······ 008
    2.1.3 发票所载金额与合同所载金额的收入确认 ······ 010
    2.1.4 代收费用 ······ 010
    2.1.5 何为"计税价格明显偏低",何为"正当理由" ······ 011
    2.1.6 土地增值税的视同销售 ······ 014
      2.1.6.1 非直接销售 ······ 014
      2.1.6.2 自用房地产 ······ 014
      2.1.6.3 拆迁安置房 ······ 015
      2.1.6.4 "买一赠一" ······ 016
    2.1.7 外币收入的折算 ······ 017
      2.1.7.1 直接收款方式 ······ 017
      2.1.7.2 分期收款方式 ······ 017

2.2 收入总额的审核 ······ 018

3 扣除项目与审核 ······ 020
3.1 取得土地使用权所支付的金额 ······ 020
3.1.1 取得土地使用权应当关注的问题 ······ 020
3.1.1.1 土地闲置费 ······ 020
3.1.1.2 契税 ······ 020
3.1.1.3 分期开发土地成本分摊 ······ 021
3.1.1.4 分期缴纳土地出让金所支付的利息 ······ 021
3.1.1.5 项目内的配建房支出 ······ 022
3.1.1.6 批量购进土地，分期分批开发时，土地成本的分摊问题 ······ 023
3.1.1.7 地下建筑物是否需要分摊土地成本 ······ 025
案例分析 A房地产开发公司承接烂尾项目继续开发销售时土地成本的加计扣除 ······ 026
3.1.2 取得土地使用权所支付的金额的审核 ······ 028
3.2 房地产开发成本 ······ 028
3.2.1 土地征用及拆迁补偿费 ······ 028
3.2.1.1 会计处理与税务处理的差异 ······ 028
3.2.1.2 有关地上、地下附着物拆迁补偿的净支出 ······ 029
3.2.1.3 土地出让金及配套费返还的处理 ······ 029
3.2.1.4 土地征用及拆迁补偿费中土地成本的特殊处理 ······ 030
3.2.1.5 拆迁补偿费的真实发生与实际支付原则 ······ 030
3.2.2 前期工程费 ······ 030
3.2.2.1 会计处理与税务处理差异分析及应用 ······ 030
3.2.2.2 前期工程费的审核 ······ 031
3.2.2.3 税务机关对前期工程费的核定 ······ 031
3.2.3 建筑安装工程费 ······ 031
3.2.3.1 建筑安装工程费扣除凭证 ······ 031
3.2.3.2 会计处理与税务处理的差异 ······ 032
3.2.3.3 精装修房配套的设备等是否可以作为建筑安装工程费扣除问题 ······ 032
3.2.3.4 土地增值税清算时尚未支付的质量保证金的处理 ······ 034

              3.2.3.5 利用层高系数法分摊建筑安装工程费的合理性分析 …………… 035
              3.2.3.6 装修费用的成本归集 ……………………………………………… 036
              3.2.3.7 建筑安装工程费在不同清算对象分摊时的建筑面积规范 …… 036
              3.2.3.8 建筑安装工程费的审核 …………………………………………… 039
        3.2.4 基础设施费 ………………………………………………………………… 040
              3.2.4.1 会计处理与税务处理的差异 …………………………………… 041
              3.2.4.2 基础设施费的审核 ………………………………………………… 041
        3.2.5 公共配套设施费 …………………………………………………………… 041
              3.2.5.1 会计处理与税务处理的差异 …………………………………… 042
              3.2.5.2 公共配套设施费用分摊扣除规定 ……………………………… 042
              案例分析 如何理解公共配套设施非营利性的含义 …………………… 043
              3.2.5.3 人防工程是否必须有移交手续,其成本才能作为扣除项目金额扣除 …… 043
              3.2.5.4 多个开发项目的公共配套设施滞后建设成本的分摊 ……… 047
              3.2.5.5 公共配套设施费的审核 …………………………………………… 047
        3.2.6 开发间接费用 ……………………………………………………………… 047
              3.2.6.1 在计算土地增值税时开发费用和开发间接费用概念的区别 …… 048
              3.2.6.2 会计处理与税务处理的差异 …………………………………… 049
              3.2.6.3 样板房的成本是否可以计入开发间接费用 ………………… 050
              3.2.6.4 房地产开发企业存在银行的按揭贷款保证金是否可以作为土地增值税的
                     扣除项目金额扣除 …………………………………………………… 051
              3.2.6.5 代建管理费 ………………………………………………………… 051
              3.2.6.6 开发间接费用的审核 ……………………………………………… 051
        3.2.7 借款费用 …………………………………………………………………… 051
              3.2.7.1 会计处理与税务处理的差异 …………………………………… 052
              3.2.7.2 借款费用的审核 …………………………………………………… 052
  3.3 房地产开发费用 ……………………………………………………………………… 052
        3.3.1 开发费用扣除金额的计算方法 …………………………………………… 052
              3.3.1.1 准予扣除项目利息时开发费用的计算 ………………………… 053
              3.3.1.2 不予扣除项目利息时开发费用的计算 ………………………… 054
              3.3.1.3 开发资金全部为自有资金时开发费用的计算 ……………… 054

　　　　3.3.1.4　开发资金既有自有资金又有贷款时开发费用的计算 ·············· 055
　　3.3.2　单独扣除利息时的审核要点 ··· 055
3.4　与转让房地产有关的税金 ··· 055
　　3.4.1　税金及附加扣除争议问题及处理意见 ··· 056
　　　　3.4.1.1　地方教育附加是否可以作为开发税金及附加扣除 ·············· 056
　　　　3.4.1.2　印花税是否可以作为开发税金及附加扣除 ······················· 058
　　　　3.4.1.3　城镇土地使用税是否可以作为开发税金及附加扣除 ·········· 058
　　　　3.4.1.4　水利建设基金是否可以作为开发税金及附加扣除 ············· 059
　　3.4.2　简易计税方法项目的开发税金及附加的扣除 ······························· 059
　　3.4.3　一般计税方法项目的开发税金及附加的扣除 ······························· 059
3.5　财政部规定的其他扣除项目 ··· 061
　　3.5.1　转让"生地"或"熟地"加计扣除问题 ··· 061
　　3.5.2　转让旧房及建筑物是否可以加计扣除问题 ··································· 062
3.6　关联方交易行为 ··· 062
3.7　扣除项目金额归集的截止日期 ·· 063
　　3.7.1　宽松型 ·· 063
　　3.7.2　严格型 ·· 064
　　3.7.3　较为合理型 ··· 064
　　　　案例分析　项目竣工后发生的支出能否计入土地增值税扣除项目 ······ 065
3.8　扣除项目审核 ··· 066
　　3.8.1　扣除项目审核的基本要求 ·· 066
　　3.8.2　扣除项目的合法有效凭证 ·· 067
　　3.8.3　共同费用的分摊方法及各地对分摊方法的限制措施 ···················· 068
　　　　3.8.3.1　占地面积法 ··· 069
　　　　案例分析　占地面积法分摊土地成本 ··· 069
　　　　3.8.3.2　建筑面积法 ··· 072
　　　　案例分析　建筑面积法分摊开发成本 ··· 072
　　　　3.8.3.3　层高系数法 ··· 074
　　　　3.8.3.4　预算造价法 ··· 076
　　　　3.8.3.5　直接成本法 ··· 078

3.8.3.6 其他分摊方法 ····· 078

4 应纳税额的计算 ····· 081
4.1 计算公式及计算步骤 ····· 081
案例分析 甲房地产开发企业土地增值税的计算 ····· 081
4.2 清算后再转让房地产的处理 ····· 086
4.2.1 清算后再转让房地产土地增值税的处理 ····· 086
4.2.2 清算后又发生成本是否允许二次清算 ····· 089
4.2.3 清算后尾盘的销售是否需要预缴土地增值税 ····· 090
4.2.4 清算时因无合法有效凭证没有扣除的成本费用,清算后重新取得发票的,如何处理 ····· 090
4.3 转作自用或出租后作为旧房销售的土地增值税处理 ····· 091
4.3.1 新建房与旧房的界定 ····· 091
4.3.2 转让旧房准予扣除项目的确定 ····· 092
4.3.2.1 转让旧房能提供评估价格的 ····· 092
4.3.2.2 转让旧房不能提供评估价格但能提供购房发票的 ····· 095
4.3.2.3 转让旧房既没有评估价格又不能提供购房发票的 ····· 097
4.3.3 转让旧房土地增值额的计算方法 ····· 098
4.3.4 转让旧房及建筑物土地增值税计算时应当注意的几个问题 ····· 098
4.3.4.1 评估价格的确定要求 ····· 098
4.3.4.2 已缴纳的契税可否在计税时扣除问题 ····· 098
4.3.4.3 评估费用可否在计算增值额时扣除的问题 ····· 098
案例分析 无法取得合法有效原始凭证的土地成本是否可以按评估报告金额扣除 ····· 099

5 土地增值税与增值税和企业所得税的差异分析 ····· 101
5.1 税种性质的差异 ····· 101
5.1.1 增值税 ····· 101
5.1.2 企业所得税 ····· 101
5.1.3 土地增值税 ····· 101
5.2 税率和征管方式的差异 ····· 102
5.2.1 税率的差异 ····· 102

  5.2.2 征管方式的差异 ·· 102
 5.3 收入方面的差异 ··· 103
  5.3.1 收入范围的差异 ·· 103
  5.3.2 纳税义务发生时间的差异 ·· 104
  5.3.3 视同销售及核定销售收入顺序的差异 ·· 106
  5.3.4 价外费用征税规定的差异 ·· 107
  5.3.5 收入数据勾稽关系的差异 ·· 108
 5.4 扣除项目方面的差异 ··· 110
  5.4.1 开发成本扣除的差异 ·· 110
   5.4.1.1 成本核算对象与清算项目的差异 ·· 110
   5.4.1.2 共同成本、间接成本计算分摊方法的差异 ······································ 111
   5.4.1.3 项目营销设施建造费用的差异 ·· 112
   5.4.1.4 配套设施的地下停车场所成本的差异 ·· 113
   5.4.1.5 预提费用的扣除差异 ·· 113
  5.4.2 开发费用扣除的差异 ·· 114
   5.4.2.1 期间费用与开发费用的差异 ·· 114
   5.4.2.2 借款利息费用分摊计算的差异 ·· 114
  5.4.3 违约扣除差异 ·· 114
   5.4.3.1 逾期未开发支付的土地闲置费的差异 ·· 115
   5.4.3.2 违反合同约定支付的违约金的差异 ·· 115
   5.4.3.3 逾期还款支付的银行罚息的差异 ·· 115
  5.4.4 开发税金及附加扣除的差异 ·· 116
  5.4.5 加计扣除的差异 ·· 116
 5.5 清算方式的差异 ··· 116
  5.5.1 企业所得税方面 ·· 116
  5.5.2 土地增值税方面 ·· 117

6 土地增值税优惠政策 ·· 118
 6.1 普通住宅优惠政策 ··· 118
  6.1.1 普通标准住宅的界定 ·· 118
  6.1.2 个人转让普通标准住宅优惠政策 ·· 122

6.2 政府收回土地使用权优惠政策 ………………………………………… 122
6.3 个人转让房地产优惠政策 …………………………………………… 123
6.3.1 继承、赠与方式无偿转让 ……………………………………… 123
6.3.2 因国家政策被征收、转让或个人原因转让 …………………… 124
6.3.3 个人之间互换 …………………………………………………… 124
6.4 保障性住房优惠政策 ………………………………………………… 124
6.4.1 保障性住房免税政策 …………………………………………… 124
6.4.1.1 廉租住房、经济适用房 …………………………… 125
6.4.1.2 公共租赁住房 ……………………………………… 125
6.4.1.3 棚户区改造安置住房 ……………………………… 125
6.4.2 保障性住房预征政策 …………………………………………… 127
6.5 企业改制重组优惠政策 ……………………………………………… 129
6.5.1 企业整体改制 …………………………………………………… 129
6.5.2 企业合并 ………………………………………………………… 129
6.5.3 企业分立 ………………………………………………………… 130
6.5.4 以房地产对外投资 ……………………………………………… 131
6.5.5 企业改制重组土地增值税处理注意事项 ……………………… 131
6.6 整体资产转让优惠政策 ……………………………………………… 132
6.7 合作建房优惠政策 …………………………………………………… 133
6.7.1 甲方出地、乙方出资金,由甲方负责开发建设,建成后双方均分房自用 ………………………………………………………………… 134
6.7.2 甲方出地、乙方出资金,合资设立 M 房地产开发公司,开发房地产后,分配给甲乙双方自用 ………………………………………… 135
6.7.3 甲方出地、乙方出资金,投资设立 M 房地产开发公司,房地产销售后,甲乙双方从 M 房地产开发公司分得利润 ………………… 135
6.7.4 甲方将土地免费租赁给乙方,乙方开发房地产后自用于商业或工业运营,合同约定乙方的使用年限,使用年限满后,乙方将土地连同开发的房地产无偿让渡给甲方 ……………………………………… 136
6.8 被撤销金融机构优惠政策 …………………………………………… 136

7 土地增值税的征收管理 ………………………………………………… 138
7.1 土地增值税的纳税申报 ……………………………………………… 138

   7.1.1　纳税申报期限 ··· 138
   7.1.2　纳税申报流程 ··· 139
   7.1.3　纳税申报表 ·· 140
 7.2　土地增值税的纳税地点 ··· 157
 7.3　土地增值税的核定征收 ··· 157
   7.3.1　核定征收条件 ··· 157
   7.3.2　核定征收方式 ··· 158
   7.3.3　核定的征收率 ··· 160
   7.3.4　核定的征收程序 ··· 162
 7.4　相关法律责任 ·· 162
   7.4.1　未按规定缴纳土地增值税的法律责任 ···························· 162
   7.4.2　房地产评估机构出具虚假评估价格的法律责任 ················· 162
   7.4.3　未按规定提供转让房地产有关资料的法律责任 ················· 163
   7.4.4　未按规定如实申报纳税的法律责任 ······························ 163
 7.5　土地增值税征收管理中的部门协调 ·· 163
 7.6　优化土地增值税优惠事项办理方式 ·· 164
 7.7　土地增值税的预征预缴 ··· 165
   7.7.1　如何界定预收账款的范围 ··· 165
   7.7.2　预缴预征土地增值税的计税依据 ································· 166
     7.7.2.1　房地产开发企业预缴土地增值税的计税依据 ········· 166
     7.7.2.2　部分省、自治区、直辖市税务局预征土地增值税的计税依据 ··· 167
   7.7.3　商品房抵偿债务等视同销售是否需要预征土地增值税 ········· 168
   7.7.4　土地增值税预征截止时间的确定 ································· 169
   7.7.5　回迁安置房是否可以参照保障性住房不预征土地增值税 ······ 170
   7.7.6　未按规定预缴土地增值税但清算结果是退税的,是否需要按规定
      加收滞纳金 ··· 171
 7.8　土地增值税清算工作的税收征管难点和风险点 ·························· 172
   7.8.1　尚未建立信息化平台整合信息,缺少常态化涉税信息传递共享机制
      ··· 172
   7.8.2　中介机构清算鉴证作用缺位,鉴证报告可能有失公允 ·········· 172

7.8.3 政策体系不健全,各地政策差异大,导致政策把握和执行难度大 ……………………………………………………………………… 173

7.8.4 清算审核周期长,清算难度大,薄弱的征管力量与繁重的征管工作不适应 ……………………………………………………… 174

7.8.5 土地增值税的改革趋势及建议 …………………………… 174

8 房地产开发企业开发流程与会计核算 …………………………… 176

8.1 房地产开发企业开发流程 ………………………………………… 176

8.1.1 获取土地立项开发 …………………………………………… 177

8.1.1.1 房地产开发企业前期小规模纳税人期间取得的进项税额在登记为一般纳税人后是否可以抵扣问题 ……………………… 177

8.1.1.2 房地产开发企业业务招待费扣除问题 …………………… 178

8.1.2 开发建设 ……………………………………………………… 178

8.1.2.1 建筑服务发票备注栏问题 ………………………………… 178

8.1.2.2 总包合同印花税问题 ……………………………………… 179

8.1.2.3 施工单位罚款问题 ………………………………………… 180

8.1.3 预售 …………………………………………………………… 180

8.1.4 完工结算 ……………………………………………………… 181

8.1.4.1 开发产品完工的条件 ……………………………………… 181

8.1.4.2 完工产品的税前扣除 ……………………………………… 182

案例分析 完工产品的税前扣除 …………………………………… 183

8.1.4.3 房地产开发企业土地增值税清算涉及的企业所得税退税政策 ………… 184

8.2 房地产开发企业会计核算 ………………………………………… 186

8.2.1 会计科目设置 ………………………………………………… 186

8.2.2 成本核算对象的确定 ………………………………………… 195

8.2.3 成本项目的构成 ……………………………………………… 196

8.2.4 会计处理 ……………………………………………………… 197

8.2.4.1 与房地产开发(产品)成本相关的会计处理 ……………… 197

8.2.4.2 与房地产开发企业甲供材料相关的会计处理 …………… 200

8.2.4.3 与房地产开发企业销(预)售开发产品相关的会计处理 … 201

8.2.4.4 用开发产品向投资者进行利润分配的会计处理 ………… 201

　　　　8.2.4.5　与房地产开发企业增值税相关的会计处理 …………………… 202

　　　　8.2.4.6　与房地产开发企业城建税及附加相关的会计处理 ……………… 208

　　　　8.2.4.7　与房地产开发企业企业所得税相关的会计处理 ………………… 208

　　　　8.2.4.8　与房地产开发企业土地增值税相关的会计处理 ………………… 210

　　　　8.2.4.9　与房地产开发企业房产税、城镇土地使用税、印花税等相关的会计处理
　　　　　　　　………………………………………………………………………… 210

　　　　8.2.4.10　房地产开发企业收到政府返还款如何进行财税处理 ………… 213

9　土地增值税清算 ……………………………………………………………… 216

9.1　土地增值税清算的含义 ……………………………………………………… 216

9.2　土地增值税清算要求 ………………………………………………………… 216

9.3　土地增值税清算单位的确定 ………………………………………………… 217

9.3.1　各省市照搬国家税务总局办法 ……………………………………… 217

9.3.2　各省市规定灵活掌握清算单位 ……………………………………… 218

9.3.3　各省市规定以《工程规划许可证》作为基本清算单位 ……………… 219

9.3.4　以税务局审核后的企业会计核算对象作为分期的标准 …………… 221

9.4　土地增值税清算条件 ………………………………………………………… 224

9.4.1　强制清算条件 ………………………………………………………… 224

9.4.2　选择清算条件 ………………………………………………………… 225

9.5　土地增值税清算时限要求 …………………………………………………… 225

9.6　土地增值税清算应当报送的资料 …………………………………………… 226

9.7　土地增值税清算的审核鉴证 ………………………………………………… 226

9.7.1　清算前的资料搜集 …………………………………………………… 226

9.7.2　清算项目收入的审核 ………………………………………………… 227

　　　　9.7.2.1　基本程序和方法 ……………………………………………… 227

　　　　9.7.2.2　收入确认 ……………………………………………………… 227

　　　　9.7.2.3　代收费用 ……………………………………………………… 228

　　　　9.7.2.4　截止性测试 …………………………………………………… 228

9.7.3　扣除项目的审核 ……………………………………………………… 229

　　　　9.7.3.1　扣除项目的具体审核内容 …………………………………… 229

　　　　9.7.3.2　扣除项目审核的基本程序和方法 …………………………… 229

		9.7.3.3	审核各项扣除项目分配或分摊的顺序和标准	230

- 9.7.3.3 审核各项扣除项目分配或分摊的顺序和标准 ········· 230
- 9.7.3.4 取得土地使用权支付金额的审核 ········· 230
- 9.7.3.5 土地征用及拆迁补偿费的审核 ········· 230
- 9.7.3.6 前期工程费的审核 ········· 231
- 9.7.3.7 建筑安装工程费的审核 ········· 231
- 9.7.3.8 基础设施费和公共配套设施费的审核 ········· 231
- 9.7.3.9 开发间接费用的审核 ········· 232
- 9.7.3.10 房地产开发费用审核 ········· 232
- 9.7.3.11 与转让房地产有关的税金审核 ········· 232
- 9.7.3.12 国家规定的加计扣除项目的审核 ········· 233
- 9.7.3.13 成片受让土地使用权后审核 ········· 233
- 9.7.4 应纳税额的审核 ········· 233
- 9.7.5 鉴证报告的出具 ········· 234

9.8 土地增值税清算申请与受理 ········· 236
- 9.8.1 清算申请 ········· 236
- 9.8.2 清算受理 ········· 236

9.9 税务机关对土地增值税清算的审核管理措施 ········· 237

10 土地增值税清算实务案例操作 ········· 241

10.1 房地产开发企业直接转让土地使用权 ········· 241
- 10.1.1 制定整体清算流程 ········· 241
- 10.1.2 具体清算过程 ········· 241
  - 10.1.2.1 对清算单位调研评估,确定项目可行性 ········· 241
  - 10.1.2.2 收集清算资料 ········· 242
  - 10.1.2.3 审核清算收入 ········· 243
  - 10.1.2.4 审核清算扣除项目 ········· 243
  - 10.1.2.5 计算应纳税额 ········· 245
  - 10.1.2.6 形成审核结论,出具鉴证报告 ········· 246

10.2 土地增值税清算综合案例 ········· 258
- 10.2.1 制定整体清算流程 ········· 258
- 10.2.2 具体清算过程 ········· 258

10.2.2.1 对清算单位调研评估,确定项目可行性 …………………… 258
10.2.2.2 收集清算资料 …………………………………………… 260
10.2.2.3 确定清算单位 …………………………………………… 261
10.2.2.4 确定清算范围 …………………………………………… 262
10.2.2.5 确定清算对象的各房产类型及清算面积 ……………… 262
10.2.2.6 审核清算收入 …………………………………………… 265
10.2.2.7 审核清算扣除项目 ……………………………………… 268
10.2.2.8 成本分配 ………………………………………………… 284
10.2.2.9 计算应纳税额 …………………………………………… 314
10.2.2.10 形成审核结论,出具鉴证报告 ………………………… 319

1 土地增值税概述

1.1 土地增值税的纳税义务人、征税范围和税率

1.1.1 土地增值税的纳税义务人

根据《中华人民共和国土地增值税暂行条例》(以下简称《土地增值税暂行条例》)第二条的规定,转让国有土地使用权、地上的建筑物及其附着物(以下简称转让房地产)并取得收入的单位和个人,为土地增值税的纳税义务人(以下简称纳税人),应当依照本条例缴纳土地增值税。

(1) 转让国有土地使用权、地上的建筑物及其附着物并取得收入,是指以出售或者其他方式有偿转让房地产的行为,不包括以继承、赠与方式无偿转让房地产的行为。

为了避免纳税人以"赠与"方式逃避纳税,《财政部 国家税务总局关于土地增值税一些具体问题规定的通知》(财税字〔1995〕48号)第四条对"赠与"所包括的范围进行了明确。"赠与"是指如下情况:

① 房产所有人、土地使用权所有人将房屋产权、土地使用权赠与直系亲属或承担直接赡养义务人的。

② 房产所有人、土地使用权所有人通过中国境内非营利的社会团体(包括中国青少年发展基金会、希望工程基金会、宋庆龄基金会、减灾委员会、中国红十字会、中国残疾人联合会、全国老年基金会、老区促进会以及经民政部门批准成立的其他非营利的公益性组织)、国家机关将房屋产权、土地使用权赠与教育、民政和其他社会福利、公益事业的。

除列举的上述"赠与"以外的赠与行为仍旧需要缴纳土地增值税。

(2) 只有转让国有土地使用权的行为才需要缴纳土地增值税,转让集体土地使用

权的行为原则上不应当缴纳土地增值税。

国有土地,是指按国家法律规定属于国家所有的土地。

(3) 转让国有土地使用权的同时转让地上建筑物及其附着物的,也必须缴纳土地增值税。

① 地上的建筑物,是指建于土地上的一切建筑物,包括地上地下的各种附属设施。

② 附着物,是指附着于土地上的不能移动,一经移动即遭损坏的物品。

只转让地上建筑物或附着物,不转让土地使用权的行为,原则上不需要缴纳土地增值税。但《中华人民共和国城市房地产管理法》(以下简称《城市房地产管理法》)第三十二条规定,房地产转让、抵押时,房屋的所有权和该房屋占用范围内的土地使用权同时转让、抵押。也就是说,不存在所谓的"空中楼阁"。

(4) 收入,包括转让房地产的全部价款及有关的经济收益。

(5) 单位,是指各类企业单位、事业单位、国家机关和社会团体及其他组织。

《土地增值税宣传提纲》(国税函发〔1995〕110号印发)解释,土地增值税的纳税义务人是有偿转让国有土地使用权、地上的建筑物及其附着物的单位和个人,包括各类企业单位、事业单位、机关、社会团体、个体工商户以及其他单位和个人。外商投资企业、外国企业、外国驻华机构、外国公民、华侨以及中国港澳台同胞等,只要转让房地产并取得收入,就是土地增值税的纳税义务人,均应按《土地增值税暂行条例》的规定照章纳税。

(6) 个人,包括个体经营者。

1.1.2 土地增值税的征税范围

根据《土地增值税宣传提纲》(国税函发〔1995〕110号印发)的规定,土地增值税的征税范围界定如下:凡转让国有土地使用权、地上的建筑物及其附着物并取得收入的行为都应缴纳土地增值税。该界定有以下三层含义:

一是土地增值税仅对转让国有土地使用权的征收,对转让集体土地使用权的不征税。这是因为,根据《中华人民共和国土地管理法》(以下简称《土地管理法》)的规定,国家为了公共利益,可以依照法律规定对集体土地实行征用,依法被征用后的土地属于国家所有。未经国家征用的集体土地不得转让。自行转让是一种违法行为,这种违法行为应由有关部门依照相关法律来处理,而不应纳入土地增值税的征税范围。

二是只对转让的房地产征收土地增值税,不转让的不征税。例如,房地产的出租,虽然取得了收入,但没有发生房地产的产权转让,不应纳入土地增值税的征收范围。

三是对转让房地产并取得收入的征税,对发生转让行为,而未取得收入的不征税。例如,通过继承、赠与方式转让房地产的,虽然发生了转让行为,但未取得收入,就不应纳入土地增值税的征收范围。

1.1.3 转让股权是否征收土地增值税

在实务操作中,有些企业会利用股权转让方式,变相地将土地使用权转让给受让方,以逃避缴纳土地增值税。例如,甲企业计划将闲置的一块土地转让给乙企业,两者均为非房地产开发企业,如果双方买卖该土地使用权,则增值税、土地增值税等都不可避免。于是,甲企业先以土地使用权出资设立一家全资子公司,然后将持有的该子公司100%的股权全部转让给乙企业。

《国家税务总局关于股权转让不征收营业税的通知》(国税函〔2000〕961号)在回复广西壮族自治区地方税务局有关问题的函中提到:

据《关于对深圳能源总公司、深圳能源投资公司应当依法征收营业税的情况报告》(桂地税报〔2000〕56号)反映,1997年年初,深圳市能源集团有限公司和深圳能源投资股份有限公司共同在你区钦州市投资创办了深圳能源(钦州)实业开发有限公司(以下简称钦州公司),两家分别占有钦州公司75%和25%的股份。由于受国家产业政策调整的影响,这两家公司(以下简称转让方)于2000年5月将其拥有的钦州公司的全部股份转让给中国石油化工股份有限公司和广西壮族自治区石油总公司(后两家公司简称受让方)。在签订股权转让合同时,双方在合同中注明钦州公司原有的债务仍由转让方负责清偿。

在上述企业股权转让行为中,转让方并未先将钦州公司这一独立法人解散,在清偿完钦州公司的债权债务后,将所剩余的不动产、无形资产及其他资产收归转让方所有,再以转让方的名义转让或销售,而只是将其拥有的钦州公司的股权转让给受让方。

不论是转让方转让股权以前,还是在转让股权以后,钦州公司的独立法人资格并未取消,原属于钦州公司的各项资产,均仍属于钦州公司这一独立法人所有。钦州公司股权转让行为发生后并未发生销售不动产或转让无形资产的行为。因此,按照税收法规的规定,对于转让方转让钦州公司的股权行为,不论债权债务如何处置,均不属于营业税的征收范围,不征收营业税。

上述回复的意思是,股权转让不同于土地使用权的转让,股权转让只是股东结构发生变化，土地使用权在股权转让后仍旧属于被转让股权的独立法人所有，不属于"转让国有土地使用权、地上的建筑物及其附着物"，不需要缴纳营业税（注："营改增"后股票外的股权转让也不缴纳增值税），同样也不符合土地增值税征税的对象。

但部分税务机关在执法过程中，以《国家税务总局关于以转让股权名义转让房地产行为征收土地增值税问题的批复》（国税函〔2000〕687号）作为依据，对以股权转让为名行土地使用权转让之实的行为要求纳税人补缴土地增值税。这样做是否合乎法理？我们先看一下政策原文：

广西壮族自治区地方税务局：

你局《关于以转让股权名义转让房地产行为征收土地增值税问题的请示》（桂地税报〔2000〕32号）收悉。

鉴于深圳市能源集团有限公司和深圳能源投资股份有限公司一次性共同转让深圳能源（钦州）实业有限公司100%的股权，且这些以股权形式表现的资产主要是土地使用权、地上建筑物及附着物，经研究，对此应按土地增值税的规定征税。

从该回复来看，股权转让同时具备两个条件，转让方应当视为土地使用权的转让缴纳土地增值税：一是必须一次性转让100%的股权；二是股权转让前，被转让股权的企业资产的主要表现形式为土地使用权、地上建筑物及附着物。此处"主要表现形式"结合当时有效的《中华人民共和国公司法》（以下简称《公司法》），可以理解为土地使用权、地上建筑物及附着物的账面价值占全部资产账面价值的比例超过75%。

那么基层税务机关是否可以对企业股权转让行为依据国税函〔2000〕687号文件直接征收土地增值税呢？这就要看国家税务总局对某一个税务机关的请示的复函是否可以在全国适用。

根据税务机关公文处理相关规定，税务机关的公文种类主要有命令（令）、决议、决定、公告、通告、意见、通知、通报、报告、请示、批复、函、纪要。其中，对下级税务机关向税务总局的请示以"批复"公文种类发布下行文。批复，适用于答复下级机关请示事项。批复一般分为政策性批复、问题性批复和事务性批复。批复属下行文。上级机关批复下级机关的请示时，必须明确表态，若予否定，应写明理由。批复一般只送请示单位，若批复的事项需有关单位执行或者周知，可抄送有关单位。若请示的问题具有普遍性，可使用"通知"或其他文种行文，不再单独批复请示单位。

也就是说，批复一般直接送达请示单位，只对请示单位适用，如果同时适用于其他单位的，必须在文末注明抄送单位的名称。

从国税函〔2000〕687号文件的行文内容看,没有抄送的单位。因此其只能适用于请示单位。基层税务机关如果遇到企业以股权转让为名行土地使用权转让之实的情况,不能直接套用国税函〔2000〕687号文件征收土地增值税,而是应当单独向国家税务总局请示,取得批复同意后才能征收。例如,原安徽省地方税务局官网2013年12月24日公布的该局劳务财产处对"国税函〔2000〕687号文件是否继续有效?在安徽省是否适用?"的相关解答指出,该文件转发广西,仅针对特定案例;根据上述情况,在涉及股权转让的业务中,符合《财政部 税务总局关于继续实施企业改制重组有关土地增值税政策的通知》①(财税〔2018〕57号)等文件规定情形的,按文件规定执行;对于"纳税人以转让股权名义转让房地产的行为"的认定按照各地的具体规定执行或请示国家税务总局。又如,原天津市地方税务局曾经向国家税务总局请示针对天津泰达股权转让行为是否征收土地增值税问题,取得国家税务总局的批复:《国家税务总局关于天津泰达恒生转让土地使用权土地增值税征缴问题的批复》(国税函〔2011〕415号)规定,经研究,同意天津市地方税务局关于"北京国泰恒生投资有限公司利用股权转让方式让渡土地使用权,实质是房地产交易行为"的认定,应依照《土地增值税暂行条例》的规定,征收土地增值税。

1.1.4 土地增值税的税率

土地增值税实行四级超率累进税率。具体税率如表1-1所示。

表1-1 土地增值税税率表

档次	级距	税率	速算扣除系数	税额计算公式
1	增值额未超过扣除项目金额50%(含)的部分	30%	0	增值额×30%
2	增值额超过扣除项目金额50%,未超过100%(含)的部分	40%	5%	增值额×40%－扣除项目金额×5%
3	增值额超过扣除项目金额100%,未超过200%(含)的部分	50%	15%	增值额×50%－扣除项目金额×15%
4	增值额超过扣除项目金额200%的部分	60%	35%	增值额×60%－扣除项目金额×35%

---

① 该文件已经被《财政部 税务总局关于继续实施企业改制重组有关土地增值税政策的公告》(财政部 税务总局公告2021年第21号)替代。

1.2 土地增值税的计算步骤

第一步：确定土地增值税应税收入。

第二步：确定土地增值税扣除项目金额。

第三步：计算增值额。

$$增值额 = 应税收入 - 扣除项目金额$$

第四步：计算增值率。

$$增值率 = 增值额 \div 扣除项目金额$$

第五步：计算应纳税额。

$$应纳税额 = 增值额 \times 税率 - 扣除项目金额 \times 速算扣除系数$$

例 1-1 某房地产开发公司出售一幢写字楼，收入总额为 10 000 万元。开发该写字楼有关扣除项目金额合计 6 005 万元。试计算该房地产开发公司应纳的土地增值税。

第一步：确定土地增值税应税收入。

应税收入 = 10 000（万元）

第二步：确定土地增值税扣除项目金额。

扣除项目金额 = 6 005（万元）

第三步：计算增值额。

增值额 = 10 000 - 6 005 = 3 995（万元）

第四步：计算增值率。

增值率 = 3 995 ÷ 6 005 × 100% = 66.53%

第五步：计算应纳税额。

应纳税额 = 3 995 × 40% - 6 005 × 5% = 1 297.75（万元）

2 房地产转让收入与审核

2.1 收入总额的确认

2.1.1 土地增值税的应税收入类型

《土地增值税暂行条例》第五条规定,纳税人转让房地产所取得的收入,包括货币收入、实物收入和其他收入。

也就是说,以商品房抵偿债务、换取其他的非货币资产等都应当确认收入缴纳土地增值税。

2.1.2 一般计税方法下扣除土地价款计算销项税额时的应税收入确认

根据《财政部 国家税务总局关于营改增后契税 房产税 土地增值税 个人所得税计税依据问题的通知》(财税〔2016〕43号)第三条、《国家税务总局关于营改增后土地增值税若干征管规定的公告》(国家税务总局公告2016年第70号,以下简称70号公告)第一条的规定,营改增后,纳税人转让房地产的土地增值税应税收入不含增值税。适用增值税一般计税方法的纳税人,其转让房地产的土地增值税应税收入不含增值税销项税额;适用简易计税方法的纳税人,其转让房地产的土地增值税应税收入不含增值税应纳税额。

《土地增值税暂行条例》等规定的土地增值税扣除项目涉及的增值税进项税额,允许在销项税额中计算抵扣的,不计入扣除项目;不允许在销项税额中计算抵扣的,可以计入扣除项目。

根据《营业税改征增值税试点实施办法》(财税〔2016〕36号附件1)第二十三条的规定,一般计税方法的销售额不包括销项税额,纳税人采用销售额和销项税额合并定价方

法的,按照下列公式计算销售额:

$$销售额＝含税销售额÷(1＋税率)$$

开发项目的土地增值税清算

甲房地产开发企业对 A 开发项目土地增值税进行清算。该项目取得的含税收入总额为 5 450 万元,土地出让金为 2 180 万元。请问该企业清算土地增值税时,确认的土地增值税应税收入是多少?

针对上述问题,目前常见的观点有两种。

第一种观点认为,根据 70 号公告的规定,营改增后,纳税人转让房地产的土地增值税应税收入不含增值税。适用增值税一般计税方法的纳税人,其转让房地产的土地增值税应税收入不含增值税销项税额。

《营业税改征增值税试点实施办法》(财税〔2016〕36 号附件 1)第二十三条规定,一般计税方法的销售额不包括销项税额,纳税人采用销售额和销项税额合并定价方法的,按照下列公式计算销售额:

$$销售额＝含税销售额÷(1＋税率)$$

因此,计算土地增值税的应税收入＝5 450÷(1＋9％)＝5 000(万元)。

第二种观点认为,《房地产开发企业销售自行开发的房地产项目增值税征收管理暂行办法》(国家税务总局公告 2016 年第 18 号发布)第四条规定,房地产开发企业中的一般纳税人销售自行开发的房地产项目,适用一般计税方法计税,按照取得的全部价款和价外费用,扣除当期销售房地产项目对应的土地价款后的余额计算销售额。销售额的计算公式如下:

$$销售额＝\frac{全部价款和价外费用－当期允许扣除的土地价款}{(1+11％)^{①}}$$

上述"全部价款和价外费用"就是《营业税改征增值税试点实施办法》(财税〔2016〕36 号附件 1)所称的"含税销售额"。

因此,销项税额＝(含税销售额－当期允许扣除的土地价款)÷(1＋9％)×9％。

那么,根据 70 号公告的规定:

---

① 目前税率改为 9％。

$$\text{计算土地增值税的应税收入} = \text{含税销售额} - \text{销项税额}$$

$$= \text{含税销售额} - \frac{\text{含税销售额} - \text{当期允许扣除的土地价款}}{1+9\%} \times 9\%$$

$$= \frac{\text{含税销售额}}{1+9\%} + \frac{\text{当期允许扣除的土地价款}}{1+9\%} \times 9\%$$

在本案例中,土地增值税的应税收入＝5 450－(5 450－2 180)÷1＋9％×9％＝5 180(万元)。或:土地增值税的应税收入＝5 450÷(1＋9％)＋2 180÷(1＋9％)×9％＝5 180(万元)。

这样计算的理由是:计算增值税时选择扣除土地价款按差额缴纳增值税,是因为纳税人从一级市场购置土地时,土地价款无法取得增值税专用发票,不能抵扣进项税额,为了避免因此多缴增值税,企业进行了增值税的特殊处理。这样相当于土地价款按规定计算抵扣了进项税额＝土地价款金额÷(1＋9％)。如此一来,土地成本就应当将不含进项税额的金额作为土地增值税扣除的金额。但根据《增值税会计处理规定》(财会〔2016〕22号印发)的规定,计算抵扣的这部分"进项税额"并没有冲减土地成本,而是冲减了"主营业务成本"。而在计算土地增值税扣除项目金额时,不是按"主营业务成本"扣除的,而是按土地价款等5个扣除项目单独计算来扣除的。因此,从理论上来讲,准予扣除的土地成本＝土地价款－销项税额抵减金额。

对"营改增"后房地产开发企业支付的出让地价款按差额计税法抵减的销项税额在土地增值税清算时的处理,福建省税务局财产和行为税处的意见是:经研究,并报局领导审核同意,在国家税务总局未进一步明确前,暂按《增值税会计处理规定》(财会〔2016〕22号印发)等有关规定,对抵减的销项税,在土地增值税清算时,按冲减土地成本处理,即土地增值税应税收入直接按照全部价款和价外费用÷(1＋9％)确定,土地成本直接按照取得土地价款÷(1＋9％)确定。其结果显然是对纳税人不利,虽然收入减少与土地成本减少是同等金额,但会减少扣除金额[销项税额抵减金额×(1＋20％)]。因此,本着有利于房地产开发企业的原则,与其冲减土地成本,不如将销项税额抵减金额计入土地增值税的应税收入,也符合70号公告的表述。更直观的计算公式可以以下列公式表示:

土地增值税的应税收入＝转让房地产的不含税收入＋销项税额抵减金额

由于各地对采用哪一种观点存在较大差异,在实务操作中,建议财务人员及时咨询当地主管税务机关。但从法理上来看，本书赞成第二种观点。

2.1.3 发票所载金额与合同所载金额的收入确认

根据《国家税务总局关于土地增值税清算有关问题的通知》（国税函〔2010〕220号）第一条的规定，土地增值税清算时，已全额开具商品房销售发票的，按照发票所载金额确认收入；未开具发票或未全额开具发票的，以交易双方签订的销售合同所载的售房金额及其他收益确认收入。销售合同所载商品房面积与有关部门实际测量面积不一致，在清算前已发生补、退房款的，应在计算土地增值税时予以调整。

2.1.4 代收费用

代收费用是指一家企业代其他企业收的费用。例如，物业管理企业（公司）向住（用）户收取的水费、电费、燃（煤）气费、维修基金、房租等；房地产开发企业代收的煤气（天然气）集资费、暖气集资费、有线电视初装费、电话初装费、办理产权证费用（房屋交易手续费、产权登记费、他项权利登记费、权证工本费、契税、商品房购销合同印花税、房屋所有权证印花税、土地使用证印花税、住房维修基金）等。

由于代收费用不会给所有者带来权益增加，会计上不确认为收入而是记入"其他应付款"科目。《财政部 国家税务总局关于土地增值税一些具体问题规定的通知》（财税字〔1995〕48号）第六条规定：

（1）对于县级及县级以上人民政府要求房地产开发企业在售房时代收的各项费用，如果代收费用是计入房价中向购买方一并收取的，可作为转让房地产所取得的收入计税；如果代收费用未计入房价中，而是在房价之外单独收取的，可以不作为转让房地产的收入。

（2）对于代收费用作为转让收入计税的，在计算扣除项目金额时，可予以扣除，但不允许作为加计20%扣除的基数；对于代收费用未作为转让房地产的收入计税的，在计算增值额时不允许扣除代收费用。

《土地增值税清算管理规程》（国税发〔2009〕91号印发）第二十八条对代收费用的审核作出如下规定：对于县级以上人民政府要求房地产开发企业在售房时代收的各项费用，审核其代收费用是否计入房价并向购买方一并收取；当代收费用计入房价时，审核有无将代收费用计入加计扣除以及房地产开发费用计算基数的情形。

值得注意的是，"计入房价"是指合同约定代收的费用纳入房价结算，并向购房人按包含代收费用在内的金额开具发票。

2.1.5 何为"计税价格明显偏低",何为"正当理由"

关于销售价格(注:土地增值税称之为"计税依据")明显偏低且无正当理由或没有合理的商业目的,税务机关可以核定销售价格的问题,除《中华人民共和国税收征收管理法》(以下简称《税收征收管理法》)提到外,许多税种都有提及,包括增值税、消费税、契税、土地增值税、车辆购置税、个人所得税、资源税、环境保护税等,但除《股权转让所得个人所得税管理办法(试行)》(国家税务总局公告2014年第67号发布)针对个人转让股权的个人所得税明确了何为转让价格明显偏低、何为正当理由外,其他税种均没有明确的政策解释。这导致对这两个术语的争议一直存在。部分省市为了便于操作,出台了适用于本地的政策规定。例如,关于土地增值税计算时如何认定计税依据偏低问题,《河南省地方税务局转发关于土地增值税清算有关问题的通知》(豫地税函〔2010〕202号)第二条规定,《河南省地方税务局关于明确土地增值税若干政策的通知》(豫地税发〔2010〕28号)第三条第二款第(六)项中提及,申报的计税价格明显偏低,又无正当理由的,按核定征收率8%征收土地增值税。该处的"明显偏低"是指低于该项目当月同类房地产平均销售价格的10%,如当月无销售价格的应按照上月同类房地产平均销售价格计算;无销售价格的,主管税务机关可参照市场指导价、社会中介机构评估价格、缴纳契税的价格和实际交易价格,按孰高原则确定计税价格。此外,《江苏省地方税务局关于土地增值税有关业务问题的公告》(苏地税规〔2012〕1号)第三条第(三)项也有类似的规定:对纳税人申报的房地产转让价格低于同期同类房地产平均销售价格10%的,税务机关可委托房地产评估机构对其评估。纳税人申报的房地产转让价格低于房地产评估机构评定的交易价,又无正当理由的,应按照房地产评估机构评定的价格确认转让收入。

对以下情形的房地产转让价格,即使明显偏低,也可视为有正当理由:法院判定或裁定的转让价格;以公开拍卖方式转让房地产的价格;政府物价部门确定的转让价格;经主管税务机关认定的其他合理情形。

关于上述规定,有以下几个问题。

(1) 低于平均销售价格的10%视为明显偏低的上位法依据是什么?

《土地增值税暂行条例》第十四条规定,本条例由财政部负责解释,实施细则由财政部制定。《中华人民共和国土地增值税暂行条例实施细则》(以下简称《土地增值税实施细则》)第二十二条进一步明确,本细则由财政部解释,或者由国家税务总局解释。也就是说,针对土地增值税的关键税制要素包括纳税人、征税对象、计税依据、税率等,只有财政部或国家税务总局有权调整,省级税务机关是没有这项权利的。上述规定,如果没有上位法作为支持,就属于"无源之水、无本之木",属于无效条款。再者,按土地增值税相关政策,如果认定转让价格明显偏低或视同销售行为没有价格的,按当年平均价格而不是按当月平均价格。这是与增值税完全不同的地方。

(2) 上位法中关于销售价格明显偏低有没有明确的解释呢?

《最高人民法院关于适用〈中华人民共和国合同法〉若干问题的解释(二)》(法释〔2009〕5号)①第十九条规定,对于《中华人民共和国合同法》②第七十四条规定的"明显不合理的低价",人民法院应当根据交易当地一般经营者的判断,并参考交易当时交易地的物价部门指导价或者市场交易价,结合其他相关因素综合考虑予以确认。转让价格达不到交易时交易地的指导价或者市场交易价70%的,一般可以视为明显不合理的低价;对转让价格高于当地指导价或者市场交易价30%的,一般可以视为明显不合理的高价。

上述文件是2009年4月24日发布的,不久,《国家税务总局关于加强白酒消费税征收管理的通知》(国税函〔2009〕380号)就引用了70%的比例界定价格偏低问题。该文件第二条规定,白酒生产企业销售给销售单位的白酒,生产企业消费税计税价格低于销售单位对外销售价格(不含增值税)70%以下的,税务机关应核定消费税最低计税价格。国家税务总局稽查局《关于2017年股权转让检查工作的指导意见》(税总稽便函〔2017〕165号)第二条第(三)项规定,不合理的低价的判定及调整标准可参照《最高人民法院关于适用〈中华人民共和国合同法〉若干问题的解释(二)》(法释〔2009〕5号)第十九条第二款的规定,"转让价格达不到交易时交易地的指导价或者市场交易价70%的,一般可以视为明显不合理的低价",以及各地已完成的股权转让调整征税的案例。

此外,《反价格垄断规定》(中华人民共和国国家发展和改革委员会令2010年第7号)③第十二条规定,具有市场支配地位的经营者没有正当理由,不得以低于成本的价格销售商品。

综上所述,关于"销售价格明显偏低"的界定原则应当是具有下列情况之一:一是

---

① 根据《最高人民法院关于废止部分司法解释及相关规范性文件的决定》(法释〔2020〕16号)的规定,本文件自2021年1月1日起全文废止。全书同。
② 根据《中华人民共和国民法典》的规定,本法自2021年1月1日起废止。
③ 根据中华人民共和国国家发展和改革委员会令2019年第28号的规定,本法自2019年9月1日起全文废止。

销售价格低于转让时交易地的指导价或市场交易价的70%；二是销售价格低于成本价，包括生产企业低于生产成本销售、商业企业低于进价销售、房地产开发企业低于开发成本销售等。

(3) 销售价格明显偏低并不是税务局核定价格的唯一条件，还必须同时具备"无正当理由"的条件，那么什么情况才能算"正当理由"呢？

目前除股权转让个人所得税外，也没有一个明确的规定，我们建议遵循《反价格垄断规定》第十二条的判断。该文件明确，所称"正当理由"包括：

① 降价处理鲜活商品、季节性商品、有效期限即将到期的商品和积压商品的。

② 因清偿债务、转产、歇业降价销售商品的。

③ 为推广新产品进行促销的。

④ 能够证明行为具有正当性的其他理由。

例如，《国家税务总局江西省税务局关于财产行为税若干征管问题的公告》（国家税务总局江西省税务局公告2018年第15号）第四条关于"房地产转让申报价格明显偏低的处理规则问题"明确，对纳税人申报的房地产成交价格达不到同一项目同类房地产或当地同期同类房地产的市场交易价格70%，且无正当理由的，税务机关在审核时作为"价格明显偏低"对待，可由评估机构进行价格评估，税务机关再根据评估价格确定其计税价格。具备条件的，可依托房地产交易评估计税系统进行价格评估。上述所称的"正当理由"包括：法院公开判定或裁定（不含调解）的转让价格；以多人参与的依法公开拍卖方式确定的转让价格；房屋存在严重质量问题，能提供住建、质检等部门证明资料的；税务机关确认的其他合理情形。对关联方之间的交易，在申报价格低于市场价格时，无论是否达到明显偏低的标准，均应按照公允价值和营业常规进行调整。

再如，《国家税务总局山东省税务局关于发布〈国家税务总局山东省税务局土地增值税清算管理办法〉的公告》（国家税务总局山东省税务局公告2022年第10号）第二十七条规定，对房地产销售价格明显偏低的以下情形，可视为有正当理由：

① 法院判决或裁定的转让价格。

② 采取政府指导价、限价等非市场定价方式销售，能提供相关主管部门证明资料的。

③ 主管税务机关认定的其他合理情形。

本书认为这些规定很务实，充分考虑到了实务操作中的具体情况，没有相关规定的地区可以参照执行。

2.1.6 土地增值税的视同销售

结合《国家税务总局关于房地产开发企业土地增值税清算管理有关问题的通知》(国税发〔2006〕187号)第三条相关规定,我们将实务中常见的非直接销售、自用房地产、拆迁安置房及"买一赠一"方式的视同销售行为的收入确认方法总结如下。

2.1.6.1 非直接销售

根据《国家税务总局关于房地产开发企业土地增值税清算管理有关问题的通知》(国税发〔2006〕187号)第三条第(一)项的规定,房地产开发企业将开发产品用于职工福利、奖励、对外投资、分配给股东或投资人、抵偿债务、换取其他单位和个人的非货币性资产等,发生所有权转移时应视同销售房地产,其收入按下列方法和顺序确认:

(1) 按本企业在同一地区、同一年度销售的同类房地产的平均价格确定。

(2) 由主管税务机关参照当地当年、同类房地产的市场价格或评估价值确定。

根据上述规定,并结合增值税和企业所得税有关视同销售行为的税务处理,可以看出,房地产开发企业"以房抵债"等视同销售行为,在增值税、土地增值税及企业所得税的收入确认方面存在较大差异:

(1) 增值税和企业所得税视同销售收入为以房产抵偿债务当月或最近月份的同类房产的平均价格,强调的是"月平均价格"。

(2) 土地增值税视同销售收入为以房产抵偿债务当年同类房产的平均价格,强调的是"年平均价格"。

例 2-1 2022年10月,房地产开发企业用建造的本项目房地产安置回迁户,合计80套房产(每套建筑面积100平方米)。2022年10月,该项目同类房产的平均价格为8 000元/平方米,2022年度全年同类房产的平均价格为7 800元/平方米,整个项目600套同类房产的平均价格为8 800元/平方米。上述价格均为不含税价格。

那么,在计算增值税销项税额和企业所得税时,视同销售收入为64 000 000元(80×100×8 000);计算土地增值税时,视同销售收入为62 400 000元(80×100×7 800)。

2.1.6.2 自用房地产

根据《国家税务总局关于房地产开发企业土地增值税清算管理有关问题的通知》(国税发〔2006〕187号)第三条第(二)项的规定,房地产开发企业将开发的部分房地产转为企业自用或用于出租等商业用途时,如果产权未发生转移,不征收土地增值税,在税款清算时不列收入,不扣除相应的成本和费用。

2.1.6.3 拆迁安置房

根据《国家税务总局关于土地增值税清算有关问题的通知》(国税函〔2010〕220号)第六条及《国家税务总局关于营改增后土地增值税若干征管规定的公告》(国家税务总局公告2016年第70号)总结如下:

(1) 房地产开发企业用建造的本项目房地产安置回迁户的,安置用房视同销售处理,视同销售的收入按本企业在同一地区、同一年度销售的同类房地产的平均价格确定,并按下列公式计算的金额确认为拆迁补偿费计入开发成本作为扣除项目金额扣除且可以作为加计扣除20%的计算基数:

① 收取补价的:

计入开发成本的拆迁补偿费＝视同销售收入金额－收取的补价

② 支付补价的:

计入开发成本的拆迁补偿费＝视同销售收入金额＋收取的补价

例 2-2 承[例2-1],假设房地产开发企业按每平方米向安置户支付补价200元,该企业在缴纳增值税时,选择一般计税方法。

那么,在土地增值税清算时,根据上述规定,应当按安置房交付年度同类房产的平均价格确定视同销售收入,因此:

确认回迁房的收入总额＝80×100×7 800＝62 400 000(元)

计入开发成本中的拆迁补偿费金额＝62 400 000＋80×100×200＝64 000 000(元)

会计处理如下:

借:开发成本——土地征用及拆迁补偿费	69 616 000
贷:银行存款	1 600 000
主营业务收入	62 400 000
应交税费——应交增值税(销项税额)	5 616 000

(2) 异地安置的房产属于自行开发的,按上述(1)项处理。异地安置的房产属于外购的,按外购房产的买价确认为视同销售收入,并按下列公式计算的金额确认为拆迁补偿费计入开发成本作为扣除项目金额扣除且可以作为加计扣除20%的计算基数:

① 收取补价的:

计入开发成本的拆迁补偿费＝视同销售收入金额－收取的补价

② 支付补价的：

计入开发成本的拆迁补偿费＝视同销售收入金额＋收取的补价

（3）货币安置拆迁的，不需要确认收入缴纳土地增值税，同时房地产开发企业凭合法有效凭据计入拆迁补偿费。

2.1.6.4 "买一赠一"

房地产企业销售房屋时赠送精装修、赠送家电，甚至是买房送车位、送汽车、送物业费、送阁楼等行为属于典型的"买一赠一"行为，是否视同销售多年来一直存在争议。根据《中华人民共和国增值税暂行条例实施细则》(以下简称《增值税暂行条例实施细则》)第四条第（八）项的规定，将自产、委托加工或者购进的货物无偿赠送其他单位或者个人，应当视同销售缴纳增值税。该条的关键词是"无偿"。只有体现无偿性的对外捐赠行为，才能视同销售。附加条件的所谓的"捐赠"，则不属于增值税视同销售行为。关于"捐赠"的含义，《财政部关于加强企业对外捐赠财务管理的通知》（财企〔2003〕95号）规定，对外捐赠是指企业自愿无偿将其有权处分的合法财产赠送给合法的受赠人用于生产经营活动没有直接关系的公益事业的行为。言外之意，不以获得对方的直接或间接经济利益为目的，向没有销售、买卖、转（受）让关系的不特定对象赠送货物（服务或劳务），才是"无偿赠送"行为，或者说是"捐赠"行为；否则，就不能认定为"无偿赠送"行为。例如，房地产开发企业参加房展，对入场参观的人员免费提供宣传包、水杯等纪念品，属于不针对特定对象、不要求任何回报的无偿赠送，应当视同销售缴纳增值税。

综上所述，"买一赠一"是附加条件的"捐赠"行为，应当对其主商品的价款或实际收到的价款征收增值税。对于附赠的商品，实质上是企业的一种营销措施，其附赠商品的价值已经体现在主商品的价值中，不应该单独作为一项商品征收增值税。为此，营改增后，《河北省国家税务局关于全面推开营改增有关政策问题的解答（之二）》第十二条"关于房地产开发企业销售精装修房所含装饰、设备是否视同销售问题"明确规定，房地产开发企业销售精装修房，已在《商品房买卖合同》中注明的装修费用（含装饰、设备等费用）已经包含在房价中，因此不属于税法中所称的无偿赠送，无需视同销售。房地产开发企业"买房赠家电"等营销方式的纳税比照本原则处理。例如，房地产公司销售精装修房一套，其中精装修部分含电器、家具的购进价格为10万元，精装修房销售价格为200万元，并按照200万元全额开具增值税发票，按照11％税率（注：现税率调整为9％）申报销项税额。此时，无需对10万元电器部分单独按照销售货物征收增值税。又如，山东省国税局《全面推开营改增试点政策（七）》指出，房地产开发企业销售住房赠送装修、家电，作为房地产开发企业的一种营销模式，其主要目的为销售住房；购房者统一支付对价，可参照混合销售的原则，按销售不动产适用税率申报缴纳增值税。言外之意，应当按实际收到的价款，按销售不动产适用税率缴纳增值税。

本书认为，这样的理念不仅适用于增值税的处理，也适用于土地增值税、企业所得税和个人所得税的处理，即：房地产开发企业销售给购房者商品房的同时赠送的动产、不动产、服务等都不属于视同销售行为，不缴纳增值税、土地增值税、企业所得税和个人所得税。但在最终购房交易行为没有实现的情况下，赠送的动产、不动产、服务等应当视同销售缴纳上述税款。

那么，土地增值税清算实务中如何判断"买一赠一"不缴纳土地增值税的情形呢？

（1）购房合同约定的交房标准中明确的交付项目，包括约定交付的阁楼、地下室、地下车位、精装修房中配套的家用电器、家具等，都属于"买一赠一"行为，这部分附赠设施的价格已经包含在房价中，且作为验收合格的必要条件，不属于无偿赠送，原则上不需要视同销售缴纳增值税、土地增值税、企业所得税和个人所得税。

（2）在购房合同中并没有明确约定附赠，而是在开发产品验收合格后，为了促销而在商品房中附赠部分设施设备，则是为了销售而发生的"捐赠"，属于开发费用的范畴，仍旧符合不需要缴纳增值税、企业所得税和个人所得税的条件，但这部分附赠资产不允许作为土地增值税扣除项目金额扣除，同时，其购置成本允许从计算土地增值税的销售收入中减除。

2.1.7 外币收入的折算

2.1.7.1 直接收款方式

《土地增值税暂行条例实施细则》第二十条规定，土地增值税以人民币为计算单位。转让房地产所取得的收入为外国货币的，以取得收入当天或当月1日国家公布的市场汇价折合成人民币，据以计算应纳土地增值税税额。

2.1.7.2 分期收款方式

《财政部 国家税务总局关于土地增值税一些具体问题规定的通知》（财税字〔1995〕48号）第十五条规定，对于以分期收款形式取得的外币收入，也应按实际收款日或收款当月1日国家公布的市场汇价折合人民币。

2.2 收入总额的审核

根据《土地增值税清算管理规程》(国税发〔2009〕91号印发)的规定,审核收入情况时,应结合销售发票、销售合同(含房管部门网上备案登记资料)、商品房销售(预售)许可证、房产销售分户明细表及其他有关资料,重点审核销售明细表、房地产销售面积与项目可售面积的数据关联性,以核实计税收入;对销售合同所载商品房面积与有关部门实际测量面积不一致,而发生补、退房款的收入调整情况进行审核;对销售价格进行评估,审核有无价格明显偏低情况。

必要时,主管税务机关可通过实地查验,确认有无少计、漏计事项,确认有无将开发产品用于职工福利、奖励、对外投资、分配给股东或投资人、抵偿债务、换取其他单位和个人的非货币性资产等情况。

根据《土地增值税清算鉴证业务准则》(国税发〔2007〕132号)及《土地增值税清算鉴证业务规则(试行)》(中税协2017年发布)的相关规定,本书对涉税鉴证实务中,土地增值税清算项目收入审核的基本内容总结如下:

(1) 评价收入内部控制是否存在、有效且一贯遵守。

销售退回、销售折扣与折让业务是否真实发生、内容完整、手续合法,金额计算与会计处理是否正确。重点关注关联方销售折扣与折让是否合理。

(2) 获取或编制土地增值税清算项目收入明细表,复核加计正确,并与报表、总账、明细账及有关申报表等进行核对。

(3) 了解纳税人与土地增值税清算项目相关的合同、协议及执行情况。

(4) 查明收入的确认原则、方法,注意会计制度与税收规定以及不同税种在收入确认上的差异。

审核被鉴证人以房地产换取土地使用权,在房地产移交使用时是否视同销售不动产申报缴纳税款。被鉴证人采用"还本"方式销售商品房和以房产补偿给拆迁户时,是否按规定申报纳税。

(5) 正确划分预售收入与销售收入,防止影响清算数据的准确性。

重点关注被鉴证人按照清算项目设立的"预售收入备查簿"记载的项目合同签订日期、交付使用日期、预售款确认收入日期、收入金额等相关内容是否准确。

审核按揭款收入是否申报纳税,有无挂在往来账不作销售收入申报纳税的情形。

(6) 必要时,利用专家的工作审核清算项目的收入总额。

(7) 审核销售明细表、房地产销售面积与项目可售面积的数据关联性,以核实应计入增值额的收入。

审核被鉴证人经有关部门实际测量的销售面积与合同约定的销售面积不符,除在销(预)售合同约定的误差范围内不作退补款以外,其他发生退补款情形而导致收入变化的,是否按照税法规定处理;被鉴证人应退款而不退款、抵顶物业管理费的,税务处理是否符合税法规定。

(8) 审核清算项目的收入总额,可通过实地查验,确认有无少计、漏计收入事项。

(9) 如果销售合同所载商品房面积与有关部门实际测量面积不一致,在清算前已发生补、退房款,审核是否在计算土地增值税时予以调整。

3 扣除项目与审核

3.1 取得土地使用权所支付的金额

取得土地使用权所支付的金额是指纳税人为取得土地使用权所支付的地价款和按国家统一规定交纳的有关费用。

《土地增值税宣传提纲》(国税函发〔1995〕110号印发)第五条第(一)项规定,取得土地使用权所支付的金额具体为:

(1) 以出让方式取得土地使用权的,为支付的土地出让金。

(2) 以行政划拨方式取得土地使用权的,为转让土地使用权时按规定补交的出让金。

(3) 以转让方式取得土地使用权的,为支付的地价款。

此外,购买土地时支付的登记费、过户费及购买耕地时缴纳的耕地占用税等也应当计入取得土地使用权成本。

3.1.1 取得土地使用权应当关注的问题

3.1.1.1 土地闲置费

根据《国家税务总局关于土地增值税清算有关问题的通知》(国税函〔2010〕220号)第四条的规定,房地产开发企业逾期开发缴纳的土地闲置费不得扣除。

但在计算企业所得税时,土地闲置费用是可以据实扣除的。在此一点上,土地增值税和企业所得税的扣除存在差异。

3.1.1.2 契税

根据《国家税务总局关于土地增值税清算有关问题的通知》(国税函〔2010〕220号)第五条的规定,房地产开发企业为取得土地使用权所支付的契税,应视同"按国家统一规定交纳的有关费用",计入"取得土地使用权所支付的金额"中扣除。

3.1.1.3 分期开发土地成本分摊

关于分期分批开发、转让房地产中,土地使用权所支付的金额和房地产开发成本、费用分摊问题,根据《土地增值税暂行条例实施细则》和清算工作的有关规定,取得土地使用权所支付的金额按实际转让土地面积占可转让土地面积的比例分摊;房地产开发成本、费用金额按可售建筑面积占项目可售总建筑面积的比例分摊。

上述是基本规定,但各地在执行中存在差异,如《国家税务总局山东省税务局关于发布〈国家税务总局山东省税务局土地增值税清算管理办法〉的公告》(国家税务总局山东省税务局公告2022年第10号)第三十条规定,属于多个清算单位共同的土地成本,原则上应按清算单位占地面积占土地总面积的比例计算分摊;无法取得清算单位占地面积的,按清算单位规划建筑面积占总规划建筑面积的比例计算分摊。

该规定可以理解为:

(1) 原则上按占地面积法分摊。

(2) 无法取得清算单位占地面积的,按清算单位规划建筑面积占总规划建筑面积的比例分摊。

从操作层面来讲,该规定更便于实际操作,其依据规划建筑面积分摊,解决了实测面积滞后的难题。

因此,在实际工作中,房地产开发企业应当尽可能对不同的清算单位取得明确的占地面积,避免如别墅等,因其建筑面积较小、分摊土地成本较少造成多缴土地增值税的尴尬。

3.1.1.4 分期缴纳土地出让金所支付的利息

《国土资源部关于加强房地产用地供应和监管有关问题的通知》(国土资发〔2010〕34号)第二条"促进住房建设用地有效供应"规定,严格土地出让合同管理。土地出让成交后,必须在10个工作日内签订出让合同,合同签订后1个月内必须缴纳出让价款50%的首付款,余款要按合同约定及时缴纳,最迟付款时间不得超过1年。

在实务中,分期缴纳土地款支付的利息会取得自然资源和规划局开具的《非税收入(电子)票据》,票据内容名称一般为"其他土地出让收入——分期付"。由此可见,分期付款利息属于分期取得土地使用权约定的支付价款的一部分,应计入取得土地使用权所支付的金额,准予扣除。

部分省市为了便于操作,出台了适用于本地的政策规定。具体如下:

（1）《国家税务总局山东省税务局关于发布〈国家税务总局山东省税务局土地增值税清算管理办法〉的公告》（国家税务总局山东省税务局公告 2022 年第 10 号）第二十九条规定，土地出让合同中约定分期缴纳土地出让金的利息，计入取得土地使用权所支付的金额，准予扣除。

（2）《国家税务总局海南省税务局关于发布〈国家税务总局海南省税务局土地增值税清算审核管理办法〉的公告》（国家税务总局海南省税务局公告 2021 年第 7 号）第十三条规定，取得土地使用权所支付的金额，应按以下规定处理：按照土地出让合同约定分期缴纳土地出让金而支付的利息，允许扣除。

<u>那么因迟延支付土地出让金而向出让人缴纳的滞纳金是否能在土地增值税税前扣除呢？</u>

纳税人因迟延支付土地出让金而向出让人缴纳的滞纳金（或违约金），视延迟支付等情况是否出现而产生，具有不确定性，与土地出让金的价格没有必然关系。该滞纳金不应属于土地出让的成交价格，不应计入取得土地使用权所支付的金额，也不能在土地增值税税前扣除，类似于银行罚息不允许扣除。

3.1.1.5　项目内的配建房支出

房地产所说的配建房一般是指商品房配建保障房，源于政府将"建设一定比例的保障房"作为土地出让的必要条件之一，由获取土地的开发商来承担保障房的开发建设任务，政府则会相应降低土地出让金。这是近年来地方政府应对保障房建设资金压力时一个较为普遍的做法。

房地产开发企业配建保障房交政府部门有直接移交、无偿移交、政府回购三种方式。

1）直接移交方式

配建物业建设地块和经营性地块合并供地，土地出让合同中列明直接将配建物业建设地块国有建设用地使用权（可共用宗地）以出让方式首次登记到政府指定管理部门。不动产登记部门依法依规将配建物业首次登记到政府指定管理部门。

房地产开发企业未发生销售不动产的行为，只是提供了建筑服务，不需要缴纳土地增值税，但是配建房不属于本项目内，配建房的建造成本属于"红线外支出"。对于"红线外支出"，很多省市是明确不能在土地增值税税前扣除的。

2）无偿移交方式

政府指定接收单位与开发企业签订不动产无偿转让协议，不动产权属登记首次登记在开发企业名下,再通过转移登记将权属办至政府指定管理部门名下。

企业把配建房无偿移交给政府、公用事业单位,根据《国家税务总局关于房地产开发企业土地增值税清算管理有关问题的通知》(国税发〔2006〕187号)第四条第(三)项的规定,可将配建的公租房视为公共配套设施,不用视同销售,配建房的成本可计入土地增值税扣除项目。

3) 政府回购方式

政府指定回购单位与开发企业按约定价格(不低于成本价的情形)签订商品房买卖合同,不动产权属登记首次登记在开发企业名下,再通过转移登记将权属办至政府指定管理部门名下。

政府回购方式属于市场行为,土地增值税的处理比较简单,主要考虑申报的计税依据明显偏低的情形。

部分省市为了便于操作,出台了适用于本地的政策规定。具体如下:

(1)《国家税务总局山东省税务局关于发布〈国家税务总局山东省税务局土地增值税清算管理办法〉的公告》(国家税务总局山东省税务局公告2022年第10号)第二十九条规定,对房地产开发企业在土地"招拍挂"环节,与政府约定在项目内建设配建房并无偿移交政府指定单位的,建设配建房发生的建筑安装工程费,作为土地成本在土地增值税清算中予以扣除。

(2)《广东省"三旧"改造税收指引(2019年版)》(粤税发〔2019〕188号印发)指出,无偿移交配建房视同销售确认收入,同时将此确认为取得土地使用权的成本,在计算土地增值税时予以扣除,参考了《国家税务总局关于土地增值税清算有关问题的通知》(国税函〔2010〕220号)第六条第(一)项中房地产开发企业用建造的本项目房地产安置回迁户的处理精神。

3.1.1.6　批量购进土地,分期分批开发时,土地成本的分摊问题

根据《土地增值税暂行条例实施细则》第九条的规定,纳税人成片受让土地使用权后,分期分批开发、转让房地产的,其扣除项目金额的确定,可按转让土地使用权的面积占总面积的比例计算分摊,或按建筑面积计算分摊,也可按税务机关确认的其他方法计算分摊。

该细则允许企业选择土地征用及拆迁补偿费的分摊方法,可以是占地面积法,可以是建筑面积法,也可以是税务机关确认的其他方法。

1）占地面积法

占地面积法的计算公式为：

$$某期项目可扣除的土地成本金额 = 土地总价款 \times \frac{实际转让土地使用权的面积}{可转让土地使用权的土地总面积}$$

如何确定"可转让土地使用权的土地总面积"？

《国家税务总局关于广西土地增值税计算问题请示的批复》（国税函〔1999〕112号）规定："根据土地增值税立法精神，《细则》第九条的'总面积'是指可转让土地使用权的土地总面积。在土地开发中，因道路、绿化等公共设施用地是不能转让的，按《细则》第七条法规，这些不能有偿转让的公共配套设施的费用是计算增值额的扣除项目。因此，在计算转让土地的增值额时，按实际转让土地的面积占可转让土地总面积来计算分摊，即：可转让土地面积为开发土地总面积减除不能转让的公共设施用地面积后的剩余面积。"用公式表示如下：

可转让土地使用权的土地总面积＝开发土地总面积－不能转让的公共设施用地面积

例如，有3 000亩①土地，规划明确规定，其中800亩土地应当配套建设公共绿化用地，不允许转让。那么，可转让土地面积＝3 000－800＝2 200（亩）。

2）建筑面积法

建筑面积法的计算公式为：

$$某期项目可以扣除的土地成本金额 = 土地总价款 \times \frac{可以转让的建筑面积}{可售面积总额}$$

3）其他分摊方法

虽然《土地增值税暂行条例实施细则》赋予纳税人分摊方法的选择权，但部分省市为了便于操作，规定了适用于本地的分摊方法。具体如下：

（1）根据《国家税务总局云南省税务局关于土地增值税征管若干事项的公告》（国家税务总局云南省税务局公告2020年第7号）、《国家税务总局四川省税务局关于土地增值税清算单位等有关问题的公告》（国家税务总局四川省税务局公告2020年第13号）的规定，纳税人分期分批开发房地产项目或者同时开发多个房地产项目，不同清算项目取得土地使用权所支付的金额，按照占地面积法（即转让土地使用权的面积占可转让土地使用权总面积的比例）进行分摊；其他成本费用，按照建筑面积法（即转让的建筑面积占可转让总建筑面积的比例）进行分摊。

---

① 1亩＝666.67平方米。

对同一清算项目内的成本费用,按照建筑面积法进行分摊。

难以按照上述方法计算分摊共同成本费用的,也可按主管税务机关确认的其他方式计算分摊。

(2)根据《山西省地方税务局关于发布〈房地产开发企业土地增值税清算管理办法〉的公告》(山西省地方税务局公告 2014 年第 3 号)的规定,同一宗土地有多个开发项目,能准确划分不同项目占地面积的,应当先按占地面积分摊土地成本;不能准确划分不同项目占地面积的,应当按楼面地价(楼面地价＝土地总价格÷总建筑面积)和各项目实际建筑面积占总建筑面积的比例计算分摊不同项目的土地成本。

3.1.1.7 地下建筑物是否需要分摊土地成本

地下建筑物是否分摊土地成本直接影响地上建筑物计算土地增值税时的扣除项目金额的大小。特别是对于无产权地下建筑物不纳入土地增值税的征税范围的地区,地下建筑物如果分摊土地成本,就会造成缴纳土地增值税的地上建筑物分摊的土地成本减少,使得土地增值额增大,导致房地产开发企业多缴土地增值税。

但截至目前,国家层面的政策文件尚没有对此作出任何规定。极个别地方政策规定地下建筑物应当按建筑面积分摊土地成本是不合理,也不合法的。具体分析如下。

在法律上有一个基本适用原则就是"特别法优于普通法"。税法规定属于特别法规定,如果与普通法规定发生冲突,应当以税法规定为准;但如果税法没有规定,普通法有相关规定的,则应当依据普通法处理。

关于地下建筑物是否可以分摊土地成本的问题,税法上没有相关规定,应当按其他相关法律(普通法)规定处理。

首先,会计上有确定的成本分摊基本原则。《企业产品成本核算制度(试行)》(财会〔2013〕17 号印发)第三十四条对房地产开发企业的成本分摊方法作出如下规定:企业所发生的费用,能确定由某一成本核算对象负担的,应当按照所对应的产品成本项目类别,直接计入产品成本核算对象的生产成本;由几个成本核算对象共同负担的,应当选择合理的分配标准分配计入。

也就是说,会计上将房地产开发企业的成本分为直接成本和共同成本两类。能够确定由某一个成本对象负担的成本,按直接成本法直接计入该成本对象。由几个成本对象共同负担的成本,应当选择合理的方法(如建筑面积法)分摊到各个成本对象中。

对于房地产开发企业占用的土地,商品房实际占用的土地面积(一般按垂直投影面积计算)所对应的成本属于直接成本,直接计入某一个成本对象即可;除此之外的土地要么是道路用地,要么是绿化用地等,均属于多个成本对象共同负担的成本,可以按各个成本对象的建筑面积作为分摊依据,将共同成本分摊到各个成本对象中。土地成本经上述分摊,已经全部分摊到各个成本对象中,不应该再由地下建筑物分摊。

其次,如果一定要让地下建筑物分摊土地成本,则地下建筑物与土地成本的大小应直接相关。

土地成本的大小与三个因素直接相关:一是土地性质不同,单价不同;二是土地面积大小影响土地成本大小;三是土地宗地容积率大小也影响土地成本。《国土资源部关于严格落实房地产用地调控政策促进土地市场健康发展有关问题的通知》(国土资发〔2010〕204号)规定,经依法批准调整容积率的,市、县国土资源主管部门应当按照批准调整时的土地市场楼面地价核定应补缴的土地出让价款。

房地产开发企业用于房地产开发的土地都属于商业用地,在土地性质及面积确定的情况下,影响土地成本的因素还有宗地容积率。因此,如果地下建筑物分摊土地成本,前提条件应当是地下建筑物的面积影响了宗地容积率。也就是说,地下建筑物计容应当分摊土地成本,否则不应当分摊。

部分省市为了便于操作,出台了适用于本地的政策规定,具体如下:

例如,《厦门市地方税务局关于修订〈厦门市土地增值税清算管理办法〉的公告》(厦门市地方税务局公告2016年第7号)第三十四条规定,纳税人为取得土地使用权所支付的契税计入"取得土地使用权所支付的金额",准予扣除。对纳税人因容积率调整等原因补缴的土地出让金及契税,予以扣除。同一个清算项目,可以将取得土地使用权所支付的金额全部分摊至计入容积率部分的可售建筑面积中,对于不计容积率的地下车位、人防工程、架空层、转换层等不计算分摊取得土地使用权所支付的金额。又如,《国家税务总局青岛市税务局关于发布〈国家税务总局青岛市税务局房地产开发项目土地增值税清算管理办法〉的公告》(国家税务总局青岛市税务局公告2022年第6号)第二十八条规定,无产权的地下室(储藏室)、地下车库(位)等地下设施,在土地增值税清算时不分摊土地成本,为办理产权缴纳的土地出让金可直接计入受益对象。

 **案例分析**

A房地产开发公司承接烂尾项目继续开发销售时土地成本的加计扣除

A房地产开发公司出资20亿元,收购B公司开发的烂尾楼(施工到5层时,因资金链断裂停工),重新建设改造并销售。烂尾楼建设改造及配套设施的成本共计15亿元,收购B公司烂尾楼和改造成本均取得合法凭证。该公司财务人员办理土地增值税清算申报时,申报了财政部规定的其他扣除项目(烂尾楼买价20亿元与房地产继续开发成本15亿元之和,加计扣除20%计7亿元),是否可以?

从增值税方面看,《房地产开发企业销售自行开发的房地产项目增值税征收管理暂行办法》(国家税务总局公告2016年第18号发布)第三条规定,房地产开发企业以接盘等形式购入未完工的房地产项目继续开发后,以自己的名义立项销售的,属于本办法规定的销售自行开发的房地产项目。

购买转让方的烂尾项目时取得了不动产增值税专用发票,可以抵扣进项税额,因此,受让方继续开发销售开发产品时,不允许扣除土地价款差额缴纳增值税。

<u>从土地增值税方面看,支付的烂尾楼项目的成本是否可以享受加计扣除20%政策?</u>

《土地增值税暂行条例实施细则》第七条第(六)项规定,对从事房地产开发的纳税人可按取得土地使用权所支付的金额、房地产开发成本之和,加计20%的扣除。

对纳税人从事房地产开发的15亿元部分按规定加计20%扣除是没有异议的。但A房地产开发公司收购烂尾楼所支付的20亿元是之前B公司开发产生的成本,并不属于A房地产开发公司的房地产开发支出。B公司出售时可以按规定享受加计扣除,而A房地产开发公司对20亿元的收购成本不能再次享受加计扣除。

如果A房地产开发公司不将收购的烂尾楼建设改造,而是将烂尾楼全部拆除,重新建造并销售,那么,这20亿元实质上是A公司购买土地使用权的成本,烂尾楼的拆除则是地上附着物拆迁补偿的净支出,属于土地征用及拆迁补偿费成本项目。这种情况下,收购B公司开发的烂尾楼,属于A房地产开发公司的房地产开发项目,20亿元收购款可以作为土地增值税的"土地征用及拆迁补偿费"享受加计扣除。

部分省市为了便于操作,出台了适用于本地的政策规定:

(1)《国家税务总局山东省税务局关于发布〈国家税务总局山东省税务局土地增值税清算管理办法〉的公告》(国家税务总局山东省税务局公告2022年第10号)第三十三条规定,房地产开发企业购买在建项目后,继续投入资金进行后续建设,在清算时,其购买在建项目所支付的价款和契税允许扣除,但不得作为房地产开发费用按比例计算扣除以及加计20%扣除的基数。后续建设支出的扣除项目处理按照土地增值税清算的有关规定执行。按此项规定,在本案例中,20亿元的买价加后续开发支出15亿元均可以在计算土地增值税时扣除,但作为加计扣除的计算基数(包括开发费用中的加计扣除和20%加计扣除)中,不能包括购买烂尾楼的20亿元。

(2)《天津市地方税务局关于土地增值税清算有关问题的公告》(天津市地方税务局公告 2016 年第 25 号)第七条规定,受让的在建工程再转让进行土地增值税清算时,取得在建工程支付的金额,能提供合法有效凭证的,允许据实扣除,但不能加计扣除,后续投入的各项开发成本及费用按照土地增值税清算的有关规定处理。

3.1.2　取得土地使用权所支付的金额的审核

《土地增值税清算管理规程》(国税发〔2009〕91 号印发)第二十二条规定,审核取得土地使用权支付金额时应当重点关注:

(1)同一宗土地有多个开发项目,是否予以分摊,分摊办法是否合理、合规,具体金额的计算是否正确。

(2)是否存在将房地产开发费用计入取得土地使用权支付金额的情形。

3.2　房地产开发成本

根据《企业产品成本核算制度(试行)》(财会〔2013〕17 号印发)的规定,房地产开发成本包括土地征用及拆迁补偿费、前期工程费、建筑安装工程费、基础设施费、公共配套设施费、开发间接费用、借款费用 7 个子项目。

3.2.1　土地征用及拆迁补偿费

根据《土地增值税暂行条例实施细则》第七条第(二)项的规定,土地征用及拆迁补偿费,包括土地征用费、耕地占用税、劳动力安置费及有关地上、地下附着物拆迁补偿的净支出、安置动迁用房支出等。

3.2.1.1　会计处理与税务处理的差异

根据《企业产品成本核算制度(试行)》(财会〔2013〕17 号)的规定,土地征用及拆迁补偿费是指为取得土地开发使用权(或开发权)而发生的各项费用,包括:

(1)土地买价或出让金。

(2)大市政配套费。

(3)契税。

(4)耕地占用税。

(5) 土地使用费。

(6) 土地闲置费。

(7) 农作物补偿费。

(8) 危房补偿费。

(9) 土地变更用途和超面积补交的地价及相关税费。

(10) 拆迁补偿费用。

(11) 安置及动迁费用。

(12) 回迁房建造费用等。

根据上述规定，大市政配套费在会计上属于土地成本的一部分，因此，在计算土地增值税时准予其作为扣除项目金额扣除。土地闲置费是指向依法取得土地使用权但未按照规定动工建设满1年不满2年的建设单位和个人征收的闲置土地的费用，带有惩罚的性质。因此，《国家税务总局关于土地增值税清算有关问题的通知》（国税函〔2010〕220号）第四条规定，房地产开发企业逾期开发缴纳的土地闲置费不得在计算土地增值税时扣除。但在计算企业所得税时准予扣除，应当注意两者的区别。

3.2.1.2　有关地上、地下附着物拆迁补偿的净支出

"有关地上、地下附着物拆迁补偿的净支出"，是指拆迁补偿支出扣除拆迁旧建筑物等回收的残值后的净余额。

3.2.1.3　土地出让金及配套费返还的处理

国家对土地出让实行"招、拍、挂"方式，房地产开发企业在取得土地后，往往会收到政府部门对其缴纳的土地出让金给予一定比例的返还。

但《国务院关于深化预算管理制度改革的决定》（国发〔2014〕45号）规定，除专门的税收法律、法规和国务院规定外，各部门起草其他法律、法规、发展规划和区域政策都不得突破国家统一财税制度、规定税收优惠政策。未经国务院批准，各地区、各部门不能对企业规定财政优惠政策。各地区、各部门要对已经出台的税收优惠政策进行规范，违反法律法规和国务院规定的一律停止执行；没有法律法规障碍且具有推广价值的，尽快在全国范围内实施；有明确时限的到期停止执行，未明确时限的应设定优惠政策实施时限。建立税收优惠政策备案审查、定期评估和退出机制，加强考核问责，严惩各类违法违规行为。

《国务院关于清理规范税收等优惠政策的通知》（国发〔2014〕62号）进一步明确，严格执行现有行政事业性收费、政府性基金、社会保险管理制度。严禁对企业违规减免或

缓征行政事业性收费和政府性基金、以优惠价格或零地价出让土地；严禁低价转让国有资产、国有企业股权以及矿产等国有资源；严禁违反法律法规和国务院规定减免或缓征企业应当承担的社会保险缴费，未经国务院批准不得允许企业低于统一规定费率缴费。

因此，地方政府返还土地出让金是违反上述政策的。基于该政策，出让金返还款应当冲减土地价款还是作为营业外收入，实务操作中需要按照下列原则处理：

（1）政府下拨资金的文件明确规定该资金属于与土地出让金、拆迁补偿费等拿地有关的返还款的，应当冲减土地价款。

（2）政府如果为了规避自身风险，下拨资金的文件并没有与土地出让直接挂钩，而是明确是给予企业的扶持资金、奖励款等名目的，应当作为其他收入缴纳企业所得税，计算增值税或土地增值税时，均不予冲减土地价款。

3.2.1.4 土地征用及拆迁补偿费中土地成本的特殊处理

根据会计制度规定，在开发产品时，企业应当将土地价值分摊到开发成本中。但土地增值税在计算或申报时均应当将土地价值单独计算和申报。因此，在实际计算及申报土地增值税时，企业必须将开发成本中分摊的土地成本剔除，否则，就会造成重复扣除，并导致加计扣除金额不真实。

3.2.1.5 拆迁补偿费的真实发生与实际支付原则

《国家税务总局山东省税务局关于发布〈国家税务总局山东省税务局土地增值税清算管理办法〉的公告》（国家税务总局山东省税务局公告 2022 年第 10 号）第二十九条规定，拆迁补偿费应当是真实发生和实际支付的，支付给被拆迁人的拆迁补偿、拆迁（回迁）合同和签收花名册或签收凭据应当一一对应。

3.2.2 前期工程费

根据《土地增值税暂行条例实施细则》第七条的规定，前期工程费，包括规划、设计、项目可行性研究和水文、地质、勘察、测绘、"三通一平"等支出。

3.2.2.1 会计处理与税务处理差异分析及应用

根据《企业产品成本核算制度（试行）》（财会〔2013〕17 号印发）的规定，前期工程费是指项目开发前期发生的政府许可规费、招标代理费、临时设施费以及水文地质勘察、测绘、规划、设计、可行性研究、咨询论证费、筹建、场地通平等前期费用。

与《土地增值税暂行条例》的规定比较发现，成本核算制度中，前期工程费增加了招标代理费和临时设施费，原则上这部分费用在计算土地增值税扣除项目金额时可以扣除。但对临时设施费应当具体情况具体分析,看这笔费用是为了开发产品建造还是为了开发产品销售而发生的。如果是为了开发产品建造而发生的临时设施费,如临时工棚、锅炉房、混凝土搅拌站等支出,可以作为前期工程费计入开发成本扣除;但如果是为了开发产品销售而发生的临时设施费,如售楼处等支出,则不允许作为前期工程费计入开发成本扣除。

3.2.2.2 前期工程费的审核

《土地增值税清算管理规程》(国税发〔2009〕91号印发)第二十三条规定,审核前期工程费时应当重点关注:

(1) 前期工程费是否真实发生,是否存在虚列情形。

(2) 是否将房地产开发费用计入前期工程费。

(3) 多个(或分期)项目共同发生的前期工程费,是否按项目合理分摊。

3.2.2.3 税务机关对前期工程费的核定

《国家税务总局关于房地产开发企业土地增值税清算管理有关问题的通知》(国税发〔2006〕187号)第四条第(二)项规定,房地产开发企业办理土地增值税清算所附送的前期工程费的凭证或资料不符合清算要求或不实的,税务机关可参照当地建设工程造价管理部门公布的建筑安装造价定额资料,结合房屋结构、用途、区位等因素,核定上述四项开发成本的单位面积金额标准,并据以计算扣除。具体核定方法由省税务机关确定。

3.2.3 建筑安装工程费

根据《土地增值税暂行条例实施细则》第七条的规定,建筑安装工程费是指以出包方式支付给承包单位的建筑安装工程费,以自营方式发生的建筑安装工程费。

3.2.3.1 建筑安装工程费扣除凭证

《国家税务总局关于营改增后土地增值税若干征管规定的公告》(国家税务总局公告2016年第70号)第五条"关于营改增后建筑安装工程费支出的发票确认问题"明确规定,营改增后,土地增值税纳税人接受建筑安装服务取得的增值税发票,应按照《国家税务总局关于全面推开营业税改征增值税试点有关税收征收管理事项的公告》(国家税务总局公告2016年第23号)的规定,在发票的备注栏注明建筑服务发生地县(市、区)名称及项目名称,否则不得计入土地增值税扣除项目金额。

3.2.3.2 会计处理与税务处理的差异

根据《企业产品成本核算制度(试行)》(财会〔2013〕17号印发)的规定,建筑安装工程费是指开发项目开发过程中发生的各项主体建筑的建筑工程费、安装工程费及精装修费等。

税法规定与成本核算制度规定虽然表述存在差异,但本质上没有区别。

3.2.3.3 精装修房配套的设备等是否可以作为建筑安装工程费扣除问题

房地产开发企业将开发产品精装修销售,包括在精装修过程中一并购置并安装到位的电视机、空调、家具等,是否可以一并计入开发成本在计算土地增值税扣除项目金额中扣除?

《国家税务总局关于房地产开发企业土地增值税清算管理有关问题的通知》(国税发〔2006〕187号)第四条第(四)项规定,房地产开发企业销售已装修的房屋,其装修费用可以计入房地产开发成本。该文件并没有对装修的具体程度和内容做出具体的或原则性规定。

而《国家税务总局安徽省税务局关于修改〈关于若干税收政策问题的公告〉的公告》(国家税务总局安徽省税务局公告2019年第3号)第六条规定,房地产开发企业销售精装修房,其装修费用可以计入房地产开发成本。上述装修费用不包括房地产开发企业自行采购或委托装修公司购买的家用电器、家具所发生的支出,也不包括与房地产连接在一起但可以拆除,且拆除后无实质性损害的物品所发生的支出。房地产开发企业销售精装修房时,如其销售收入包括销售家用电器、家具等取得的收入,应以总销售收入减去销售家用电器、家具等取得的收入作为房地产销售收入计算土地增值税。其中销售家用电器、家具等取得的收入按照购置时的含税销售额计算。

贵州、海南、安徽、新疆、黑龙江、江苏、山东、青岛、北京等部分省市也有类似规定,这些规定基本上是引用了2012年《国家税务总局关于土地增值税若干具体问题的公告(征求意见稿)》的内容,只是表述存在差异。

国家税务总局之所以在2012年的征求意见稿中做此规定,出发点是为了避免房地产开发企业通过人为增加设施,利用加计扣除政策达到少缴或不缴土地增值税的目的。例如,一套普通住宅的原售价不含税为100万元,与之相关的扣除项目金额为83万元,则增值率=(100−83)÷83=20.84%,增值率超过享受优惠政策的起征点,应纳土地增值税=17×30%=5.1(万元)。如果与业主约定,在每套普通住宅中增加一部分设施,且负责安装到位,不增加业主的负担,估计业主是同意的。假设每套普通住宅增加电视机等家电家具5万元,单价调整到105万元。如果这5万元允许扣除的话,则增值额=105－[83＋5×(1＋20%)]＝16(万元),增值额降低,增值率＝16÷[83＋5×(1＋20%)]＝17.98%,增值率未达到起征点,该普通住宅就可以免征土地增值税了。即使这5万元不允许加计扣除,增值额＝105－(83＋5)＝17(万元),增值率＝17÷(83＋5)＝19.32%,增值率也未达起征点,仍旧免征土地增值税。而对于非普通住宅或其他类型房地产来讲,也可以通过上述办法降低税率级次,达到少缴土地增值税的目的。

也就是说,国家税务总局当时的出发点是对的,但,国家税务总局的上述文件在征求意见后并没有正式发布,因此没有任何的法律效力。那么,各省将此引用在地方土地增值税清算管理办法中是否有效?

《土地增值税暂行条例》第十四条规定,本条例由财政部负责解释,实施细则由财政部制定。《土地增值税暂行条例实施细则》第二十二条规定,本细则由财政部解释,或者由国家税务总局解释。从条例和实施细则的授权来看,对土地增值税的解释权在财政部或国家税务总局。但《国家税务总局关于房地产开发企业土地增值税清算管理有关问题的通知》(国税发〔2006〕187号)第八条规定,各省税务机关可依据本通知的规定并结合当地实际情况制定具体清算管理办法。因此,各省结合本地实际情况出台的管理办法是有效的,在土地增值税清算时,应当遵循各省"管理办法"的相关规定执行。

此外,《建筑装饰装修管理规定》(建设部令46号)规定,建筑装饰装修是指为使建筑物、构筑物内、外空间达到一定的环境质量要求,使用建筑装饰装修材料,对建筑物、构筑物的外表和内部进行修饰处理的工程建筑活动。可移动家电家具、日用品、可移动装饰品等不属于装修范围,也不属于土地增值税征收范围,因此从理论上讲,在清算时其采购成本不允许扣除。如果房价中包含这部分家电家具等价值的,本着收入成本配比原则,在清算时,应按采购原价在收入中剔除。

但在实务操作中,对于哪些设施设备是"可以移动的"、哪些是"拆除后无实质性损害"的界定,每一个人的认知可能是完全不同的,如电子显示屏本身是可以移动的,但其需要通过墙体跑线接入系统控制室才能运行,有人认为属于不可移动的设施设备,也有人认为属于可移动设施设备,这样的情况会导致土地增值税清算结果因人而异,缺乏严肃性。

《住房和城乡建设部关于进一步加强住宅装饰装修管理的通知》(建质〔2008〕133号)提倡房地产开发企业更多推出精装修房,提倡"拎包入住"模式交房。适应这样的大背景,如何正确处理"精装修房"的土地增值税扣除项目问题,值得慎重对待。

本书结合相关法律法规及房地产实务,并遵循合理性、合规性、合法性原则,提出如下建议,仅供参考:

根据《土地增值税暂行条例》规定,转让国有土地使用权、地上的建筑物及其附着物并取得收入的单位和个人为土地增值税的纳税义务人。其中附着物指附着于土地上的不能移动,一经移动即遭损坏的物品。因此,如中央空调、采暖设备、卫生、通风、照明、通信、煤气、消防、中央空调、电梯、电气、智能化楼宇设备和配套设施等不能移动的物品可以计入成本。至于精装修过程中购置的电视机、空调、家具等是否可以作为开发成本扣除,较为简单的判定方式是这些设施设备的购置是为了开发产品达到交付条件还是为了促销。可以通过购房合同的约定,确定是否可以扣除。如果购房合同的交房标准中包含这部分设施设备,则属于开发产品验收合格的必备条件,属于开发成本的一部分,原则上准予扣除。但如果在购房合同中没有约定这部分设施设备,而是为了促销等原因另行购置的,则属于销售费用(开发费用)的范畴,不构成土地增值税的扣除项目。当然,如果房价中包含这部分设施设备的价值,也同时从应税收入中剔除。例如,《重庆市地方税务局关于土地增值税若干问题的通知》(渝地税发〔2011〕221号)第二条规定,房地产开发企业销售已装修的精装房,其装修费用(含装饰、设备等费用)已在《商品房买卖合同》中注明的,可以计入房地产开发成本,允许扣除并按规定准予加计扣除。

3.2.3.4 土地增值税清算时尚未支付的质量保证金的处理

土地增值税清算时尚未支付的质量保证金的处理存在以下两个问题。

<u>(1) 房地产开发企业在计算土地增值税时,尚未支付的工程质量保证金(以下简称质保金)部分,是否可以作为建筑安装工程费一并作为扣除项目金额扣除?</u>

《国家税务总局关于土地增值税清算有关问题的通知》(国税函〔2010〕220号)第二条规定,房地产开发企业在工程竣工验收后,根据合同约定,扣留建筑安装施工企业一定比例的工程款,作为开发项目的质量保证金,在计算土地增值税时,建筑安装施工企业就质量保证金对房地产开发企业开具发票的,按发票所载金额予以扣除;未开具发票的,扣留的质保金不得计算扣除。

<u>(2) 如果房地产开发企业尚未支付的质保金在土地增值税清算时,因没有取得发票无法得到扣除,但以后年度重新取得发票,是否可以向税务机关申请退还清算时多缴的土地增值税?</u>

根据《税收征收管理法》第五十一条的规定,纳税人超过应纳税额缴纳的税款,税务机关发现后应当立即退还;纳税人自结算缴纳税款之日起3年内发现的,可以向税务机

关要求退还多缴的税款并加算银行同期存款利息,税务机关及时查实后应当立即退还;涉及从国库中退库的,依照法律、行政法规有关国库管理的规定退还。

此外,《国家税务总局山东省税务局关于发布〈国家税务总局山东省税务局土地增值税清算管理办法〉的公告》(国家税务总局山东省税务局公告 2022 年第 10 号)要求,土地价款、拆迁补偿费、建筑安装工程费、工程监理费等必须实际支付才能扣除;允许申请二次清算的条件之一是"清算时未支付款项而在清算后支付的"情况。言外之意,清算时,所有的扣除项目金额都应当是实际支付的,如果没有实际支付,清算当期不得扣除,3 年内实际支付的,可以向税务机关申请二次清算。该项规定是否适用于质保金的扣除呢?本着"上位法优于下位法"原则,质保金的扣除,不能遵循《国家税务总局山东省税务局关于发布〈国家税务总局山东省税务局土地增值税清算管理办法〉的公告》(国家税务总局山东省税务局公告 2022 年第 10 号)的规定,而应当按《国家税务总局关于土地增值税清算有关问题的通知》(国税函〔2010〕220 号)执行。也就是说,质保金清算时是否可以扣除,关键看是否取得发票。只要取得了发票,即使没有实际支付,质保金在清算时也可以扣除。

3.2.3.5 利用层高系数法分摊建筑安装工程费的合理性分析

由于建筑安装工程费的大小与建筑层高存在直接关系,部分省市采用层高系数法将建筑安装工程费分摊计入不同的清算项目,是非常合理的。

《国家税务总局关于房地产开发企业土地增值税清算管理有关问题的通知》(国税发〔2006〕187 号)第四条第(五)项规定,属于多个房地产项目共同的成本费用,应按清算项目可售建筑面积占多个项目可售总建筑面积的比例或其他合理的方法,计算确定清算项目的扣除金额。

依据上述规定,税法允许企业选择其他合理的方法分摊共同费用。而按层高系数法分摊建筑安装工程费也被大部分省市税务机关所认可。例如,《新疆维吾尔自治区地方税务局关于明确土地增值税相关问题的公告》(新疆维吾尔自治区地方税务局公告 2016 年第 6 号)第六条"关于清算单位中住宅与商业用房的建筑安装工程费扣除问题"规定,清算单位中既有住宅又有商业用房的,商业用房建筑安装工程费可以按照层高系数予以调整,其余扣除项目成本不得按层高系数调整。商业用房层高系数小于 1.5 的,其建筑安装工程费不予调整。商业用房层高系数 = 商业用房单层层高 ÷ 单层住宅层高。

在实务操作中,层高系数法可以按下列步骤计算:

$$\text{不同类型商品房应分摊的建筑安装工程费} = \frac{\text{建筑安装工程费总额}}{\sum \text{层高系数面积}} \times \text{不同类型商品房层高系数} \times \text{已售面积}$$

$$\sum \text{层高系数面积} = \sum \text{不同类型商品房层高系数} \times \text{可售面积}$$

注：层高系数设置，选取住宅层高为基数，设定为1，根据其他商品房层高与住宅层高之比，计算出各自层高系数。

例 3-1 某商住楼下面 4 层为商业房，层高 4.8 米（可售面积 5 000 平方米，已经销售 4 800 平方米），上面 28 层为普通住宅，层高 2.9 米（可售面积 30 000 平方米，已经销售 29 000 平方米）。该项目建筑安装工程费总额为 8 000 万元。请按层高系数法分别计算普通住宅和商业房在计算土地增值税时准予扣除的建筑安装工程费。

(1) 设置普通住宅层高系数=1。

(2) 商业房层高系数=4.8÷2.9×1=1.66。

(3) ∑层高系数面积=(30 000×1)+(5 000×1.66)=38 300(平方米)。

(4) 商业房和普通住宅在清算时准予扣除的建筑安装工程费计算如下：

商业房分摊的建筑安装工程费=(8 000÷38 300)×(1.66×4 800)=1 664.33(万元)。

普通住宅分摊的建筑安装工程费=(8 000÷38 300)×(1×29 000)=6 057.44(万元)。

3.2.3.6 装修费用的成本归集

《国家税务总局山东省税务局关于发布〈国家税务总局山东省税务局土地增值税清算管理办法〉的公告》（国家税务总局山东省税务局公告 2022 年第 10 号）第三十条规定，对于单独签订装修合同、单独结算、有明确受益对象的室内精装修成本，可直接归集。

该规定意义重大，在实务操作中，不同类型房地产的装修可能因装修的风格、建筑材料等的不同，由不同的设计单位和施工单位进行，往往可以取得不同单位开具的发票。因此，如果一律按建筑面积法分摊，可能会增加土地增值税负担，如商业房的装修成本一般会远远高于普通住宅的装修成本。将商业房的装修成本直接计入商业房进行清算，可以增大商业房土地增值税扣除项目金额，降低企业整体土地增值税负担。

3.2.3.7 建筑安装工程费在不同清算对象分摊时的建筑面积规范

《建筑工程建筑面积计算规范》（中华人民共和国住房和城乡建设部公告第 269 号）对于建筑安装工程费的分摊基数作出如下规定：

(1) 建筑物的建筑面积应按自然层外墙结构外围水平面积之和计算。结构层高在

2.20米及以上的,应计算全面积;结构层高在2.20米以下的,应计算1/2面积。

(2) 建筑物内设有局部楼层时,对于局部楼层的二层及以上楼层,有围护结构的应按其围护结构外围水平面积计算,无围护结构的应按其结构底板水平面积计算,且结构层高在2.20米及以上的,应计算全面积,结构层高在2.20米以下的,应计算1/2面积。

(3) 对于形成建筑空间的坡屋顶,结构净高在2.10米及以上的部位应计算全面积;结构净高在1.20米及以上至2.10米以下的部位应计算1/2面积;结构净高在1.20米以下的部位不应计算建筑面积。

(4) 对于场馆看台下的建筑空间,结构净高在2.10米及以上的部位应计算全面积;结构净高在1.20米及以上至2.10米以下的部位应计算1/2面积;结构净高在1.20米以下的部位不应计算建筑面积。室内单独设置的有围护设施的悬挑看台,应按看台结构底板水平投影面积计算建筑面积。有顶盖无围护结构的场馆看台应按其顶盖水平投影面积的1/2计算面积。

(5) 地下室、半地下室应按其结构外围水平面积计算。结构层高在2.20米及以上的,应计算全面积;结构层高在2.20米以下的,应计算1/2面积。

(6) 出入口外墙外侧坡道有顶盖的部位,应按其外墙结构外围水平面积的1/2计算面积。

(7) 建筑物架空层及坡地建筑物吊脚架空层,应按其顶板水平投影计算建筑面积。结构层高在2.20米及以上的,应计算全面积;结构层高在2.20米以下的,应计算1/2面积。

(8) 建筑物的门厅、大厅应按一层计算建筑面积,门厅、大厅内设置的走廊应按走廊结构底板水平投影面积计算建筑面积。结构层高在2.20米及以上的,应计算全面积;结构层高在2.20米以下的,应计算1/2面积。

(9) 对于建筑物间的架空走廊,有顶盖和围护设施的,应按其围护结构外围水平面积计算全面积;无围护结构、有围护设施的,应按其结构底板水平投影面积计算1/2面积。

(10) 对于立体书库、立体仓库、立体车库,有围护结构的,应按其围护结构外围水平面积计算建筑面积;无围护结构、有围护设施的,应按其结构底板水平投影面积计算建筑面积。无结构层的应按一层计算,有结构层的应按其结构层面积分别计算。结构层高在2.20米及以上的,应计算全面积;结构层高在2.20米以下的,应计算1/2面积。

（11）有围护结构的舞台灯光控制室,应按其围护结构外围水平面积计算。结构层高在 2.20 米及以上的,应计算全面积;结构层高在 2.20 米以下的,应计算 1/2 面积。

（12）附属在建筑物外墙的落地橱窗,应按其围护结构外围水平面积计算。结构层高在 2.20 米及以上的,应计算全面积;结构层高在 2.20 米以下的,应计算 1/2 面积。

（13）窗台与室内楼地面高差在 0.45 米以下且结构净高在 2.10 米及以上的凸（飘）窗,应按其围护结构外围水平面积计算 1/2 面积。

（14）有围护设施的室外走廊（挑廊）,应按其结构底板水平投影面积计算 1/2 面积;有围护设施（或柱）的檐廊,应按其围护设施（或柱）外围水平面积计算 1/2 面积。

（15）门斗应按其围护结构外围水平面积计算建筑面积,且结构层高在 2.20 米及以上的,应计算全面积;结构层高在 2.20 米以下的,应计算 1/2 面积。

（16）门廊应按其顶板的水平投影面积的 1/2 计算建筑面积;有柱雨篷应按其结构板水平投影面积的 1/2 计算建筑面积;无柱雨篷的结构外边线至外墙结构外边线的宽度在 2.10 米及以上的,应按雨篷结构板的水平投影面积的 1/2 计算建筑面积。

（17）设在建筑物顶部的、有围护结构的楼梯间、水箱间、电梯机房等,结构层高在 2.20 米及以上的应计算全面积;结构层高在 2.20 米以下的,应计算 1/2 面积。

（18）围护结构不垂直于水平面的楼层,应按其底板面的外墙外围水平面积计算。结构净高在 2.10 米及以上的部位,应计算全面积;结构净高在 1.20 米及以上至 2.10 米以下的部位,应计算 1/2 面积;结构净高在 1.20 米以下的部位,不应计算建筑面积。

（19）建筑物的室内楼梯、电梯井、提物井、管道井、通风排气竖井、烟道,应并入建筑物的自然层计算建筑面积。有顶盖的采光井应按一层计算面积,且结构净高在 2.10 米及以上的,应计算全面积;结构净高在 2.10 米以下的,应计算 1/2 面积。

（20）室外楼梯应并入所依附建筑物自然层,并应按其水平投影面积的 1/2 计算建筑面积。

（21）在主体结构内的阳台,应按其结构外围水平面积计算全面积;在主体结构外的阳台,应按其结构底板水平投影面积计算 1/2 面积。

（22）有顶盖无围护结构的车棚、货棚、站台、加油站、收费站等,应按其顶盖水平投影面积的 1/2 计算建筑面积。

（23）以幕墙作为围护结构的建筑物,应按幕墙外边线计算建筑面积。

（24）建筑物的外墙外保温层，应按其保温材料的水平截面积计算，并计入自然层建筑面积。

（25）与室内相通的变形缝，应按其自然层合并在建筑物建筑面积内计算。对于高低联跨的建筑物，当高低跨内部连通时，其变形缝应计算在低跨面积内。

（26）对于建筑物内的设备层、管道层、避难层等有结构层的楼层，结构层高在2.20米及以上的，应计算全面积；结构层高在2.20米以下的，应计算1/2面积。

（27）下列项目不应计算建筑面积：

① 与建筑物内不相连通的建筑部件。

② 骑楼、过街楼底层的开放公共空间和建筑物通道。

③ 舞台及后台悬挂幕布和布景的天桥、挑台等。

④ 露台、露天游泳池、花架、屋顶的水箱及装饰性结构构件。

⑤ 建筑物内的操作平台、上料平台、安装箱和罐体的平台。

⑥ 勒脚、附墙柱、垛、台阶、墙面抹灰、装饰面、镶贴块料面层、装饰性幕墙，主体结构外的空调室外机搁板（箱）、构件、配件，挑出宽度在2.10米以下的无柱雨篷和顶盖高度达到或超过两个楼层的无柱雨篷。

⑦ 窗台与室内地面高差在0.45米以下且结构净高在2.10米以下的凸（飘）窗，窗台与室内地面高差在0.45米及以上的凸（飘）窗。

⑧ 室外爬梯、室外专用消防钢楼梯。

⑨ 无围护结构的观光电梯。

⑩ 建筑物以外的地下人防通道，独立的烟囱、烟道、地沟、油（水）罐、气柜、水塔、贮油（水）池、贮仓、栈桥等构筑物。

3.2.3.8 建筑安装工程费的审核

《土地增值税清算管理规程》（国税发〔2009〕91号印发）第二十五条规定，审核建筑安装工程费时应当重点关注：

（1）发生的费用是否与决算报告、审计报告、工程结算报告、工程施工合同记载的内容相符。

（2）房地产开发企业自购建筑材料时，自购建材费用是否重复计算扣除项目。

（3）参照当地当期同类开发项目单位平均建筑安装成本或当地建设部门公布的单位定额成本，验证建筑安装工程费支出是否存在异常。

（4）房地产开发企业采用自营方式自行施工建设的，还应当关注有无虚列、多列施工人工费、材料费、机械使用费等情况。

(5) 建筑安装发票是否在项目所在地税务机关开具。

3.2.4 基础设施费

根据《土地增值税暂行条例实施细则》第七条的规定,基础设施费包括开发小区内道路、供水、供电、供气、排污、排洪、通信、照明、环卫、绿化等工程发生的支出。

在实务操作中,应当特别注意绿化费的列支口径及范围。通常开发小区绿化费是在经审批的《工程规划许可证》中载明的绿地率指标来衡量的。绿地率是指小区用地范围内各类绿地的总和与小区用地的比率,主要包括公共绿地、宅旁绿地、配套公建所属绿地和道路绿地等。其计算公式为:

$$绿地率 = \frac{绿化面积}{占地面积}$$

绿化支出的核算内容一般包括三大类:第一类是景观绿化设计费用,景观、绿化设计通常与小区道路、供气、供暖、照明、环卫等进行一揽子规划设计;第二类是草种、树种等各类绿植购置费用及运输费等相关费用,该项费用是绿化项目的核心支出,以购进相关绿植或草种树种发票作为凭据;第三类是种植、培植、浇水、施肥等以人工支出为主的绿化实施费用。

近年来,利用人为做大绿化支出,以逃避土地增值税的现象并不少见。这种现象已经引起主管税务部门的关注。税务人员主要发现如下问题:

(1) 将绿化工程出包给关联方,利用关联交易,人为抬高绿化费用支出。具体表现在:

① 绿化面积占占地面积比例明显超出工程规划绿地率。

② 绿化工程出包价格远高于同期非关联方出包价格。

③ 绿化草种、树种与施工现场比较,差异较大。例如,合同及发票注明采购的树种为名贵树种,但施工现场却并没有实际栽植或以较为低廉的树种代替。某房地产开发企业合同发票明显注明的树种为广玉兰、白玉兰、桂花、紫玉兰,实际栽种的却是杨柳、榆槐,不仅价格相差较大,而且数量也完全不相符。

(2) 甲供材料合同中已经包含绿化支出,却又另外大量取得绿化费发票,重复列支绿化支出。具体表现在:

① 只有购进草种树种绿植发票,却没有栽种、培植、浇灌施肥记录和人工费用

支出。

② 虽然有培植记录和人工费的列支，但从支付凭证等看，明显存在编造的迹象。

（3）将增值率较低的清算项目的绿化费挤入增值率较高的清算项目中，规避较高的土地增值税税负。

在此需要提醒的是，虚构或人为抬高绿化支出，存在巨大的涉税风险，具体如下：

① 接受与真实交易不相符的发票，包括名称不相符或金额不相符，都构成"让他人为自己开具发票"或"开具与实际交易不相符的发票"的虚开发票的违法行为。这种行为不仅会面临行政处罚，严重的还可能构成犯罪。

② 将绿化工程出包给关联方，如果没有按独立交易原则支付价款，会面临税务机关的价格核定补征增值税和土地增值税的风险，且税务机关可能会对企业所得税进行特别纳税调整。

3.2.4.1 会计处理与税务处理的差异

根据《企业产品成本核算制度（试行）》（财会〔2013〕17号印发）的规定，基础设施建设费是指开发项目在开发过程中发生的道路、供水、供电、供气、供暖、排污、排洪、消防、通信、照明、有线电视、宽带网络、智能化等社区管网工程费和环境卫生、园林绿化等园林、景观环境工程费用等。

税法规定与成本核算制度比较，本质上没有区别，只是增加了一部分现代化基础设施项目，在计算土地增值税时均可以计入开发成本扣除。

3.2.4.2 基础设施费的审核

《土地增值税清算管理规程》（国税发〔2009〕91号印发）第二十三条规定，审核前期工程费、基础设施费时应当重点关注：

（1）前期工程费、基础设施费是否真实发生，是否存在虚列情形。

（2）是否将房地产开发费用计入前期工程费、基础设施费。

（3）多个（或分期）项目共同发生的前期工程费、基础设施费，是否按项目合理分摊。

3.2.5 公共配套设施费

根据《土地增值税暂行条例实施细则》第七条的规定，公共配套设施费包括不能有偿转让的开发小区内公共配套设施发生的支出，包括不能有偿转让的假山、走廊、会所、景观设施等开发小区内的公共配套设施发生的支出。

3.2.5.1 会计处理与税务处理的差异

根据《企业产品成本核算制度(试行)》(财会〔2013〕17 号印发)的规定,公共配套设施费是指开发项目内发生的、独立的、非营利性的且产权属于全体业主的,或无偿赠与地方政府、政府公共事业单位的公共配套设施费用等。

税法规定与成本核算制度规定基本一致。

无论从税法角度还是会计角度,界定是否属于公共配套设施费用,应当关注是否同时具备下列条件:

(1) 是一个独立的项目。

(2) 具有非营利性。

(3) 产权属于全体业主或无偿赠与政府部门。

3.2.5.2 公共配套设施费用分摊扣除规定

《国家税务总局关于房地产开发企业土地增值税清算管理有关问题的通知》(国税发〔2006〕187 号)第四条第三款规定:

(1) 配套设施建成后,产权属于全体业主所有的,其成本费用可以扣除。

(2) 建成后无偿移送给政府或公用事业单位用于非营利性社会公共事业的,成本费用可以扣除。

(3) 建成后有偿转让的,应当计算收入并扣除相关的成本费用。

以车库为例,有产权对外销售的车库,其收入应并入房地产销售收入,相应的车库开发成本应准予扣除,并享受加计扣除;业主共有的车库属于公共配套设施,相应的车库开发成本应准予扣除,并享受加计扣除;开发商自留的车库,因其产权归属于开发商自有,因此,相应的开发成本不允许扣除。

例如,《国家税务总局山东省税务局关于发布〈国家税务总局山东省税务局土地增值税清算管理办法〉的公告》(国家税务总局山东省税务局公告 2022 年第 10 号)第三十二条规定,房地产开发企业处置利用地下人防设施建造的车库(位)等设施取得的收入,不征收土地增值税,在清算时不列收入,不扣除相应的成本。不予扣除的成本计算公式如下:

$$\text{不予扣除的成本} = \frac{\text{测绘报告确定的地下人防设施建筑面积}}{\text{测绘报告确定的总建筑面积}} \times \text{建筑安装工程费} \left(\text{不包含有明确受益对象的室内精装修成本} \right)$$

值得注意的是,该规定并不是说配建的人防设施成本不允许扣除,而是指利用人防设施在规划外另行建造的车库(位)等的建筑安装成本因为无产权,不需要缴纳土地增值税,其成本也不允许扣除。例如,《江苏省地方税务局关于土地增值税若干问题的公告》(苏地税规〔2015〕8号)第三条规定,依法配建并经验收合格的人防工程,允许扣除相关成本、费用。

 案例分析

如何理解公共配套设施非营利性的含义

甲房地产开发企业开发的某一个开发项目中配套建造了游泳池。小区交付后,游泳池向业主开放的同时,为了弥补项目运营的损失,也向周边群众开放,通过"会员制"方式收取一部分费用,但该项目的运营总体始终是亏损的。该项目的运营由甲房地产开发企业设立的物业公司负责。在进行该项目的土地增值税清算时,税务机关以该项目收取会员费为由,认为不符合公共配套设施费用非营利性的条件,不允许将游泳池的成本按公共配套设施费用计入开发成本扣除。那么,"非营利性"是不是意味着不可以收费?

非营利性的含义在法律上并没有权威解释。百度百科根据《中华人民共和国民法典》第八十七条"为公益目的或者其他非营利目的成立,不向出资人、设立人或者会员分配所取得利润的法人,为非营利法人"的规定对"非营利性"作出如下解释:非营利性是指社会团体、组织或个人不以营利为目的所从事的活动,其本身不以营利为目的,产生的收益为以提供其活动的资金。

言外之意,"非营利性"并不是不可以收费,而是必须将收取的费用专门用于非营利项目的运营。如果非营利性项目实现了盈利,是不可以向投资方分配利润的,只能用于非营利项目的进一步的发展和项目设施的改善或捐赠给政府部门用于其他非营利项目。这是我们把握"非营利性"时需要关注的要点。

3.2.5.3 人防工程是否必须有移交手续,其成本才能作为扣除项目金额扣除

部分省市要求,人防工程必须有移交给人防部门的手续,其成本才能在计算土地增值税时扣除,如《国家税务总局青岛市税务局关于发布〈国家税务总局青岛市税务局房地产开发项目土地增值税清算管理办法〉的公告》(青岛市税务局公告2022年第6号)第二十三条规定,未无偿移交给政府、公共事业单位的地下人防设施,其相应成本不允许扣除。该成本按照人防工程建筑面积占总建筑面积的比例,在不含室内装修费用的全部建筑安装工程费中计算。室内装修费用未能单独核算归集或划分不清的,在计算

该成本时，不得从全部建筑安装工程费中剔除。安徽省（国家税务总局安徽省税务局公告2018年第21号）、广西壮族自治区（广西壮族自治区地方税务局公告2018年第1号）、天津市（天津市地方税务局公告2016年第25号）、山东省（国家税务总局山东省税务局公告2022年第10号）等也有类似规定。

上述政策基本上是将人防工程作为公共配套设施进行土地增值税处理的。但问题是，从人防工程的本质来看，将其界定为公共配套设施是否符合目前的法律规定呢？

《国家税务总局山东省税务局关于发布〈国家税务总局山东省税务局土地增值税清算管理办法〉的公告》（国家税务总局山东省税务局公告2022年第10号）第二十九条规定，公共配套设施费，包括房地产开发企业开发建造的与清算项目配套的居委会和派出所用房、会所、停车场（库）、物业管理场所、变电站、热力站、水厂、文体场馆、学校、幼儿园、托儿所、医院、邮电通信等公共设施。

以上列举的项目，都分别有着明确的接收单位或者交付对象，清算时税务局要求实物移交后成本才可以扣除，或者计算收入的同时成本才可以扣除，实践中基本不存在异议。但是，对于防空地下室来说，并不在上述公共设施列举范围内，其法律法规和实际管理和以上项目也存在明显不同。

1）人防工程是否属于公共配套设施

人民防空工程亦称人防工程，是指为保障战时人员与物资掩蔽、人民防空指挥、医疗救护而单独修建的地下防护建筑，以及结合地面建筑修建的战时可用于防空的地下室。《中华人民共和国人民防空法》（以下简称《人民防空法》）第二十二条规定，城市新建民用建筑，按照国家有关规定修建战时可用于防空的地下室。同时，第四十八条规定，城市新建民用建筑，违反国家有关规定不修建战时可用于防空的地下室的，由县级以上人民政府人民防空主管部门对当事人给予警告，并责令限期修建，可以并处10万元以下的罚款。

《人民防空法》第二条规定，人民防空工程是国防的组成部分。

《人民防空法》第五条规定，国家鼓励、支持企业事业组织、社会团体和个人，通过多种途径，投资进行人民防空工程建设；人民防空工程平时由投资者使用管理，收益归投资者所有。

目前绝大多数地方商品房交付前，均要求人防工程与主体建筑同时竣备，同时验收。

综上所述,可以得出如下两点结论:

第一,人防工程就是开发商必须修建的,产权属于国家,平时投资人只有使用权,而没有所有权,投资人可以在使用中取得收益,用于人防工程的日常维护。

第二,人防工程并不是公共建筑,而是民用建筑的附属构筑物,未经批准,任何单位和个人是不能擅自使用的,所以说人防工程严格意义上来讲并不属于公共配套设施,而是一项产权属于国家所有的"基础设施",理论上也就不能按公共配套设施的相关规定进行税务处理。

2）人防工程是否需要移交才能税前扣除

首先,既然人防工程不属于公共配套设施,也就不能按各地规定的"无偿移交"才能计入扣除项目金额的相关政策执行。

其次,按照《最高人民法院关于适用〈中华人民共和国公司法〉若干问题的规定（三）》（法释〔2011〕3号）第十条的相关规定,产权移交必须办理过户手续。既然产权属于国家所有,房地产开发企业就不具备向人防部门转移产权的可能性。

3）人防工程具备何种条件时,其成本可在计算土地增值税时扣除

我们来看山东省的几个相关政策文件。

《山东省人民防空工程管理办法》及其配套文件《山东省人民防空办公室关于印发〈山东省防空地下室工程面积计算规则〉的通知》（鲁防发〔2020〕5号）、《山东省人民防空办公室关于印发〈山东省人民防空工程建设档案管理规定〉的通知》（鲁防发〔2020〕6号）、山东省人民防空办公室下发的《关于印发〈山东省人民防空工程竣工验收备案管理办法〉的通知》（鲁防发〔2020〕7号）,对防空地下室的面积计算、验收、备案、登记、档案移交等做了详细规定,总结如下:

（1）建设单位应当按照档案管理的有关规定,建立人民防空工程档案,并在人民防空工程竣工验收合格后30日内,向工程所在地城建档案馆和县级人民政府人民防空主管部门"移交"工程档案。

也就是说,建设单位必须建立人民防空工程档案,并在人防工程竣工验收合格后的30日内,将档案移交给人防办。

（2）建设单位应当在人防工程竣工验收合格之日起15日内,向管辖该工程的备案机构（指县级以上人民防空主管部门或实行集中行政许可权的县级以上行政审批主管部门）申请备案,然后应当持《山东省人民防空工程竣工备案表》,向管辖该工程的主管部门（或备案机构）办理人防工程登记、编号、建档手续。

也就是说，建设单位应当在人防工程竣工验收合格之日起15日内向县级及县以上人防部门申请备案，并办理人防工程的登记、编号、建档手续。

（3）各级人民防空主管部门是人民防空工程建设档案管理的主管部门，按照属地管理原则管理人防工程档案。人防工程档案经人防部门验收合格后，出具人防工程档案验收意见。移交的档案包括人防工程建设档案分类大纲、单建人防工程文件归档内容、结合民用建筑修建防空地下室文件归档内容、早期人防工程文件归档内容等4大项，其中民用建筑修建防空地下室文件的归档内容由工程准备阶段文件、专项验收文件、竣工图纸、平战转换资料、维护管理移交手续、施工文件、监理文件7部分组成。

这里我们需要特别注意的是"维护管理移交手续"的具体内容是指"人防工程设施设备清单"和"人防工程维护记录"。

也就是说，人防工程档案经人防部门验收合格后，应向建设单位出具人防工程档案验收意见。

从以上政策及其精神可以看出，山东省关于防空工程的政府管理模式是"建设—验收—备案—登记—档案移交"，没有要求"实物移交"。

综合以上政策，人防工程从法律上不存在移交产权的问题，建设单位在人防工程竣工验收合格后按规定将人防工程档案提交人防部门登记，即可完成所有的程序。因此，强调人防工程必须提供移交手续才能作为公共配套设施费用扣除，是与现实情况和现有法律法规相背离的。也正因如此，部分省市已经专门下文，不再强调提供移交手续即可扣除。列举部分如下：

《新疆维吾尔自治区地方税务局关于明确土地增值税相关问题的公告》（新疆维吾尔自治区地方税务局公告2016年第6号）第三条规定，房地产开发企业依法配建并经验收合格（人防部门出具验收合格手续）的人防工程，人防设施建造费用计入相关成本、费用，允许扣除。

《国家税务总局广东省税务局土地增值税清算管理规程》（国家税务总局广东省税务局公告2019年第5号）第三十一条规定，不能办理权属转移登记手续的人防车位，其建筑面积按照人防设施竣工验收备案文件确定，其不予扣除的成本按照建筑面积比例在不含室内（外）装修费用的建筑安装工程费中计算。

《国家税务总局江西省税务局关于土地增值税若干征管问题的公告》（国家税务总局江西省税务局公告2018年第16号）规定，对利用地下人防设施改造成地下车库（位）

的,其成本费用归集到公共配套设施费中一次性扣除(注:视为公共配套设施,但不需要提交移交手续)。

《江苏省地方税务局关于土地增值税若干问题的公告》(苏地税规〔2015〕8号)第三条"关于人防工程成本费用扣除问题"明确,依法配建并经验收合格的人防工程,允许扣除相关成本、费用。房地产开发项目按建设规划要求建造的人防设施,属于公共配套设施,其成本和费用按照公共配套设施的相关政策处理,无论其如何使用均不归集收入。

《常州市地方税务局税政一处关于土地增值税若干征税问题的处理意见》(常地税一便函〔2012〕5号)第六条规定,对作为公共配套设施(包括可扣除的人防设施)的地下建筑,按规定予以扣除。

3.2.5.4　多个开发项目的公共配套设施滞后建设成本的分摊

《国家税务总局山东省税务局关于发布〈国家税务总局山东省税务局土地增值税清算管理办法〉的公告》(国家税务总局山东省税务局公告2022年第10号)第二十九条规定,同时开发多个房地产开发项目,但公共配套设施滞后建设的,滞后建设的公共配套设施按照受益对象分摊扣除。

此规定应当理解为,各项目符合清算条件时应当先办理清算,滞后建造的公共配套设施的费用暂不分摊计入扣除项目金额扣除,待后期公共配套设施费用发生时,经纳税人申请允许二次清算时再予以扣除。

3.2.5.5　公共配套设施费的审核

《土地增值税清算管理规程》(国税发〔2009〕91号印发)第二十四条规定,审核公共配套设施费时应当重点关注:

(1) 公共配套设施的界定是否准确,公共配套设施费是否真实发生,有无预提的公共配套设施费情况。

(2) 是否将房地产开发费用计入公共配套设施费。

(3) 多个(或分期)项目共同发生的公共配套设施费,是否按项目合理分摊。

3.2.6　开发间接费用

根据《土地增值税暂行条例实施细则》第七条的规定,开发间接费用是指直接组织、管理开发项目发生的费用,包括工资、职工福利费、折旧费、修理费、办公费、水电费、劳动保护费、周转房摊销等。

(1) 工资,指开发企业内部独立核算单位现场管理机构行政、技术、经济、服务等人员的工资、奖金和津贴。

（2）职工福利费，指开发企业内部独立核算单位现场管理机构行政、技术、经济、服务等人员工资总额的一定比例（目前为14%）提取的职工福利费。

目前针对土地增值税的福利费扣除标准并没有具体的规定，因此，可以按《国家税务总局关于企业工资薪金及职工福利费扣除问题的通知》（国税函〔2009〕3号）规定执行。

值得注意的是，《国家税务总局山东省税务局关于发布〈国家税务总局山东省税务局土地增值税清算管理办法〉的公告》（国家税务总局山东省税务局公告2022年第10号）第二十九条允许将直接参与项目管理的人员的社会保险费也计入"开发间接费用"扣除。

（3）折旧费，指开发企业内部独立核算单位使用属于固定资产的房屋、设备、仪器等提取的折旧费。

（4）修理费，指开发企业内部独立核算单位使用属于固定资产的房屋、设备、仪器等发生的修理费。

（5）办公费，指开发企业内部独立核算单位各管理部门办公用的文具、纸张、印刷、邮电、书报、会议、差旅交通、烧水和集体取暖用煤等费用。

（6）水电费，指开发企业内部独立核算单位各管理部门耗用的水电费。

（7）劳动保护费，指用于开发企业内部独立核算单位职工的劳动保护用品的购置、摊销和修理费，供职工保健用营养品、防暑饮料、洗涤肥皂等物品的购置费或补助费，以及工地上供职工洗澡、饮水的燃料等。

（8）周转房摊销，指不能确定为某项开发项目安置拆迁居民周转使用的房屋计提的摊销费。

除上述费用以外的开发间接费用需要征得税务机关的认可才能计入扣除项目。需要指出的是，土地增值税开发成本中的开发间接费与企业所得税中的房地产开发成本中的开发间接费是不尽相同的，如"项目营销设施建造费"在计算企业所得税时准予扣除，但在计算土地增值税时不允许作为扣除项目金额。

3.2.6.1 在计算土地增值税时开发费用和开发间接费用概念的区别

开发费用属于房地产开发企业实际发生的期间费用，包括企业发生的管理费用、销售费用和财务费用。这部分费用在计算土地增值税时，并不是按实际发生额扣除，而是根据某开发项目的土地价值和开发成本合计按一定比例推算出的金额扣除。而开发间接费用属于开发成本的组成部分,不仅可以作为扣除项目金额扣除,而且可以作为加计扣除20%的计算基数。另外,开发间接费用中包含的人工费部分,并不是按会计准则核算的人工费,而仅限于开发企业内部独立核算单位现场管理机构行政、技术、经济、服务等人员的工资、福利费和劳动保护费,其他人工费如教育经费、工会经费、住房公积金、社会保险费等,均不得计入开发间接费用在计算土地增值税时扣除,各地有特殊规定的除外,如山东省允许将社会保险费计入开发间接费用扣除等。

3.2.6.2 会计处理与税务处理的差异

根据《企业产品成本核算制度(试行)》(财会〔2013〕17号印发)的规定,开发间接费是指企业为直接组织和管理开发项目所发生的,且不能将其直接归属于成本核算对象的工程监理费、造价审核费、结算审核费、工程保险费等。为业主代扣代缴的公共维修基金等不得计入产品成本。

税收规定与会计规定的区别在于:

(1) 成本核算制度取消了直接参与项目管理人员的部分人工成本计入开发间接费用的规定,但在计算土地增值税时遵循税法规定执行,仍旧应当将符合条件的人工成本计入开发间接费用扣除。

(2) 成本核算制度增加了工程监理费、造价审核费、结算审核费、工程保险费四项费用,这部分费用虽然在原有的税法规定中没有提及,但在实务操作中多数省市允许计入开发间接费用或建筑安装工程费等计入开发成本扣除。

例如,《广州市地方税务局关于印发土地增值税清算工作若干问题处理指引(2012年修订版)的通知》(穗地税函〔2012〕198号)第十二条第二款规定,房地产开发企业发生的下列费用,应作为管理费用计算扣除:

① 委托第三方公司进行房地产项目开发管理,支付的有关项目管理费用(工程监理费除外)。

② 向上级公司缴纳的管理费。

③ 转让房地产过程中缴纳的诉讼费。

④ 为开发项目购买的商业保险。

也就是说,上述费用中,将工程监理费外的项目管理费用计入开发费用,工程监理费计入开发成本作为扣除项目金额扣除。

又如,《湖南省地方税务局关于进一步规范土地增值税管理的公告》(湖南省地方税务局公告2014年第7号)第六条、《内蒙古自治区地方税务局关于进一步明确土地增值税有关政策的通知》(内地税字〔2014〕159号)第七条都规定,开发间接费用是指直接组织、管理开发项目发生的费用,包括工资、职工福利费、折旧费、修理费、办公费、水电费、劳动保护费、周转房摊销、工程监理费、安全监督费等。

还需要注意的是,《房地产开发经营业务企业所得税处理办法》(国税发〔2009〕31号印发)第二十七条规定的开发间接费包括项目营销设施建造费,但这项规定不适用于土地增值税的扣除。也就是说,售楼处等营销设施的建造费及租赁费等,准予在企业所得税前作为开发间接费用扣除,但不允许在土地增值税计算时作为开发间接费用扣除。例如,《江苏省地方税务局关于土地增值税有关业务问题的公告》(苏地税规〔2012〕1号)第五条规定,对房地产开发企业售楼处等营销设施的装修费用,应计入房地产开发费用。

3.2.6.3 样板房的成本是否可以计入开发间接费用

在计算土地增值税时,样板房实际发生的建造费,是否准予扣除,并没有一个统一的规定,本书结合《国家税务总局贵州省税务局关于发布〈贵州省土地增值税清算管理办法〉的公告》(国家税务总局贵州省税务局公告2022年第12号)、《国家税务总局山东省税务局关于发布〈国家税务总局山东省税务局土地增值税清算管理办法〉的公告》(国家税务总局山东省税务局公告2022年第10号)、《国家税务总局安徽省税务局关于修改〈安徽省土地增值税清算管理办法〉的公告》(国家税务总局安徽省税务局公告2018年第21号)、《广西壮族自治区地方税务局关于发布〈广西壮族自治区房地产开发项目土地增值税管理办法(试行)〉的公告》(广西壮族自治区地方税务局公告2018年第1号)、《安徽省地方税务局关于发布〈安徽省土地增值税清算管理办法〉的公告》(安徽省地方税务局公告2017年第6号)等地方政策,总结如下:

(1)房地产开发企业在清算项目内单独修建临时性建筑物作为售楼部、样板房等营销设施且不能转让的,其发生的设计、建造、装修等费用计入销售费用,按房地产开发费用的有关规定进行扣除,即不能按实际发生的成本计入开发间接费用扣除。

(2)清算项目以外单独建造的样板房、售楼部,其建造费、装修费等不得计入开发间接费用扣除。

(3)房地产开发企业采取经营租赁方式租入房地产开发项目以外的其他建筑物装修后作为清算项目的售楼部、样板房、展厅等营销设施的,土地增值税清算时,已实际支付的租金和装修费用计入销售费用,按房地产开发费用的有关规定进行扣除,不得计入开发间接费用扣除。

（4）利用房地产开发项目内的一部分开发产品进行装修后作为样板房、售楼部等，且在项目土地增值税清算时已经实现对外销售的，其建造费用、装修费用等可以计入建筑安装工程费在计算土地增值税时扣除。

3.2.6.4　房地产开发企业存在银行的按揭贷款保证金是否可以作为土地增值税的扣除项目金额扣除

按揭贷款保证金是银行在按揭贷款过程中按照贷款总额的一定比例向开发商收取的金额，并承担按揭贷款的连带保证责任，直至房产证办理出来并完成抵押登记后，银行才将按揭贷款保证金退回开发商。

因此，按揭贷款保证金对于房地产开发企业来说属于一项债权，而不是发生的成本费用，不得作为扣除项目金额扣除。

3.2.6.5　代建管理费

《国家税务总局山东省税务局关于发布〈国家税务总局山东省税务局土地增值税清算管理办法〉的公告》（国家税务总局山东省税务局公告2022年第10号）第二十九条规定，房地产开发企业委托代建支付的代建管理费，不得作为开发间接费用予以扣除。

项目的代建管理费是项目投资方依据代建合同支付给代建单位实施项目的投资管理和工程建设管理的相关费用，属于支付给施工企业外的第三方费用。

从上述概念来看，代建管理费不属于房地产开发企业发生的施工费，而是应当由投资方支付并负担的一项间接费用。如果投资方本身就是房地产开发企业，且支付的代建管理费能够取得建筑服务发票的，仍旧可以计入"建筑安装工程费"扣除。

3.2.6.6　开发间接费用的审核

《土地增值税清算管理规程》（国税发〔2009〕91号印发）第二十六条规定，审核开发间接费用时应当重点关注：

（1）是否存在将企业行政管理部门（总部）为组织和管理生产经营活动而发生的管理费用计入开发间接费用的情形。

（2）开发间接费用是否真实发生，有无预提开发间接费用的情况，取得的凭证是否合法有效。

3.2.7　借款费用

根据《企业产品成本核算制度（试行）》（财会〔2013〕17号印发）的规定，借款费用是指符合资本化条件的借款费用。房地产开发企业自行进行基础设施、建筑安装等工程建设的,可以比照建筑企业设置有关成本项目。

3.2.7.1 会计处理与税务处理的差异

这部分资本化的借款费用虽然在会计上计入开发成本,但在土地增值税清算时,应当将包含在开发成本中的借款费用予以剔除。因为,借款费用属于开发费用的一部分,不能按实际发生额的金额扣除,只能通过"地价款＋开发成本"进行一定比例的推算。详见 3.3"房地产开发费用"部分。

3.2.7.2 借款费用的审核

《土地增值税清算管理规程》(国税发〔2009〕91 号)第二十七条规定,审核利息支出时应当重点关注:

(1) 是否将利息支出从房地产开发成本中调整至开发费用。

(2) 分期开发项目或者同时开发多个项目的,其取得的一般性贷款的利息支出,是否按照项目合理分摊。

(3) 利用闲置专项借款对外投资取得收益,其收益是否冲减利息支出。

3.3 房地产开发费用

开发土地和新建房及配套设施的费用(以下简称开发费用),是指与房地产开发项目有关的销售费用、管理费用、财务费用。

3.3.1 开发费用扣除金额的计算方法

根据会计制度规定,与房地产开发有关的费用直接计入当年损益,不按房地产项目进行归集或分摊。为了便于计算操作,在计算土地增值税时,准予作为扣除项目金额扣除的开发费用,并不是房地产开发企业实际发生的期间费用,而是根据某一个开发项目实际发生的土地成本和开发成本合计推算的金额。这主要考虑到,房地产开发企业在生产经营过程中,往往同时开发多个房地产项目,甚至存在滚动开发的问题。因此,企业发生的期间费用,很难具体分摊到某一个具体的开发项目中去。开发费用的具体的确定方法,根据《土地增值税暂行条例实施细则》及《国家税务总局关于土地增值税清算有关问题的通知》(国税函〔2010〕220 号)的规定,总结如下。

3.3.1.1 准予扣除项目利息时开发费用的计算

财务费用中的利息支出,凡能够按转让房地产项目计算分摊并提供金融机构证明的,允许据实扣除,但最高不能超过按商业银行同类同期贷款利率计算的金额。其他房地产开发费用,在按照"取得土地使用权所支付的金额"与"房地产开发成本"金额之和的5%以内(注:目前各省基本上按5%计算)计算扣除。

计算公式为:

$$开发费用 = \left(\begin{array}{c}取得土地使用权\\所支付的金额\end{array} + \begin{array}{c}房地产\\开发成本\end{array}\right) \times 5\% + \begin{array}{c}该项目分摊的\\金融机构贷款利息\end{array}$$

根据《财政部 国家税务总局关于土地增值税一些具体问题规定的通知》(财税字〔1995〕48号)第八条的规定,金融机构贷款利息的扣除应当注意:

(1) 利息的上浮幅度按国家的有关规定执行,超过上浮幅度的部分不允许扣除。

《中国人民银行关于调整金融机构存、贷款利率的通知》(银发〔2004〕251号)规定,放宽金融机构贷款利率浮动区间,政策性银行及商业银行的利率不再设定上限,城市信用社和农村信用社的贷款上浮幅度不超过基准利率的2.3倍。单独扣除金融机构贷款利息时,应当遵循上述规定。

(2) 对于超过贷款期限的利息部分和加罚的利息不允许扣除。

(3) 准予扣除的利息仅限于清算项目从金融机构取得贷款所支付的利息。从金融机构外的单位或个人借款支付的利息一律不得在计算土地增值税时扣除。

信托公司属于金融机构,但不属于商业银行,收取的利息一般会高于商业银行的同期同类贷款利率,因此,高出的利息部分不得计入开发费用扣除。

信托公司等非银行金融机构收取的融资顾问费等与借款利息相关的费用,是否可以计入开发成本扣除呢?

首先,明确融资顾问费的费用性质。

根据《企业会计准则第17号——借款费用》第二条的相关规定,借款费用是指企业因借款而发生的利息及其他相关成本。借款费用包括借款利息、折价或者溢价的摊销、辅助费用以及因外币借款而发生的汇兑差额等。

从该规定可以看出,融资顾问费属于借款的辅助费用。

其次,从增值税的角度看税务机关对融资顾问费的处理方式。

《营业税改征增值税试点有关事项的规定》(财税〔2016〕36号附件2)规定,纳税人接受贷款服务向贷款方支付的与该笔贷款直接相关的投融资顾问费、手续费、咨询费等费用,其进项税额不得从销项税额中抵扣。也就是说,与融资相关的费用按利息进行增值税处理。

再次,从融资顾问费形成的原因分析。

融资顾问费形成的原因一般有三点:一是因借款人享受优惠利率,而贷款较为畅销,金融机构在收取低利率的同时另外收取的一笔额外费用。二是金融机构向客户收取的所谓"手续费"。三是金融机构与客户约定的利率超过利率上限,金融机构将多收的利息改名为"融资顾问费"等名目,以规避行业监管。

对于上述第三点原因,由于实际支付的融资顾问费是超过商业银行同类同期贷款利率的利息上浮的部分,因此,在计算土地增值税时不允许扣除。例如,《国家税务总局山东省税务局关于发布〈国家税务总局山东省税务局土地增值税清算管理办法〉的公告》(国家税务总局山东省税务局公告2022年第10号)第二十九条规定,房地产开发企业向金融机构支付的咨询费等非利息支出以及因逾期还款,金融机构收取的超过贷款期限的利息、罚息等款项,不得作为利息支出扣除。《常州市地方税务局税政一处关于土地增值税若干征税问题的处理意见》(常地税一便函〔2012〕5号)也有类似规定。

对于上述第一点和第二点原因,税收上既然将其认定为利息性质的支出,从公平合理的角度看,如果向金融机构贷款支付的融资顾问费等在增值税处理上按利息处理,则在计算土地增值税时应当准予按规定扣除,条件是"实际支付的利息＋支付的融资顾问费等"合计不超过商业银行同类同期贷款利率所对应的金额,且能够取得合法有效凭证。

3.3.1.2　不予扣除项目利息时开发费用的计算

凡不能按转让房地产项目计算分摊利息支出或不能提供金融机构证明的,房地产开发费用在按"取得土地使用权所支付的金额"与"房地产开发成本"金额之和的10%以内计算扣除,不再单独考虑利息的扣除。

计算公式为:

开发费用＝(取得土地使用权所支付的金额＋房地产开发成本)×10%

3.3.1.3　开发资金全部为自有资金时开发费用的计算

房地产开发企业全部使用自有资金,没有利息支出的,按照"取得土地使用权所支付的金额"与"房地产开发成本"金额之和的10%以内计算扣除,不再单独考虑利息的扣除。

计算公式为:

开发费用＝（取得土地使用权所支付的金额＋房地产开发成本）×10％

3.3.1.4 开发资金既有自有资金又有贷款时开发费用的计算

房地产开发企业既向金融机构借款，又有其他借款或自有资金的，其房地产开发费用扣除的计算可以从3.3.1.1"准予扣除项目利息时开发费用的计算"或3.3.1.2"不予扣除项目利息时开发费用的计算"中选择其一。

在这种情况下，无论选择哪一种方法计算，土地增值税的税负率都一定会存在差异。

例如，某一个开发项目，地价成本2 000万元，开发成本3 000万元。开发该项目利用自有资金1 000万元，银行贷款4 000万元（银行利率6％，假设期限为1年）。

方案一：单独扣除银行利息。

开发费用＝（2 000＋3 000）×5％＋4 000×6％＝490（万元）

方案二：不单独扣除银行利息。

开发费用＝（2 000＋3 000）×10％＝500（万元）

显然，对该企业来讲，选择不扣除金融机构贷款利息对企业更有利。

3.3.2 单独扣除利息时的审核要点

（1）是否是支付给金融机构的利息。

根据《中国人民银行关于印发〈金融机构编码规范〉的通知》（银发〔2009〕363号）的规定，常见的金融机构包括银行、城市信用合作社、农村信用合作社、农村合作银行、农村商业银行、村镇银行、农村资金互助社、财务公司、信托公司、金融资产管理公司、金融租赁公司、证券公司、财产保险公司、人身保险公司、再保险公司、金融控股公司、小额贷款公司等。

（2）与金融机构签订融资合同时，是否明确了由哪一个开发项目专款专用。

（3）利率是否超过了商业银行同类同期贷款利率。

（4）支付利息的票据等是否合法有效，按规定应当取得发票的，是否依法取得了发票。

3.4 与转让房地产有关的税金

与转让房地产有关的税金，是指在转让房地产时缴纳的营业税、城市维护建设税、印花税。因转让房地产缴纳的教育费附加,也可视同税金予以扣除。

根据《国家税务总局关于营改增后土地增值税若干征管规定的公告》(国家税务总局公告 2016 年第 70 号)的规定,关于与转让房地产有关的税金扣除问题明确如下:

(1)营改增后,计算土地增值税增值额的扣除项目中"与转让房地产有关的税金"不包括增值税。

(2)营改增后,房地产开发企业实际缴纳的城市维护建设税、教育费附加,凡能够按清算项目准确计算的,允许据实扣除。凡不能按清算项目准确计算的,则按该清算项目预缴增值税时实际缴纳的城市维护建设税、教育费附加扣除。

其他转让房地产行为的城市维护建设税、教育费附加扣除比照上述规定执行。

3.4.1 税金及附加扣除争议问题及处理意见

3.4.1.1 地方教育附加是否可以作为开发税金及附加扣除

地方教育附加是否可以扣除目前存在争议,但大多数省份明确规定可以扣除。例如,北京[《北京市地方税务局土地增值税清算管理规程》(北京市地方税务局公告 2016 年第 7 号)]、天津[《关于土地增值税清算有关问题的公告》(天津市地方税务局公告 2015 年第 9 号)]、辽宁[《辽宁省房地产开发企业土地增值税清算管理办法》(辽地税发〔2007〕102 号)]、厦门[《厦门市土地增值税清算审核鉴证办法》(厦地税发〔2007〕115 号)]、山东[《国家税务总局山东省税务局关于发布〈国家税务总局山东省税务局土地增值税清算管理办法〉的公告》(国家税务总局山东省税务局公告 2022 年第 10 号)]、青岛[《房地产开发项目土地增值税清算有关业务问题问答》(青地税函〔2009〕47 号)]等。

赞成准予扣除的理由分析如下。

1)不允许扣除不符合国务院对市场主体的"法无禁止即可为"原则

如果说,税务机关以《土地增值税暂行条例》及其实施细则里没有正列举"地方教育附加"为由,认为扣除缺乏直接文件依据的话,同样地,不允许扣除也缺乏直接的文件依据。因为,到目前为止,国家税务总局层面也从来没出台过不允许扣除的文件。

根据 2014 年 2 月 23 日李克强总理在国务院第二次廉政工作会议上强调的对市场主体的"法无禁止即可为"原则,在没有明确文件规定不允许扣除的前提下,理当允许扣除。某些税务机关依据一个与事实行为明显不符的规定简单否定企业税前扣除的行为,显然与国务院对市场主体"法无禁止即可为"的原则相悖,对市场主体的健康发展会产生不利的影响。

2)允许扣除更符合合法性原则

地方教育附加本质上也是教育费附加。

《国家中长期教育改革和发展规划纲要(2010—2020年)》明确提出,到2012年实现国家财政性教育经费支出占国内生产总值比例达到4%的目标。为此,国务院下发了《国务院关于进一步加大财政教育投入的意见》(国发〔2011〕22号),该文件规定,各省(区、市)人民政府应根据《中华人民共和国教育法》的相关规定和《财政部关于统一地方教育附加政策有关问题的通知》(财综〔2010〕98号)的要求,全面开征地方教育附加。地方教育附加统一按增值税、消费税、营业税实际缴纳税额的2%征收。

由此可见,地方教育附加与教育费附加在开征意图、征收机关、使用管理制度、计征依据方面均一致,两者并无实质性区别:开征都是为了地方教育的发展而筹集资金;两者都纳入预算管理,实行专款专用;地方教育附加由税务机关在征收教育费附加的同时征收;都是以增值税、消费税、营业税(已取消)为计征依据。

综上分析,地方教育附加只不过是"教育费附加"的补充,本质上也是教育费附加,根据《增值税暂行条例》及其实施细则的规定,教育费附加可以视同税金在土地增值税前扣除。税务机关可以将"教育费附加"做扩大化解释为包含"地方教育附加",这样更符合立法意图,对纳税人更公平,也不会存在执法风险。

3)允许扣除更符合合理性原则

第一,"地方教育附加"与"教育费附加"同样与转让房地产有关。

根据《土地增值税暂行条例》第六条的规定,计算增值额的扣除项目包括与转让房地产有关的税金。

由此可见,与转让房地产有关的税金均可在土地增值税前扣除,地方教育附加与教育费附加一样都与转让房地产相关,为何教育费附加可视同税金在土地增值税前扣除,地方教育附加就不能扣除呢?这在法理上说不通。

第二,按照会计准则的规定,地方教育附加与教育费附加属于相同的会计科目且都在"税金及附加"科目核算,都不属于管理费用,为何教育费附加可视同税金在土地增值税前扣除,而地方教育附加就不能扣除呢?

综上分析,允许地方教育附加在土地增值税前扣除更具有合法性和合理性,对纳税人也更公平,也更利于企业健康发展。

3.4.1.2　印花税是否可以作为开发税金及附加扣除

根据《财政部 国家税务总局关于土地增值税一些具体问题规定的通知》（财税字〔1995〕48号）第九条"关于计算增值额时扣除已缴纳印花税的问题"的规定，《土地增值税暂行条例实施细则》中规定允许扣除的印花税，是指在转让房地产时缴纳的印花税。房地产开发企业按照《施工、房地产开发企业财务制度》的有关规定，其缴纳的印花税列入管理费用，已相应予以扣除。其他的土地增值税纳税义务人在计算土地增值税时允许扣除在转让时缴纳的印花税。

言外之意，房地产开发企业销售开发产品缴纳的印花税是否可以在计算土地增值税时扣除，依据当时的《施工、房地产开发企业财务制度》，销售开发产品缴纳的印花税会计上计入"财务费用"，属于开发费用，不允许按实际发生额扣除。

但《增值税会计处理规定》（财会〔2016〕22号印发）已经将印花税调整到"税金及附加"科目核算，因此，自2016年12月3日起销售开发产品缴纳的印花税也可以在计算土地增值税时扣除。

例如，安徽省税务局2020年9月1日针对纳税人的提问答复如下：根据《土地增值税暂行条例实施细则》第七条第（五）项"与转让房地产有关的税金，是指在转让房地产时缴纳的营业税①、城市维护建设税、印花税。因转让房地产缴纳的教育费附加，也可视同税金予以扣除。"这里明确指出与转让房地产有关的印花税是可以扣除的，且在房地产开发企业开发过程中，因销售合同产生的印花税完全符合转让房地产有关这一定义。另外，按照目前会计核算准则，印花税归属于"税金及附加"进行核算，不属于房地产开发费用中的销售费用、管理费用或财务费用。因此，也不存在印花税扣除会与房地产开发费用重复扣除的问题。

又如，《国家税务总局山东省税务局关于发布〈国家税务总局山东省税务局土地增值税清算管理办法〉的公告》（国家税务总局山东省税务局公告2022年第10号）也明确规定，房地产开发企业转让房地产有关的印花税可以作为"开发税金及附加"，在计算土地增值税时准予扣除。

3.4.1.3　城镇土地使用税是否可以作为开发税金及附加扣除

《土地增值税暂行条例》规定的是"与转让房地产有关的税金"可以在计算土地增值税时扣除。房地产开发企业缴纳的城镇土地使用税属于一种财产税，不管是否存在转让房地产的行为，都应当缴纳。因此，城镇土地使用税不属于"与转让房地产有关的税

---

① 现已无营业税，全书同。

金",不得在计算土地增值税时扣除。

部分省市也对此作出了明确规定,如《海南省地方税务局关于明确土地增值税若干政策问题的通知》(琼地税函〔2007〕356号)、《青岛市地税局关于印发〈青岛市地方税务局房地产开发项目土地增值税税款清算管理暂行办法〉的通知》(青地税发〔2008〕100号)等。

3.4.1.4 水利建设基金是否可以作为开发税金及附加扣除

与转让房地产有关的税金,是指在转让房地产时缴纳的营业税、城市维护建设税、印花税。因转让房地产交纳的教育费附加,也可视同税金予以扣除。

按国家税务总局的意见,准予扣除的税金及附加属于正列举,不在列举范围内的税金及附加不能在计算土地增值税时扣除。

3.4.2 简易计税方法项目的开发税金及附加的扣除

简易计税方法项目在土地增值税清算时,公式如下:

$$\text{准予扣除的开发税金及附加} = \frac{\text{该项目的销售收入}}{1+5\%} \times 5\% \times \left(\text{城市维护建设税税率} + \text{教育费附加征收率} + \text{地方教育附加征收率}\right)$$

3.4.3 一般计税方法项目的开发税金及附加的扣除

一般计税方法项目在土地增值税清算时,公式如下:

$$\text{准予扣除的开发税金及附加} = \left(\text{该项目实现的销项税额} - \text{该项目准予抵扣的进项税额}\right) \times \left(\text{城市维护建设税税率} + \text{教育费附加征收率} + \text{地方教育附加征收率}\right)$$

上述公式中,清算项目的销项税额是可以准确计算的,如:

$$\text{该项目实现的销项税额} = \frac{\text{该项目的销售收入}}{1+9\%} \times 9\%$$

但与清算项目直接相关的进项税额如何计算?原则上:

$$\text{该项目准予抵扣的进项税额} = \text{甲供材料的进项税额} + \text{施工费的进项税额} + \text{该项目分摊的无法划分的进项税额}$$

但某一个开发项目准予抵扣的进项税额要想准确核算，必须同时符合下列要求：

（1）要能够按该项目实际领用的钢材等原材料数量分摊已经抵扣的钢材等原材料进项税额总额。实质上相当于该项目采用了"实耗扣税法"下的进项税额，这与目前增值税的"购进扣税法"相悖，实务操作中极难确定。

（2）要能够按该项目的销售额或其他标准分摊固定资产或不动产进项税额。这在实务操作中也存在较大困难。

（3）要能够按该项目的建设规模分摊该项目分摊的无法划分的进项税额。这点按目前的增值税相关政策是可以做到的。

（4）要能够准确划分该项目的建筑服务进项税额，这一点也容易做到，因为建筑服务发票要求备注栏注明项目名称。

针对税金的扣除问题，《财政部 国家税务总局关于营改增后契税 房产税 土地增值税 个人所得税计税依据问题的通知》（财税〔2016〕43号）第三条规定，《土地增值税暂行条例》等规定的土地增值税扣除项目涉及的增值税进项税额，允许在销项税额中计算抵扣的，不计入扣除项目，不允许在销项税额中计算抵扣的，可以计入扣除项目。

《国家税务总局关于营改增后土地增值税若干征管规定的公告》（国家税务总局公告2016年第70号）第三条第（二）项规定，营改增后，房地产开发企业实际缴纳的城市维护建设税、教育费附加，凡能够按清算项目准确计算的，允许据实扣除。凡不能按清算项目准确计算的，则按该清算项目预缴增值税时实际缴纳的城市维护建设税、教育费附加扣除。

其他转让房地产行为的城市维护建设税、教育费附加扣除比照上述规定执行。

由于在实务操作中，一般计税方法项目很难准确划分该项目负担的增值税，其附征的城市维护建设税和教育费附加也难以准确划分。因此，在目前的清算实践中，大部分是按预缴增值税时附征的城市维护建设税和教育费附加扣除。

也有的地方这样处理，按房地产项目所缴纳的增值税附征的城建税和教育费附加，依据某一个清算项目销售收入占全部开发项目销售收入的比例分摊扣除。本书认为这种处理方式不是很科学。这样的处理方式仅适用于项目全部完工且全部销售的情形，其他情况则不能适用。究其原因是，项目的周期对增值税缴纳影响较大，假设某一个房地产开发企业同时开发多个项目，有的项目基本销售完毕处于清算状态，有的项目已经建设完毕正在开票交房，另一个项目处于建设中，按照项目收入与总的销售收入的比例分摊附加税极不合理，进项税额抵扣了，而收入还没确认。

3.5 财政部规定的其他扣除项目

根据《土地增值税暂行条例》的规定,对从事房地产开发的纳税人可按"土地成本＋开发成本"计算的金额之和,加计20%的扣除。

计算公式如下:

加计扣除额＝(取得土地使用权所支付的金额＋房地产开发成本)×20%

3.5.1 转让"生地"或"熟地"加计扣除问题

"生地"指的是已完成土地使用权批准手续(指征收),没进行或部分进行基础设施配套开发和土地平整而未形成建设用地条件的土地。

"熟地"指的是已完成土地开发等基础设施建设(具备"三通一平"条件),形成建设用地条件可以直接用于建设的土地。

<u>购置土地后没有进行任何开发即销售或进行"三通一平"后转让土地的,是否可以享受加计扣除政策呢?</u>

根据《土地增值税宣传提纲》(国税函发〔1995〕110号印发)的规定:

(1) 对取得土地或房地产使用权后,未进行开发即转让的,计算其增值额时,只允许扣除取得土地使用权时支付的地价款,交纳的有关费用,以及在转让环节缴纳的税金。这样规定,其目的主要是抑制"炒"买"炒"卖地皮的行为。

以公式表示为:

扣除项目金额 ＝ 土地买价 ＋ 取得土地时缴纳的契税 ＋ 转让环节的税金(包括城市维护建设税、教育费附加、地方教育附加、印花税等) ＋ 相关费用(包括过户手续费等)

(2) 对取得土地使用权后投入资金,将生地变为熟地转让的,计算其增值额时,允许扣除取得土地使用权时支付的地价款、交纳的有关费用,和开发土地所需成本再加计开发成本的20%以及在转让环节缴纳的税金。这样规定是鼓励投资者将更多的资金投向房产开发。

以公式表示为：

$$\text{扣除项目金额} = \left(\text{土地买价} + \text{取得土地时缴纳的契税} + \text{开发成本}\right) \times (1+20\%) +$$
$$\text{转让环节的税金（包括城市维护建设税、教育费附加、地方教育附加、印花税等）} + \text{相关费用（包括过户手续费等）}$$

也就是说，购置土地使用权后，不进行任何开发转让的，一律不得加计扣除 20%；但如果进行"三通一平"变为熟地后再转让的，允许按开发时投入的成本部分加计扣除 20%，土地成本不得加计扣除。

值得注意的是，《中华人民共和国城市房地产管理法》第三十九条规定，以出让方式取得土地使用权的，转让房地产时，应当符合下列条件：

① 按照出让合同约定已经支付全部土地使用权出让金，并取得土地使用权证书。

② 按照出让合同约定进行投资开发，属于房屋建设工程的，完成开发投资总额的 25% 以上，属于成片开发土地的，形成工业用地或者其他建设用地条件。

转让房地产时房屋已经建成的，还应当持有房屋所有权证书。

根据上述规定，未按规定投资开发的土地使用权是不允许转让的。

3.5.2　转让旧房及建筑物是否可以加计扣除问题

根据《土地增值税宣传提纲》（国税函发〔1995〕110 号印发）的规定，转让旧房及建筑物的，在计算其增值额时，允许扣除由税务机关参照评估价格确定的扣除项目金额（即房屋及建筑物的重置成本价乘以成新度折扣率后的价值），以及在转让时交纳的有关税金。这主要是考虑到如果按原成本价作为扣除项目金额，不尽合理。而采用评估的重置成本价能够相对消除通货膨胀因素的影响，比较合理。

3.6　关联方交易行为

《税收征收管理法》第三十六条规定，企业或者外国企业在中国境内设立的从事生产、经营的机构、场所与其关联企业之间的业务往来，应当按照独立企业之间的业务往来收取或者支付价款、费用；不按照独立企业之间的业务往来收取或者支付价款、费用，而减少其应纳税的收入或者所得额的，税务机关有权进行合理调整。

《土地增值税清算管理规程》(国税发〔2009〕91号印发)第二十九条规定,关联方交易行为的审核主要关注如下内容:在审核收入和扣除项目时,应重点关注关联企业交易是否按照公允价值和营业常规进行业务往来;应当关注企业大额应付款余额,审核交易行为是否真实。

在实际执行过程中,各地对关联方交易的土地增值税处理,也出台了一些地方政策,如《安徽省地方税务局关于发布〈安徽省土地增值税清算管理办法〉的公告》(安徽省地方税务局公告2017年第6号)第四十五条规定,纳税人与关联方之间发生的转让房地产、购入有形产品、无形资产和有偿服务等事项,应按照公允价值和营业常规进行业务往来。

3.7 扣除项目金额归集的截止日期

土地增值税清算时,扣除项目金额归集到哪一天为止,实际上是一个非常重要的问题。但到目前为止,国家税务总局文件中均没有相关规定。各地的相关政策基本上可以分为宽松型、严格型、较为合理型三种类型。

3.7.1 宽松型

例如,《安徽省地方税务局关于发布〈安徽省土地增值税清算管理办法〉的公告》(安徽省地方税务局公告2017年第6号)第二十五条规定,纳税人办理清算时,应以清算申报当日为确认清算收入和归集扣除项目金额的截止时间。

又如,《济南市土地增值税清算工作指南(试行)》第四条"关于土地增值税清算时,扣除项目金额支付的截止时间问题"规定:

(1) 符合《国家税务总局关于房地产开发企业土地增值税清算管理有关问题的通知》(国税发〔2006〕187号)第二条清算条件的,原则上应以纳税人完成清算申报手续之日(即向主管税务机关报送《土地增值税清算申报表》的当日)为计算扣除项目金额(包括与转让房地产有关的税金)支付的截止时间。

(2) 各主管税务机关应要求纳税人在申报资料或中介机构在鉴证报告中对项目未支付款项予以详细说明或披露。上述未支付款项在主管税务机关清算审核结束前已支付的,由主管税务机关核实后予以扣除,仍未支付的,不得扣除。

(3) 房地产开发企业未支付的质量保证金,其扣除项目金额的确定按《国家税务总局关于土地增值税清算有关问题的通知》(国税函〔2010〕220号)第二条的规定执行。

3.7.2 严格型

《四川省地方税务局关于土地增值税清算单位等有关问题的公告》(四川省地方税务局公告2014年第4号)第三条"关于扣除项目准予扣除的截止时间"规定,清算项目自完成竣工验收备案手续之日起,后续发生的成本费用一律不得在清算时扣除。但根据《四川省地方税务局关于土地增值税清算单位等有关问题的公告》(四川省地方税务局公告2015年第5号)的规定,四川省地方税务局公告2014年第4号文件自2016年1月1日起全文废止,四川省地方税务局公告2015年第5号文件没有再提及该问题。

3.7.3 较为合理型

《北京市地方税务局关于发布〈北京市地方税务局土地增值税清算管理规程〉的公告》(北京市地方税务局公告2016年第7号)第十六条规定,纳税人应以满足应清算条件之日起90日内或者接到主管税务机关清算通知书之日起90日内的任意一天,确认为清算收入和归集扣除项目金额的截止时间(以下简称清算截止日),并将清算截止日明确告知主管税务机关。

江西省[《国家税务总局江西省税务局关于土地增值税若干征管问题的公告》(国家税务总局 江西省税务局公告2018年第16号)]、广州市[《广州市地方税务局关于印发土地增值税清算工作若干问题处理指引(2012年修订版)的通知》(穗地税函〔2012〕198号)]、厦门市[《厦门市地方税务局关于修订〈厦门市土地增值税清算管理办法〉的公告》(厦门市地方税务局公告2016年第7号)]也有类似规定。

<u>那么,土地增值税扣除项目金额的截止日期应当以哪一个时点最为合理呢?</u>

房地产开发企业项目竣工验收备案与企业所得税和土地增值税均有密切关系。企业所得税明确竣工验收备案即视为开发产品"完工",需要计算实际毛利与预计毛利的差额调整当期应纳税所得额。有些省市规定"竣工验收备案后所发生的成本费用不得扣除"。

竣工验收备案并不表示整体项目已彻底完结。企业所得税视为"完工"即非真正意义上的完工,只是确认一个时点来调整企业所得税,以防止企业无限期延迟纳税。土地增值税若以此为时点截止归集成本费用,后续支出不允许计入土地增值税扣除项目有失公允。

竣工验收备案后还有可能发生的成本费用包括:

(1) 竣工验收备案前已签订的合同,工程完结,发票未全部开具,付款未完全支付,竣工验收备案后取得发票。这部分成本费用理应允许在计算土地增值税时扣除。

（2）竣工验收备案后签订合同，发生成本、费用、局部装修装饰、维修、保养、室外绿化、景观小品、健身器材、车库出入口调整等，对于竣工验收备案几无影响，属于锦上添花的支出，这部分成本费用也应当允许扣除。

（3）开发间接费用。项目竣工验收备案后不发生费用的情况极少，开发产品交付前，必要的人员还是要有的，一句话不允许扣除略显粗暴。这部分费用应当具体问题具体分析，属于为销售发生的费用，不能计算在土地增值税扣除项目金额中，但属于后续维护、保养、保安、保管等方面的费用，应当允许进入"开发间接费用"扣除。

（4）竣工验收备案后补缴的出让金、契税，自然是允许扣除的。

（5）竣工验收备案后开发商与施工单位发生法律诉讼、法律仲裁等，需增补工程款给施工单位，也仍属于与项目相关的成本支出，理应允许扣除。

综上所述，土地增值税清算时，房地产项目一般均已竣工验收很久，多数产品已交付，确认截止时点以清算受理时点为宜，以85%交付比例时点确认归集日也是合理的。建议选择"宽松型"。具体应当看主管税务机关的把握。

案例分析

项目竣工后发生的支出能否计入土地增值税扣除项目[①]

A公司所开发M项目竣工备案登记的时间是2018年7月23日。2019年1月，A公司签订了一份大门建设合同，拟对小区新增3号门出口和4号车库出口。现A公司正在进行土地增值税清算，对3号门和4号车库出口的支出能否计入开发成本产生了如下分歧。

观点1：3号门和4号车库出口的支出不可以计入房地产开发成本。

该观点认为，项目既然已经竣工，说明项目所有应当发生的支出已经发生，最多只能说存在未开票或者未付款的情形，但不应该再新增发生相应的开发成本。

观点2：3号门和4号车库出口的支出可以计入房地产开发成本。

该观点认为，对于竣工后发生提高小区品质或者不影响项目竣工备案的支出，实质上还是构成房地产开发成本，不能以开发成本发生的时间点来确认某项支出是否构成房地产开发成本。

---

① 《项目竣工后发生的支出能否计入土地增值税扣除项目？》，税屋网，http://www.zhuawawa.xin/article/9a/69311.html。

建设工程竣工验收备案是指建设单位在建设工程竣工验收后,将建设工程竣工验收报告和规划、公安消防、环保等部门出具的认可文件或者准许使用文件报建设行政主管部门审核的行为。项目只要满足验收条件即可取得备案登记证,对于竣工备案后发生的不影响竣工备案验收的成本或者在满足验收条件成本的基础上品质"升级"支出的合理支出,还是属于与开发项目直接相关的成本支出,可以计入房地产开发成本。

3.8 扣除项目审核

3.8.1 扣除项目审核的基本要求

《土地增值税清算管理规程》(国税发〔2009〕91号印发)第二十一条规定,审核扣除项目要符合下列要求:

(1) 在土地增值税清算中,计算扣除项目金额时,其实际发生的支出应当取得但未取得合法凭据的不得扣除。

值得注意的是,《企业所得税税前扣除凭证管理办法》(国家税务总局公告2018年第28号发布)有关税前扣除相关政策只是针对企业所得税而言,并不一定适用于土地增值税扣除项目,如:支付给个人的增值税应税项目金额不超过增值税起征点的,可以不用发票作为扣除凭证,但此项规定不适用土地增值税扣除。例如,《国家税务总局山东省税务局关于发布〈国家税务总局山东省税务局土地增值税清算管理办法〉的公告》(国家税务总局山东省税务局公告2022年第10号)明确规定,支付给境内单位或者个人的款项,且该单位或者个人发生的行为属于营业税或者增值税征收范围的,以单位或者个人开具的发票为合法有效凭证。

(2) 扣除项目金额中所归集的各项成本和费用,必须是实际发生的。

(3) 扣除项目金额应当准确地在各扣除项目中分别归集,不得混淆。

(4) 扣除项目金额中所归集的各项成本和费用必须是在清算项目开发中直接发生的或应当分摊的。

(5) 纳税人分期开发项目或者同时开发多个项目的,或者同一项目中建造不同类型房地产的,应按照受益对象,采用合理的分配方法,分摊共同的成本费用。

(6) 对同一类事项,应当采取相同的会计政策或处理方法。会计核算与税务处理规定不一致的，以税务处理规定为准。

3.8.2 扣除项目的合法有效凭证

《国家税务总局关于房地产开发企业土地增值税清算管理有关问题的通知》（国税发〔2006〕187号）第四条规定，房地产开发企业办理土地增值税清算时计算与清算项目有关的扣除项目金额，应根据《土地增值税暂行条例》第六条及其实施细则第七条的规定执行。除另有规定外，扣除取得土地使用权所支付的金额、房地产开发成本、费用及与转让房地产有关税金，须提供合法有效凭证；不能提供合法有效凭证的，不予扣除。

营改增后，清算土地增值税涉及的主要扣除凭证包括：

（1）土地出让金。

实务操作中经常发现土地使用权的凭证为财政部门监制的《××省行政事业单位资金往来结算票据》等不符合规定的票据。按规定，该票据不能作为成本费用扣除凭证。

在实务操作中财务人员应当注意，从一级市场拿地的，土地成本的扣除凭证为财政部门监制的《××省非税收入通用票据》《××省国有土地出让金票据》等。从二级市场取得土地使用权的票据，土地成本的扣除凭证为税务部门监制的增值税专用发票或普通发票，且备注栏应当注明：土地所在县市区的名称、土地位置、土地证号码、转让面积；转让方差额纳税的，应当注明"差额纳税"字样。

（2）契税。其扣除凭证是"中华人民共和国契税完税证"。

（3）拆迁补偿费。

拆迁补偿费属于土地使用者将土地使用权归还给土地所有者的行为，不属于增值税应税项目，因此，不存在依据发票作为扣除凭证的问题。

① 向居民个人支付的拆迁补偿费应当提供拆迁补偿费协议、被拆迁人签字的收款收据或明细表、被拆迁人联系方式、身份证复印件、当地政府的拆迁补偿费标准的文件等。

② 向被拆迁单位支付拆迁补偿费应当提供被拆迁单位加盖印章的收款收据收据联、银行付款回执、拆迁补偿费协议等。

③ 委托有拆迁资格的单位进行拆迁的情况下，房地产开发企业向对方支付拆迁费用时应取得税务部门监制的"建筑服务"增值税发票。

（4）行政事业性收费应当取得财政部门监制的"非税收入一般缴款书"。

（5）支付勘察、设计、测绘、监理、验收、咨询等费用应当取得税务部门监制的增值税发票。

（6）支付房屋销售代理商的销售佣金应当取得税务部门监制的手续费及佣金增值税发票。但支付给房地产销售代理商的销售佣金应当按开发费用的相关政策扣除。

（7）支付利息，无论是支付给金融企业还是其他单位的利息，2018年7月1日后均应当取得税务机关监制的增值税发票。

（8）工程费支出。

① 施工方为建筑安装企业或建筑安装企业外购材料包工包料施工的，应当取得税率为9%或3%或1%的税务部门监制的"建筑服务"增值税发票。

② 施工方为活动板房、钢结构件等建筑材料生产企业，在销售建筑材料同时提供建筑业服务的，可以取得税率为13%或3%（注：在税务总局规定的特定时间内，也可以是1%征收率，具体有效时间以税务总局文件为准）的税务部门监制的货物销售增值税发票，也可以同时取得13%货物发票及建筑服务9%发票。

③ 施工方为活动板房、钢结构件等建筑材料零售批发企业，在销售建筑材料同时提供建筑业服务的，只能取得税率为13%或3%（注：在税务总局规定的特定时间内，也可以是1%征收率，具体有效时间以税务总局文件为准）的税务部门监制的货物销售增值税发票。

④ 施工方为机器设备的生产企业或零售批发企业，在销售机器设备同时提供建筑安装服务的，可以取得税率为13%或3%（注：在税务总局规定的特定时间内，也可以是1%征收率，具体有效时间以税务总局文件为准）的税务部门监制的货物销售增值税发票，也可以同时取得13%货物发票及建筑服务3%发票。

（9）其他费用发票应按支付对象是否缴纳增值税确定是否应当取得发票作为扣除凭证。收款方按规定应当缴纳增值税的，付款方必须取得发票才能扣除。

房地产开发企业办理土地增值税清算所附送的前期工程费、建筑安装工程费、基础设施费、开发间接费用的凭证或资料不符合清算要求或不实的，税务机关可参照当地建设工程造价管理部门公布的建筑安装造价定额资料，结合房屋结构、用途、区位等因素，核定上述四项开发成本的单位面积金额标准，并据以计算扣除。具体核定方法由省税务机关确定。

3.8.3 共同费用的分摊方法及各地对分摊方法的限制措施

《土地增值税清算管理规程》（国税发〔2009〕91号印发）第二十一条第（五）项规定，

纳税人分期开发项目或者同时开发多个项目的,或者同一项目中建造不同类型房地产的,应按照受益对象,采用合理的分配方法,分摊共同的成本费用。

国家税务总局对共同费用的分摊方式采用了较为灵活的方式,由各地根据本地实际情况合理选择。概括起来有占地面积法、建筑面积法、层高系数法、预算造价法、直接成本法以及其他分摊方法等方法可以选择。

3.8.3.1 占地面积法

占地面积法是指按某一个建筑物所占有或使用的土地水平投影面积占土地总面积的比例分摊共同费用的一种方法。

在实务操作上,占地面积法按已动工开发成本对象占地面积占开发用地总面积的比例进行分配,它分为一次性开发、分期开发两种类型处理。

1) 一次性开发

按某一成本对象占地面积占全部成本对象占地总面积的比例进行分配。

2) 分期开发

(1) 先按本期全部成本对象占地面积占开发用地总面积的比例进行分配。计算公式如下:

$$\text{本期全部成本对象分摊的土地成本} = \text{土地总成本} \times \frac{\text{本期全部成本对象占地面积}}{\text{开发用地总面积}}$$

(2) 再按某一成本对象占地面积占期内全部成本对象占地总面积的比例进行分配。计算公式如下:

$$\text{本期全部成本对象中的某一成本对象分摊的土地成本} = \text{本期全部成本对象分摊的土地成本} \times \frac{\text{该成本对象占地面积}}{\text{本期全部成本对象占地面积}}$$

期内全部成本对象应负担的占地面积为期内开发用地占地面积减除应由各期成本对象共同负担的占地面积(如道路及绿化占地面积)。

占地面积法分摊土地成本

某房地产开发企业建设项目用地 10 000 平方米,土地成本 10 000 万元。

A 项目基座占地 4 000 平方米,商品房可售面积 10 000 平方米;B 项目基座占地

3 000平方米,商品房可售面积10 000平方米;道路及绿化面积3 000平方米。请计算A项目分摊的土地成本。

第一步:扣除道路及绿化面积的土地成本。

绿化面积属于所有业主可以共同享受的福利,不区分容积率或房屋大小,机会均等享受绿化成果。因此,绿化部分是按照建筑面积法分割土地成本的。

计算过程:

(1) 计算每平方米的土地单位成本。

每平方米的土地单位成本＝土地总价款÷土地总面积
$$=10\,000÷10\,000=1(万元/平方米)$$

(2) 计算绿化占用的土地成本。

绿化占用的土地成本＝绿化占用土地面积×每平方米的土地单位成本
$$=3\,000×1=3\,000(万元)$$

(3) 计算扣除土地绿化成本之后的金额。

扣除土地绿化成本之后的金额＝土地总成本－绿化占地成本
$$=10\,000-3\,000=7\,000(万元)$$

第二步:剩余面积中,计算A项目的占地成本。

(1) 计算A项目占地比例。

A项目占地比例＝A项目占地面积÷(A项目占地面积＋B项目占地面积)
$$=4\,000÷(4\,000+3\,000)=4/7$$

(2) 计算A项目基座占地成本。

A项目基座占地成本＝$7\,000×(4÷7)=4\,000$(万元)

第三步:A项目承载的绿化土地成本。

A项目承载的绿化土地成本采取建筑面积法计算。

A项目承载的绿化土地成本＝绿化土地成本×A项目分摊比例
＝绿化土地成本×A项目可售面积÷(A项目可售面积＋B项目可售面积)
$$=3\,000×10\,000÷(10\,000+10\,000)=1\,500(万元)$$

第四步:汇总A项目土地"总"成本。

A项目土地"总"成本＝A项目基座占地成本＋A项目承载的绿化土地成本
$$=4\,000+1\,500=5\,500(万元)$$

会计处理：

一般情况下，为开发产品购置的土地，直接计入开发成本即可；但如果购置土地与实际开发间隔期较长，可以先计入无形资产，但不需要摊销，待实际开发时，按上述分摊公式计算的金额计入开发成本。

借：开发成本——土地征用及拆迁补偿费(A项目)　　　　　　　55 000 000
　　　　　——土地征用及拆迁补偿费(B项目)　　　　　　　45 000 000
　　贷：银行存款或无形资产——土地使用权　　　　　　　　100 000 000

类似的问题，还可以采用下列方式计算(计算原理不再分析)：

方法1：直接用A项目占地面积占土地总面积的比例分摊A项目的土地成本。

A项目的土地成本＝土地总成本×A项目占地面积÷(A项目占地面积＋B项目占地面积)＝10 000×(4÷7)＝5 714.29(万元)

这种方法虽然简单，但不符合受益原则。

方法2：直接按A项目建筑面积分摊A项目分摊的土地成本。

A项目分摊的土地成本＝土地总成本×A项目的建筑面积÷(A项目的建筑面积＋B项目的建筑面积)＝10 000×[10 000÷(10 000＋10 000)]＝5 000(万元)

目前各省市采用这种方法的较少。

方法3：直接按A项目的建筑面积占比乘以扣除绿化占地成本后的土地成本计算A项目分摊的土地成本。

A项目分摊的土地成本＝扣除绿化占地成本的土地成本×A项目的建筑面积÷(A项目的建筑面积＋B项目的建筑面积)＝7 000×[10 000÷(10 000＋10 000)]＝3 500(万元)

这种方法的缺陷是成本不全，也不合理。

方法4：直接按A项目的占地面积占比乘以扣除绿化占地成本后的土地成本计算A项目分摊的土地成本。

A项目分摊的土地成本＝扣除绿化占地成本的土地成本×A项目的占地面积÷(A项目的占地面积＋B项目的占地面积)＝7 000×[4 000÷(4 000＋3 000)]＝4 000(万元)

这种方法不符合《企业产品成本核算制度(试行)》(财会〔2013〕17号印发)的精神，不建议使用。

方法5：直接按A项目的占地面积占土地总面积乘以扣除绿化占地成本后的土地

成本计算 A 项目分摊的土地成本。

A 项目分摊的土地成本＝扣除绿化占地成本的土地成本×A 项目占地面积÷全部土地面积＝7 000×(4 000÷10 000)＝2 800(万元)

这种方法的缺陷是没有考虑绿化成本也是土地成本的一部分。

注意：

审核中，财务人员应当先了解房地产开发企业选择哪一种方法分摊土地成本，然后进行必要的测算，核对与申报扣除的土地成本是否一致。

3.8.3.2 建筑面积法

建筑面积也称建筑展开面积，是建筑行业的专业名词，与实用面积及实用率计算有直接关系。它是指住宅建筑外墙勒脚以上外围水平面测定的各层平面面积之和，是一个表示建筑物建筑规模大小的经济指标，也是以平方米反映房屋建筑建设规模的实物量指标。每层建筑面积按建筑物勒脚以上外墙围水平截面进行计算，包括使用面积、辅助面积和结构面积三项。

建筑面积法是按已动工开发成本对象建筑面积占开发用地总建筑面积的比例对共同费用进行分配的一种方法。它分为一次性开发、分期开发两种类型处理：

1) 一次性开发

按某一成本对象建筑面积占全部成本对象建筑面积的比例进行分配。

2) 分期开发

先按期内成本对象建筑面积占开发用地计划建筑面积的比例进行分配，然后再按某一成本对象建筑面积占期内成本对象总建筑面积的比例进行分配。

例 3-2 甲房地产开发企业计划开发一座 2 层的门面房，建筑面积是 2 000 平方米，共花了 7 500 000 元，请计算每平方米的单位造价是多少元？

在房地产开发企业进行土地增值税清算的时候，计算单位成本是必经步骤，计算过程如下：

每平方米单位造价＝7 500 000÷2 000＝3 750(元/平方米)

案例分析

建筑面积法分摊开发成本

假设某房地产开发企业开发成本(依据竣工决算报告作出，记账凭证、流水均符合税法规定)、实际销售面积＋自用面积＋出租面积、单位成本如表3-1所示。

表3-1 清算项目相关数据明细表

类别	开发成本（元）	实际销售面积＋自用面积＋出租面积(平方米)	单位成本（元/平方米）
土地征迁费	100 000 000	10 000	10 000
前期工程费	5 000 000	10 000	500
基础设施费	3 000 000	10 000	300
建筑安装工程费	4 000 000	10 000	400
配套设施费	2 000 000	10 000	200
开发间接费用	1 000 000	10 000	100
借款利息	6 000 000	10 000	600
合计	121 000 000	—	12 100
扣除利息	115 000 000	—	11 500

第一步：归集开发成本合计数。

先归集清算对象账载"开发成本"会计科目借方累计发生数，即建造项目所有的、合理的、合规的支出。如表3-1所示，开发成本总额为115 000 000元(不含资本化的利息成本)。

【提示】 按照开发成本七个明细列式，详细记载每一明细科目的借方发生数。目的有两个：一是细化分类，便于后续审核；二是便于稽查数据核对。

第二步：将利息单独列示。

《企业产品成本核算制度(试行)》(财会〔2013〕17号印发)规定，为了便于前期测算和后期清算，在"开发成本"一级科目下单列"借款费用"二级科目将利息单独列示。

在计算土地增值税流程中，利息扣除分为两种方式：一是计算扣除，二是据实扣除。但不管哪一种方式，都要求将利息分项列示。

第三步：汇总销售面积。

该销售面积包括实际销售面积、自用面积和出租面积三部分。

一是实际销售面积。该面积一定是实际销售的面积，与测绘面积、预售面积不一样。

修建的公共配套设施(会所)，不属于可售面积，但属于建筑面积。如果企业实际销售了会所(姑且不论是否可以销售、是否违规)，则会所属于"实际销售面积"。要注意概念的区分。

二是自用面积。企业出于捂盘惜售、滞销姑且自用、规划就是为了自用等原因有可能存在自用房产。

自用面积转固定资产的时候，同样是存在成本的，因此，自用面积必须考虑。

三是出租面积。企业出于各种考虑，将开发产品作为投资性房地产获取收益，同样考虑该部分的建筑面积。

第四步：计算单位成本。

在计算时，财务人员注意区分包含利息的单位成本与不包含利息的单位成本。

完成以上步骤就可以简化土地增值税清算。每销售100平方米取得的收入，就计算扣除100平方米所对应的成本（扣除项目金额中最难确定的金额），计算增值额，寻找税率，计算土地增值税税款。

本案例中，假设10 000平方米商品房，销售9 500平方米，取得不含税收入25 000万元，剩余500平方米自用。土地征迁费假设全部为土地价款。

利息不能按项目分摊。该项目缴纳的城市维护建设税、教育费附加和地方教育附加能够按项目准确核算，合计1 600万元。

则扣除项目金额如下：

(1) 土地价款为10 000万元。

(2) 开发成本＝9 500×(11 500－10 000)÷10 000＝1 425(万元)。

(3) 开发费用＝(10 000＋1 425)×10%＝1 142.5(万元)。

(4) 税金及附加为1 600万元。

(5) 加计扣除＝(10 000＋1 425)×20%＝2 285(万元)。

扣除项目金额合计＝10 000＋1 425＋1 142.5＋1 600＋2 285＝16 452.5(万元)。

增值额＝25 000－16 452.5＝8 547.5(万元)。

增值率＝8 547.5÷16 452.5＝52%。

土地增值税＝8 547.5×40%－16 452.5×5%＝2 596.375(万元)。

建筑面积法是房地产开发企业成本分摊的最基本的方法，也是最重要的一个方法，其他成本分摊方法均是以建筑面积法为基础衍生出来的。

3.8.3.3 层高系数法

层高系数法本质上也是一种成本的分摊方法，它是在计算扣除时考虑不同开发业态产品的层高情况而对其成本进行调整的方法。层高系数法对于建筑安装成本的分摊是最为合理的。层高越高,其技术含量及使用的钢筋规格、水泥标号、人工等成本都远远高于较低层高部分。

层高系数法的具体计算口径和步骤已在3.2.3.5中详细讲述,在此不再赘述。

关于层高系数法应注意以下几点:

(1) 层高系数法原则上仅适用于建筑安装成本的分摊,公共配套设施、土地成本等不可以使用。

(2) 层高系数法并不是会计核算方法,因此,会计核算不可以采用该方法,计算土地增值税建筑安装成本分摊时可以使用。

(3) 企业所得税汇算清缴时,也不允许采用层高系数法。

《房地产开发经营业务企业所得税处理办法》(国税发〔2009〕31号印发)对于计税成本核算中的成本分摊方法有严格的界定,只列出了占地面积法、建筑面积法、实际成本法、预算造价法四类方法,而且明确规定所得税税前扣除中土地成本只能使用占地面积法,公共配套设施只能使用建筑面积法,利息只能使用实际成本法或预算造价法。

因此,会计处理、土地增值税处理和企业所得税处理是完全不同的,实务操作中要根据不同税种作出不同的税务处理,不能混淆。

(4) 土地增值税清算分摊方法并不一定要和会计处理完全一样,但部分地区往往会参考会计处理方法,或者直接认可会计处理的方法。因此,财务人员要了解当地税务机关的认知。

(5) 成本分摊的前提是共同成本。这意味着如果是直接成本则不需要分摊,直接归入成本对象即可,只有共同成本才需要分摊。什么是直接成本、什么是共同成本在实务中是需要财务人员认真判断和设计的。

(6) 如果财务人员已经做了真实合理的成本分摊,客观地分摊了各项成本,土地增值税清算当然可以采信并直接使用相关数据。

(7) 要关注本地的相关政策。

上述层高系数法只是理论上的计算方法。《内蒙古自治区地方税务局关于进一步明确土地增值税有关政策的通知》(内地税字〔2014〕159号)、《福州市地方税务局关于房地产开发企业土地增值税若干政策问题的通知》(榕地税发〔2008〕108号)、《山西省地方税务局关于发布〈房地产开发企业土地增值税清算管理办法〉的公告》(山西省地方税务局公告2014年第3号)、《湖南省地方税务局关于进一步规范土地增值税管理的公告》(湖南省地方税务局公告2014年第7号)、《湖北省地方税务局关于进一步规范土地增值税征管工作的若干意见》(鄂地税发〔2013〕44 号)等省市的政策就是按上述方法计算分摊的。但各地在使用的过程中也有一些适用于本地的特殊政策,列举部分如下:

(1)《浙江省地方税务局关于土地增值税若干政策问题的公告》(浙江省地方税务局公告 2014 年第 16 号)规定,对多个清算单位或不同类型开发产品共同发生的建筑安装工程费,在按建筑面积法计算分摊时,对超标准层高可售房产应按以下方法计算:

① 对层高高于 4.5 米(含 4.5 米)低于 6 米的,其可售建筑面积按 1.5 倍计算。

② 对层高高于 6 米(含 6 米)的,其可售建筑面积按 2 倍计算。

(2)《广州市地方税务局关于印发 2013 年土地增值税清算工作有关问题的处理指引的通知》(穗地税函〔2013〕179 号)规定,对兼有住宅和非住宅的综合开发项目在计算分配扣除项目金额时,应对剔除自用和出租后的可售非住宅(含剔除自用和出租后的已售和未售)面积整体乘以 1.4 系数进行分摊计算。

(3)《新疆维吾尔自治区地方税务局关于明确土地增值税相关问题的公告》(新疆维吾尔自治区地方税务局公告 2016 年第 6 号)规定,清算单位中既有住宅又有商业用房的,商业用房建筑安装工程费可以按照层高系数予以调整,其余扣除项目成本不得按层高系数调整。

商业用房层高系数小于 1.5 的,其建筑安装工程费不予调整。计算公式如下:

$$商业用房层高系数 = \frac{商业用房单层层高}{单层住宅层高}$$

3.8.3.4 预算造价法

预算造价法是指按期内某一成本对象预算造价占期内全部成本对象预算造价的比例对利息成本进行分配的方法。

土地增值税清算实务中预算造价法较少使用,其一般适用于不同成本对象利息分摊。只有大连市曾经使用过,详见《辽宁省大连市地方税务局关于明确房地产开发经营业务企业所得税相关问题的通知》(大地税函〔2009〕77 号),但该文件已经被《大连市地方税务局 大连市地方税务局关于公布失效废止税收规范性文件目录的公告》(大连市地方税务局公告 2016 年第 8 号)废止。这种方法可用于总结,供学习使用。

例 3-3 甲房地产开发企业滚动开发 3 幢楼。2020 年建造 1 号楼,预算造价 1 000 万元;2021 年建造 2 号楼,预算造价 2 000 万元;2022 年建造 3 号楼,预算造价 3 000 万元。每幢楼的建设周期都是 3 年。2020 年年初,甲房地产开发企业通过商业银行借款 600 万元,年利率 10%,年末付息,期限为 3 年,每年利息支出 60 万元(不考虑其他资金成本因素)。请计算1号楼各年利息成本。

2020年：可以理解为全部借款资金全部使用在1号楼，该楼归集利息成本60万元。

2021年：1号楼、2号楼同时建造，为了合理划分2幢楼的利息成本，按照预算造价法来分摊1号楼应归集的利息成本。

第一步：计算1号楼预算总造价占总预算造价的比例。

1号楼预算总造价占总预算造价的比例＝1号楼预算总造价÷当年建设楼盘预算总预算造价＝1 000÷(1 000＋2 000)＝1/3

第二步：计算1号楼利息成本。

1号楼利息成本＝当年利息总支出×(1号楼预算造价÷当年建设楼盘预算总造价)＝60×(1÷3)＝20(万元)

2022年：分析同上，1号楼分摊归集的利息成本＝60×[1 000÷(1 000＋2 000＋3 000)]＝10(万元)。

【提示】 采用预算造价法分摊利息成本时，应注意时间节点，即利息资本化时间的起点和终点，要分段计算，登载明细账。

《企业会计准则第17号——借款费用》(财会〔2006〕3号印发)规定：

(1)企业为购建在建工程、开发产品等发生的借款费用，在工程达到预定可使用状态或预定可销售状态前计入在建工程成本或开发成本，达到预定可使用状态或预定可销售状态后，直接计入财务费用扣除。但因非正常原因中断满3个月的，3个月以内的利息仍旧计入在建工程成本，3个月后的利息直接计入财务费用。

(2)为购建或生产符合资本化条件的资产发生的专门借款，应当按下列公式计算资本化金额：

专门借款部分资本化金额＝专门借款×借款利率－专门借款闲置收益

(3)《企业会计准则第17号——借款费用》(财会〔2006〕3号印发)第五条规定，借款费用同时满足下列条件的，才能开始资本化：

① 资产支出已经发生。

② 借款费用已经发生。

③ 为使资产达到预定可使用或者可销售状态所必要的购建或者生产活动已经开始。

其中,对于"为使资产达到预定可使用或者可销售状态所必要的购建或者生产活动已经开始",《企业会计准则讲解(2010)》的解释如下:为使资产达到预定可使用或者可销售状态所必要的购建或者生产活动已经开始,是指符合资本化条件的资产的实体建造或者生产工作已经开始,如主体设备的安装、厂房的实际开工建造等。它不包括仅仅持有资产但没有发生为改变资产形态而进行的实质上的建造或者生产活动。

预算造价法有多种适用情况。将要支付还没有支付的拆迁补偿费;未建设或者未竣工决算公共配套、基础设施等都可以采用预算造价法分摊。

3.8.3.5 直接成本法

《房地产开发经营业务企业所得税处理办法》(国税发〔2009〕31号印发)第二十九条规定,直接成本法指按期内某一成本对象的直接开发成本占期内全部成本对象直接开发成本的比例进行分配的方法。

企业开发、建造的开发产品应按制造成本法进行计算与核算。其中,应计入开发产品成本中的费用属于直接成本和能够分清成本对象的间接成本,直接计入成本对象,共同成本和不能分清负担对象的间接成本,应按受益的原则和配比的原则分配至各成本对象。

综上,简单理解为可以直接归属于计税成本对象的,直接归集,不必采取建筑面积法、占地面积法等进行分摊。

例如,商住一体的建筑主体中:

(1) 商业外墙砌大理石墙砖(玻璃幕墙),成本直接归属于商业。

(2) 住宅外墙粉刷涂料,成本直接归属于住宅。

(3) 商城使用的是扶梯(电梯的一种)和直通商业部分的直梯(电梯的一种),住宅使用的是直梯。两部分的电梯成本可以清晰分开,因此,分别归集电梯成本给商城和住宅。

(4) 地下车位部分内墙粉刷防水漆,地上商业毛坯、住宅部分简装,地下车位、地上商业、住宅的成本是不一样的,依据《工程结算单》可以直接归属影响的成本。

(5) 只有一个立项,建造一幢楼,商业银行专项贷款1 000万元,年利率10%。由此产生的利息直接归属该项目,不用采取其他成本分摊方法,等等。

3.8.3.6 其他分摊方法

除占地面积法、建筑面积法、层高系数法、预算造价法、直接成本法5个分摊方法之外,部分省市还创新了其他成本分摊方法。这些方法属于地域性政策,实际操作中需要积极和当地税务机关协调与沟通。本书对这些方法进行了梳理总结,具体包括成本加成法、实际合理法、销售收入比例法以及售价系数法。

1）成本加成法

《关于上报〈银川市房地产企业土地增值税清算实施办法〉的请示》（银地税发〔2007〕214号）规定，对纳税人建造商住混合楼，即既有营业网点又有住宅的工程项目，其营业网点与住宅收入及成本应分别核算，凡核算中成本不能区分的，对营业房的成本可按平均成本加计30%进行扣除。

《宁夏回族自治区地方税务局关于银川市房地产企业土地增值税清算实施办法的批复》（宁地税函〔2007〕123号）规定，同意银川市制定的《银川市房地产企业土地增值税清算实施办法》（银地税发〔2007〕214号），该文件发文时间为2007年7月18日。

2）实际合理法

《安徽省地方税务局关于土地增值税有关问题的通知》（皖地税函〔2007〕311号）中提到，部分地方反映，对纳税人既建普通标准住宅又搞其他类型房地产开发的，如何清算土地增值税，难以把握。现将有关问题明确如下：纳税人开发项目中同时包含普通住宅和非普通住宅，应依照《国家税务总局关于房地产开发企业土地增值税清算管理有关问题的通知》（国税发〔2006〕187号）的要求，分别核算增值额。在分别核算增值额时，审核人员可以采取按普通标准住宅可售建筑面积占整个项目可售总建筑面积的比例或其他合理的方法，计算确定扣除金额。前款中，其他合理的方法是指按照土地增值税计算的原则和规定以及房地产开发企业实际计算并分摊开发成本、开发费用等扣除项目的方法。

3）销售收入比例法

《江西省地方税务局关于土地增值税清算若干问题的通知》（赣地税发〔2008〕76号）规定，纳税人取得土地使用权所支付的地价款和按国家统一规定交纳的有关费用及土地征用和拆迁补偿费，分别按纳税人取得的普通住宅、其他类型的房地产的销售收入进行分摊。

土地成本按照收入比例进行分割，会形成"商住一体"的商业部分和住宅部分"楼面地价"不一样；别墅与住宅同时存在的情况下，别墅土地成本偏低，从而影响土地增值税真实税负。采取占地面积法还是比较客观的。因此，该文件已经被《江西省地方税务局关于发布有效、失效、废止的税收规范性文件目录的公告》（江西省地方税务局公告2010年第5号）废止。

4）售价系数法

《南通市地方税务局关于明确在房地产开发企业土地增值税清算中如何计算未售

营业用房及车库应分摊成本的通知》（通地税函〔2008〕100号）规定，为了进一步做好房地产开发企业土地增值税清算工作，确保已售面积的成本、土地增值税增值额的合理性，同时解决以后营业用房销售后因售价与扣除成本差异大、增值率高、税负不均等问题，对房地产开发企业土地增值税清算中未售营业用房及车库成本的分摊计算暂作如下规定：对房地产开发企业未售营业用房及车库等采用平均售价系数分摊法进行成本分摊。具体计算办法如下：将住宅商品房的平均售价作为参数，营业用房平均售价、车库平均售价同时计算成本分摊系数，后按各自的分摊系数在总成本中进行分摊。

该方法是层高系数法的延伸。它以总开发成本按照售价来分割，形成"收入高了，成本也随着高了；收入低了，成本也随着低了"情况，该方法的优点是体现扣除与收入配比，缺点是计算较为复杂。

4 应纳税额的计算

4.1 计算公式及计算步骤

《土地增值税暂行条例》第四条规定,纳税人转让房地产所取得的收入减除扣除项目金额后的余额,为增值额。

应纳税款的计算公式及计算步骤如下:

(1) 确定土地增值税的收入额。

(2) 扣除项目金额＝土地价款＋开发成本＋开发费用＋开发税金及附加＋加计扣除。

(3) 增值额＝收入额－扣除项目金额。

(4) 增值率＝增值额÷扣除项目金额。

(5) 应纳土地增值税＝增值额×税率－扣除项目金额×速算扣除系数。

 案例分析

甲房地产开发企业土地增值税的计算

甲房地产开发企业于2021年开发某城中村改造项目,该项目总建筑面积为480 000平方米,其中单套建筑面积为120平方米的住宅共计400 000平方米,地下储藏室共计20 000平方米,商业用房共计30 000平方米,配套地下车位面积共计30 000平方米。该企业于2021年2月通过"招、拍、挂"方式受让土地240 000平方米,支付出让金60 000万元,缴纳契税2 400万元。同时于2021年2月取得政府财政补贴4 000万元。建筑工程施工许可证注明的开工日期为2021年3月1日。

用于安置回迁户村民的住宅建筑面积为8 000平方米,其中1∶1拆迁还房面积6 000平方米,超面积拆迁还房面积2 000平方米,超面积拆迁房按照市场价格1万元/平方米由被拆迁户支付给甲房地产开发企业。

该项目于2021年8月开始预售，均价为1万元/平方米，2021年8月至2022年4月，已预售200 000平方米，收取现款或按揭贷款合计200 000万元，已按规定预缴增值税5 504万元、城市维护建设税385.32万元、教育费附加165.14万元、地方教育附加110.09万元，预缴土地增值税3 889.91万元。

甲房地产开发企业将工程交给乙建筑公司施工，合同约定，工程总价款144 000万元。甲房地产开发企业已经于2021年12月一次性支付预付工程款20 000万元，取得合法有效的建筑业增值税专用发票，余款124 000万元待工程竣工验收时按工程总价款扣除5%质保金后，一次性付清尾款，但全额取得增值税专用发票。预计工程竣工决算时间在2022年5月，合同约定房屋交付日期为2022年10月1日。

2022年5月，如期竣工验收后，甲房地产开发企业取得建筑服务增值税专用发票144 000万元；消防工程对外分包，取得增值税专用发票价税合计金额为23 400万元；将装修工程委托给丙企业施工，支付装修费合计7 000万元，按装修费全额取得增值税专用发票。

2022年6月，甲房地产开发企业销售剩余商品房及配套设施，其中住宅192 000平方米，取得房款192 000万元，储藏室20 000平方米，取得房款40 000万元，商业用房30 000平方米，取得房款60 000万元。2022年10月，甲房地产开发企业按合同约定的时间全部交付完毕。

2022年6月，甲房地产开发企业拆迁安置用房收到拆迁户补差价款2 000万元，2022年10月全部交房完毕，配套车位无偿移交给业主委员会。

甲房地产开发企业2022年发生期间费用共计3 000万元，取得的增值税专用发票上注明的进项税额总额为200万元。该项目开发成本中列支银行贷款利息9 000万元。

开发成本中除工程服务、装饰服务、装饰材料外，其他允许扣除的前期开发费、基础设施费、开发间接费用（不含利息）共计2 300万元，均取得增值税普通发票。

该企业未发生其他应税项目。甲房地产开发企业对该项目选择按一般计税方法缴纳增值税，乙建筑公司及丙企业均选择一般计税方法缴纳增值税。该项目利息不能按不同的开发项目进行分摊。城市维护建设税税率7%、教育费附加征收率3%、地方教育附加征收率2%。

注：土地增值税清算时成本按照建筑面积分摊，假设税金采用按预缴金额按照收入比例分摊扣除。当地税务机关规定，土地增值税预征率为2%。

要求计算：

(1) 甲房地产开发企业 2022 年 6 月预缴增值税、城市维护建设税、教育费附加、地方教育附加及土地增值税分别是多少？

(2) 甲房地产开发企业 2022 年 10 月缴纳增值税、城市维护建设税、教育费附加、地方教育附加分别是多少？

(3) 假设甲房地产开发企业在 2022 年 10 月清算土地增值税，计算该项目应纳及应补(退)土地增值税额是多少？（注：不考虑印花税。）

答案：

(1) 甲房地产开发企业 2022 年 6 月预缴税款计算如下：

① 预缴增值税＝192 000÷(1＋9%)×3%＋40 000÷(1＋9%)×3%＋60 000÷(1＋9%)×3%＋2 000÷(1＋9%)×3%＝294 000÷1.09×3%＝8 091.74(万元)。

② 预缴城市维护建设税＝8 091.74×7%＝566.42(万元)。

③ 预缴教育费附加＝8 091.74×3%＝242.75(万元)。

④ 预缴地方教育附加＝8 091.74×2%＝161.83(万元)。

⑤ 预缴土地增值税＝(294 000－8 091.74)×2%＝5 718.17(万元)。

(2) 甲房地产开发企业 2022 年 10 月缴纳税款计算如下：

安置回迁户村民的住宅计入拆迁补偿费的金额＝8 000×1－2 000×1＝6 000(万元)。

① 销售额＝200 000＋192 000＋40 000＋60 000＋2 000＋6 000－60 000－6 000＝434 000(万元)。

② 增值税销项税额＝434 000÷(1＋9%)×9%＝35 834.86(万元)。

③ 增值税进项税额＝144 000÷(1＋9%)×9%＋23 400÷(1＋9%)×9%＋7 000÷(1＋9%)×9%＋200＝14 600(万元)。

④ 应缴纳增值税＝35 834.86－14 600＝21 234.86(万元)。

预缴增值税＝5 504.29＋8 091.74＝13 596.03(万元)。

应补缴增值税＝21 234.86－13 596.03＝7 638.83(万元)。

⑤ 应缴纳城建税＝21 234.86×7%＝1 486.44(万元)。

预缴城市维护建设税＝385.32＋566.42＝951.74(万元)。

应补缴城市维护建设税＝1 486.44－951.74＝534.70(万元)。

⑥ 应缴纳教育费附加＝21 234.86×3%＝637.05(万元)。

预缴教育费附加＝165.14＋242.75＝407.89(万元)。

应补缴教育费附加＝637.05－407.89＝229.16(万元)。

⑦ 应缴纳教地方教育附加＝21 234.86×2％＝424.70(万元)。

预缴地方教育附加＝110.09＋161.83＝271.92(万元)。

应补缴地方教育附加＝424.7－271.92＝152.78(万元)。

(3) 土地增值税清算：

① 总建筑面积＝普通住宅建筑面积＋储藏室建筑面积＋商业建筑面积＋地下车位建筑面积＝400 000＋20 000＋30 000＋30 000＝480 000(平方米)。

总可售面积为 450 000 平方米。

普通住宅可售面积为 400 000 平方米。

其他房地产类型可售面积＝20 000＋30 000＝50 000(平方米)。

普通住宅成本分摊比例＝400 000÷450 000×100％＝88.89％。

其他房地产类型成本分摊比例＝50 000÷450 000×100％＝11.11％。

② 转让房地产收入总额。

其中：

普通住宅＝400 000÷(1＋9％)＝366 972.48(万元)。

其他房地产类型＝100 000÷(1＋9％)＝91 743.12(万元)。

因扣除土地价款抵减的销项税额＝(60 000＋6 000)÷(1＋9％)×9％＝5 449.54(万元)。

其中：

普通住宅分摊"因扣除土地价款抵减的销项税额"＝5 449.54×88.89％＝4 844.10(万元)。

其他房地产分摊"因扣除土地价款抵减的销项税额"＝5 449.54×11.11％＝605.44(万元)。

如此一来：

普通住宅总收入＝366 972.48＋4 844.096 1＝371 816.58(万元)。

其他房地产总收入＝91 743.12＋605.443 9＝92 348.56(万元)。

③ 取得土地使用权所支付的金额。

总金额＝60 000＋2400＝62 400(万元)。

其中：

普通住宅＝62 400×88.89％＝55 467.36(万元)。

其他房地产类型＝62 400×11.11%＝6 932.64(万元)。

④ 房地产开发成本＝土地征用及拆迁补偿费＋前期工程费＋建筑安装工程费＋基础设施费＋公共配套设施费＋开发间接费用。

总金额＝6 000＋144 000÷(1＋9%)＋23 400÷(1＋9%)＋7 000÷(1＋9%)＋2 300＝168 300(万元)。

其中：

普通住宅＝168 300×88.89%＝149 601.87(万元)。

其他房地产类型＝168 300×11.11%＝18 698.13(万元)。

⑤ 房地产开发费用＝(取得土地使用权所支付的金额＋房地产开发成本)×10%。

其中：

普通住宅＝(55 467.36＋149 601.87)×10%＝20 506.92(万元)。

其他房地产类型＝(6 932.64＋18 698.13)×10%＝2 563.08(万元)。

⑥ 与转让房地产有关的税金等＝营业税＋城市维护建设税＋教育费附加＋地方教育附加。

按照收入金额比例分摊税金

普通住宅分配比例＝366 972.48÷458 715.60×100%＝80%。

其他房地产类型分配比例为20%。

预缴城市维护建设税为951.74万元。

预缴教育费附加为407.89万元。

预缴地方教育附加为271.92万元。

总计预缴税金＝951.74＋407.89＋271.92＝1 631.55(万元)。

其中：

普通住宅＝1 631.55×80%＝1 305.24(万元)。

其他房地产类型＝1 631.55×20%＝326.31(万元)。

⑦ 财政部规定的其他扣除项目＝(取得土地使用权所支付的金额＋房地产开发成本)×20%。

其中：

普通住宅＝(55 467.36＋149 601.87)×20%＝41 013.85(万元)。

其他房地产类型＝(6 932.64＋18 698.13)×20%＝5 126.15(万元)。

⑧ 扣除项目金额合计＝取得土地使用权所支付的金额＋房地产开发成本＋房地产开发费用＋与转让房地产有关的税金等＋财政部规定的其他扣除项目。

其中：

普通住宅＝55 467.36＋149 601.87＋20 506.92＋1 305.24＋41 013.85＝267 895.24(万元)。

其他房地产类型＝6 932.64＋18 698.13＋2 563.08＋326.31＋5 126.15＝33 646.31(万元)。

⑨ 增值额＝转让房地产收入总额－扣除项目金额合计。

其中：

普通住宅增值额＝371 816.576 1－267 895.24＝103 921.34(万元)。

其他房地产类型增值额＝92 348.563 9－33 646.31＝58 702.253 9(万元)。

⑩ 增值额与扣除项目金额之比＝增值额÷扣除项目金额合计。

其中：

普通住宅＝103 921.336 1÷267 895.24×100％＝38.79％。

其他房地产类型＝58 702.253 9÷33 646.31×100％＝174.47％。

⑪ 应缴土地增值税税额＝增值额×适用税率－扣除项目金额合计×速算扣除数。

其中：

普通住宅＝103 921.336 1×0.3＝31 176.40(万元)。

其他房地产类型＝58 702.253 9×50％－33 646.31×15％＝24 304.18(万元)。

合计应交土地增值税＝31 176.40＋24 304.18＝55 480.58(万元)。

⑫ 减免税额为0。

⑬ 已缴土地增值税税额＝5 718.17＋3 889.91＝9 608.08(万元)。

⑭ 应补(退)土地增值税税额＝应缴土地增值税税额－减免税额－已缴土地增值税税额＝55 480.58－9 608.08＝45 872.50(万元)。

4.2　清算后再转让房地产的处理

4.2.1　清算后再转让房地产土地增值税的处理

《国家税务总局关于房地产开发企业土地增值税清算管理有关问题的通知》(国税发〔2006〕187号)第八条规定，在土地增值税清算时未转让的房地产，清算后销售或有偿转让的，纳税人应按规定进行土地增值税的纳税申报，扣除项目金额按清算时的单位建筑面积成本费用乘以销售或转让面积计算。

$$单位建筑面积扣除项目金额 = \frac{清算时的扣除项目总金额}{清算的总建筑面积}$$

例 4-1 2021年2月,甲房地产开发企业对生林小区进行土地增值税清算,清算时尚有5套房屋(面积500平方米)没有销售,清算时的扣除项目金额 20 000 000 元,收入总额 38 000 000 元,清算总面积 10 000 平方米。2022年6月,企业将剩余的5套房屋销售,取得房款 3 000 000 元(不含税)。计算清算时以及清算后应当申报缴纳的土地增值税。

2021年2月清算时:

(1) 增值额 = 38 000 000 − 20 000 000 = 18 000 000(元)。

(2) 增值率 = 18 000 000 ÷ 20 000 000 = 90%。

(3) 清算土地增值税 = 18 000 000 × 40% − 20 000 000 × 5% = 6 200 000(元)。

2022年6月销售尾房的土地增值税计算:

(1) 扣除项目金额 = 500 × 20 000 000 ÷ 10 000 = 1 000 000(元)。

(2) 增值额 = 3 000 000 − 1 000 000 = 2 000 000(元)。

(3) 增值率 = 2 000 000 ÷ 1 000 000 = 200%。

(4) 清算后销售5套房屋的土地增值税 = 2 000 000 × 60% − 1 000 000 × 35% = 850 000(元)。

合计：应纳土地增值税 = 6 200 000 + 850 000 = 7 050 000(元)。

值得注意的是,公式中"清算时的扣除项目总金额"中包含清算时应扣除的相应税费。"清算时扣除项目总金额"中,除了税费是随着销售收入的变动而变动的,其他扣除项目金额应保持前后一致。因此,从法理上来讲,重新计算增值额时,不能笼统地以已销售的成本费用和税金作为总的扣除项目,而应根据尾盘销售后实际发生的销售收入计算相应的扣除税金。上述公式存在这样的缺陷。

部分地区在清算实践中,将尾房销售扣除项目金额计算公式作了调整,如《国家税务总局深圳市税务局关于发布〈土地增值税征管工作规程〉的公告》(国家税务总局深圳市税务局公告2019年第8号)第三十一条规定,清算后尾盘申报时,扣除项目金额按清算时的单位建筑面积成本费用(不含与转让房地产有关的税金)乘以清算后转让的面积再加上清算后转让时缴纳的与转让房地产有关的税金计算。计算公式如下:

$$\text{单位建筑面积成本费用}\begin{pmatrix}\text{不含与转让房地产}\\\text{有关的税金}\end{pmatrix}=\frac{\text{房地产开发项目总扣除项目金额}\begin{pmatrix}\text{不含与转让房地产}\\\text{有关的税金}\end{pmatrix}}{\text{房地产开发项目的总可售建筑面积}}$$

后续的计算应当为：

$$\text{尾盘申报清算的扣除项目金额}=\frac{\text{清算时的扣除项目总金额}-\text{清算时扣除的税费}}{\text{清算时的已售可售建筑面积总额}}\times\text{当期尾盘销售建筑面积}+$$

$$\text{当期尾盘销售按征收率计算的增值税或一般计税方法下计算的应纳增值税}\times$$

$$\begin{pmatrix}\text{城市维护建设税税率}+\text{教育费附加征收率}+\text{地方教育附加征收率}\end{pmatrix}$$

当期尾盘土地增值税的增值额＝当期销售收入－尾盘申报清算的扣除项目金额

根据增值额重新计算增值率，对照相应的税率计算当期应纳的土地增值税税额。这种方法更为合理。

例 4-2 承［例 4-1］，假设 2021 年 2 月清算时，扣除项目金额 2 000 万元（其中包括税金及附加 30 万元，增值税按简易计税方法 5% 征收率计算），城市维护建设税税率 7%。假设清算可售建筑面积为 10 000 平方米，已售建筑面积＝10 000－500＝9 500（平方米），清算时的扣除项目总金额为：不含税金及附加的扣除项目总金额＝2 000－30＝1 970（万元）。

清算时的扣除项目总金额＝1 970÷10 000×9 500＋30＝1 901.5（万元）。

则 2022 年 6 月销售尾房的土地增值税计算：

（1）尾盘申报清算的扣除项目金额＝（清算时的扣除项目总金额－清算时扣除的税费）÷清算时的已售建筑面积总额×当期尾盘销售建筑面积＋当期尾盘销售按征收率计算的增值税或一般计税方法下计算的应纳增值税×（城市维护建设税税率＋教育费附加征收率＋地方教育附加征收率）。

尾盘申报清算的扣除项目金额＝（19 015 000－300 000）÷9 500×500＋3 000 000×5%×（7%＋3%＋2%）＝1 003 000（元）

（2）增值额＝3 000 000－1 003 000＝1 997 000（元）。

（3）增值率＝1 997 000÷1 003 000＝199%。

(4) 清算后销售 5 套房屋的土地增值税＝1 997 000×50％－1 003 000×15％＝848 050(元)。

由此看出,尾盘销售时,由于销售价格提高,按该公式扣除的税金会增加,降低了增值额和增值率,少缴一部分土地增值税。这种处理方式,使得扣除项目金额的计算更为科学,山东省(国家税务总局山东省税务局公告 2022 年第 10 号)、青岛市(国家税务总局青岛市税务局公告 2022 年第 6 号)等也有类似规定。

4.2.2 清算后又发生成本是否允许二次清算

以上公式明确了清算时未转让,清算后销售转让的房地产如何计算扣除项目的问题,但仍有两个问题没有提及：一是未明确再转让房产是否能够和初次清算房产合并清算调整的问题,二是清算后取得发票可否追补扣除的问题。

企业达到清算条件并进行土地增值税清算后,继续销售尾房或清算时因没有合法有效凭证未扣除的金额又重新取得合法、有效凭证的,此时是否允许企业申请对曾经清算过的项目进行重新清算问题,大部分省份允许二次清算。

例如,《国家税务总局山东省税务局关于发布〈国家税务总局山东省税务局土地增值税清算管理办法〉的公告》(国家税务总局山东省税务局公告 2022 年第 10 号)第四十二条规定,房地产开发企业自结算缴纳土地增值税清算税款之日起 3 年内发生下列情形之一的,可向主管税务机关一次性提出申请,调整清算税额,退还多缴的土地增值税税款：

(1) 清算时未取得合法有效凭证而在清算后取得的。

(2) 清算时未支付款项而在清算后支付的。

(3) 清算时应当分摊但实际未能分摊的共同的成本费用,清算后能够按照受益对象、采用合理的分配方法分摊的。

又如,《关于土地增值税清算管理若干问题的通知》(京地税地〔2007〕325 号)规定,纳税人在项目完成清算后继续支付并取得合法有效凭证的成本和费用,主管税务机关可根据实际情况重新调整扣除项目金额,但原则上应在项目全部销售完毕时进行调整。

存在类似规定的还有湖北[《湖北省地方税务局关于进一步规范土地增值税征管工作的若干意见》(鄂地税发〔2013〕44 号)]、广西[《广西壮族自治区地方税务局关于明确土地增值税清算若干政策问题的通知》(桂地税发〔2008〕44 号)]、大连[《大连市地方税务局关于进一步明确土地增值税若干问题的通知》(大地税函〔2007〕200 号)]、青岛[《青岛市地方税务局关于印发〈房地产开发项目土地增值税清算业务指引〉的通知》(青地税函〔2013〕44号)]等。

4.2.3 清算后尾盘的销售是否需要预缴土地增值税

国家层面的税收文件并没有明确规定。各地的政策如下。

(1)《国家税务总局广东省税务局关于发布〈国家税务总局广东省税务局土地增值税清算管理规程〉的公告》(国家税务总局广东省税务局公告2019年第5号)第四十二条至第四十四条规定,在土地增值税清算时未转让的房地产,清算后再转让的,纳税人应按月汇总,并在次月15日内申报缴纳土地增值税。土地增值税清算审核期间转让房地产的,按规定预征土地增值税,待税务机关出具清算结论后,纳税人按照清算后再转让的规定汇总申报缴纳土地增值税,多退少补。主管税务机关应加强清算后尾盘管理,辅导纳税人及时、准确进行尾盘申报。

也就是说,在土地增值税清算申报至税务机关出具清算结论前预售(销售)的房地产,需要预缴土地增值税,出具清算结论后预售(销售)房地产则不需要预缴土地增值税。

《国家税务总局福建省税务局关于土地增值税若干政策问题的公告》(国家税务总局福建省税务局公告2018年第21号)也有类似规定。

(2)但也有不同的处理方式。例如,《国家税务总局山东省税务局关于发布〈国家税务总局山东省税务局土地增值税清算管理办法〉的公告》(国家税务总局山东省税务局公告2022年第10号)第三十四条规定,房地产开发企业办理清算申报后,在主管税务机关出具清算审核结论前,预售(销售)房产取得的收入,应当根据清算申报结果,按照尾盘销售申报缴纳土地增值税。也就是说,房地产开发企业在办理清算申报后预售(销售)的房地产不再预缴土地增值税,而是待清算结论出具后,按尾盘销售申报缴纳土地增值税。因此,从实操性考虑,山东省的政策更容易落地。

4.2.4 清算时因无合法有效凭证没有扣除的成本费用,清算后重新取得发票的,如何处理

国家层面的税收文件并没有明确规定。但《税收征收管理法》第五十一条规定,纳税人超过应纳税额缴纳的税款,税务机关发现后应当立即退还;纳税人自结算缴纳税款之日起3年内发现的,可以向税务机关要求退还多缴的税款并加算银行同期存款利息,税务机关及时查实后应当立即退还;涉及从国库中退库的,依照法律、行政法规有关国

库管理的规定退还。

因此,清算时应当取得而未取得合法有效凭证,清算时没有扣除的金额,在清算后重新取得合法有效凭证的,只要不超过 3 年,可以向税务机关申请退还多缴的土地增值税。

《国家税务总局山东省税务局关于发布〈国家税务总局山东省税务局土地增值税清算管理办法〉的公告》(国家税务总局山东省税务局公告 2022 年第 10 号)第四十二条第一款就很好地体现了这个原理。

4.3 转作自用或出租后作为旧房销售的土地增值税处理

2006 年 3 月 2 日,财政部、国家税务总局联合下发了《关于土地增值税若干问题的通知》(财税〔2006〕21 号),对土地增值税的相关问题作了明确规定,其中对转让旧房的扣除项目作了进一步规范。旧房扣除项目的变化直接关系到旧房土地增值额的确定,也会影响旧房土地增值税的计算。现就转让旧房计算土地增值税应注意的问题进行分析。

4.3.1 新建房与旧房的界定

根据《财政部 国家税务总局关于土地增值税一些具体问题规定的通知》(财税字〔1995〕48 号)第七条"关于新建房与旧房的界定问题"的规定,新建房是指建成后未使用的房产。凡是已使用一定时间或达到一定磨损程度的房产均属旧房。使用时间和磨损程度标准可由各省、自治区、直辖市财政厅(局)和税务局具体规定。

根据财政部和国家税务总局授权,各地在旧房的界定上,也存在较大差异。具体如下。

(1)《广东省深圳市地方税务局关于印发土地增值税征管工作规程的通知》(深地税发〔2009〕24 号)进一步规定,单位和个人自建或购买的房地产 1 年后转让适用旧房转让政策,不包括房地产开发企业二级市场开发销售房产。自建房迄止时间为房产证登记时间至转让合同签订,购买房地产迄止时间为购买合同签订至转让合同签订。从房地产三级市场购买的房产均认定为旧房。

(2)《青岛市地方税务局关于土地增值税和契税若干具体政策的公告》(青岛市地

方税务局公告 2015 年第 2 号)解读中则规定,新房与旧房的界定标准为《转发财政部 国家税务总局〈关于土地增值税一些具体问题规定的通知〉的通知》(青财税〔1996〕7 号) 第二条规定:"1. 建房单位新建成的房产,未使用或使用未满一年首次对外转让的,均为 新房;首次转让前已经出租或使用满一年以上再转让的房产,应作为旧房。2. 对个人新 建应税房产对外转让的,不论其建造时间长短,均作为旧房。3. 对单位或个人购买的新 房再转让的,不论其使用时间长短,均为旧房。"

(3)《江苏省地方税务局公告关于土地增值税若干问题的公告》(苏地税规〔2015〕 8 号)第六条规定,房地产开发企业建造的商品房(不含已列入固定资产或作为投资性房地 产的房屋),应按照转让新建房的政策规定缴纳土地增值税。非房地产开发企业自建房屋, 自房屋竣工之日起 3 年内(含)转让的,可按照转让新建房的政策规定缴纳土地增值税。

分析:以转作自用或出租是否超过 12 个月,作为新旧房的界定原则是比较科学的, 因为,转作自用或出租的,会计上应当作为固定资产管理,而固定资产界定的条件之一 是使用年限超过 12 个月。

在实务操作中,旧房是指下列情况之一:

(1) 已建成并办理房屋产权证。

(2) 取得购房发票的房产。

(3) 虽未办理房屋产权证但已建成并交付使用超过 1 年(12 个月)的房产。

4.3.2 转让旧房准予扣除项目的确定

4.3.2.1 转让旧房能提供评估价格的

根据《财政部 国家税务总局关于土地增值税一些具体问题规定的通知》(财税字 〔1995〕48 号)的规定,转让旧房可扣除的项目金额包括三项。

(1) 旧房及建筑物的评估价格。

根据《土地增值税宣传提纲》(国税函发〔1995〕110 号印发)第五条第(四)项的规定, 旧房及建筑物的评估价格是指在转让已使用的房屋及建筑物时,由政府批准设立的房 地产评估机构评定的重置成本价乘以成新度折扣率后的价值,并由当地税务机关参考 评估机构的评估而确认的价格。

需要注意,未经税务机关确认的评估价格不能扣除。

(2) 取得土地使用权所支付的地价款和按国家统一规定缴纳的有关费用。

(3) 转让环节缴纳的税金。

此外，纳税人支付的评估费用准予在计算土地增值税时扣除。

具体的计算公式为：

扣除项目金额 ＝ 取得土地所支付的价款 ＋ 旧房及建筑物的评估价格 ＋ 转让时缴纳的城市维护建设税、教育费附加、印花税 ＋ 其他准予扣除的金额

旧房及建筑物的评估价格 ＝ 重置成本 × 成新度折扣率

例 4-3 2021 年 10 月，甲房地产开发企业转让旧办公楼（2016 年 2 月本企业开发的商品房转作出租）一栋，土地发票注明地价款 200 万元，办公楼评估重置价格 1 000 万元，成新度为 4 成新，缴纳评估费 20 万元。转让收入 1 260 万元。销售不动产简易计税方法的税率为 5%，城市维护建设税税率 7%，教育费附加 3%，地方教育附加为 2%。计算甲房地产开发企业应当缴纳的土地增值税。（注：假设购销合同分别注明销售额和增值税，印花税按不含税价格计算）

(1) 扣除项目金额 ＝ 200＋1 000×40%＋1 260÷(1＋5%)×5%×(7%＋3%＋2%)＋1 260÷(1＋5%)×0.5‰＋20＝627.8（万元）。

(2) 土地增值额 ＝ 1 260÷(1＋5%)－627.8＝572.2（万元）。

(3) 增值率 ＝ 572.2÷627.8＝91%。

(4) 土地增值税 ＝ 572.2×40%－627.8×5%＝197.49（万元）。

值得注意的是，2008 年 9 月 1 日起全面实行了两证合一，不再单独发放土地证和房产证，而是统称为《房地产权证》。那么外购房产时，支付的价款并没有将土地价款和房屋价款单独列示，后期转让按旧房计算土地增值税时，房屋的部分按评估价格，土地价款如何处理？

《土地增值税暂行条例实施细则》第十四条规定，提供扣除项目金额不实的，应由评估机构按照房屋重置成本价乘以成新度折扣率计算的房屋成本价和取得土地使用权时的基准地价进行评估。税务机关根据评估价格确定扣除项目金额。

《国家税务总局 国家土地管理局关于土地增值税若干征管问题的通知》（国税发〔1996〕4 号）第二条规定，各级土地管理部门要根据国家土地管理局的统一部署，尽快完成城镇地籍调查、土地登记和基准地价评估等初始地籍工作，同时做好土地使用权的变更登记、地价评估和管理等日常工作，为税务部门征收土地增值税提供所需土地使用权的权属以及土地出让、转让交易的时间、土地出让金数额及土地使用权转让价格等征税资料。对于已经完成城镇基准地价评估工作的地区，土地管理部门要根据社会经济发展的状况，定期更新基准地价成果，使之能够及时反映地产市场水平，满足土地增值税

的征收管理需要；少数未完成城镇基准地价评估的地区，土地管理部门可采取现有宗地评估方法直接评估，以满足征收土地增值税的需要。

《国家税务总局 财政部 国土资源部关于进一步加强土地税收管理工作的通知》（国税发〔2008〕14号）第二条规定，市、县国土资源部门要及时更新基准地价，保证当地基准地价的现势性，并定期将更新的基准地价等地价信息提供给财税部门，以满足土地税收征管的需要。各级财税部门要将国土资源部门提供的基准地价等地价信息数据充分应用到土地税收的征管工作中。

《财政部 国家税务总局关于开展应用房地产评税技术核定交易环节计税价格工作的通知》（财税〔2009〕100号）第五条规定，调查分析本地区房地产市场及影响房地产价格的因素。具体包括：本地区房地产市场的状况；房地产分布的特点与规律；房地产价格在不同区域间呈现差异性的原因；土地定级情况、基准地价及修正系数等。

综上所述，在外购房地产过程中没有单独列示土地价款或虽然单独列示土地价款，但有关的出让金收据、发票等扣除凭证因丢失等因素确实无法取得的，可以按购置当年当地土地管理部门确定的基准地价进行核定并准予在计算土地增值税时予以扣除。

例如，《广州市地方税务局关于印发2014年土地增值税清算工作有关问题的处理指引的通知》（穗地税函〔2014〕175号）第七条"关于旧房评估价格中地价的扣除问题"规定，纳税人转让旧房的扣除项目金额包括房屋建筑物的评估价格、取得土地使用权所支付的地价款和按国家统一规定缴纳的有关费用以及在转让环节缴纳的税金。其中，对取得土地使用权所支付的地价款，纳税人应提供国土房管部门出具的相关凭据确定，不能提供的，可参照取得土地使用权时的基准地价确定。《海南省地方税务局关于调整房地产开发项目土地增值税核定征收办法的公告》（海南省地方税务局公告2016年第8号）第三条第二款规定，根据纳税人日常申报的资料和数据，向国土部门查询该项目取得土地使用权支付的价款，确定土地价款。无法获得土地价款相关数据的，可参照同期同类基准地价核定。云南省[《国家税务总局云南省税务局关于土地增值税征管若干事项的公告》（国家税务总局云南省税务局公告2020年第7号）]、山东省[《国家税务总局山东省税务局关于发布〈国家税务总局山东省税务局土地增值税清算管理办法〉的公告》（国家税务总局山东省税务局公告2022年第10号）]、深圳市[《国家税务总局深圳市税务局关于发布〈土地增值税征管工作规程〉的公告》（国家税务总局深圳市税务局公告2019年第8号）]等也有类似规定。

例 4-4 甲企业于 2016 年 3 月购入写字楼一栋,价格 77 000 000 元,取得不动产发票,没有单独列示土地价款金额,缴纳契税 2 310 000 元,支付过户手续费 1 000 元(没有取得合法有效凭证)。2021 年 8 月将写字楼售出,取得收入 180 000 000 元,该房产的评估重置成本价格为 120 000 000 元,成新率 80%。该写字楼占地面积为 64 000 平方米,建筑面积为 36 000 平方米。

销售不动产选择简易计税方法缴纳增值税,税率为 5%,城市维护建设税税率为 7%,教育费附加比例为 3%,地方教育附加比例为 2%。计算该企业应当缴纳的土地增值税。(注:假设购销合同分别注明销售额和增值税,印花税按不含税价格计算;2016 年 3 月购置写字楼时的土地基准地价为 800 元/平方米)

(1) 土地增值税收入总额 = 180 000 000 ÷ (1 + 5%) = 171 428 571.43(元)。

(2) 扣除项目金额 = 取得土地所支付的价款 + 旧房及建筑物的评估价格 + 转让时缴纳的城建税、教育费附加、印花税 + 其他准予扣除的金额 = 800 × 64 000 + 120 000 000 × 80% + (180 000 000 − 77 000 000) ÷ (1 + 5%) × 5% × (7% + 3% + 2%) + 180 000 000 ÷ (1 + 5%) × 0.05% = 147 874 285.71(元)。

注意:过户手续费 1 000 元因没有合法有效凭证,不得扣除。此外,《财政部国家税务总局关于土地增值税一些具体问题规定的通知》(财税字〔1995〕48 号)第十一条"关于已缴纳的契税可否在计税时扣除的问题"的规定,对于个人购入房地产再转让的,其在购入时已缴纳的契税,在旧房及建筑物的评估价中已包括了此项因素,在计征土地增值税时,不另外作为与转让房地产有关的税金予以扣除。因此,本案例中缴纳的契税不予扣除。

(3) 增值额 = 171 428 571.43 − 147 874 285.71 = 23 554 285.72(元)。

(4) 增值率 = 23 554 285.72 ÷ 171 428 571.43 × 100% = 13.74%。

(5) 土地增值税 = 23 554 285.72 × 30% = 7 066 285.72(元)。

4.3.2.2 转让旧房不能提供评估价格但能提供购房发票的

《国家税务总局关于营改增后土地增值税若干征管规定的公告》(国家税务总局公告 2016 年第 70 号)第六条规定,营改增后,纳税人转让旧房及建筑物,凡不能取得评估价格,但能提供购房发票的,《土地增值税暂行条例》第六条第(一)项、第(三)项规定的扣除项目的金额按照下列方法计算:

(1) 提供的购房凭据为营改增前取得的营业税发票的,按照发票所载金额(不扣减营业税)并从购买年度起至转让年度止每年加计 5% 计算。

$$\text{扣除项目金额} = \left(\text{取得土地所支付的价款} + \text{购房发票所载金额}\right) \times (1 + 5\% \times \text{年数}) +$$

$$\text{转让时缴纳的城市维护建设税、教育费附加及地方教育附加、印花税} + \text{购房时缴纳的契税} + \text{其他允许扣除的金额（如过户手续费等）}$$

其中，$\text{年数} = \dfrac{\text{实际拥有房地产累计月份}}{12}$

注意：

（1）购房时缴纳的契税能够提供契税完税凭证的，准予扣除，但不得作为加计扣除5%的基数。

（2）与转让房地产有关的税金，包括转让旧房时缴纳的城市维护建设税、印花税、契税以及教育费附加，上述四税及附加均必须提供相应的完税凭证。

（3）根据《国家税务总局关于土地增值税清算有关问题的通知》（国税函〔2010〕220号）第七条的规定，计算扣除项目时"每年"按购房发票所载日期起至售房发票开具之日止，每满12个月计1年；超过1年，未满12个月但超过6个月的，可以视同为1年。按购房发票所载日期起至售房发票开具之日止，每满12个月计1年；超过1年，未满12个月但超过6个月的，可以视同为1年。也就是说，计算结果超过1年且出现小数点，遵循"五舍六入"原则，即，低于或等于0.5，不计算年限，大于0.5多算1年。

但《财政部 税务总局关于继续实施企业改制重组有关土地增值税政策的公告》（财政部 税务总局公告2021年第21号，以下简称21号公告）第六条规定，按购房发票确定扣除项目金额的，按照改制重组前购房发票所载金额并从购买年度起至本次转让年度止每年加计5%计算扣除项目金额，购买年度是指购房发票所载日期的当年。

也就是说，年限是按取得时的年度至转让的年度。虽然说该政策是针对企业重组，但是，对于旧房转让，没有评估价值的，都可以遵循该原则确定年限。

（4）根据《中华人民共和国印花税法》第五条的规定，应税合同的计税依据，为合同所列的金额，不包括列明的增值税税款。

（2）提供的购房凭据为营改增后取得的增值税普通发票的，按照发票所载价税合计金额从购买年度起至转让年度止每年加计5%计算。

$$\text{扣除项目金额} = \left(\text{取得土地所支付的价款} + \text{购房增值税普通发票所载价税合计金额}\right) \times (1 + 5\% \times \text{年数}) +$$

$$\text{转让时缴纳的城市维护建设税、教育费附加及地方教育附加、印花税} + \text{购房时缴纳的契税} + \text{其他允许扣除的金额（如过户手续费等）}$$

(3) 提供的购房发票为营改增后取得的增值税专用发票的,按照发票所载不含增值税金额加上不允许抵扣的增值税进项税额之和,并从购买年度起至转让年度止每年加计5%计算。

$$\text{扣除项目金额} = \text{取得土地所支付的价款} + \left(\text{购房发票所载不含增值税的金额} + \text{不允许抵扣的进项税额}\right) \times (1 + 5\% \times \text{年数}) + \text{转让时缴纳的城市维护建设税、教育费附加、印花税} + \text{购房时缴纳的契税} + \text{其他允许扣除的金额(如过户手续费等)}$$

言外之意,购房时已经抵扣的进项税额,在转让时,不得作为加计扣除5%的基数。

例 4-5 2016年3月,某企业购入商业房价格200万元,没有单独列示土地价款金额,缴纳契税6万元,均有发票,支付过户手续费1 000元,但凭证已丢失。2021年8月将商业房售出,取得收入315万元,但没有经过评估。销售不动产选择简易计税方法缴纳增值税,税率为5%,城市维护建设税税率为7%,教育费附加比例为3%,地方教育附加为2%。计算该企业应当缴纳的土地增值税。(注:假设购销合同分别注明销售额和增值税,印花税按不含税价格计算;2016年3月购置该商业房时的土地基准地价折算后为18万元)

年数 = 65 ÷ 12 = 5.4

按原规定:年数 = 5年

按21号公告:年数 = 6年

我们按21号公告执行。

(1) 扣除项目金额 = 18 + 200 × (1 + 5% × 6) + 315 ÷ (1 + 5%) × 5% × (7% + 3% + 2%) + 315 ÷ (1 + 5%) × 0.5‰ + 6 = 285.95(万元)。

注意:过户手续费1 000元因没有合法有效凭证,不得扣除。

(2) 土地增值额 = 315 ÷ (1 + 5%) − 285.95 = 14.05(万元)。

(3) 增值率 = 14.05 ÷ 285.95 = 5%。

(4) 土地增值税 = 14.05 × 30% = 4.22(万元)。

4.3.2.3 转让旧房既没有评估价格又不能提供购房发票的

根据《财政部 国家税务总局关于土地增值税若干问题的通知》(财税〔2006〕21号)的规定,对于转让旧房及建筑物,既没有评估价格又不能提供购房发票的,税务机关可以根据《税收征收管理法》第三十五条的规定,实行核定征收。

4.3.3 转让旧房土地增值额的计算方法

转让旧房土地增值额计算公式如下：

$$转让旧房土地增值额 = 应税收入 - 转让旧房准予扣除项目的金额$$

4.3.4 转让旧房及建筑物土地增值税计算时应当注意的几个问题

4.3.4.1 评估价格的确定要求

（1）旧房及建筑物的评估价格，是指在转让已使用的房屋及建筑物时，由政府批准设立的房地产评估机构评定的重置成本价乘以成新度折扣率后的价格。评估价格须经当地税务机关确认。

（2）需要进行评估的情况，根据《土地增值税宣传提纲》（国税函发〔1995〕110号印发）的规定，在征税中，对发生下列情况的，需要进行房地产评估：

① 出售旧房及建筑物的。
② 隐瞒、虚报房地产成交价格的。
③ 提供扣除项目金额不实的。
④ 转让房地产的成交价格低于房地产评估价格，又无正当理由的。

4.3.4.2 已缴纳的契税可否在计税时扣除问题

根据《财政部 国家税务总局关于土地增值税一些具体问题规定的通知》（财税字〔1995〕48号）第十一条的规定，对于个人购入房地产再转让的，其在购入时已缴纳的契税，在旧房及建筑物的评估价中已包括了此项因素，在计征土地增值税时，不另作为"与转让房地产有关的税金"予以扣除。

需要注意的是，该规定仅限于个人。

4.3.4.3 评估费用可否在计算增值额时扣除的问题

根据《财政部 国家税务总局关于土地增值税一些具体问题规定的通知》（财税字〔1995〕48号）第十二条的规定，纳税人转让旧房及建筑物时因计算纳税的需要而对房地产进行评估，其支付的评估费用允许在计算增值额时予以扣除。对《土地增值税暂行条例》第九条规定的纳税人隐瞒、虚报房地产成交价格等情形而按房地产评估价格计算征收土地增值税所发生的评估费用，不允许在计算土地增值税时予以扣除。

案例分析

无法取得合法有效原始凭证的土地成本是否可以按评估报告金额扣除

甲房地产开发企业2012年拿地后,因各种因素一直没有进行开发,2022年,该企业将土地使用权转让给乙企业,取得转让收入34 000万元。经审核,该企业拿地时的原始凭证均无法取得,包括发票、支付凭证、契税缴纳的计税依据等,但该企业2013年为了与其他企业合作建房,曾经对该土地进行评估,取得的评估报告记载评估价值为12 997万元。但后来因为种种因素,合作协议没有执行。

问题一:计算土地增值税时,是否可以依据2013年的评估报告记载的价值作为土地成本扣除?

《土地增值税暂行条例实施细则》第七条第一款规定,取得土地使用权所支付的金额,为计算增值额可扣除的项目。取得土地使用权所支付的金额,是指纳税人为取得土地使用权所支付的地价款和按国家统一规定交纳的有关费用。

《国家税务总局关于房地产开发企业土地增值税清算管理有关问题的通知》(国税发〔2006〕187号)第四条第二款规定,房地产开发企业办理土地增值税清算所附送的前期工程费、建筑安装工程费、基础设施费、开发间接费用的凭证或资料不符合清算要求或不实的,税务机关可参照当地建设工程造价管理部门公布的建筑安装造价定额资料,结合房屋结构、用途、区位等因素,核定上述四项开发成本的单位面积金额标准,并据以计算扣除。具体核定方法由省税务机关确定。

《土地增值税宣传提纲》(国税函发〔1995〕110号印发)规定,在征税中,对发生下列情况的,需要进行房地产评估:出售旧房及建筑物的;隐瞒、虚报房地产成交价格的,提供扣除项目金额不实的;转让房地产的成交价格低于房地产评估价格,又无正当理由的。

综上所述,依据评估报告作为扣除凭证,仅限于旧房的销售,土地价款的扣除必须遵循"历史成本原则",即按实际支付的价款作为扣除金额。

例外情况是,营改增前,按照《财政部 国家税务总局关于股权转让有关营业税问题的通知》(财税〔2002〕191号)第一条的规定,以无形资产、不动产投资入股,参与接受投资方利润分配,共同承担投资风险的行为,不征收营业税。

《公司法》第二十七条规定,股东可以用货币出资,也可以用实物、知识产权、土地使用权等可以用货币估价并可以依法转让的非货币财产作价出资；但是，法律、行政法规规定不得作为出资的财产除外。对作为出资的非货币财产应当评估作价，核实财产，不得高估或者低估作价。法律、行政法规对评估作价有规定的，从其规定。

由于营改增前是否缴纳营业税和增值税是交易行为是否需要开具发票的前提，因此，如果属于2016年5月1日前，投资方以土地使用权投资于房地产开发企业用于合作建房等，房地产开发企业可以依据双方签订的投资协议、土地使用权的过户手续证明、土地使用权的评估报告等作为计算土地增值税的扣除凭证。

<u>问题二：如果确实无法取得土地历史成本的合法有效凭证，是否可以按转让收入减除相关税费后的增值额作为计税依据，计算缴纳土地增值税？</u>

从法理上来讲，如果直接按转让土地使用权的收入计算缴纳土地增值税，显然违背了土地增值税的原理。《土地增值税暂行条例》第三条规定，土地增值税按照纳税人转让房地产所取得的增值额和本条例第七条规定的税率计算征收。《土地增值税暂行条例》第四条规定，纳税人转让房地产所取得的收入减除本条例第六条规定扣除项目金额后的余额，为增值额。

也就是说，土地增值税的计税依据只能是增值额，而不是收入额。

只能准确确认收入，无法准确确认土地历史成本的情况，就属于《国家税务总局关于房地产开发企业土地增值税清算管理有关问题的通知》(国税发〔2006〕187号)第七条第(三)项"虽设置账簿，但账目混乱或者成本资料、收入凭证、费用凭证残缺不全，难以确定转让收入或扣除项目金额的"可以核定征收的情况。

结合前述"在外购房地产过程中没有单独列示土地价款或虽然单独列示土地价款，但有关的出让金收据、发票等扣除凭证因丢失等因素确实无法取得的，可以按购置当年当地土地管理部门确定的基准地价进行核定并准予在计算土地增值税时予以扣除"的相关分析，建议按基准地价核定土地价款的扣除。

5 土地增值税与增值税和企业所得税的差异分析

5.1 税种性质的差异

5.1.1 增值税

增值税是以商品(含应税劳务)在流转过程中产生的增值额作为计税依据而征收的一种流转税。从计税原理上说,增值税是对商品生产、流通、劳务服务中多个环节的新增价值或商品的附加值征收的一种流转税,也就是说,每经过一个流转环节,就要缴纳一道增值税。增值税实行价外税,也就是它由消费者负担,有增值才征税,没增值不征税。

5.1.2 企业所得税

企业所得税是对我国境内的企业和其他取得收入的组织的生产经营所得和其他所得征收的一种所得税,在中华人民共和国境内,企业和其他取得收入的组织为企业所得税的纳税人。

5.1.3 土地增值税

土地增值税是指转让国有土地使用权、地上的建筑物及其附着物并取得收入的单位和个人,以转让所取得的收入包括货币收入、实物收入和其他收入减除法定扣除项目金额后的增值额为计税依据向国家缴纳的一种税赋,不包括以继承、赠与方式无偿转让房地产的行为。纳税人为转让国有土地使用权及地上建筑物和其他附着物产权、并取得收入的单位和个人。征税对象是指有偿转让国有土地使用权及地上建筑物和其他附着物产权所取得的增值额。

土地增值税的税收分类存在一定的争议。从原理来看,土地增值税与房地产的销售收入存在直接关系,类似于1994年税制改革前的"实耗扣税法"的增值税,因此,有些人认为土地增值税属于流转税。

但土地增值税又与增值税存在一个巨大的不同点,即土地增值税并不是每经过一个流转环节都要征收,该税种是一次课税后,在其他环节不再征收。因此,习惯上将土地增值税归为行为税类。行为税也称为特定行为目的税类,它是国家为了实现某种特定的目的,以纳税人的某些特定行为为课税对象的税种。开征行为税类的主要目的在于国家根据一定时期的客观需要,限制某些特定的行为。

5.2 税率和征管方式的差异

5.2.1 税率的差异

增值税的税率采用的是比例税率,目前有13%、9%和6%三档基本税率和5%、3%两档征收率;企业所得税采用比例税率,但税率最为简洁,一般为25%。而土地增值税则是目前唯一采用超率累进税率的税种,是以增值率作为税率累进的条件,税率为30%、40%、50%和60%四个级距。

5.2.2 征管方式的差异

房地产开发企业销售商品房时,增值税的征管方式为先按预售房款及法定预征率3%预征,待增值税纳税义务发生时(多数情况下为交房之日)确认收入并计算销项税额,同时将预征的增值税记入"应交税费——未交增值税"科目的借方对应纳税额进行抵减。

企业所得税按各地确定的计税毛利率预征,待开发产品完工年度计算出准确的实际毛利率后,按计税毛利率与实际毛利率的差额对已销商品房的销售成本进行调整。

而土地增值税则是按预售房款及各地规定的预征率进行预征,待符合土地增值税清算条件时进行清算,多退少补。

5.3 收入方面的差异

土地增值税与增值税和企业所得税三个税种虽然性质差异很大,但计税依据方面也存在很大的关联性,都是以收入作为基础征收,都与销售毛利存在直接关系。一般情况下,销售毛利越大,土地增值税、增值税和企业所得税会越高。但在收入方面它们也存在如下差异,包括收入范围差异、纳税义务发生时间差异、视同销售及核定销售收入顺序差异、价外费用征税规定差异。

5.3.1 收入范围的差异

(1)增值税方面。

《营业税改征增值税试点实施办法》(财税〔2016〕36号附件1)第三十七条规定,销售额,是指纳税人发生应税行为取得的全部价款和价外费用,财政部和国家税务总局另有规定的除外。也就是说,营改增服务(包括销售不动产、建筑服务等)收取的款项只要与该应税行为有关,不管是向购买方收取还是向第三方收取,一律缴纳增值税。例如,房地产开发企业按当地政府的要求配建安置房,并按政府指定的低价销售给安置户,然后从当地政府取得价格补偿5 000万元,营改增前是不需要缴纳营业税的,但营改增后应当计入安置房的收入缴纳增值税并向政府部门开具增值税发票。

(2)企业所得税方面。

《企业所得税法》第六条规定,企业所得税的收入包括企业以货币形式和非货币形式从各种来源取得的收入。具体可以划分为九项:销售货物收入;提供劳务收入;转让财产收入;股息、红利等权益性投资收益;利息收入;租金收入;特许权使用费收入;接受捐赠收入;其他收入。其中,其他收入包括企业资产溢余收入、逾期未退包装物押金收入、确实无法偿付的应付款项、已作坏账损失处理后又收回的应收款项、债务重组收入、补贴收入、违约金收入、汇兑收益等。

企业所得税在收入确认方面包罗万象。不管该收入的来源是否与经营活动有关,都构成企业所得税的收入总额。

(3)土地增值税方面。

《土地增值税暂行条例》第五条规定,土地增值税的收入总额仅限于纳税人转让房地产所取得的收入,包括货币收入、实物收入和其他收入。《土地增值税暂行条例实施细则》第五条规定,条例第二条所称的收入,包括转让房地产的全部价款及有关的经济收益。

综上所述,增值税的收入范围大于土地增值税收入范围,但远远小于企业所得税的收入范围。增值税是针对销售货物、不动产、土地使用权及提供应税服务的收入征收。土地增值税的收入总额仅限于与转让房地产有关的收入,与转让房地产无关的收入需要计入企业所得税收入总额,但并不需要计入土地增值税的收入总额。

5.3.2 纳税义务发生时间的差异

(1) 增值税方面。

根据《营业税改征增值税试点实施办法》(财税〔2016〕36 号附件 1)第四十五条的规定,房地产开发企业销售房地产涉及的增值税纳税义务包括两条:

① 纳税人发生应税行为并收讫销售款项或者取得索取销售款项凭据的当天;先开具发票的,为开具发票的当天。

收讫销售款项,是指纳税人销售服务、无形资产、不动产过程中或者完成后收到款项。

取得索取销售款项凭据的当天,是指书面合同确定的付款日期;未签订书面合同或者书面合同未确定付款日期的,为服务、无形资产转让完成的当天或者不动产权属变更的当天。

② 纳税人发生视同销售行为规定情形的,其纳税义务发生时间为服务、无形资产转让完成的当天或者不动产权属变更的当天。

(2) 企业所得税方面。

《房地产开发经营业务企业所得税处理办法》(国税发〔2009〕31 号印发)第六条规定,企业通过正式签订《房地产销售合同》或《房地产预售合同》所取得的收入,应确认为销售收入的实现,具体按以下规定确认:

① 采取一次性全额收款方式销售开发产品的,应于实际收讫价款或取得索取价款凭据(权利)之日,确认收入的实现。

② 采取分期收款方式销售开发产品的,应按销售合同或协议约定的价款和付款日确认收入的实现。付款方提前付款的,在实际付款日确认收入的实现。

③ 采取银行按揭方式销售开发产品的,应按销售合同或协议约定的价款确定收入

额,其首付款应于实际收到日确认收入的实现,余款在银行按揭贷款办理转账之日确认收入的实现。

④ 采取委托方式销售开发产品的,应按以下原则确认收入的实现:

A. 采取支付手续费方式委托销售开发产品的,应按销售合同或协议中约定的价款于收到受托方已销开发产品清单之日确认收入的实现。

B. 采取视同买断方式委托销售开发产品的,属于企业与购买方签订销售合同或协议,或企业、受托方、购买方三方共同签订销售合同或协议的,如果销售合同或协议中约定的价格高于买断价格,则应按销售合同或协议中约定的价格计算的价款于收到受托方已销开发产品清单之日确认收入的实现;如果属于前两种情况中销售合同或协议中约定的价格低于买断价格,以及属于受托方与购买方签订销售合同或协议的,则应按买断价格计算的价款于收到受托方已销开发产品清单之日确认收入的实现。

C. 采取基价(保底价)并实行超基价双方分成方式委托销售开发产品的,属于由企业与购买方签订销售合同或协议,或企业、受托方、购买方三方共同签订销售合同或协议的,如果销售合同或协议中约定的价格高于基价,则应按销售合同或协议中约定的价格计算的价款于收到受托方已销开发产品清单之日确认收入的实现,企业按规定支付受托方的分成额,不得直接从销售收入中减除;如果销售合同或协议约定的价格低于基价的,则应按基价计算的价款于收到受托方已销开发产品清单之日确认收入的实现。属于由受托方与购买方直接签订销售合同的,则应按基价加上按规定取得的分成额于收到受托方已销开发产品清单之日确认收入的实现。

D. 采取包销方式委托销售开发产品的,包销期内可根据包销合同的有关约定,参照上述 A 至 C 项规定确认收入的实现;包销期满后尚未出售的开发产品,企业应根据包销合同或协议约定的价款和付款方式确认收入的实现。

(3) 土地增值税方面。

《财政部 国家税务总局关于土地增值税一些具体问题规定的通知》(财税字〔1995〕48号)第十四条"关于预售房地产所取得的收入是否申报纳税的问题"明确,对纳税人在项目全部竣工结算前转让房地产取得的收入可以预征土地增值税。对纳税人预售房地产所取得的收入,当地税务机关规定预征土地增值税的,纳税人应当到主管税务机关办理纳税申报,并按规定比例预交,待办理决算后,多退少补;当地税务机关规定不预征土地增值税的,也应在取得收入时先到税务机关登记或备案。

综上所述,在增值税方面,房地产开发企业与购房者在签订《房地产销售合同》或

《房地产预售合同》时,并不发生增值税纳税义务,只有在交房时或现房销售在办理房产证过户时,才发生纳税义务。在企业所得税方面,房地产开发企业只要在与业主签订《房地产销售合同》或《房地产预售合同》的同时取得房款(包括预售房款),都应当确认收入实现申报缴纳企业所得税。但在土地增值税方面,收入实现并不需要确认,而是要在符合清算条件时确认收入实现。

5.3.3 视同销售及核定销售收入顺序的差异

(1)增值税方面。

《营业税改征增值税试点实施办法》(财税〔2016〕36号附件1)第四十四条规定,纳税人发生视同销售行为而无销售额的,主管税务机关有权按照下列顺序确定销售额:

① 按照纳税人最近时期销售同类服务、无形资产或者不动产的平均价格确定。

② 按照其他纳税人最近时期销售同类服务、无形资产或者不动产的平均价格确定。

③ 按照组成计税价格确定。组成计税价格的公式为:

$$组成计税价格=成本\times(1+成本利润率)$$

成本利润率由国家税务总局确定。

(2)企业所得税方面。

《房地产开发经营业务企业所得税处理办法》(国税发〔2009〕31号印发)第七条规定,企业将开发产品用于捐赠、赞助、职工福利、奖励、对外投资、分配给股东或投资人、抵偿债务、换取其他企事业单位和个人的非货币性资产等行为,应视同销售,于开发产品所有权或使用权转移,或于实际取得利益权利时确认收入(或利润)的实现。确认收入(或利润)的方法和顺序为:

① 按本企业近期或本年度最近月份同类开发产品市场销售价格确定。

② 由主管税务机关参照当地同类开发产品市场公允价值确定。

③ 按开发产品的成本利润率确定。开发产品的成本利润率不得低于15%,具体比例由主管税务机关确定。视同销售收入(也称"组成计税价格")的公式为:

$$视同销售收入=成本\times(1+成本利润率)$$

由此可见,企业所得税视同销售收入的确认顺序与增值税基本上是类似的,但表述略有差异。

(3) 土地增值税方面。

《国家税务总局关于房地产开发企业土地增值税清算管理有关问题的通知》(国税发〔2006〕187号)第三条"非直接销售和自用房地产的收入确定"明确,房地产开发企业将开发产品用于职工福利、奖励、对外投资、分配给股东或投资人、抵偿债务、换取其他单位和个人的非货币性资产等,发生所有权转移时应视同销售房地产,其收入按下列方法和顺序确认:

① 按本企业在同一地区、同一年度销售的同类房地产的平均价格确定。

② 由主管税务机关参照当地当年、同类房地产的市场价格或评估价值确定。

综上所述,土地增值税与增值税和企业所得税视同销售确认收入规定存在两大不同点:一是如果存在同类房产的销售,增值税和企业所得税均按视同销售行为发生当月或最近月份的平均价格确定收入,而土地增值税是按视同销售行为发生当年同类房产的平均价格确定收入;二是如果不存在同类房产的销售情况,则增值税和企业所得税按组成计税价格确定收入,而土地增值税是由主管税务机关参照当年同类房产的市场价格或评估价格核定收入。

5.3.4 价外费用征税规定的差异

(1) 增值税方面。

《营业税改征增值税试点实施办法》(财税〔2016〕36号附件1)第三十七条规定,价外费用,是指价外收取的各种性质的收费,但不包括以下项目:

① 房地产开发企业代为收取并符合下列规定的政府性基金或者行政事业性收费。

A. 由国务院或者财政部批准设立的政府性基金,由国务院或者省级人民政府及其财政、价格主管部门批准设立的行政事业性收费。

B. 收取时开具省级以上(含省级)财政部门监(印)制的财政票据。

C. 所收款项全额上缴财政。

② 以委托方名义开具发票代委托方收取的款项。

(2) 企业所得税方面。

《房地产开发经营业务企业所得税处理办法》(国税发〔2009〕31号印发)第五条规定,企业代有关部门、单位和企业收取的各种基金、费用和附加等,凡纳入开发产品价内或由企业开具发票的,应按规定全部确认为销售收入;未纳入开发产品价内并由企业之外的其他收取部门、单位开具发票的,可作为代收代缴款项进行管理。

(3) 土地增值税方面。

《财政部 国家税务总局关于土地增值税一些具体问题规定的通知》(财税字〔1995〕48号)第六条"关于地方政府要求房地产开发企业代收的费用如何计征土地增值税的问题"明确,对于县级及县级以上人民政府要求房地产开发企业在售房时代收的各项费用,如果代收费用是计入房价中向购买方一并收取的,可作为转让房地产所取得的收入计税;如果代收费用未计入房价中,而是在房价之外单独收取的,可以不作为转让房地产的收入。

对于代收费用作为转让收入计税的,在计算扣除项目金额时,可予以扣除,但不允许作为加计20%扣除的基数;对于代收费用未作为转让房地产的收入计税的,在计算增值额时不允许扣除代收费用。

综上所述,增值税与土地增值税和企业所得税在代收费用的税务处理上完全不同。房地产开发企业的代收费用除非符合列举的两种情况,否则不管是否作为房价的一部分,也不管是否开具在发票上,都应当按规定缴纳增值税;土地增值税和企业所得税在代收费用是否并入收入总额纳税的相关规定基本上是一致的,但在转付代收费用时,是否可以扣除规定不同。在企业所得税方面,如果代收费用作为房价一部分申报缴纳企业所得税的,转付时允许据实扣除这部分费用;但在土地增值税方面,其原则是允许将转付费用扣除的同时享受加计扣除20%政策。

还应当注意的是,价外费用缴纳增值税、土地增值税和企业所得税必须同时具备下列条件:

① 必须建立在交易实现的基础上,交易没有实现就不存在缴纳增值税和土地增值税的价外费用问题。

② 合同约定的违约金等价外费用已经实际收到;合同虽然约定应当收取,但实际上没有收取的,也不存在缴纳增值税和土地增值税问题。也就是说,销售商品房收入缴纳增值税应遵循权责发生制原则;但价外费用缴纳增值税应遵循收付实现制原则。

5.3.5 收入数据勾稽关系的差异

在简易计税方法下,增值税、土地增值税和企业所得税的收入完全一致。但在一般计税方法下,由于涉及土地价款的扣除问题,它们在收入方面存在较大差异。

(1) 增值税方面。

房地产开发企业中的一般纳税人销售自行开发的房地产项目,适用一般计税方法计税,按照取得的全部价款和价外费用,扣除当期销售房地产项目对应的土地价款后的余额计算销售额。销售额的计算公式如下：

销售额＝(全部价款和价外费用－当期允许扣除的土地价款)÷(1+9%)

当期允许扣除的土地价款按照以下公式计算：

$$当期允许扣除的土地价款 = \frac{当期销售房地产项目建筑面积}{房地产项目可供销售建筑面积} \times 支付的土地价款$$

当期销售房地产项目建筑面积，是指当期进行纳税申报的增值税销售额对应的建筑面积。

房地产项目可供销售建筑面积，是指房地产项目可以出售的总建筑面积，不包括销售房地产项目时未单独作价结算的配套公共设施的建筑面积。例如，配套建设的道路、幼儿园、物业用房、换热站等公共配套设施的建筑面积不需要计入可供销售建筑面积。

执行上述政策，需要注意：

① 计算公式中，无论"当期销售房地产项目建筑面积"还是"房地产项目可供销售建筑面积"均为实测面积，而不是合同面积。

② 当开发产品销售末期，剩余不再销售，而是转作自用或对外出租时，这部分建筑面积视同已经销售，计入分摊当期准予扣除土地价款的建筑面积中，以确保土地价款能够全部扣除。

③ 房地产开发企业应当对开发产品与非开发产品作出明确的划分。对外销售的开发产品才能按上述规定差额缴纳增值税；而将开发产品转作自用或出租后，性质上就变为非开发产品，而是企业的固定资产或投资性房地产，在销售时，按销售取得的不动产缴纳增值税，执行《纳税人转让不动产增值税征收管理暂行办法》(国家税务总局公告2016年第14号发布)的相关规定，不作为开发产品的销售缴纳增值税。

④ 土地价款的扣除时间。准予扣除土地价款的时间应当是在交房的当月，会计上按规定确认收入实现并计提销项税额时，才能相应扣除土地价款。

在具体交房时间的辨别上，原则上以《商品房买卖合同》上约定的交房时间为准；若实际交房时间与合同约定时间不一致的，以实际交付时间为准。

以交房时间作为房地产公司销售不动产纳税义务发生时间，主要是基于以下几点考虑：

A. 可以解决税款预缴时间与纳税义务发生时间不明确的问题。

B. 可以解决房地产公司销项税额与进项税额发生时间不一致造成的错配问题(如

果按收到房屋价款作为纳税义务发生时间,可能形成前期销项税额大、后期进项税额大、长期留抵甚至到企业注销时进项税额仍然没有抵扣完毕的现象)。

C. 可以解决从销售额中扣除的土地价款与实现的收入匹配的问题。

(2) 企业所得税方面。

计入企业所得税的开发产品销售收入为不含增值税的销售额。计算公式为:

$$销售额 = \frac{全部价款和价外费用}{1+9\%}$$

(3) 土地增值税方面。

营改增后,纳税人转让房地产的土地增值税应税收入不含增值税。适用增值税一般计税方法的纳税人,其转让房地产的土地增值税应税收入不含增值税销项税额,且应当将因扣除土地价款而抵减的销项税额部分计入土地增值税的收入中。计算公式为:

$$土地增值税的收入 = \frac{全部价款和价外费用}{1+9\%} + \frac{扣除的土地价款金额}{1+9\%} \times 9\%$$

5.4 扣除项目方面的差异

在扣除项目方面,增值税和土地增值税没有可比性,因此,本部分重点说明企业所得税和土地增值税在扣除项目方面的差异,主要包括开发成本扣除、开发费用扣除、违约扣除、开发税金及附加扣除以及加计扣除五个方面的差异。

5.4.1 开发成本扣除的差异

开发成本扣除差异主要包括成本核算对象与清算项目的差异,共同成本、间接成本计算分摊方法的差异,项目营销设施建造费用的差异,配套设施的地下停车场所成本的差异,预提费用的扣除差异等五个方面。

5.4.1.1 成本核算对象与清算项目的差异

(1) 企业所得税方面。

企业所得税是按房地产开发企业当年实现的应纳税所得额进行汇算的。此外,房地产开发企业所得税对开发产品成本核算时,不是按清算单位进行核算,而是要按五项原则划分成本对象进行核算的。《房地产开发经营业务企业所得税处理办法》(国税发〔2009〕31号印发)第二十六条规定,计税成本对象的确定原则有可否销售原则、分类归集原则、功能区分原则、定价差异原则、成本差异原则和权益区分原则。

根据以上计税成本对象确定原则,房地产开发企业应结合项目开发地点、规模、周期、开发产品处理方式、功能设计、结构类型、装修档次、施工队伍等因素和管理需要等实际情况,确定具体成本核算对象。具体确定方法如下:

① 单体开发项目、一般以每一独立编制设计概算或施工图预算的单项开发工程为成本核算对象。

② 成片分期开发的项目,可以以各期为成本核算对象。

③ 在同一开发地点、结构类型相同、开竣工时间相近、由同一施工单位施工或总包的群体开发项目,可以合并为一个成本核算对象。

④ 开发规模较大、工期较长的开发项目,可以结合项目特点和成本管理的需要,按开发项目的一定区域或部位或周期划分成本核算对象。

⑤ 同一项目有裙楼、公寓、写字楼等不同功能的,在按期划分成本核算对象的基础上,还应按功能划分成本核算对象。

⑥ 同一分期有高层、多层、复式等不同结构类型的,还应按结构类型划分成本核算对象。

⑦ 独立编制设计概算或施工图预算的配套设施,不论其支出是否摊入房屋等开发产品成本,均应单独作为成本核算对象。

⑧ 只为一个单体开发项目服务的、应摊入开发项目成本且造价较低的配套设施,可以不单独作为成本核算对象,发生的开发费用直接计入单体开发项目的成本。

(2) 土地增值税方面。

土地增值税清算是按不同的开发项目作为清算单位进行清算的。《国家税务总局关于房地产开发企业土地增值税清算管理有关问题的通知》(国税发〔2006〕187号)规定,土地增值税以国家有关部门审批的房地产开发项目为单位进行清算,对于分期开发的项目,以分期项目为单位清算。开发项目中同时包含普通住宅和非普通住宅的,应分别计算增值额。

5.4.1.2 共同成本、间接成本计算分摊方法的差异

(1) 企业所得税方面。

《房地产开发经营业务企业所得税处理办法》(国税发〔2009〕31号印发)第二十九条

规定,共同成本和不能分清负担对象的间接成本,应按受益的原则和配比的原则分配至各成本对象,具体分配方法有占地面积法、建筑面积法、直接成本法和预算造价法。其中,土地成本一般按占地面积法进行分配;单独作为过渡性成本对象核算的公共配套设施开发成本,应按建筑面积法进行分配;借款费用按直接成本法或按预算造价法进行分配;其他成本项目的分配法由企业自行确定。

(2) 土地增值税方面。

在土地增值税项目清算时,对于清算单位共同负担的扣除项目分摊方法相对简单,且可由纳税人自行选择。《土地增值税暂行条例实施细则》第九条规定,纳税人成片受让土地使用权后,分期分批开发、转让房地产的,其扣除项目金额的确定,可按转让土地使用权的面积占总面积的比例计算分摊,或按建筑面积计算分摊,也可按税务机关确认的其他方式计算分摊。《国家税务总局关于房地产开发企业土地增值税清算管理有关问题的通知》(国税发〔2006〕187号)规定,属于多个房地产项目共同的成本费用,应按清算项目可售建筑面积占多个项目可售总建筑面积的比例或其他合理的方法,计算确定清算项目的扣除金额。因此,在主管税务机关没有特别规定的情况下,纳税人可以选择任何一种有利的扣除项目分摊方法,相对于企业所得税较为灵活。

5.4.1.3 项目营销设施建造费用的差异

(1) 企业所得税方面。

在房地产开发企业所得税计算时,企业营销设施的建造费计入开发成本中的开发间接费用。《房地产开发经营业务企业所得税处理办法》(国税发〔2009〕31号印发)第二十七条规定,开发间接费,指企业为直接组织和管理开发项目所发生的,且不能将其归属于特定成本对象的成本费用性支出。主要包括管理人员工资、职工福利费、折旧费、修理费、办公费、水电费、劳动保护费、工程管理费、周转房摊销以及项目营销设施建造费等。也就是说,项目营销设施建造费及租赁费用是准予在企业所得税前扣除的。

(2) 土地增值税方面。

在计算土地增值税时,项目营销设施建造费应作为销售费用处理,不按实际发生额计入开发成本中,不允许作为加计扣除的基数。《土地增值税暂行条例实施细则》第七条"条例第六条所列的计算增值额的扣除项目"中规定,开发间接费用,是指直接组织、管理开发项目发生的费用,包括工资、职工福利费、折旧费、修理费、办公费、水电费、劳动保护费、周转房摊销等。

5.4.1.4 配套设施的地下停车场所成本的差异

(1) 企业所得税方面。

在计算房地产开发企业所得税时,属于配套设施的地下停车场所成本由地上开发产品承担。《房地产开发经营业务企业所得税处理办法》(国税发〔2009〕31号印发)第三十三条规定,企业单独建造的停车场所,应作为成本对象单独核算。利用地下基础设施形成的停车场所,作为公共配套设施进行处理。按此规定,作为配套设施的停车场所,其成本经二次分配给地上开发产品后为零。

(2) 土地增值税方面。

在土地增值税清算时,作为配套设施的停车场所,对外转让时,按当地政策规定缴纳土地增值税的,其成本可以扣除;不对外转让或虽然对外转让,按当地政策不缴纳土地增值税的,其成本不得计算为扣除项目。《国家税务总局关于房地产开发企业土地增值税清算有关问题的通知》(国税发〔2006〕187号)第三条第(二)项规定,房地产开发企业将开发的部分房地产转为企业自用或用于出租等商业用途时,如果产权未发生转移,不征收土地增值税,在税款清算时不列收入,不扣除相应的成本和费用。该文第四条第(三)项规定,房地产开发企业开发建造的与清算项目配套的居委会和派出所用房、会所、停车场(库)、物业管理场所、变电站、热力站、水厂、文体场馆、学校、幼儿园、托儿所、医院、邮电通信等公共设施,按以下原则处理:建成后产权属于全体业主所有的,其成本、费用可以扣除;建成后无偿移交给政府、公用事业单位用于非营利性社会公共事业的,其成本、费用可以扣除;建成后有偿转让的,应计算收入,并准予扣除成本、费用。

5.4.1.5 预提费用的扣除差异

(1) 企业所得税方面。

在房地产开发企业所得税汇算清缴时,可以按规定预提三项费用扣除。《房地产开发经营业务企业所得税处理办法》(国税发〔2009〕31号印发)第三十二条规定,出包工程未最终办理结算而未取得全额发票的,在证明资料充分的前提下,其发票不足金额可以预提,但最高不得超过合同总金额的10%;公共配套设施尚未建造或尚未完工的,可按预算造价合理预提建造费用;应向政府上交但尚未上交的报批报建费用、物业完善费用可以按规定预提。

(2) 土地增值税方面。

《国家税务总局关于房地产开发企业土地增值税清算管理有关问题的通知》(国税

发〔2006〕187号)第四条第(四)项规定,房地产开发企业的预提费用,除另有规定外,不得扣除。

5.4.2 开发费用扣除的差异

开发费用扣除差异主要包括期间费用与开发费用差异、借款利息费用分摊计算的差异两个方面。

5.4.2.1 期间费用与开发费用的差异

(1) 企业所得税方面。

企业每年度实际发生的管理费用、财务费用和销售费用等期间费用,允许按税法规定据实税前扣除。

(2) 土地增值税方面。

土地增值税的清算项目一般是跨年度的,且企业多个开发项目往往实行滚动开发,期间费用难以归集到具体的开发项目中,因此,在土地增值税清算时,其开发费用(与房地产开发项目有关的销售费用、管理费用、财务费用)不再按年度汇总计算,而是按照不同清算项目所对应的"土地价款+开发成本"的一定比例推算扣除。

5.4.2.2 借款利息费用分摊计算的差异

(1) 企业所得税方面。

在计算房地产开发企业所得税时,为建造开发产品发生的借款利息费用,其资本化部分应按规定计入开发计税成本,并在计算应纳税所得额时,符合条件的借款利息准予据实扣除。

(2) 土地增值税方面。

借款利息属于财务费用的组成部分,属于不同开发项目的开发费用,已经包含在按"土地价款+开发成本"的一定比例推算的开发费用中,因此,在土地增值税项目清算时,利息费用不得计入扣除项目中的开发成本中,应调整作为财务费用中的利息费用处理。《国家税务总局关于土地增值税清算有关问题的通知》(国税函〔2010〕220号)第三条第(四)项规定,在土地增值税清算时,已经计入房地产开发成本的利息支出,应调整至财务费用中计算扣除。

5.4.3 违约扣除差异

违约扣除差异主要包括逾期未开发支付的土地闲置费、违反合同约定支付的违约金、逾期还款支付的银行罚息等三个方面的差异。

5.4.3.1 逾期未开发支付的土地闲置费的差异

（1）企业所得税方面。

《房地产开发经营业务企业所得税处理办法》（国税发〔2009〕31号印发）第二十七条"开发产品计税成本支出的内容如下"第（一）项规定，土地征用费及拆迁补偿费。其指为取得土地开发使用权（或开发权）而发生的各项费用，主要包括土地买价或出让金、大市政配套费、契税、耕地占用税、土地使用费、土地闲置费、土地变更用途和超面积补交的地价及相关税费、拆迁补偿支出、安置及动迁支出、回迁房建造支出、农作物补偿费、危房补偿费等。

（2）土地增值税方面。

《国家税务总局关于土地增值税清算有关问题的通知》（国税函〔2010〕220号）第四条规定，房地产开发企业逾期开发缴纳的土地闲置费不得扣除。

根据上述规定，土地闲置费可以作为开发成本在企业所得税前据实扣除，但不能在土地增值税前扣除。

5.4.3.2 违反合同约定支付的违约金的差异

（1）企业所得税方面。

房地产开发企业因延期交房等因素支付的违约金，准予税前扣除。《国家税务总局关于发布〈中华人民共和国企业所得税年度纳税申报表（A类，2014年版）〉的公告》（国家税务总局公告2014年第63号）附件《填表说明》规定，不得税前扣除的罚金、罚款和被罚没财物的损失，不包括纳税人按照经济合同规定支付的违约金、罚款和诉讼费。

（2）土地增值税方面。

根据《土地增值税暂行条例》的规定，计算增值额的扣除项目不包括推迟交房而支付的违约金，因此，房地产开发企业由于推迟交房而支付的违约金不能作为计算土地增值税增值额的扣除项目。

5.4.3.3 逾期还款支付的银行罚息的差异

（1）企业所得税方面。

因纳税人不能按期偿还贷款本息的，按中国人民银行有关规定计收的银行罚息准予税前扣除。

（2）土地增值税方面。

《财政部 国家税务总局关于土地增值税一些具体问题规定的通知》（财税字

〔1995〕48号)第八条第(二)项规定,对于超过贷款期限的利息部分和加罚的利息不允许扣除。

5.4.4　开发税金及附加扣除的差异

(1) 企业所得税方面。

除增值税、企业所得税外的其他税种均可以扣除。

(2) 土地增值税方面。

仅限于与清算项目本身直接相关的城市维护建设税、教育费附加、地方教育附加及印花税可以扣除,其他税种均不允许扣除。

5.4.5　加计扣除的差异

(1) 企业所得税方面。

按实际发生的成本费用据实扣除,但企业发生的研发费用、支付给残疾人的工资薪金准予加计扣除,加计扣除的比例为100%。

(2) 土地增值税方面。

仅限于对从事房地产开发的纳税人可按取得土地使用权所支付的金额和房地产开发成本金额之和,加计20%的扣除。

5.5　清算方式的差异

土地增值税和企业所得税都存在清算问题,但二者在清算期间、清算政策等方面有较大差异。

5.5.1　企业所得税方面

房地产开发企业所得税是按年就企业整个年度全部所得纳税,因此,需要按年度进行汇算清缴。年度内企业应纳税所得额为正数就需要申报纳税,应纳税所得额为亏损时则无需缴纳企业所得税,以后年度实现的所得可以按规定弥补以前年度亏损。对于在完工前开发产品取得的预售收入,要按规定的预计毛利率预计毛利额计入当期应纳税所得额缴纳年度房地产开发企业所得税,而不是预缴税款。

5.5.2 土地增值税方面

土地增值税实行的是按项目单位清算,清算之前属于预缴税款。当开发项目达到《土地增值税清算管理规程》(国税发〔2009〕91号印发)规定清算条件时,再进行清算。清算时,将清算项目的各年度收入全部汇总,减除该清算项目全部扣除项目金额后,按规定计算土地增值税。计算全部项目应缴纳的土地增值税后,再减除原来各年度预缴的土地增值税,多退少补。

6 土地增值税优惠政策

6.1 普通住宅优惠政策

根据《土地增值税暂行条例》第八条(一)项的规定,纳税人建造普通标准住宅出售,增值额未超过扣除项目金额20%的,免征土地增值税。

6.1.1 普通标准住宅的界定

《土地增值税暂行条例实施细则》将普通标准住宅与其他住宅的划分标准授予省级人民政府确定。因此,各省在财政部和税务总局规定的幅度内,也做出了适合于本地的划分标准。现总结如下:

(1) 国家税务总局的规定。

①《土地增值税暂行条例实施细则》第十一条规定,《土地增值税暂行条例》第八条(一)项所称的普通标准住宅,是指按所在地一般民用住宅标准建造的居住用住宅。高级公寓、别墅、度假村等不属于普通标准住宅。普通标准住宅与其他住宅的具体划分界限由各省、自治区、直辖市人民政府规定。

纳税人建造普通标准住宅出售,增值额未超过"取得土地使用权所支付的金额+房地产开发成本+房地产开发费用+与转让房地产有关的税金+加计扣除"(以下简称扣除项目金额)之和20%的,免征土地增值税;增值额超过扣除项目金额之和20%的,应就其全部增值额按规定计税。

②《财政部 国家税务总局关于土地增值税若干问题的通知》(财税〔2006〕21号)第一条规定,《土地增值税暂行条例》第八条中"普通标准住宅"和《财政部 国家税务总局关于调整房地产市场若干税收政策的通知》(财税字〔1999〕210号)第三条中"普通住宅"的认定,一律按各省、自治区、直辖市人民政府根据《国务院办公厅转发建设部等部门关

于做好稳定住房价格工作意见的通知》(国办发〔2005〕26号)制定并对社会公布的"中小套型、中低价位普通住房"的标准执行。纳税人既建造普通住宅，又建造其他商品房的，应分别核算土地增值额。

在上述财税〔2006〕21号文件发布之日前已向房地产所在地税务机关提出免税申请，并经税务机关按各省、自治区、直辖市人民政府原来确定的普通标准住宅的标准审核确定，免征土地增值税的普通标准住宅，不做追溯调整。

具体来讲，普通标准住宅标准如下：

A. 住宅小区建筑容积率在1.0以上。

$$建筑容积率＝总建筑面积÷居住区用地面积$$

B. 单套建筑面积在120平方米以下。

早期，《河北省地方税务局关于印发〈河北省土地增值税管理办法〉的通知》(冀地税发〔2006〕37号)规定，以单栋楼为单位，平均单套建筑面积在140平方米(含140平方米)以下。但该规定是不合理的，应当按每套房屋的建筑面积确定。因此，《国家税务总局河北省税务局关于修改部分税务规范性文件的公告》(国家税务总局河北省税务局公告2021年第4号)调整为按"单套建筑面积在144平方米(含144平方米)以下"确定。

其他省市如山东[《国家税务总局山东省税务局关于发布〈国家税务总局山东省税务局土地增值税清算管理办法〉的公告》(国家税务总局山东省税务局公告2022年第10号)]、北京[《北京市地方税务局关于发布〈北京市地方税务局土地增值税清算管理规程〉的公告》(北京市地方税务局公告2016年第7号)]、黑龙江[《黑龙江省国家税务局 黑龙江省地方税务局关于全面推开营业税改征增值税试点若干事项的公告》(黑龙江省国家税务局 黑龙江省地方税务局公告2016年第1号，注：2018年国税地税机构合并)]、湖北[《湖北省地方税务局 湖北省财政厅 湖北省住房和城乡建设厅关于调整我省普通住房标准完善税收征管的公告》(湖北省地方税务局公告2015年第6号)]、天津[《天津市地方税务局 天津市财政局 天津市国土资源和房屋管理局关于调整我市普通住房价格标准的通知》(津地税地〔2014〕5号)]、河南[《河南省地方税务局转发关于土地增值税清算有关问题的通知》(豫地税函〔2010〕202号)]、广西[《广西壮族自治区地方税务局关于土地增值税清算工作若干问题的通知》(桂地税发〔2008〕96号)]等也都是按单套面积确定普通住宅。

C. 实际成交价格低于同级别土地上的住房平均交易价格的1.2倍以下。

各省级税务机关可以在上述标准基础上上浮20%，报国家税务总局备案。

例如,《国家税务总局山东省税务局关于发布〈国家税务总局山东省税务局土地增值税清算管理办法〉的公告》(国家税务总局山东省税务局公告 2022 年第 10 号)政策解读中明确,根据《山东省财政厅 山东省地方税务局 山东省建设厅关于公布山东省享受优惠政策普通住房标准的通知》(鲁建房字〔2005〕27 号)的规定,"我省确定享受优惠政策的普通住房标准为同时满足以下条件:住宅小区建筑容积率 1.0 以上、单套建筑面积 120 平方米以下、实际成交价格低于同级别土地上住房平均交易价格 1.2 倍以下。允许单套建筑面积和价格标准适当浮动,上浮比例不得超过 20%"。也就是说,山东省享受普通住宅优惠政策必须同时具备三个条件:

A. 住宅小区建筑容积率在 1.0 以上。

B. 单套建筑面积在 144 平方米以下。

C. 实际成交价格低于同级别土地上住房平均交易价格 1.44 倍以下。

青岛市(国家税务总局青岛市税务局公告 2022 年第 6 号)规定与山东省政策保持一致。

再如,《黑龙江省地方税务局关于土地增值税若干政策问题的公告》(黑龙江省地方税务局公告 2016 年第 1 号)第二条规定,自 2014 年 11 月 28 日起,我省普通标准住宅的认定标准为:住宅小区建筑容积率在 1.0 以上、单套建筑面积在 144 平方米及以下、实际成交价格低于同级别土地上住房平均交易价格 1.2 倍及以下的住房。判定时间以商品房销售合同签订日期为准。

③《财政部 国家税务总局关于土地增值税普通标准住宅有关政策的通知》(财税〔2006〕141 号)规定,为贯彻落实《国务院办公厅转发建设部等部门关于调整住房供应结构稳定住房价格意见的通知》(国办发〔2006〕37 号)精神,进一步促进调整住房供应结构,增加中小套型、中低价位普通商品住房供应,现将《土地增值税暂行条例》第八条中"普通标准住宅"的认定问题通知如下:

"普通标准住宅"的认定,可在各省、自治区、直辖市人民政府根据《国务院办公厅转发建设部等部门关于做好稳定住房价格工作意见的通知》(国办发〔2005〕26 号)制定的"普通住房标准"的范围内从严掌握。

(2) 部分省市税务局的规定。

根据国家税务总局对普通标准住宅的规定,各地税务局结合实际情况,制定了不同的政策要求。下面列举了部分省市税务局的规定。

① 海南省。

海南省规定享受税收优惠政策普通住宅标准只有两个,没有对实际成交价格作出具体要求。

《海南省人民政府关于明确普通住宅认定标准的通知》(琼府〔2019〕40号)规定,享受税收优惠政策普通住宅标准为:同时具备住宅小区容积率1.0以上(含本数)、单套建筑面积144平方米以下(含本数)两个条件。高级公寓、别墅、度假村等不属于普通住宅。

② 北京市。

《北京市住房和城乡建设委员会 北京市财政局 北京市地方税务局关于调整本市享受税收优惠政策普通住房平均交易价格有关问题的通知》(京建发〔2014〕382号)第一条规定,本市享受税收优惠政策的普通住房,原则按照住宅小区建筑容积率在1.0(含)以上、单套建筑面积在140平方米(含)以下,并参考其实际成交价格确定。实际成交价格原则上应当低于按本通知确定的所在区域住房平均交易单价或套总价的1.2倍。

上述所称的所在区域住房平均交易单价或套总价,按照京建发〔2014〕382号文件公布的全市住房平均交易单价或者套总价,结合区域调整系数确定。全市住房平均交易价格按照2013年度的单价每建筑平方米2.2万元、套总价260万元确定。区域调整系数为五环内1.5,五至六环1.2,六环以外0.9。具体优惠政策如表6-1所示。

表6-1 北京市享受税收优惠政策的普通住房价格

环线	系数	单价(元/平方米)	总价(万元/套)
五环内	1.5	39 600.0	468.0
五至六环	1.2	31 680.0	374.4
六环外	0.9	23 760.0	280.8

根据上述政策规定,北京市享受税收优惠政策的普通住房,实际成交价格需要低于政策确定的价格标准,其中五环内单价低于39 600.0元/平方米或总价低于468.0万元,五至六环单价低于31 680.0元/平方米或总价低于374.4万元,六环以外单价低于23 760.0元/平方米或总价低于280.8万元,本规定中单价或总价其中一个条件符合即可。

③ 四川省。

《四川省地方税务局关于确定土地增值税征收管理中普通住房标准的通知》(川地税函〔2005〕399号)规定,土地增值税享受优惠政策的普通住房标准分两种情况加以确定:

A. 没有制定普通住房标准的地区,严格按省政府办公厅(川办发〔2005〕22号)文件公布的普通住房标准执行,即享受优惠政策的普通住房标准必须同时满足以下条件:住宅小区容积率在1.0以上;单套建筑面积在140平方米以下;实际成交价格低于同级别土地上住房平均交易价格 1.2 倍以下。

B. 在省政府规定范围内制定并已报有权机关备案普通住房标准的地区,按照本地政府确定的标准执行。

其中,成都市在四川省政府规定范围内制定了本地享受优惠政策普通标准住房条件。

《成都市城乡房产管理局关于 2012 年第二次公布成都市中心城区享受优惠政策普通住房平均交易价格的通知》(成房发〔2012〕104 号)规定,成都市中心城区不同环域范围土地上按建筑面积计算的住房平均交易价格经测算后确定为:二环以内:10 100 元/平方米;二环至三环之间:8 000 元/平方米;三环以外:7 500 元/平方米。

同时规定,享受优惠政策普通住房按规定应同时满足以下条件:住宅小区建筑容积率在 1.0 以上(含 1.0);单套建筑面积在 144 平方米以下(含 144);实际成交价格低于公布的同一范围土地上住房平均交易价格 1.4 倍以下。

6.1.2 个人转让普通标准住宅优惠政策

个人转让普通标准住宅土地增值税的优惠政策如下:

(1)《财政部 国家税务总局关于调整房地产市场若干税收政策的通知》(财税字〔1999〕210 号)[①]规定,居民个人转让普通住宅,在转让时暂免征收土地增值税。

(2)《财政部 国家税务总局关于调整房地产交易环节税收政策的通知》(财税〔2008〕137 号)第三条规定,自 2008 年 1 月 1 日起,对个人销售住房暂免征收土地增值税。

6.2 政府收回土地使用权优惠政策

政府收回土地使用权有关土地增值税优惠政策如下:

(1)《土地增值税暂行条例实施细则》第十一条规定,《土地增值税暂行条例》第八条(二)项所称的因国家建设需要依法征收、收回的房地产,是指因城市实施规划、国家建设的需要而被政府批准征收的房产或收回的土地使用权。

因城市实施规划、国家建设的需要而搬迁,由纳税人自行转让原房地产的,比照本

---

① 根据《财政部关于公布废止和失效的财政规章和规范性文件目录(第十一批)的决定》(中华人民共和国财政部令第 62 号),本法规自 2011 年 2 月 21 日起全文废止。

规定免征土地增值税。

符合上述免税规定的单位和个人,须向房地产所在地税务机关提出免税申请,经税务机关审核后,免予征收土地增值税。

(2)《财政部 国家税务总局关于土地增值税若干问题的通知》(财税〔2006〕21号)第四条规定,《土地增值税暂行条例实施细则》第十一条第四款所称:因"城市实施规划"而搬迁,是指因旧城改造或因企业污染、扰民(指产生过量废气、废水、废渣和噪声,使城市居民生活受到一定危害),而由政府或政府有关主管部门根据已审批通过的城市规划确定进行搬迁的情况;因"国家建设的需要"而搬迁,是指因实施国务院、省级人民政府、国务院有关部委批准的建设项目而进行搬迁的情况。

6.3 个人转让房地产优惠政策

个人转让房地产因房地产的不同类型或转让方式不同,会有不同的优惠政策,主要包括继承、赠与方式无偿转让,因国家政策被征收、转让或个人原因转让,个人之间互换等。

6.3.1 继承、赠与方式无偿转让

以继承、赠与方式无偿转让房地产,包括转让住房和非住房,均不属于土地增值税征税范围。

(1)《土地增值税暂行条例实施细则》第二条规定,转让国有土地使用权、地上的建筑物及其附着物并取得收入(不分房屋类型),指以出售或者其他方式有偿转让房地产的行为,不包括以继承、赠与方式无偿转让房地产的行为。

(2)《财政部 国家税务总局关于土地增值税一些具体问题规定的通知》(财税字〔1995〕48号)第四条规定,《土地增值税暂行条例实施细则》所称的"赠与"是指如下情况:

① 房产所有人、土地使用权所有人将房屋产权、土地使用权赠与直系亲属或承担直接赡养义务人的。根据税务局税费申报缴纳指引,直系亲属指父母、子女、祖父母、外祖父母、孙子女、外孙子女。

② 房产所有人、土地使用权所有人通过中国境内非营利的社会团体、国家机关将房屋产权、土地使用权赠与教育、民政和其他社会福利、公益事业的。

上述社会团体是指中国青少年发展基金会、希望工程基金会、宋庆龄基金会、减灾委员会、中国红十字会、中国残疾人联合会、全国老年基金会、老区促进会以及经民政部门批准成立的其他非营利的公益性组织。

6.3.2 因国家政策被征收、转让或个人原因转让

(1)《土地增值税暂行条例实施细则》第十一条规定,个人拥有的房地产因城市实施规划、国家建设的需要而被政府批准征用、收回的,免缴土地增值税;因城市实施规划、国家建设的需要而搬迁,由个人自行转让原房地产而取得收入的,免缴土地增值税。同时,该文件第十二条规定,个人因工作调动或改善居住条件而转让原自用住房,经向税务机关申报核准,凡居住满5年或5年以上的,免予征收土地增值税;居住满3年未满5年的,减半征收土地增值税。居住未满3年的,按规定计征土地增值税。

(2)《财政部 国家税务总局关于调整房地产交易环节税收政策的通知》(财税〔2008〕137号)第三条规定,对个人销售住房暂免征收土地增值税。

根据"新法优于旧法"原则,目前执行的是个人销售住房免征土地增值税政策。

6.3.3 个人之间互换

《财政部 国家税务总局关于土地增值税一些具体问题规定的通知》(财税字〔1995〕48号)第五条"关于个人互换住房的征免税问题"规定,对个人之间互换自有居住用房地产的,经当地税务机关核实,可以免征土地增值税。

注意:

此项规定是基于《土地增值税暂行条例实施细则》第十二条的规定,目前由于个人销售住房免征土地增值税,该政策实质上没有多少意义,也不存在需要税务机关核实的程序。

6.4 保障性住房优惠政策

6.4.1 保障性住房免税政策

保障性住房免税政策涉及廉租住房、经济适用房、公共租赁住房以及棚户区改造安置住房。

6.4.1.1　廉租住房、经济适用房

《财政部 国家税务总局关于廉租住房、经济适用住房和住房租赁有关税收政策的通知》(财税〔2008〕24号)第一条第(三)项规定,企事业单位、社会团体以及其组织转让旧房作为廉租住房、经济适用住房房源且增值额未超过扣除项目金额20%的,免征土地增值税。

注意:

(1)《财政部 国家税务总局关于促进公共租赁住房发展有关税收优惠政策的通知》(财税〔2014〕52号)规定,财税〔2008〕24号文件中有关廉租住房税收政策的规定自2014年8月15日起废止。经济适用房相关规定仍旧有效。

(2)《财政部关于公布废止和失效的财政规章和规范性文件目录(第十三批)的决定》(财政部令第103号)规定,《财政部 国家税务总局关于促进公共租赁住房发展有关税收优惠政策的通知》(财税〔2014〕52号)自2020年1月23日起全文废止。

6.4.1.2　公共租赁住房

享受税收优惠政策的公租房是指纳入省、自治区、直辖市、计划单列市人民政府及新疆生产建设兵团批准的公租房发展规划和年度计划,或者市、县人民政府批准建设(筹集),并按照《关于加快发展公共租赁住房的指导意见》(建保〔2010〕87号)和市、县人民政府制定的具体管理办法进行管理的公租房。

《财政部 税务总局关于公共租赁住房税收优惠政策的公告》(财政部 税务总局公告2019年第61号)[①]第四条规定,对企事业单位、社会团体以及其他组织转让旧房作为公租房房源,且增值额未超过扣除项目金额20%的,免征土地增值税。同时,该文件第九条规定,纳税人享受优惠政策,应按规定进行免税申报,并将不动产权属证明、载有房产原值的相关材料、纳入公租房及用地管理的相关材料、配套建设管理公租房相关材料、购买住房作为公租房相关材料、公租房租赁协议等留存备查。

6.4.1.3　棚户区改造安置住房

棚户区改造是重大的民生工程和发展工程。2008年以来,各地区、各有关部门贯彻落实党中央、国务院决策部署,将棚户区改造纳入城镇保障性安居工程,大规模推进实施。

---

① 根据《财政部 税务总局关于延长部分税收优惠政策执行期限的公告》(财政部 税务总局公告2021年第6号)、《财政部 税务总局关于继续实施公共租赁住房税收优惠政策的公告》(财政部 税务总局公告2023年第33号)的规定,该项优惠政策执行期限延长至2025年12月31日。

1) 棚户区、棚户区改造、改造安置住房定义

棚户区是指简易结构房屋较多、建筑密度较大、房屋使用年限较长、使用功能不全、基础设施简陋的区域,具体包括城市棚户区、国有工矿(含煤矿)棚户区、国有林区棚户区和国有林场危旧房、国有垦区危房。

棚户区改造是指列入省级人民政府批准的棚户区改造规划或年度改造计划的改造项目。

改造安置住房是指相关部门和单位与棚户区被征收人签订的房屋征收(拆迁)补偿协议或棚户区改造合同(协议)中明确用于安置被征收人的住房或通过改建、扩建、翻建等方式实施改造的住房。

2) 城市棚户区改造范围变化

《关于加快推进棚户区(危旧房)改造的通知》(建保〔2012〕190号)规定,"十二五"期间,城市棚户区(危旧房)改造范围内的居民安置住房筹建(新建、购买、货币补偿等)工程和原居民住房改建(扩建、翻建)工程,统一纳入国家城镇保障性安居工程规划计划,其他工程不纳入规划计划。城市棚户区(危旧房)改造具体范围由市县人民政府结合当地实际情况确定。

2011年,改造范围延伸至建制镇。《国务院办公厅关于进一步做好房地产市场调控工作有关问题的通知》(国办发〔2011〕1号)规定,有条件的地区,可以把建制镇纳入住房保障工作范围。

2013年,部分城中村改造项目也被纳入了棚户区改造范围。《国务院关于加快棚户区改造工作的意见》(国发〔2013〕25号)规定,在加快推进集中成片城市棚户区改造的基础上,各地区要逐步将其他棚户区、城中村改造,统一纳入城市棚户区改造范围,稳步、有序推进。市、县人民政府应结合当地实际,合理界定城市棚户区具体改造范围。

同时,《关于做好2013年城镇保障性安居工程工作的通知》(建保〔2013〕52号)规定,加快推进集中成片棚户区改造,着力抓好资源型城市及独立工矿区棚户区改造,积极推进非成片棚户区、零星危旧房改造,逐步开展城镇旧住宅区综合整治,稳步实施城中村改造。进一步明确将部分城中村(城边村、城郊村)改造项目也纳入了棚户区改造范围。

2015年,城市危房改造被纳入棚改政策范围。《国务院关于进一步做好城镇棚户区和城乡危房改造及配套基础设施建设有关工作的意见》(国发〔2015〕37号)规定,把城市危房改造纳入棚改政策范围。

3) 政策红线

《国务院关于加快棚户区改造工作的意见》(国发〔2013〕25号)规定,禁止将因城市道路拓展、历史街区保护、文物修缮等带来的房屋拆迁改造项目纳入城市棚户区改造范围。

4) 免税政策

《财政部 国家税务总局关于棚户区改造有关税收政策的通知》(财税〔2013〕101号)第二条规定,企事业单位、社会团体以及其他组织转让旧房作为改造安置住房房源且增值额未超过扣除项目金额20%的,免征土地增值税。

6.4.2 保障性住房预征政策

为了促进房地产行业健康发展、合理调节房地产开发收益、充分发挥土地增值税在预征阶段的调节作用,国家税务总局对保障性住房没有作出硬性规定。同时,绝大部分省、自治区、直辖市税务局在制定当地保障性住房预征政策时,作出了(暂)不预征或者预征率为零的规定,如山东省、海南省、福建省、青海省等。但是,个别省市税务局也对保障性住房预征率作出了明确规定,如河南省、新疆吐鲁番等。

(1) 国家税务总局的规定。

国家税务总局相关规定如下:

① 《国家税务总局关于加强土地增值税征管工作的通知》(国税发〔2010〕53号)规定,为了发挥土地增值税在预征阶段的调节作用,各地须对目前的预征率进行调整。除保障性住房外,东部地区省份预征率不得低于2%,中部和东北地区省份不得低于1.5%,西部地区省份不得低于1%,各地要根据不同类型房地产确定适当的预征率(地区的划分按照国务院有关文件的规定执行)。

② 《财政部 国家税务总局关于土地增值税一些具体问题规定的通知》(财税字〔1995〕48号)第十四条"关于预售房地产所取得的收入是否申报纳税的问题"规定,当地税务机关规定不预征土地增值税的,也应在取得收入时先到税务机关登记或备案。

(2) 各地税务局的规定。

各地税务局规定如下:

① 山东省。

《国家税务总局山东省税务局关于发布〈国家税务总局山东省税务局土地增值税清

算管理办法〉的公告》(国家税务总局山东省税务局公告 2022 年第 10 号)第十三条第二款规定,房地产开发企业转让经政府批准建设的廉租住房、公共租赁住房、经济适用房等保障性住房,棚户区改造安置住房、危旧房改造安置住房等取得的收入,暂不预征土地增值税。

② 海南省。

《海南省地方税务局关于土地增值税预征率的公告》(海南省地方税务局公告 2014 年第 21 号)第一条(三)项规定,对房地产开发项目中的保障性住房(不包括限价商品房),暂不预征土地增值税。

③ 湖南省。

《湖南省地方税务局关于加强土地增值税管理的公告》(湖南省地方税务局公告 2015 年第 4 号)第二条(一)项规定,经有关部门批准建设的经济适用房、廉租房、公租房等保障性住房不预征土地增值税。

④ 福建省。

《国家税务总局福建省税务局关于土地增值税若干政策问题的公告》(国家税务总局福建省税务局公告 2018 年第 21 号)第二条规定,保障性住房实行零预征率。

⑤ 青海省。

《青海省地方税务局关于调整土地增值税预征率和核定征收率的公告》(青海省地方税务局公告 2016 年第 5 号)第一条规定,全省保障性住房的预征率为 0。

⑥ 河南省。

《河南省地方税务局关于调整土地增值税核定征收率有关问题的公告》(河南省地方税务局公告 2011 年第 10 号)第二条"关于经济适用房问题"规定,经济适用房是经政府批准建设的具有保障性质的普通标准住宅,一般来说增值额较低,在预征土地增值税时按 0.5% 预征率执行。

⑦ 新疆维吾尔自治区。

《新疆维吾尔自治区地方税务局关于明确土地增值税相关问题的公告》(新疆维吾尔自治区地方税务局公告 2016 年第 6 号)第八条"关于土地增值税预征率问题"规定,除保障性住房外,普通住宅土地增值税预征率不得低于 1%。非普通住宅和其他类型房地产预征率不得低于 3%。

其中,《吐鲁番地区地税局关于土地增值税有关问题的公告》(吐鲁番地区地方税务局公告 2014 年第 2 号)第一条(一)项规定,住宅(含保障性住房)预征率为 1%。

6.5 企业改制重组优惠政策

根据《财政部 税务总局关于继续实施企业改制重组有关土地增值税政策的公告》（财政部 税务总局公告2021年第21号）的规定，2021年1月1日至2023年12月31日，为支持企业改制重组，优化市场环境，现将继续执行企业在改制重组过程中涉及的土地增值税政策如下。

6.5.1 企业整体改制

企业按照《公司法》有关规定整体改制，包括非公司制企业改制为有限责任公司或股份有限公司，有限责任公司变更为股份有限公司，股份有限公司变更为有限责任公司，对改制前的企业将国有土地使用权、地上的建筑物及其附着物转移、变更到改制后的企业，暂不征土地增值税。

《财政部 税务总局关于继续实施企业改制重组有关土地增值税政策的公告》（财政部 税务总局公告2021年第21号）所称整体改制是指不改变原企业的投资主体，并承继原企业权利、义务的行为。

【提示】 不改变原投资主体是指改制前后出资人不发生变动，出资人的出资比例可以发生变动；改制后的企业承继原企业的权利和义务。

例如，甲企业是由李某和王某合伙设立的合伙企业。2018年8月，该企业改造为有限公司M，只要李某和王某成为改制后的M企业的投资人，且不增加新的投资人，即使改制后李某和王某的出资比例发生变化，甲企业将房屋建筑物等不动产产权转移到M企业的行为，暂不征收土地增值税。

6.5.2 企业合并

按照法律规定或者合同约定，两个或两个以上企业合并为一个企业，且原企业投资主体存续的，对原企业将房地产转移、变更到合并后的企业，暂不征土地增值税。

【提示】
(1)《国家工商行政管理总局关于做好公司合并分立登记支持企业兼并重组的意见》（工商企字〔2011〕226号）第二条第（一）项规定，公司合并可以采取两种形式：一种是吸收合并,指一个公司吸收其他公司后存续,被吸收公司解散;另一种是新设合并,指两个或者两个以上公司归并为一个新公司,原有各公司解散。

(2)原投资主体存续是指原企业的出资人必须存在于改制重组后的企业,出资比例可以发生变动。与企业改制不同的是,只要原出资人存续于合并后的企业,即使增加了新的出资人或出资比例发生变化,被合并企业将不动产产权转移到合并企业的行为,也暂不征收土地增值税。

例如,M企业由李某和王某设立;N企业由张某和孙某设立。合并协议约定,将M和N合并为甲企业。

如果李某、王某、张某和孙某都成为甲企业的出资人,暂不征收土地增值税;而如果李某、王某、张某和孙某成为甲企业的出资人的同时吸收赵某加盟,也符合暂不征收土地增值税条件。

6.5.3 企业分立

按照法律规定或者合同约定,企业分设为两个或两个以上与原企业投资主体相同的企业,对原企业将房地产转移、变更到分立后的企业,暂不征土地增值税。

【提示】

(1)《国家工商行政管理总局关于做好公司合并分立登记支持企业兼并重组的意见》(工商企字〔2011〕226号)第二条第(一)项规定,公司分立可以采取两种形式:一种是存续分立,指一个公司分出一个或者一个以上新公司,原公司存续;另一种是解散分立,指一个公司分为两个或者两个以上新公司,原公司解散。

(2)分立前后的投资主体相同是指出资人不发生变动,出资人的出资比例可以发生变动。

例如,M企业由李某和王某出资设立(各占50%),现将M企业按协议约定分立为A企业和B企业,并将M企业的房屋建筑物等按分立合同约定转移到A企业或B企业中。如果李某和王某分别持有A企业的比例改为70%和30%;分别占B企业的比例改为40%和60%,则M企业分立时转移到A企业和B企业的不动产可以选择暂不征收土地增值税。而如果李某和王某分别持有A企业30%和70%股份,分别持有B企业40%和50%股份,另外吸收张某持有B企业10%股份,则被分立企业M将不动产产权转移到A企业和B企业的行为应当按规定征收土地增值税。

6.5.4 以房地产对外投资

单位、个人在改制重组时以房地产作价入股进行投资,对其将房地产转移、变更到被投资的企业,暂不征土地增值税。

【提示】

(1) 只有在改制重组时,以房地产作价入股进行投资,暂不征土地增值税,且仅限将房地产转移、变更到被投资的企业这一步时,才暂不征土地增值税。以后被投资企业再次转让该房地产时,是需要缴纳土地增值税的。

(2) 作价入股的价格确定,应当遵循《公司法》第二十七条的规定,对作为出资的非货币财产应当评估作价,核实财产,不得高估或者低估作价。法律、行政法规对评估作价有规定的,从其规定。

(3)《最高人民法院关于适用〈中华人民共和国公司法〉若干问题的规定(三)》(法释〔2011〕3号)第十条规定,出资人以房屋、土地使用权或者需要办理权属登记的知识产权等财产出资,已经交付公司使用但未办理权属变更手续,公司、其他股东或者公司债权人主张认定出资人未履行出资义务的,人民法院应当责令当事人在指定的合理期间内办理权属变更手续;在前述期间内办理了权属变更手续的,人民法院应当认定其已经履行了出资义务;出资人主张自其实际交付财产给公司使用时享有相应股东权利的,人民法院应予支持。

出资人以上述规定的财产出资,已经办理权属变更手续但未交付给公司使用,公司或者其他股东主张其向公司交付、并在实际交付之前不享有相应股东权利的,人民法院应予支持。

因此,要享受暂不征收土地增值税的政策,必须将房屋建筑物、土地使用权等过户到被投资方。

6.5.5 企业改制重组土地增值税处理注意事项

(1) 上述改制重组有关土地增值税政策不适用于房地产转移任意一方为房地产开发企业的情形。

【提示】 解决了《财政部 国家税务总局关于企业改制重组有关土地增值税政策的通知》(财税〔2015〕5号)存在的争议。在企业重组中,房屋建筑物或土地使用权的转让方或受让方有一方为房地产开发企业的,就不能选择暂不征收土地增值税的政策。

(2) 改制重组后再转让房地产并申报缴纳土地增值税时,对"取得土地使用权所支付的金额",按照改制重组前取得该宗国有土地使用权所支付的地价款和按国家统一规定缴纳的有关费用确定;经批准以国有土地使用权作价出资入股的,为作价入股时县级及以上自然资源部门批准的评估价格。按购房发票确定扣除项目金额的,按照改制重组前购房发票所载金额并从购买年度起至本次转让年度止每年加计5%计算扣除项目金额,购买年度是指购房发票所载日期的当年。

【提示】《财政部 税务总局关于继续实施企业改制重组有关土地增值税政策的通知》(财税〔2018〕57号)规定称:企业在改制重组过程中经省级以上(含省级)国土管理部门批准,国家以国有土地使用权作价出资入股的,再转让该宗国有土地使用权并申报缴纳土地增值税时,应以该宗土地作价入股时省级以上(含省级)国土管理部门批准的评估价格,作为该企业"取得土地使用权所支付的金额"扣除。办理纳税申报时,企业应提供该宗土地作价入股时省级以上(含省级)国土管理部门的批准文件和批准的评估价格,不能提供批准文件和批准的评估价格的,不得扣除。

与财税〔2018〕57号文件相比,批准部门降为县级及以上自然资源部门,同时,明确了按购房发票确定扣除项目金额该如何计算确定。

(3) 纳税人享受上述税收政策,应按税务机关规定办理。

【提示】与财税〔2018〕57号文件相比,本通知删除了向主管税务机关提交书面材料的具体内容。"放管服"背景下,将简化优惠享受的资料提供。

(4)《财政部 税务总局关于继续实施企业改制重组有关土地增值税政策的公告》(财政部 税务总局公告2021年第21号)所称不改变原企业投资主体、投资主体相同,是指企业改制重组前后出资人不发生变动,出资人的出资比例可以发生变动;投资主体存续,是指原企业出资人必须存在于改制重组后的企业,出资人的出资比例可以发生变动。

【提示】不改变原企业投资主体、投资主体相同主要涉及公司分立,投资主体存续主要涉及公司合并。

6.6 整体资产转让优惠政策

企业发生整体资产转让涉及存货的所有权或不动产产权转移的,不缴纳增值税。涉及房屋建筑物或土地使用权产权转移的,是否应当缴纳土地增值税呢?财政部和国家税务总局均没有明确的规定。

从法理上分析,企业整体资产转让是指:一家企业不需要解散而将其经营活动的全部(包括所有资产和负债)或其独立核算的分支机构转让给另一家企业,以换取接受企业资本的股权(包括股份或股票等),包括股份公司的法人股东以其经营活动的全部或其独立核算的分支机构向股份公司配购股票。企业整体资产转让原则上应在交易发生时,将其分解为按公允价值销售全部资产和进行投资两项经济业务进行所得税处理,并按规定计算确认资产转让所得或损失。也就是说,整体资产转让对转出方来讲也算是一种投资行为。因此,既然企业整体资产转让属于对外投资的一种投资行为,按《财政部 税务总局关于继续实施企业改制重组有关土地增值税政策的公告》(财政部 税务总局公告2021年第21号)的规定,只要转让方和受让方均不属于房地产开发企业,就可以暂不征收土地增值税。

云南省曾经下发的一个文件,该文件虽然已经废止,但其法理分析仍旧具有参考意义。《云南省地方税务局关于企业整体资产出售或整个企业所有权转移如何征税问题的批复》(云地税一字〔2001〕1号)规定,企业是由人(企业劳动者和经营管理者)和物(企业货币资金、机器设备、原材料、建筑物及其占有的土地)组成的统一体,企业整体资产出售或整个企业所有权转移,并非仅仅是不动产所有权、土地使用权和原材料等物资所有权发生转移,而是整个企业(包括人和物)的产权发生转移。

因此,根据现行税法规定,对企业整体资产出售或整个企业所有权转移的行为,不征收营业税和土地增值税。

6.7 合作建房优惠政策

合作建房,是指由一方出地,另一方出资金,合作建房。

关于合作建房的土地增值税处理,《财政部 国家税务总局关于土地增值税一些具体问题规定的通知》(财税字〔1995〕48号)第二条规定,对于一方出地,一方出资金,双方合作建房,建成后按比例分房自用的,暂免征收土地增值税;建成后转让的,应征收土地增值税。

实务中还有一个与合作建房类似的概念叫"合作开发"。关于合作开发房地产性质的界定,《最高人民法院关于审理涉及国有土地使用权合同纠纷案件适用法律问题的解释》(法释〔2005〕5号)作出如下解释:

(1) 合作开发房地产合同约定提供土地使用权的当事人不承担经营风险,只收取固定利益的,应当认定为土地使用权转让合同。

(2) 合作开发房地产合同约定提供资金的当事人不承担经营风险,只分配固定数量房屋的,应当认定为房屋买卖合同。

(3) 合作开发房地产合同约定提供资金的当事人不承担经营风险,只收取固定数额货币的,应当认定为借款合同。

(4) 合作开发房地产合同约定提供资金的当事人不承担经营风险,只以租赁或者其他形式使用房屋的,应当认定为房屋租赁合同。

日常生活中,合作建房与合作开发容易混称,被认为是一回事,统称都叫"合作建房"。因此,下文将结合实务操作中常见的"合作建房"的四种类型做一些分析。

6.7.1 甲方出地、乙方出资金,由甲方负责开发建设,建成后双方均分房自用

(1) 甲方。

① 自用部分:不缴纳任何税费;但要办理房产证的,应当按规定缴纳契税和印花税。

② 分配给乙方的房产,相当于以不动产抵偿资金本息,应当按视同"销售不动产"缴纳增值税、土地增值税、印花税(产权转移书据)、企业所得税等,需要向乙方开具发票。

(2) 乙方。

在分得房产时,按发票的不含税价格扣除提供的资金额(本金)后的差额,确认为利息收入,按"贷款服务"缴纳增值税;办理房产过户时,按规定缴纳契税。

会计处理如下:

① 向甲方提供资金时(假设 150 000 000 元)。

借:其他应收款——甲方　　　　　　　　　　　　　　　　150 000 000.00
　　贷:银行存款　　　　　　　　　　　　　　　　　　　150 000 000.00

② 收到房产时(假设发票不含税金额 200 000 000 元)。

借:固定资产　　　　　　　　　　　　　　　　　　　　200 000 000.00
　　应交税费——应交增值税(进项税额)　　　　　　　　 18 000 000.00
　　贷:其他应收款——甲方　　　　　　　　　　　　　 150 000 000.00
　　　　其他业务收入——利息收入　　　　　　　　　　　4 716 9811.32
　　　　应交税费——应交增值税(销项税额)　　　　　　　2 830 188.68
　　　　营业外收入——债务重组利得　　　　　　　　　　18 000 000.00

其中:

① 其他业务收入——利息收入＝50 000 000÷(1＋6％)＝47 169 811.32(元)。

② 应交税费——应交增值税(销项税额)＝47 169 811.32×6％＝2 830 188.68(元)。

6.7.2 甲方出地、乙方出资金,合资设立 M 房地产开发公司,开发房地产后,分配给甲乙双方自用

(1) M 房地产开发公司。

① 获得甲乙双方提供的土地和资金时,会计上要么计入实收资本,要么计入资本公积,都应当按规定缴纳印花税。

② 分配给甲乙双方时,M 房地产开发公司按销售不动产缴纳增值税、土地增值税、印花税、企业所得税等相关税费。

(2) 甲方。

① 出地环节。

根据《最高人民法院关于适用〈中华人民共和国公司法〉若干问题的规定(三)》(法释〔2011〕3 号)第十条的规定,必须将土地产权过户到 M 房地产开发公司,投资行为才能成立。因此,甲方应当按转让土地使用权相关规定缴纳增值税、企业所得税、印花税及土地增值税等相关税费。

② 分得房产办理过户时缴纳契税、印花税。

③ 如果将分得的房产对外转让,与转让不动产相关的税收都应当缴纳。

④ 如果分得的房产自用,则不需要缴纳土地增值税。

(3) 乙方。

① 出资时,不涉及税费。

② 分得房产自用时,应当从 M 房地产开发公司取得发票,按发票的不含税价格扣除提供的资金额(本金)后的差额,确认为利息收入,按"贷款服务"缴纳增值税。

③ 分得的房产办理过户时,缴纳契税和印花税。

④ 分得的房产对外转让时,缴纳与"销售不动产"相关的所有税费。

6.7.3 甲方出地、乙方出资金,投资设立 M 房地产开发公司,房地产销售后,甲乙双方从 M 房地产开发公司分得利润

(1) M 房地产开发公司。

① 获得甲乙双方提供的土地和资金时,按"资金账簿"缴纳印花税。

② 销售开发产品时按规定缴纳增值税、土地增值税、印花税、企业所得税等相关税费。

(2) 甲方。

① 以土地投资时，缴纳增值税、土地增值税（被投资方为房地产开发企业，不符合改制重组暂不缴纳土地增值税的条件）、印花税和企业所得税。甲方需要向 M 房地产开发公司开具发票。

② 分得利润时，免征企业所得税。

(3) 乙方。

① 出资时，不缴纳税费。

② 分得利润免征企业所得税。

6.7.4 甲方将土地免费租赁给乙方，乙方开发房地产后自用于商业或工业运营，合同约定乙方的使用年限，使用年限满后，乙方将土地连同开发的房地产无偿让渡给甲方

(1) 甲方。

① 相当于将土地租赁给乙方：应当按"不动产租赁"缴纳增值税、印花税和企业所得税等，税率9%。

租金收入的确定：原则上应当按土地租赁时的公允价值确定。

② 按租金收入缴纳企业所得税。

(2) 乙方。

按"销售不动产"缴纳增值税、土地增值税、印花税和企业所得税等。

计税依据：

① 增值税：按组成计税价格×9%。

② 土地增值税：由主管税务机关参照当地当年、同类房地产的市场价格或评估价值确定。

③ 企业所得税：与增值税相同。

6.8 被撤销金融机构优惠政策

《财政部 国家税务总局关于被撤销金融机构有关税收政策问题的通知》（财税〔2003〕141号）规定，经中国人民银行依法决定撤销的金融机构及其分设于各地的分支

机构,包括被依法撤销的商业银行、信托投资公司、财务公司、金融租赁公司、城市信用社和农村信用社,对被撤销金融机构财产用来清偿债务时,被撤销金融机构转让房地产免征土地增值税。除另有规定者外,被撤销的金融机构所属、附属企业,不享受免征土地增值税优惠政策。

被撤销金融机构除享受上述土地增值税优惠政策外,还有如下优惠政策:

(1)对被撤销金融机构接收债权、清偿债务过程中签订的产权转移书据,免征印花税。①

(2)对被撤销金融机构清算期间自有的或从债务方接收的房地产、车辆,免征房产税、城镇土地使用税和车船税。

(3)对被撤销的金融机构在清算过程中催收债权时,接收债务方土地使用权、房屋所有权所发生的权属转移免征契税。

(4)对被撤销金融机构财产用来清偿债务时,免征被撤销金融机构转让货物、不动产、无形资产、有价证券、票据等应缴纳的增值税、城市维护建设税、教育费附加和土地增值税。

---

① 依据《财政部 税务总局关于印花税法实施后有关优惠政策衔接问题的公告》(财政部 税务总局公告 2022 年第 23 号),2022 年 7 月 1 日起《印花税法》实施后,本条款涉及的印花税优惠规定继续执行。

7 土地增值税的征收管理

7.1 土地增值税的纳税申报

7.1.1 纳税申报期限

土地增值税的纳税申报期限因申报主体不同而不同。

(1) 非房地产开发企业纳税申报期限。

《土地增值税暂行条例》第十条规定,纳税人应当自转让房地产合同签订之日起7日内向房地产所在地主管税务机关办理纳税申报,并在税务机关核定的期限内缴纳土地增值税。

《财政部 国家税务总局关于土地增值税一些具体问题规定的通知》(财税字〔1995〕48号)第十六条规定,根据《土地增值税暂行条例》第十条、第十二条和《土地增值税暂行条例实施细则》第十五条的规定,税务机关核定的纳税期限,应在纳税人签订房地产转让合同之后、办理房地产权属转让(即过户及登记)手续之前。

因此,非从事房地产开发的纳税人应按照上述规定,自转让房地产合同签订之日起7日内向房地产所在地主管税务机关办理土地增值税纳税申报,并在税务机关核定的期限内缴纳土地增值税。

(2) 房地产开发企业纳税申报期限。

从事房地产开发的纳税人采用先预征后清算的方式。根据《土地增值税暂行条例实施细则》第十六条规定,纳税人在项目全部竣工结算前转让房地产取得的收入,由于涉及成本确定或其他原因,而无法据以计算土地增值税的,可以预征土地增值税,待该项目全部竣工、办理结算后再进行清算,多退少补。具体办法由各省、自治区、直辖市地方税务局根据当地情况制定。

《土地增值税清算管理规程》(国税发〔2009〕91号印发)第十一条规定,对于符合本规程第九条规定,应进行土地增值税清算的项目,纳税人应当在满足条件之日起90日内到主管税务机关办理清算手续。对于符合本规程第十条规定税务机关可要求纳税人进行土地增值税清算的项目,由主管税务机关确定是否进行清算;对于确定需要进行清算的项目,由主管税务机关下达清算通知,纳税人应当在收到清算通知之日起90日内办理清算手续。

关于预征和清算的纳税期限,各个省、自治区、直辖市的预征期限为转让房地产取得的收入后应于每月或者每季度期满后15日内向主管税务机关申报缴纳土地增值税。清算期限为房地产开发企业应在满足清算条件之日起90日内到主管税务机关办理清算手续,并结清应缴纳的土地增值税税款。

7.1.2 纳税申报流程

土地增值税的纳税申报流程分为三步。

第一步:土地增值税税源信息采集。

纳税人进行土地增值税申报前,需先维护土地增值税税源信息。

(1)进入"税(费)种综合申报"功能首页,点击【点此更多税源采集】模块操作列土地增值税的"税源采集"链接后,进入"土地增值税税源信息采集"页面。

(2)土地增值税税源信息采集初始化页面为查询页面,可修改查询条件,点击【查询税源信息】,则可查询满足条件的已采集的税源信息。

(3)若需采集的土地增值税税源信息尚未提交土地增值税项目报告,点击【新增项目】,如实填写相关信息后点击【保存】。

(4)点击【新增税源】,系统自动带出已有土地增值税项目信息,选择申报表适用类型,勾选某一土地增值税项目或房源编号,点击【确定】后进入相应报表填写数据。

(5)采集完成后,对未申报的税源信息可进行【查看】【删除】【修改】操作,对已申报的税源信息可进行【查看】操作。

第二步:土地增值税预缴申报。

税(费)种综合申报不强制要求一次性申报全部税种,纳税人可以自行选择一次性或分别申报当期税种。

(1)进入申报表后,系统将自动带出申报数据。

(2)双击申报表某一行税种,系统弹窗显示该税种的申报明细表数据。

(3) 确认申报数据无误后,点击【申报】。

第三步:申报结果查询。

纳税人已完成的申报业务,可以通过电子税务局申报结果查询查看申报结果及进行后续操作。

注意:

《国家税务总局关于加强土地增值税管理工作的通知》(国税函〔2004〕938号)规定,为了简化行政审批手续,进一步方便纳税人和加强税收管理,经研究,现对土地增值税纳税人定期进行纳税申报的问题做如下解释和规定:

(1) 取消《土地增值税暂行条例实施细则》第十五条第一款对土地增值税纳税人因经常发生房地产转让而难以在每次转让后申报的,定期进行纳税申报须经税务机关审核同意的规定。

(2) 纳税人因经常发生房地产转让而难以在每次转让后申报,是指房地产开发企业开发建造的房地产、因分次转让而频繁发生纳税义务、难以在每次转让后申报纳税的情况,土地增值税可按月或按各省、自治区、直辖市和计划单列市税务局规定的期限申报缴纳。

(3) 纳税人选择定期申报方式的,应向纳税所在地的税务机关备案。定期申报方式确定后,1年之内不得变更。

7.1.3 纳税申报表

《国家税务总局关于修订土地增值税纳税申报表的通知》(税总函〔2016〕309号)规定,为加强土地增值税规范化管理,国家税务总局决定修订土地增值税纳税申报表。相关土地增值税纳税申报材料见表7-1至表7-9。该规定修订的主要内容如下。

(1) 增加《土地增值税项目登记表》。

根据《国家税务总局关于印发〈土地增值税纳税申报表〉的通知》(国税发〔1995〕90号)的规定,从事房地产开发的纳税人,应在取得土地使用权并获得房地产开发项目开工许可后,根据税务机关确定的时间,向主管税务机关报送《土地增值税项目登记表》,并在每次转让(预售)房地产时,依次填报表中规定栏目的内容。

(2) 土地增值税纳税申报表单修订内容。

① 根据《财政部 国家税务总局关于土地增值税一些具体问题规定的通知》(财税字〔1995〕48号)的规定,在《土地增值税纳税申报表(二)》和《土地增值税纳税申报表(五)》

中增加"代收费用"栏次。

② 根据《国家税务总局关于房地产开发企业土地增值税清算管理有关问题的通知》(国税发〔2006〕187号)和《土地增值税清算管理规程》(国税发〔2009〕91号印发)规定,调整收入项目名称,在《土地增值税纳税申报表(一)》中增加"视同销售收入"数据列,在《土地增值税纳税申报表(二)》《土地增值税纳税申报表(四)》《土地增值税纳税申报表(五)》和《土地增值税纳税申报表(六)》中调整转让收入栏次,增加"视同销售收入"指标。

表7-1 土地增值税项目登记表
(从事房地产开发的纳税人适用)

纳税人识别号:　　　　　　　纳税人名称:　　　　　　　填表日期: 年 月 日
金额单位:元至角分　　　　　　　　　　　　　　　　　　面积单位:平方米

项目名称		项目地址		业　别	
经济性质		主管部门			
开户银行		银行账号			
地　址		邮政编码		电　话	
土地使用权受让(行政划拨)合同号			受让(行政划拨)时间		
建设项目起讫时间		总预算成本		单位预算成本	
项目详细座落地点					
开发土地总面积		开发建筑总面积		房地产转让合同名称	
转让次序	转让土地面积(按次填写)		转让建筑面积(按次填写)	转让合同签订日期(按次填写)	
第1次					
第2次					
……					
备注					

以下由纳税人填写:

纳税人声明	此纳税申报表是根据《中华人民共和国土地增值税暂行条例》及其实施细则和国家有关税收规定填报的,是真实的、可靠的、完整的。				
纳税人签章		代理人签章		代理人身份证号	

以下由税务机关填写:

受理人		受理日期	年 月 日	受理税务机关签章	

填表说明：

1. 本表适用于从事房地产开发与建设的纳税人，在立项后及每次转让时填报。
2. 凡从事新建房及配套设施开发的纳税人，均应在规定的期限内，据实向主管税务机关填报本表所列内容。
3. 本表栏目的内容如果没有，可以空置不填。
4. 纳税人在填报土地增值税项目登记表时，应同时向主管税务机关提交土地使用权受让合同、房地产转让合同等有关资料。
5. 本表一式三份，送主管税务机关审核盖章后，两份由地方税务机关留存，一份退纳税人。

表7-2 土地增值税纳税申报表（一）
（从事房地产开发的纳税人预征适用）

税款所属时间：　年　月　日至　年　月　日　　　　　　　　填表日期：　年　月　日
项目名称：　　　　　　　　项目编号：　　　金额单位：元至角分；面积单位：平方米
纳税人识别号 □□□□□□□□□□□□□□□

房产类型	房产类型子目	收入			预征率（%）	应纳税额	税款缴纳	
		应税收入	货币收入	实物收入及其他收入	视同销售收入			本期已缴税额	本期应缴税额计算
	1	2=3+4+5	3	4	5	6	7=2×6	8	9=7-8
普通住宅									
非普通住宅									
其他类型房地产									
合　计	—						—		

以下由纳税人填写：

纳税人声明	此纳税申报表是根据《中华人民共和国土地增值税暂行条例》及其实施细则和国家有关税收规定填报的，是真实的、可靠的、完整的。				
纳税人签章		代理人签章		代理人身份证号	

以下由税务机关填写：

受理人		受理日期	年　月　日	受理税务机关签章	

本表一式两份，一份纳税人留存，一份税务机关留存。

填表说明：

1. 本表适用于从事房地产开发并转让的土地增值税纳税人，在每次转让时填报，也可按月或按各省、自治区、直辖市和计划单列市地方税务局规定的期限汇总填报。
2. 凡从事新建房及配套设施开发的纳税人，均应在规定的期限内，据实向主管税务机关填报本表所列内容。
3. 本表栏目的内容如果没有，可以空置不填。
4. 纳税人在填报土地增值税预征申报表时，应同时向主管税务机关提交《土地增值税项目登记表》等有关资料。

5. 项目编号是在进行房地产项目登记时,税务机关按照一定的规则赋予的编号,此编号会跟随项目的预征清算全过程。

6. 表第1列"房产类型子目"是主管税务机关规定的预征率类型,每一个子目唯一对应一个房产类型。

7. 表第3栏"货币收入",按纳税人转让房地产开发项目所取得的货币形态的收入额(不含增值税)填写。

8. 表第4栏"实物收入及其他收入",按纳税人转让房地产开发项目所取得的实物形态的收入和无形资产等其他形式的收入额(不含增值税)填写。

9. 表第5栏"视同销售收入",纳税人将开发产品用于职工福利、奖励、对外投资、分配给股东或投资人、抵偿债务、换取其他单位和个人的非货币性资产等,发生所有权转移时应视同销售房地产,其收入不含增值税。

10. 本表一式两份,送主管税务机关审核盖章后,一份由地方税务机关留存,一份退纳税人。

表7-3 土地增值税纳税申报表(二)
(从事房地产开发的纳税人清算适用)

税款所属时间: 年 月 日至 年 月 日 填表日期: 年 月 日　　金额单位:元至角分　面积单位:平方米

纳税人识别号 ☐☐☐☐☐☐☐☐☐☐☐☐☐☐☐

纳税人名称		项目名称		项目编号		项目地址	
所属行业		登记注册类型		纳税人地址		邮政编码	
开户银行		银行账号		主管部门		电话	
总可售面积				自用和出租面积			
已售面积		其中:普通住宅已售面积		其中:非普通住宅已售面积		其中:其他类型房地产已售面积	

项目		行次	金额			
			普通住宅	非普通住宅	其他类型房地产	合计
一、转让房地产收入总额1=2+3+4		1				
其中	货币收入	2				
	实物收入及其他收入	3				
	视同销售收入	4				
二、扣除项目金额合计5=6+7+14+17+21+22		5				
1. 取得土地使用权所支付的金额		6				
2. 房地产开发成本7=8+9+10+11+12+13		7				
其中	土地征用及拆迁补偿费	8				
	前期工程费	9				
	建筑安装工程费	10				
	基础设施费	11				
	公共配套设施费	12				
	开发间接费用	13				

（续表）

项 目	行次	金额 普通住宅	非普通住宅	其他类型房地产	合计
3. 房地产开发费用 14＝15＋16	14				
其中　利息支出	15				
其他房地产开发费用	16				
4. 与转让房地产有关的税金等 17＝18＋19＋20	17				
其中　营业税	18				
城市维护建设税	19				
教育费附加	20				
5. 财政部规定的其他扣除项目	21				
6. 代收费用	22				
三、增值额 23＝1－5	23				
四、增值额与扣除项目金额之比（%）24＝23÷5	24				
五、适用税率（%）	25				
六、速算扣除系数（%）	26				
七、应缴土地增值税税额 27＝23×25－5×26	27				
八、减免税额 28＝30＋32＋34	28				
其中　减免税(1)　减免性质代码(1)	29				
减免税额(1)	30				
减免税(2)　减免性质代码(2)	31				
减免税额(2)	32				
减免税(3)　减免性质代码(3)	33				
减免税额(3)	34				
九、已缴土地增值税税额	35				
十、应补（退）土地增值税税额 36＝27－28－35	36				

以下由纳税人填写：

纳税人声明	此纳税申报表是根据《中华人民共和国土地增值税暂行条例》及其实施细则和国家有关税收规定填报的，是真实的、可靠的、完整的。
纳税人签章	代理人签章　　　　代理人身份证号

以下由税务机关填写：

受理人		受理日期	年　月　日	受理税务机关签章	

本表一式两份，一份纳税人留存，一份税务机关留存。

填表说明：

一、适用范围

土地增值税纳税申报表（二），适用从事房地产开发并转让的土地增值税纳税人。

二、土地增值税纳税申报表

（一）表头项目

1. 税款所属期是项目预征开始的时间，截止日期是税务机关规定（通知）申报期限的最后一日（应清算项目达到清算条件起 90 天的最后一日/可清算项目税务机关通知书送达起 90 天的最后一日）。

2. 纳税人识别号：填写税务机关为纳税人确定的识别号。

3. 项目名称：填写纳税人所开发并转让的房地产开发项目全称。

4. 项目编号：是在进行房地产项目登记时，税务机关按照一定的规则赋予的编号，此编号会跟随项目的预征清算全过程。

5. 所属行业：根据《国民经济行业分类》（GB/T 4754—2011）①填写。该项可由系统根据纳税人识别号自动带出，无须纳税人填写。

6. 登记注册类型：单位，根据税务登记证或组织机构代码证中登记的注册类型填写；纳税人是企业的，根据国家统计局《关于划分企业登记注册类型的规定》填写。该项可由系统根据纳税人识别号自动带出，无须纳税人填写。

7. 主管部门：按纳税人隶属的管理部门或总机构填写。外商投资企业不填。

8. 开户银行：填写纳税人开设银行账户的银行名称；如果纳税人在多个银行开户的，填写其主要经营账户的银行名称。

9. 银行账号：填写纳税人开设的银行账户的号码；如果纳税人拥有多个银行账户的，填写其主要经营账户的号码。

（二）表中项目

1. 表第 1 栏"转让房地产收入总额"，按纳税人在转让房地产开发项目所取得的全部收入额（不含增值税）填写。

2. 表第 2 栏"货币收入"，按纳税人转让房地产开发项目所取得的货币形态的收入额（不含增值税）填写。

3. 表第 3 栏"实物收入及其他收入"，按纳税人转让房地产开发项目所取得的实物形态的收入和无形资产等其他形式的收入额（不含增值税）填写。

4. 表第 4 栏"视同销售收入"，纳税人将开发产品用于职工福利、奖励、对外投资、分配给股东或投资人、抵偿债务、换取其他单位和个人的非货币性资产等，发生所有权转移时应视同销售房地产，其收入不含增值税。

5. 表第 6 栏"取得土地使用权所支付的金额"，按纳税人为取得该房地产开发项目所需要的土地使用权而实际支付（补交）的土地出让金（地价款）及按国家统一规定交纳的有关费用的数额填写。

6. 表第 8 栏至表第 13 栏，应根据《中华人民共和国土地增值税暂行条例实施细则》（财法字〔1995〕6 号，以下简称《细则》）规定的从事房地产开发所实际发生的各项开发成本的具体数额填写。

7. 表第 15 栏"利息支出"，按纳税人进行房地产开发实际发生的利息支出中符合《细则》第七条（三）规定的数额填写。如果不单独计算利息支出的，则本栏数额填写为"0"。

8. 表第 16 栏"其他房地产开发费用"，应根据《细则》第七条（三）的规定填写。

9. 表第 18 栏至表第 20 栏，按纳税人转让房地产时所实际缴纳的税金数额（不包括增值税）填写。

10. 表第 21 栏"财政部规定的其他扣除项目"，是指根据《中华人民共和国土地增值税暂行条例》（国务院令第 138 号，以下简称《条例》）和《细则》等有关规定所确定的财政部规定的扣除项目的合计数。

11. 表第 22 栏"代收费用"，应根据《财政部 国家税务总局关于土地增值税一些具体问题》（财税字〔1995〕48 号）规定"对于县级及县级以上人民政府要求房地产开发企业在售房时代收的各项费用，如果代收费用是计入房价中向购买方一并收取的，可作为转让房地产所取得的收入计税；如果代收费用未计入房价中，而是在房价之外单独收取的，可以不作为转让房地产的收入。对于代收费用作为转让收入计税的，在计算扣除项目金额时，可予以扣除，但不允许作为加计 20% 扣除的基数；对于代收费用未作为转让房地

---

① 现为《国民经济行业分类》（GB/T 4754—2017）。

产的收入计税的,在计算增值额时不允许扣除代收费用"填写。

12. 表第 25 栏"适用税率",应根据《条例》规定的四级超率累进税率,按所适用的最高一级税率填写。

13. 表第 26 栏"速算扣除系数",应根据《细则》第十条的规定找出相关速算扣除系数来填写。

14. 表第 29、31、33 栏"减免性质代码":按照税务机关最新制发的减免税政策代码表中最细项减免性质代码填报。表第 30、32、34 栏"减免税额"填写相应"减免性质代码"对应的减免税金额,纳税人同时享受多个减免税政策应分别填写,不享受减免税的,不填写此项。

15. 表第 35 栏"已缴土地增值税税额",按纳税人已经缴纳的土地增值税的数额填写。

16. 表中每栏按照"普通住宅、非普通住宅、其他类型房地产"分别填写。

表 7-4 土地增值税纳税申报表(三)
(非从事房地产开发的纳税人适用)

税款所属时间: 年 月 日至 年 月 日　填表日期: 年 月 日　　金额单位:元至角分　面积单位:平方米

纳税人识别号 □□□□□□□□□□□□□□□

纳税人名称		项目名称		项目地址	
所属行业		登记注册类型		纳税人地址		邮政编码	
开户银行		银行账号		主管部门		电 话	

项　目			行次	金　额
一、转让房地产收入总额 1=2+3+4			1	
其中	货币收入		2	
	实物收入		3	
	其他收入		4	
二、扣除项目金额合计 (1) 5=6+7+10+15 (2) 5=11+12+14+15			5	
(1) 提供评估价格	1. 取得土地使用权所支付的金额		6	
	2. 旧房及建筑物的评估价格 7=8×9		7	
	其中	旧房及建筑物的重置成本价	8	
		成新度折扣率	9	
	3. 评估费用		10	
(2) 提供购房发票	1. 购房发票金额		11	
	2. 发票加计扣除金额 12=11×5‰×13		12	
	其中:房产实际持有年数		13	
	3. 购房契税		14	
4. 与转让房地产有关的税金等 15=16+17+18+19			15	
其中	营业税		16	
	城市维护建设税		17	
	印花税		18	
	教育费附加		19	
三、增值额 20=1-5			20	
四、增值额与扣除项目金额之比(%) 21=20÷5			21	

(续表)

项　目	行次	金　额
五、适用税率(%)	22	
六、速算扣除系数(%)	23	
七、应缴土地增值税税额 24＝20×22－5×23	24	
八、减免税额(减免性质代码：_____)	25	
九、已缴土地增值税税额	26	
十、应补(退)土地增值税税额 27＝24－25－26	27	

以下由纳税人填写：

纳税人声明	此纳税申报表是根据《中华人民共和国土地增值税暂行条例》及其实施细则和国家有关税收规定填报的，是真实的、可靠的、完整的。				
纳税人签章		代理人签章		代理人身份证号	

以下由税务机关填写：

受理人		受理日期	年　月　日	受理税务机关签章	

本表一式两份，一份纳税人留存，一份税务机关留存。

填表说明：

一、适用范围

土地增值税纳税申报表(三)适用于非从事房地产开发的纳税人。该纳税人应在签订房地产转让合同后的七日内，向房地产所在地主管税务机关填报土地增值税纳税申报表(三)。

土地增值税纳税申报表(三)还适用于以下从事房地产开发的纳税人：将开发产品转为自用、出租等用途且已达到主管税务机关旧房界定标准后，又将该旧房对外出售的。

二、土地增值税纳税申报表(三)主要项目填表说明

(一) 表头项目

1. 纳税人识别号：填写税务机关为纳税人确定的识别号。

2. 项目名称：填写纳税人转让的房地产项目全称。

3. 登记注册类型：单位，根据税务登记证或组织机构代码证中登记的注册类型填写；纳税人是企业的，根据国家统计局《关于划分企业登记注册类型的规定》填写。该项可由系统根据纳税人识别号自动带出，无须纳税人填写。

4. 所属行业：根据《国民经济行业分类》(GB/T 4754—2011)[①]填写。该项可由系统根据纳税人识别号自动带出，无须纳税人填写。

5. 主管部门：按纳税人隶属的管理部门或总机构填写。外商投资企业不填。

(二) 表中项目

土地增值税纳税申报表(三)的各主要项目内容，应根据纳税人转让的房地产项目作为填报对象。纳税人如果同时转让两个或两个以上房地产的，应分别填报。

1. 表第1栏"转让房地产收入总额"，按纳税人转让房地产所取得的全部收入额(不含增值税)填写。

2. 表第2栏"货币收入"，按纳税人转让房地产所取得的货币形态的收入额(不含增值税)填写。

3. 表第3、4栏"实物收入""其他收入"，按纳税人转让房地产所取得的实物形态的收入和无形资产等其他形式的收入额(不含增值税)填写。

---

① 现为《国民经济行业分类》(GB/T 4754—2017)。

4. 表第 6 栏"取得土地使用权所支付的金额",按纳税人为取得该房地产开发项目所需要的土地使用权而实际支付(补交)的土地出让金(地价款)及按国家统一规定缴纳的有关费用的数额填写。

5. 表第 7 栏"旧房及建筑物的评估价格",是指根据《中华人民共和国土地增值税暂行条例》(国务院令第 138 号,以下简称《条例》)和《中华人民共和国土地增值税暂行条例实施细则》(财法字〔1995〕6 号,以下简称《细则》)等有关规定,按重置成本法评估旧房及建筑物并经当地税务机关确认的评估价格的数额。本栏由第 8 栏与第 9 栏相乘得出。如果本栏数额能够直接根据评估报告填报,则本表第 8、9 栏可以不必再填报。

6. 表第 8 栏"旧房及建筑物的重置成本价",是指按照《条例》和《细则》规定,由政府批准设立的房地产评估机构评定的重置成本价。

7. 表第 9 栏"成新度折扣率",是指按《条例》和《细则》规定,由政府批准设立的房地产评估机构评定的旧房及建筑物的新旧程度折扣率。

8. 表第 10 栏"评估费用",是指纳税人转让旧房及建筑物时因计算纳税的需要而对房地产进行评估,其支付的评估费用允许在计算增值额时予以扣除。

9. 表第 11 栏"购房发票金额",区分以下情形填写:提供营业税销售不动产发票的,按发票所载金额填写;提供增值税专用发票的,按发票所载金额与不允许抵扣进项税额合计金额数填写;提供增值税普通发票的,按照发票所载价税合计金额数填写。

10. 表第 12 栏"发票加计扣除金额"是指购房发票金额乘以房产实际持有年数乘以 5% 的积数。

11. 表第 13 栏"房产实际持有年数"是指,按购房发票所载日期起至售房发票开具之日止,每满 12 个月计一年;未满 12 个月但超过 6 个月的,可以视同为一年。

12. 表第 14 栏"购房契税"是指购房时支付的契税。

13. 表第 15 栏"与转让房地产有关的税金等"为表第 16 栏至表第 19 栏的合计数。

14. 表第 16 栏至表第 19 栏,按纳税人转让房地产时实际缴纳的有关税金的数额填写。开具营业税发票的,按转让房地产时缴纳的营业税数额填写;开具增值税发票的,第 16 栏营业税为 0。

15. 表第 22 栏"适用税率",应根据《条例》规定的四级超率累进税率,按所适用的最高一级税率填写。

16. 表第 23 栏"速算扣除系数",应根据《细则》第十条的规定找出相关速算扣除系数填写。

表 7-5　土地增值税纳税申报表(四)
(从事房地产开发的纳税人清算后尾盘销售适用)

税款所属时间:　年　月　日至　年　月　日　填表日期:　年　月　日　　金额单位:元至角分　面积单位:平方米

纳税人识别号 □□□□□□□□□□□□□□□

纳税人名称		项目名称		项目编号		项目地址	
所属行业		登记注册类型		纳税人地址		邮政编码	
开户银行		银行账号		主管部门		电话	

项目		行次	金额			
			普通住宅	非普通住宅	其他类型房地产	合计
一、转让房地产收入总额 1=2+3+4		1				
其中	货币收入	2				
	实物收入及其他收入	3				
	视同销售收入	4				
二、扣除项目金额合计		5				

(续表)

项目	行次	金额 普通住宅	非普通住宅	其他类型房地产	合计
三、增值额 6＝1－5	6				
四、增值额与扣除项目金额之比(%)7＝6÷5	7				
五、适用税率(核定征收率)(%)	8				
六、速算扣除系数(%)	9				
七、应缴土地增值税税额 10＝6×8－5×9	10				
八、减免税额 11＝13＋15＋17	11				
其中 减免税(1) 减免性质代码(1)	12				
其中 减免税(1) 减免税额(1)	13				
其中 减免税(2) 减免性质代码(2)	14				
其中 减免税(2) 减免税额(2)	15				
其中 减免税(3) 减免性质代码(3)	16				
其中 减免税(3) 减免税额(3)	17				
九、已缴土地增值税税额	18				
十、应补(退)土地增值税税额 19＝10－11－18	19				

以下由纳税人填写：

纳税人声明	此纳税申报表是根据《中华人民共和国土地增值税暂行条例》及其实施细则和国家有关税收规定填报的，是真实的、可靠的、完整的。		
纳税人签章		代理人签章	代理人身份证号

以下由税务机关填写：

受理人		受理日期	年 月 日	受理税务机关签章	

本表一式两份，一份纳税人留存，一份税务机关留存。

填表说明：

一、适用范围

土地增值税纳税申报表(四)，适用于从事房地产开发与建设的纳税人，在清算后尾盘销售时填报，各行次应按不同房产类型分别填写。

二、土地增值税纳税申报表

(一)表头项目

1. 纳税人识别号：填写税务机关为纳税人确定的识别号。

2. 项目名称：填写纳税人所开发并转让的房地产开发项目全称。

3. 项目编号：是在进行房地产项目登记时，税务机关按照一定的规则赋予的编号，此编号会跟随项目的预征清算全过程。

4. 所属行业：根据《国民经济行业分类》(GB/T 4754—2011)[①]填写。该项可由系统根据纳税人识别号自动带出，无须纳税人填写。

---

① 现为《国民经济行业分类》(GB/T 4754—2017)。

5. 登记注册类型：单位，根据税务登记证或组织机构代码证中登记的注册类型填写；纳税人是企业的，根据国家统计局《关于划分企业登记注册类型的规定》填写。该项可由系统根据纳税人识别号自动带出，无须纳税人填写。

6. 主管部门：按纳税人隶属的管理部门或总机构填写。外商投资企业不填。

7. 开户银行：填写纳税人开设银行账户的银行名称；如果纳税人在多个银行开户的，填写其主要经营账户的银行名称。

8. 银行账号：填写纳税人开设的银行账户的号码；如果纳税人拥有多个银行账户的，填写其主要经营账户的号码。

（二）表中项目

1. 表第1栏"转让房地产收入总额"，按纳税人在转让房地产开发项目所取得的全部收入额（不含增值税）填写。

2. 表第2栏"货币收入"，按纳税人转让房地产开发项目所取得的货币形态的收入额（不含增值税）填写。

3. 表第3栏"实物收入及其他收入"，按纳税人转让房地产开发项目所取得的实物形态的收入和无形资产等其他形式的收入额（不含增值税）填写。

4. 表第4栏"视同销售收入"，纳税人将开发产品用于职工福利、奖励、对外投资、分配给股东或投资人、抵偿债务、换取其他单位和个人的非货币性资产等，发生所有权转移时应视同销售房地产，其收入不含增值税。

5. 表第5栏各类型"扣除项目金额合计"应为附表"清算后尾盘销售土地增值税扣除项目明细表"中对应的该类型扣除项目金额合计数额。

6. 表第8栏"适用税率"，应根据《中华人民共和国土地增值税暂行条例》（国务院令第138号）规定的四级超率累进税率，按所适用的最高一级税率填写。

7. 表第9栏"速算扣除系数"，应根据《中华人民共和国土地增值税暂行条例实施细则》（财法字〔1995〕6号）第十条的规定找出相关速算扣除系数来填写。

8. 表第12、14、16栏"减免性质代码"：按照税务机关最新制发的减免税政策代码表中最细项减免性质代码填报。表第13、15、17栏"减免税额"填写相应"减免性质代码"对应的减免税金额，纳税人同时享受多个减免税政策应分别填写，不享受减免税的，不填写此项。

9. 表第18栏"已缴土地增值税税额"，按纳税人已经缴纳的土地增值税的数额填写。

10. 表中每栏按照"普通住宅、非普通住宅、其他类型房地产"分别填写。

表7-6 清算后尾盘销售土地增值税扣除项目明细表

纳税人名称：
税款所属期：自 年 月 日至 年 月 日 填表日期： 年 月 日 　　　金额单位：元至角分；面积单位：平方米
纳税人识别号

纳税人名称		项目名称		项目编号		项目地址	
所属行业		登记注册类型		纳税人地址		邮政编码	
开户银行		银行账号		主管部门		电话	
项目总可售面积		清算时已售面积		清算后剩余可售面积			

项目	行次	普通住宅	非普通住宅	其他类型房地产	合计
本次清算后尾盘销售的销售面积	1				—
单位成本费用	2				—
扣除项目金额合计 3=1×2	3				—

(续表)

本次与转让房地产有关的营业税		本次与转让房地产有关的城市维护建设税		本次与转让房地产有关的教育费附加	

以下由纳税人填写：

纳税人声明	此纳税申报表是根据《中华人民共和国土地增值税暂行条例》及其实施细则和国家有关税收规定填报的,是真实的、可靠的、完整的。				
纳税人签章		代理人签章		代理人身份证号	

以下由税务机关填写：

受理人		受理日期		年 月 日	受理税务机关签章	

填表说明：
1. 本表适用于从事房地产开发与建设的纳税人,在清算后尾盘销售时填报。
2. 项目总可售面积应与纳税人清算时填报的总可售面积一致。
3. 清算时已售面积应与纳税人清算时填报的已售面积一致。
4. 清算后剩余可售面积＝项目总可售面积－清算时已售面积。
5. 本表一式两份,送主管税务机关审核盖章后,一份由地方税务机关留存,一份退纳税人。

表 7-7　土地增值税纳税申报表(五)

(从事房地产开发的纳税人清算方式为核定征收适用)

税款所属时间：　年　月　日至　年　月　日　填表日期：年　月　日　　　金额单位：元至角分　面积单位：平方米

纳税人识别号 □□□□□□□□□□□□□□□

纳税人名称		项目名称		项目编号		项目地址	
所属行业		登记注册类型		纳税人地址		邮政编码	
开户银行		银行账号		主管部门		电　话	

项　目		行次	金　额			
			普通住宅	非普通住宅	其他类型房地产	合计
一、转让房地产收入总额		1				
其中	货币收入	2				
	实物收入及其他收入	3				
	视同销售收入	4				
二、扣除项目金额合计		5				
1. 取得土地使用权所支付的金额		6				
2. 房地产开发成本		7				
其中	土地征用及拆迁补偿费	8				
	前期工程费	9				
	建筑安装工程费	10				
	基础设施费	11				
	公共配套设施费	12				
	开发间接费用	13				

(续表)

项　目			行次	金　额			
				普通住宅	非普通住宅	其他类型房地产	合计
3. 房地产开发费用			14				
	其中	利息支出	15				
		其他房地产开发费用	16				
4. 与转让房地产有关的税金等			17				
	其中	营业税	18				
		城市维护建设税	19				
		教育费附加	20				
5. 财政部规定的其他扣除项目			21				
6. 代收费用			22				
三、增值额			23				
四、增值额与扣除项目金额之比(%)			24				
五、适用税率(核定征收率)(%)			25				
六、速算扣除系数(%)			26				
七、应缴土地增值税税额			27				
八、减免税额 28＝30＋32＋34			28				
	减免税(1)	减免性质代码(1)	29				
		减免税额(1)	30				
其中	减免税(2)	减免性质代码(2)	31				
		减免税额(2)	32				
	减免税(3)	减免性质代码(3)	33				
		减免税额(3)	34				
九、已缴土地增值税税额			35				
十、应补(退)土地增值税税额 36＝27－28－35			36				

以下由纳税人填写：

纳税人声明	此纳税申报表是根据《中华人民共和国土地增值税暂行条例》及其实施细则和国家有关税收规定填报的,是真实的、可靠的、完整的。				
纳税人签章		代理人签章		代理人身份证号	

以下由税务机关填写：

受理人		受理日期	年　月　日	受理税务机关签章	

本表一式两份,一份纳税人留存,一份税务机关留存。

填表说明：

一、适用范围

土地增值税纳税申报表(五),适用于从事房地产开发与建设的纳税人,清算方式为核定征收时填报,各行次应按不同房产类型分别填写。纳税人在填报土地增值税纳税申报表(五)时,应同时提交税务机关出具的核定文书。

二、土地增值税纳税申报表

(一)表头项目

1. 纳税人识别号:填写税务机关为纳税人确定的识别号。
2. 项目名称:填写纳税人所开发并转让的房地产开发项目全称。
3. 项目编号:是在进行房地产项目登记时,税务机关按照一定的规则赋予的编号,此编号会跟随项目的预征清算全过程。
4. 所属行业:根据《国民经济行业分类》(GB/T 4754—2011)①填写。该项可由系统根据纳税人识别号自动带出,无须纳税人填写。
5. 登记注册类型:单位,根据税务登记证或组织机构代码证中登记的注册类型填写;纳税人是企业的,根据国家统计局《关于划分企业登记注册类型的规定》填写。该项可由系统根据纳税人识别号自动带出,无须纳税人填写。
6. 主管部门:按纳税人隶属的管理部门或总机构填写。外商投资企业不填。
7. 开户银行:填写纳税人开设银行账户的银行名称;如果纳税人在多个银行开户的,填写其主要经营账户的银行名称。
8. 银行账号:填写纳税人开设的银行账户的号码;如果纳税人拥有多个银行账户的,填写其主要经营账户的号码。

(二)表中项目按税务机关出具的核定文书要求填写。

表 7-8　土地增值税纳税申报表(六)

(纳税人整体转让在建工程适用)

税款所属时间:　年　月　日至　年　月　日　填表日期:　年　月　日　　　金额单位:元至角分　面积单位:平方米

纳税人识别号 □□□□□□□□□□□□□□□

纳税人名称		项目名称		项目编号		项目地址	
所属行业		登记注册类型		纳税人地址		邮政编码	
开户银行		银行账号		主管部门		电话	

项　目		行次	金　额
一、转让房地产收入总额 1=2+3+4		1	
其中	货币收入	2	
	实物收入及其他收入	3	
	视同销售收入	4	
二、扣除项目金额合计 5=6+7+14+17+21		5	
1. 取得土地使用权所支付的金额		6	
2. 房地产开发成本 7=8+9+10+11+12+13		7	
其中	土地征用及拆迁补偿费	8	
	前期工程费	9	
	建筑安装工程费	10	
	基础设施费	11	
	公共配套设施费	12	
	开发间接费用	13	

---

① 现为《国民经济行业分类》(GB/T 4754—2017)。

(续表)

项 目	行次	金 额
3.房地产开发费用 14＝15＋16	14	
其中 利息支出	15	
其中 其他房地产开发费用	16	
4.与转让房地产有关的税金等 17＝18＋19＋20	17	
其中 营业税	18	
其中 城市维护建设税	19	
其中 教育费附加	20	
5.财政部规定的其他扣除项目	21	
三、增值额 22＝1－5	22	
四、增值额与扣除项目金额之比(%)23＝22÷5	23	
五、适用税率(核定征收率)(%)	24	
六、速算扣除系数(%)	25	
七、应缴土地增值税税额 26＝22×24－5×25	26	
八、减免税额(减免性质代码：_____)	27	
九、已缴土地增值税税额	28	
十、应补(退)土地增值税税额 29＝26－27－28	29	

以下由纳税人填写：

纳税人声明	此纳税申报表是根据《中华人民共和国土地增值税暂行条例》及其实施细则和国家有关税收规定填报的,是真实的、可靠的、完整的。			
纳税人签章		代理人签章		代理人身份证号

以下由税务机关填写：

受理人		受理日期	年 月 日	受理税务机关签章	

填表说明：

一、适用范围

土地增值税纳税申报表(六),适用于从事房地产开发与建设的纳税人,及非从事房地产开发的纳税人,在整体转让在建工程时填报,数据应填列至其他类型房地产类型中。

二、土地增值税纳税申报表

(一)表头项目

1.纳税人识别号:填写税务机关为纳税人确定的识别号。

2.项目名称:填写纳税人所开发并转让的房地产开发项目全称。

3.项目编号:是在进行房地产项目登记时,税务机关按照一定的规则赋予的编号,此编号会跟随项目的预征清算全过程。

4.所属行业:根据《国民经济行业分类》(GB/T 4754—2011)①填写。该项可由系统根据纳税人识别号自动带出,无须纳税人填写。

---

① 现为《国民经济行业分类》(GB/T 4754—2017)。

5. 登记注册类型：单位，根据税务登记证或组织机构代码证中登记的注册类型填写；纳税人是企业的，根据国家统计局《关于划分企业登记注册类型的规定》填写。该项可由系统根据纳税人识别号自动带出，无须纳税人填写。

6. 主管部门：按纳税人隶属的管理部门或总机构填写。外商投资企业不填。

7. 开户银行：填写纳税人开设银行账户的银行名称；如果纳税人在多个银行开户的，填写其主要经营账户的银行名称。

8. 银行账号：填写纳税人开设的银行账户的号码；如果纳税人拥有多个银行账户的，填写其主要经营账户的号码。

（二）表中项目

1. 表第1栏"转让房地产收入总额"，按纳税人在转让房地产开发项目所取得的全部收入额（不含增值税）填写。

2. 表第2栏"货币收入"，按纳税人转让房地产开发项目所取得的货币形态的收入额（不含增值税）填写。

3. 表第3栏"实物收入及其他收入"，按纳税人转让房地产开发项目所取得的实物形态的收入和无形资产等其他形式的收入额（不含增值税）填写。

4. 表第4栏"视同销售收入"，纳税人将开发产品用于职工福利、奖励、对外投资、分配给股东或投资人、抵偿债务、换取其他单位和个人的非货币性资产等，发生所有权转移时应视同销售房地产，其收入不含增值税。

5. 表第6栏"取得土地使用权所支付的金额"，按纳税人为取得该房地产开发项目所需要的土地使用权而实际支付（补交）的土地出让金（地价款）及按国家统一规定交纳的有关费用的数额填写。

6. 表第8栏至表第13栏，应根据《中华人民共和国土地增值税暂行条例实施细则》（财法字〔1995〕6号，以下简称《细则》）规定的从事房地产开发所实际发生的各项开发成本的具体数额填写。

7. 表第15栏"利息支出"，按纳税人进行房地产开发实际发生的利息支出中符合《细则》第七条（三）规定的数额填写。如果不单独计算利息支出的，则本栏数额填写为"0"。

8. 表第16栏"其他房地产开发费用"，应根据《细则》第七条（三）的规定填写。

9. 表第18栏至表第20栏，按纳税人转让房地产时所实际缴纳的税金数额（不包括增值税）填写。

10. 表第21栏"财政部规定的其他扣除项目"，是指根据《中华人民共和国土地增值税暂行条例》（国务院令第138号，以下简称《条例》）和《细则》等有关规定所确定的财政部规定的扣除项目的合计数。

11. 表第24栏"适用税率"，应根据《条例》规定的四级超率累进税率，按所适用的最高一级税率填写。

12. 表第25栏"速算扣除系数"，应根据《细则》第十条的规定找出相关速算扣除系数来填写。

13. 表第27栏"减免性质代码"：按照税务机关最新制发的减免税政策代码表中的最细项减免性质代码填报。

14. 表第28栏"已缴土地增值税税额"，按纳税人已经缴纳的土地增值税的数额填写。

15. 数据应填列至其他类型房地产类型中。

表 7-9　土地增值税纳税申报表（七）

（非从事房地产开发的纳税人核定征收适用）

税款所属时间：　年　月　日至　年　月　日　填表日期：　年　月　日　　　　金额单位：元至角分　面积单位：平方米

纳税人识别号 □□□□□□□□□□□□□□□

纳税人名称		项目名称		项目地址	
所属行业		登记注册类型		纳税人地址		邮政编码	
开户银行		银行账号		主管部门		电话	

项　目	行次	金　额
一、转让房地产收入总额	1	

(续表)

项目			行次	金额
其中	货币收入		2	
	实物收入		3	
	其他收入		4	
二、扣除项目金额合计			5	
（1）提供评估价格	1. 取得土地使用权所支付的金额		6	
	2. 旧房及建筑物的评估价格		7	
	其中	旧房及建筑物的重置成本价	8	
		成新度折扣率	9	
	3. 评估费用		10	
（2）提供购房发票	1. 购房发票金额		11	
	2. 发票加计扣除金额		12	
	其中：房产实际持有年数		13	
	3. 购房契税		14	
4. 与转让房地产有关的税金等			15	
其中	营业税		16	
	城市维护建设税		17	
	印花税		18	
	教育费附加		19	
三、增值额			20	
四、增值额与扣除项目金额之比（%）			21	
五、适用税率（核定征收率）（%）			22	
六、速算扣除系数（%）			23	
七、应缴土地增值税税额			24	
八、减免税额（减免性质代码：_____）			25	
九、已缴土地增值税税额			26	
十、应补（退）土地增值税税额 27＝24－25－26			27	

以下由纳税人填写：

纳税人声明	此纳税申报表是根据《中华人民共和国土地增值税暂行条例》及其实施细则和国家有关税收规定填报的，是真实的、可靠的、完整的。				
纳税人签章		代理人签章		代理人身份证号	

以下由税务机关填写：

受理人		受理日期	年 月 日	受理税务机关签章	

本表一式两份，一份纳税人留存，一份税务机关留存。

填表说明：

一、适用范围

土地增值税纳税申报表（七）适用于非从事房地产开发的纳税人，清算方式为核定征收时填报。该纳税人应在签订房地产转让合同后的七日内，向房地产所在地主管税务机关填报土地增值税纳税申报表（七）。

土地增值税纳税申报表（七）还适用于以下从事房地产开发的纳税人核定征收时填报：将开发产品转为自用、出租等用途且已达到主管税务机关旧房界定标准后，又将该旧房对外出售的。

纳税人在填报土地增值税纳税申报表（七）时，应同时提交税务机关出具的核定文书。

二、土地增值税纳税申报表（七）主要项目填表说明

（一）表头项目

1. 纳税人识别号：填写税务机关为纳税人确定的识别号。
2. 项目名称：填写纳税人转让的房地产项目全称。
3. 登记注册类型：单位，根据税务登记证或组织机构代码证中登记的注册类型填写；纳税人是企业的，根据国家统计局《关于划分企业登记注册类型的规定》填写。该项可由系统根据纳税人识别号自动带出，无须纳税人填写。
4. 所属行业：根据《国民经济行业分类》(GB/T 4754—2011)[①]填写。该项可由系统根据纳税人识别号自动带出，无须纳税人填写。
5. 主管部门：按纳税人隶属的管理部门或总机构填写。外商投资企业不填。

（二）表中项目按税务机关出具的核定文书要求填写。

7.2 土地增值税的纳税地点

《土地增值税暂行条例》第十条规定，纳税人应当自转让房地产合同签订之日起7日内向房地产所在地主管税务机关办理纳税申报，并在税务机关核定的期限内缴纳土地增值税。

《土地增值税暂行条例实施细则》第十七条规定，《土地增值税暂行条例》第十条所称的房地产所在地，是指房地产的坐落地。纳税人转让房地产坐落在两个或两个以上地区的，应按房地产所在地分别申报纳税。

7.3 土地增值税的核定征收

7.3.1 核定征收条件

根据《国家税务总局关于房地产开发企业土地增值税清算管理有关问题的通知》

---

① 现为《国民经济行业分类》(GB/T 4754—2017)。

（国税发〔2006〕187号）第七条、《土地增值税清算管理规程》（国税发〔2009〕91号印发）第三十四条的规定，在土地增值税清算中符合以下条件之一的，可实行核定征收：

（1）依照法律、行政法规的规定应当设置但未设置账簿的。

（2）擅自销毁账簿或者拒不提供纳税资料的。

（3）虽设置账簿，但账目混乱或者成本资料、收入凭证、费用凭证残缺不全，难以确定转让收入或扣除项目金额的。

（4）符合土地增值税清算条件，未按照规定的期限办理清算手续，经税务机关责令限期清算，逾期仍不清算的。

（5）申报的计税依据明显偏低，又无正当理由的。关于何为计税依据明显偏低，何为正当理由的具体解释详见2.1.5"何为'计税价格明显偏低'，何为'正当理由'"。

7.3.2 核定征收方式

根据《国家税务总局关于房地产开发企业土地增值税清算管理有关问题的通知》（国税发〔2006〕187号）第七条、《土地增值税清算管理规程》（国税发〔2009〕91号印发）第三十四条规定，在土地增值税清算中符合核定征收的条件之一的，可实行核定征收。税务机关可以参照与其开发规模和收入水平相近的当地企业的土地增值税税负情况，按不低于预征率的征收率核定征收土地增值税。

综上所述，国家税务总局给出了核定征收的参考办法，但是根据核定征收的条件，只有在房地产转让收入可确定的情形下，才能采用征收率核定的方式。如果房地产转让收入无法取得准确数据，单纯依靠核定征收率无法准确计算出应缴纳的土地增值税税款。因此，各省市在制定核定征收的方式时，有的是照搬国家税务总局的规定，有的制定了操作性更强的核定征收方式。

部分省、自治区、直辖市税务局核定征收方式的规定，列举如下。

（1）海南省。

海南省的做法为逐项核定销售收入和扣除项目金额，确定应缴纳的土地增值税。

《国家税务总局海南省税务局关于发布〈国家税务总局海南省税务局土地增值税清算工作规程〉的公告》（国家税务总局海南省税务局公告2021年第8号）第二十五条规定，对符合核定征收的房地产开发项目，主管税务机关逐项核定销售收入和扣除项目金额，确定应缴纳的土地增值税。

① 销售收入。

根据纳税人日常申报的收入资料、数据和从政府主管部门取得该房地产开发项目全部转让合同金额,确定转让房地产取得的销售收入。对房地产销售价格明显偏低且无正当理由的,按规定进行调整。

② 扣除项目金额。

A. 土地价款。根据纳税人报送的资料,政府土地管理部门提供的土地价款或同期同类基准地价,确定土地价款。

B. 房地产开发成本按照当地工程造价参考指标核定。

C. 房地产开发费用。

$$开发费用=(土地价款+已核定开发成本)\times 10\%$$

D. 与转让房地产有关的税金和财政部规定的其他扣除项目的金额按照规定计算确认。

③ 根据上述方法确认销售收入和扣除项目金额后,区分普通住宅、非普通住宅和其他类型房地产,分别计算增值额和增值率,确定应缴纳的土地增值税。

核定征收的各类型房地产应缴纳的土地增值税,税负率原则上不得低于5%。

(2) 山东省。

山东省的做法为分别核定收入及扣除项目金额,确定增值额,按照适用税率计算土地增值税。如果按照此办法无法计算土地增值税的,可采取核定征收率方式核定征收。

《国家税务总局山东省税务局土地增值税清算管理办法》(国家税务总局山东省税务局公告2022年第10号)第三十七条规定,主管税务机关对房地产开发项目进行核定征收时,应当分别核定收入或者扣除项目金额,确定增值额,按照适用税率计算土地增值税。

① 收入的核定参照按下列方法和顺序确定:

A. 按本企业在同一地区、同一年度销售的同类房地产的平均价格确定。

B. 由主管税务机关参照当地当年、同类房地产的市场价格或评估价值确定。

② 扣除项目的核定按下列方法和顺序确认:

A. 土地价款。

土地管理部门提供的土地价款证明,契税完税凭证,人民法院判决、裁定的土地转让价格,人民法院执行不动产拍卖的土地成交价格等;当年度同类地段交易价格;当年度同类地段基准地价。

B. 房地产开发企业办理土地增值税清算所附送的前期工程费、建筑安装工程费、基础设施费、开发间接费用的凭证或资料不符合清算要求或不实的,主管税务机关可参照以下方法,核定上述四项开发成本的单位面积金额标准,并据以计算扣除:

参照当地建设工程造价管理部门公布的建筑安装造价定额资料,结合房屋结构、用途、区位等因素,核定单位建筑面积扣除项目金额标准;参照已完成清算审核的同期同类项目清算数据。

《国家税务总局山东省税务局土地增值税清算管理办法》(国家税务总局山东省税务局公告 2022 年第 10 号)第三十八条规定,按照本办法第三十七条规定无法计算土地增值税的,可采取核定征收率方式核定征收。核定征收率:普通住宅 5%;非普通住宅、其他类型房地产 6%。

(3) 宁夏回族自治区。

宁夏回族自治区的做法为在采用核定征收率方式的同时给出了核定房地产计税收入的方法。

《宁夏回族自治区地方税务局关于发布〈宁夏回族自治区地方税务局土地增值税核定征收管理办法(试行)〉的公告》(宁夏回族自治区地方税务局公告 2016 年第 7 号)第三条及第四条规定,应纳税额的计算方法:

$$应纳税额 = 房地产计税收入 \times 核定征收率$$

采取核定方式征收土地增值税的,按以下方法核定其转让房地产计税收入。

① 依照政府有关房管部门提供的当期同类区域、同类房地产的市场价格核定转让房地产计税收入。

② 依照《国家税务总局宁夏回族自治区税务局房地产交易计税价格评估系统》评估的计税价格核定房地产计税收入。

7.3.3 核定的征收率

《国家税务总局关于房地产开发企业土地增值税清算管理有关问题的通知》(国税发〔2006〕187 号)第七条规定,房地产开发企业有下列情形之一的,税务机关可以参照与其开发规模和收入水平相近的当地企业的土地增值税税负情况,按不低于预征率的征收率核定征收土地增值税。

《国家税务总局关于加强土地增值税征管工作的通知》(国税发〔2010〕53 号)第四条规定,核定征收必须严格依照税收法律法规规定的条件进行,任何单位和个人不得擅自扩大核定征收范围,严禁在清算中出现"以核定为主、一核了之""求快图省"的做法。凡擅自将核定征收作为本地区土地增值税清算主要方式的,必须立即纠正。对确需核定征收的,要严格按照税收法律法规的要求,从严、从高确定核定征收率。为了规范核定工作,核定征收率原则上不得低于5%,各省级税务机关要结合本地实际,区分不同房地产类型制定核定征收率。

根据上述政策规定,各地核定征收方式虽然有区别,但是无论哪种方式都要求核定的征收率不低于5%。

部分省、自治区、直辖市税务局核定征收率的规定列举如下。

(1) 天津市。

《天津市地方税务局关于土地增值税清算有关问题的公告》(天津市地方税务局公告2016年第25号)第八条"关于确定房地产开发项目核定征收率的问题"规定:

① 普通标准住宅的核定征收率为6%。

② 非普通标准住宅和其他类型房地产的核定征收率为8%。

③ 无法准确区分不同房地产类型的,核定征收率为8%。

(2) 重庆市。

《重庆市地方税务局关于土地增值税核定征收率的公告》(重庆市地方税务局公告2014年第3号)第一条规定,纳税人转让房产土地增值税实行核定征收的,分类型适用核定征收率:

① 单位纳税人转让房产:普通住宅为5%;非普通住宅及车库为6%;非住宅(车库除外)为8%。

② 个人纳税人转让非住宅类房产为6%。

(3) 福建省。

《国家税务总局福建省税务局关于土地增值税若干政策问题的公告》(国家税务总局福建省税务局公告2018年第21号)第八条第(一)项规定,在土地增值税清算过程中,对房地产开发企业符合核定征收条件的,可以实行核定征收。其中:普通住房核定征收率不得低于5%,非普通住宅核定征收率不得低于5.5%,非住房核定征收率不得低于6%。

(4) 海南省。

《国家税务总局海南省税务局关于发布〈国家税务总局海南省税务局土地增值税清算工作规程〉的公告》(国家税务总局海南省税务局公告2021年第8号)第二十五条第(三)项

规定,核定征收的各类型房地产应缴纳的土地增值税,税负率原则上不得低于5%。

7.3.4 核定的征收程序

《土地增值税清算管理规程》(国税发〔2009〕91号印发)第三十五条规定,符合核定征收条件的,由主管税务机关发出核定征收的税务事项告知书后,税务人员对房地产项目开展土地增值税核定征收核查,经主管税务机关审核合议,通知纳税人申报缴纳应补缴税款或办理退税。

7.4 相关法律责任

7.4.1 未按规定缴纳土地增值税的法律责任

《土地增值税暂行条例》第十二条规定,纳税人未按照本条例缴纳土地增值税的,土地管理部门、房产管理部门不得办理有关的权属变更手续。

《国家税务总局 建设部关于土地增值税征收管理有关问题的通知》(国税发〔1996〕48号)第三条规定,凡是转让房地产的纳税人,应当根据土地增值税的有关规定,在规定的期限内到主管税务机关办理土地增值税的纳税登记和申报手续,经主管税务机关审核后,按照规定的期限缴纳土地增值税。对于已经完税的纳税人,由主管税务机关发给完税证明;对于不属于征税范围或应予免税的,由主管机关发给免税证明。凡没有取得主管税务部门发放的完税(或免税)证明的,房地产管理机关不予办理有关的权属变更手续,不予发放房地产权属证书。

7.4.2 房地产评估机构出具虚假评估价格的法律责任

《国家税务总局 建设部关于土地增值税征收管理有关问题的通知》(国税发〔1996〕48号)第六条规定,房地产评估机构在执业过程中必须严守职业道德,按照国家有关的法律、法规的法规,坚持独立、客观、公平、公正、公开的原则,对评估结果的真实性、合理性负法律责任。对房地产评估机构因不向税务机关提供真实的房地产评估资料,或有意提供虚假评估结果,造成纳税人不缴或少缴土地增值税的,房地产评估机构应当承担相应的法律和经济责任。对由于上述行为造成国家税收严重流失的,提请司法机关追究有关当事人的刑事责任。

7.4.3 未按规定提供转让房地产有关资料的法律责任

《土地增值税暂行条例实施细则》第十九条规定，纳税人未按规定提供房屋及建筑物产权、土地使用权证书，土地转让、房产买卖合同，房地产评估报告及其他与转让房地产有关资料的，按照《税收征收管理法》第三十九条（注：2015年修订后为第六十二条）的规定进行处理。

《税收征收管理法》第六十二条规定，纳税人未按照规定的期限办理纳税申报的，或者扣缴义务人未按照规定的期限向税务机关报送代扣代缴、代收代缴税款报告表和有关资料的，由税务机关责令限期改正，可以处以2 000元以下的罚款；情节严重的，可以处以2 000元以上1万元以下的罚款。

7.4.4 未按规定如实申报纳税的法律责任

《土地增值税暂行条例实施细则》第十九条规定，纳税人不如实申报房地产交易额及规定扣除项目金额造成少缴或未缴税款的，按照《税收征收管理法》第四十条（注：2015年修订后为第六十三条）的规定进行处理。

《税收征收管理法》第六十三条规定，纳税人伪造、变造、隐匿、擅自销毁账簿、记账凭证，或者在账簿上多列支出或者不列、少列收入，或者经税务机关通知申报而拒不申报或者进行虚假的纳税申报，不缴或者少缴应纳税款的，是偷税。对纳税人偷税的，由税务机关追缴其不缴或者少缴的税款、滞纳金，并处不缴或者少缴的税款50%以上5倍以下的罚款；构成犯罪的，依法追究刑事责任。

值得注意的是，未按规定如实申报与未申报的法律责任是不同的。前者造成少缴或未缴税款的，按偷税行为处理；后者则不会构成偷税行为，其应当按《税收征收管理法》第六十四条第二款处理，即：纳税人不进行纳税申报，不缴或者少缴应纳税款的，由税务机关追缴其不缴或者少缴的税款、滞纳金，并处不缴或者少缴的税款50%以上5倍以下的罚款。

7.5 土地增值税征收管理中的部门协调

《土地增值税暂行条例》第十一条规定，土地增值税由税务机关征收。土地管理部门、房产管理部门应当向税务机关提供有关资料,并协助税务机关依法征收土地增值税。

《土地增值税暂行条例实施细则》第十八条规定,《土地增值税暂行条例》第十一条所称的土地管理部门、房产管理部门应当向税务机关提供有关资料,是指向房地产所在地主管税务机关提供有关房屋及建筑物产权、土地使用权、土地出让金数额、土地基准地价、房地产市场交易价格及权属变更等方面的资料。

7.6 优化土地增值税优惠事项办理方式

《国家税务总局关于实施〈中华人民共和国印花税法〉等有关事项的公告》(国家税务总局公告2022年第14号)第二条"优化土地增值税优惠事项办理方式"规定:

(1)土地增值税原备案类优惠政策,实行纳税人"自行判别、申报享受、有关资料留存备查"的办理方式。纳税人在土地增值税纳税申报时按规定填写申报表相应减免税栏次即可享受,相关政策规定的材料留存备查。纳税人对留存备查资料的真实性、完整性和合法性承担法律责任。

【提示】 土地增值税原备案类优惠政策主要包括:

(1)对个人销售住房暂免征收土地增值税。

(2)对企事业单位、社会团体以及其他组织转让旧房作为改造安置住房房源且增值额未超过扣除项目金额20%的,免征土地增值税。

(3)对被撤销金融机构财产用来清偿债务时,免征被撤销金融机构转让不动产等应缴纳的土地增值税。

(4)对于一方出地,一方出资金,双方合作建房,建成后按比例分房自用的,暂免征收土地增值税等。

(2)税务机关应当加强土地增值税纳税辅导工作,畅通政策问题答复渠道,为纳税人及时、准确办理税收优惠事项提供支持和帮助。

7.7 土地增值税的预征预缴

7.7.1 如何界定预收账款的范围

《土地增值税暂行条例实施细则》第十六条规定,纳税人在项目全部竣工结算前转让房地产取得的收入,由于涉及成本确定或其他原因,而无法据以计算土地增值税的,可以预征土地增值税,待该项目全部竣工、办理结算后再进行清算,多退少补。具体办法由各省、自治区、直辖市税务局根据当地情况制定。

《土地增值税暂行条例》第五条规定,纳税人转让房地产所取得的收入,包括货币收入、实物收入和其他收入。

综上所述,土地增值税收入缴纳土地增值税的前提条件是转让房地产行为实现。如果收取的价款不属于转让房地产取得或虽然收取,但最终转让没有实现的,一律不存在确认收入缴纳土地增值税的问题。

《〈企业会计准则应用指南〉附录——会计科目和主要账务处理》(财政部2006年7月发布)规定,"预收账款"核算企业按照合同规定预收的款项,因此,"预收账款"的收取是建立在合同签订的基础上,没有签订合同之前收取的款项不能计入"预收账款"科目。

对于房地产开发企业,签订合同包括预售合同或购房合同,都属于合同,只要签订上述两种合同之一,向交款方收取的价款都属于"预收账款"。<u>那么签订合同之前收取的诚意金是否属于预缴税款的预收账款的范围呢?</u>

(1) 房地产公司收取诚意金,在没有签订预售合同或购房合同前,不应作为预收账款预征销售不动产增值税和土地增值税。也不需要开具发票,只开具收款收据即可。

(2) 但如果购房人在规定的时间签订购房合同或预售合同,则诚意金性质变化为预售房款。可以向购房者开具税率为"不征税"的普通发票,并按规定预缴税款。

(3) 如果在规定时间内,购房人没有签订购房合同或预售合同的,返还给购房人的诚意金不存在纳税问题。

但是,如果企业以诚意金的名义向业主收取款项,来避税也是行不通的,因为税收征管还有一个重要的原则是实质重于形式。例如,《国家税务总局安徽省税务局关于修改的公告》(国家税务总局安徽省税务局公告 2019 年第 3 号)第七条规定,房地产开发企业转让房地产时收取的定金、诚意金等,应一并计入销售收入预征土地增值税。在清算土地增值税时,买受方在签订合同前因撤销购买意向而向销售方支付的违约金,不计入销售收入,不征收土地增值税。

7.7.2 预缴预征土地增值税的计税依据

7.7.2.1 房地产开发企业预缴土地增值税的计税依据

目前涉及房地产开发企业土地增值税预缴计税依据的政策文件主要有以下两个。

文件一:《财政部 国家税务总局关于营改增后契税、房产税、土地增值税、个人所得税计税依据问题的通知》(财税〔2016〕43 号)第三条规定,土地增值税纳税人转让房地产取得的收入为不含增值税收入。

文件二:《国家税务总局关于营改增后土地增值税若干征管规定的公告》(国家税务总局公告 2016 年第 70 号)第一条"关于营改增后土地增值税应税收入确认问题"规定:营改增后,纳税人转让房地产的土地增值税应税收入不含增值税。适用增值税一般计税方法的纳税人,其转让房地产的土地增值税应税收入不含增值税销项税额;适用简易计税方法的纳税人,其转让房地产的土地增值税应税收入不含增值税应纳税额。

为方便纳税人,简化土地增值税预征税款计算,房地产开发企业采取预收款方式销售自行开发的房地产项目的,可按照以下方法计算土地增值税预征计征依据:

$$土地增值税预征的计征依据 = 预收款 - 应预缴增值税税款$$

注意:

该计税依据计算方法,是国家税务总局为了方便纳税人计算给出的简化算法,并非强制要求纳税人必须采用的方法。

综上所述,房地产开发企业收到预收款的土地增值税预缴计税依据有如下两个。

计税依据一:

$$预收款 - 预收款中包含的增值税 = \frac{预收款}{1+适用税率或征收率}$$

计税依据二:

$$预收款 - 应预缴增值税税款 = 预收款 - \frac{预收款}{1+适用税率或征收率} \times 3\%$$

注意：

适用一般计税方法计税的，按照 9% 的适用税率计算；适用简易计税方法计税的，按照 5% 的征收率计算。

这两个计税依据都是国家税务总局明文规定的，都是正确的计算方法，纳税人可以在上述两个计税依据中自由选择其中一个。值得提醒的是，选择第二种计税依据得到的金额大于第一种，会导致计算出的应预缴土地增值税金额比第一种大。

例 7-1 某房地产公司为一般纳税人，其开发的房地产老项目选择一般计税，收到写字楼预售款 1 000 万元时，应该预交多少土地增值税？（假设土地增值税预征率 3%）

按照计税依据一计算得出应预缴土地增值税额：

$1\,000 \div (1+9\%) \times 3\% = 27.52$（万元）。

按照计税依据二计算得出应预缴土地增值税额：

$[1\,000 - 1\,000 \div (1+9\%) \times 3\%] \times 3\% = 29.17$（万元）。

由此可见，土地增值税预缴的两种计税依据计算出来的结果完全不同。此例中，按照计税依据二的简化算法，企业将多预缴土地增值税 1.65 万元（29.17－27.52）。

因此，企业进行土地增值税预缴时，应尽量选择对企业有利的第一种计税依据，若税务机关对此提出异议要求采用第二种计税依据时，企业可以依据《国家税务总局关于营改增后土地增值税若干征管规定的公告》（国家税务总局公告 2016 年第 70 号）第一条的规定与其妥善沟通，维护企业的权益。

在实务操作中，有的地方税务部门强制要求采用第二种做法。

7.7.2.2　部分省、自治区、直辖市税务局预征土地增值税的计税依据

部分省、自治区、直辖市税务局预征土地增值税的计税依据的规定列举如下。

（1）广东省（强制）。

《国家税务总局阳江市税务局关于我市土地增值税预征率等事项的公告》第二条规定，房地产开发企业采取预收款方法销售自行开发的房地产项目的，按照以下方法计算土地增值税预征计征依据：土地增值税预征的计征依据＝预收款－应预缴增值税税款。

（2）山东省（强制）。

《国家税务总局山东省税务局土地增值税清算管理办法》的公告（国家税务总局山

东省税务局公告 2022 年第 10 号)第十一条规定,房地产开发企业采取预收款方式预售自行开发的房地产项目的,按照以下方法确定土地增值税预征计征依据:土地增值税预征计征依据＝预收款－应预缴增值税税款。

(3) 深圳市(可以选择)。

《深圳市地方税务局关于修订〈土地增值税征管工作规程(试行)〉的公告》(深圳市地方税务局公告 2016 年第 7 号)第一条规定,纳税人转让房地产的土地增值税应税收入不含增值税,房地产开发企业预缴土地增值税的纳税义务发生时间以转让房地产合同签订时间为准。房地产开发企业采取预收款方式销售自行开发的房地产项目的,可按照以下方法计算土地增值税预征计征依据:土地增值税的计征依据＝预收款－应预缴增值税税款,并在收取款项次月纳税期限内缴纳,未按规定缴纳的,根据《税收征收管理法》等有关规定,从规定的缴纳税款期限届满次日起,加收滞纳金。

7.7.3 商品房抵偿债务等视同销售是否需要预征土地增值税

根据《土地增值税暂行条例实施细则》第十六条的规定,纳税人在项目全部竣工结算前转让房地产取得的收入,由于涉及成本确定或其他原因,而无法据以计算土地增值税的,可以预征土地增值税,待该项目全部竣工、办理结算后再进行清算,多退少补。

根据《国家税务总局关于房地产开发企业土地增值税清算管理有关问题的通知》(国税发〔2006〕187 号)第三条第(一)项的规定,房地产开发企业将开发产品用于职工福利、奖励、对外投资、分配给股东或投资人、抵偿债务、换取其他单位和个人的非货币性资产等,发生所有权转移时应视同销售房地产。

综上所述,土地增值税预征的前提是项目竣工结算前触发纳税义务的发生,由于视同销售行为纳税义务发生时间是产权转移的时候,产权转移时点均发生在项目竣工验收之后,所以视同销售并不满足预征的条件。但是实务操作中,土地增值税实际进入清算程序前,都需要预征,与此同时,视同销售的行为也需要预征。

另外,《土地增值税纳税申报表(一)(从事房地产开发的纳税人预征适用)》中收入栏次有"视同销售收入"申报栏次,由此可见,视同销售在实务操作中需要预征申报。

部分省、自治区、直辖市地方税务局视同销售的规定列举如下。

(1) 山东省。

根据《国家税务总局山东省税务局关于发布〈国家税务总局山东省税务局土地增值税清算管理办法〉的公告》(国家税务总局山东省税务局公告 2022 年第 10 号)第二十六

条的规定,对房地产开发企业将开发产品用于安置回迁户、职工福利、奖励、对外投资、分配给股东或投资人、抵偿债务、换取其他单位和个人的非货币性资产等,发生所有权转移时应视同销售房地产。其收入按下列方法和顺序确定:

① 按本企业在同一地区、同一年度销售的同类房地产的平均价格确定。

② 由主管税务机关参照当地当年、同类房地产的市场价格或评估价值确定。

(2) 海南省。

根据《国家税务总局海南省税务局关于发布〈国家税务总局海南省税务局土地增值税清算工作规程〉的公告》(国家税务总局海南省税务局公告 2021 年第 8 号)第十二条的规定,纳税人将开发产品用于职工福利、奖励、对外投资、分配给股东或投资人、抵偿债务、换取其他单位和个人的非货币性资产等,发生所有权转移时应视同转让房地产预缴土地增值税。

7.7.4　土地增值税预征截止时间的确定

根据《土地增值税暂行条例实施细则》第十六条的规定,纳税人在项目全部竣工结算前转让房地产取得的收入,由于涉及成本确定或其他原因,而无法据以计算土地增值税的,可以预征土地增值税,待该项目全部竣工、办理结算后再进行清算,多退少补。具体办法由各省、自治区、直辖市税务局根据当地情况制定。

从上述文件看,原则上在项目全部竣工结算前需要预征,竣工结算后不存在预征问题,直接在符合清算条件或收到税务机关清算通知后的 90 日内清算即可。但实务操作中,很少有能够在法律规定的时限内进行清算的情况,因此,各地才都要求在土地增值税实际进入清算程序前进行预征。

部分省、自治区、直辖市预征截止时间的规定列举如下。

(1) 海南省。

根据《国家税务总局海南省税务局关于发布〈国家税务总局海南省税务局土地增值税清算工作规程〉的公告》(国家税务总局海南省税务局公告 2021 年第 8 号)第十条的规定,房地产开发项目土地增值税征收采取"先预征、后清算、多退少补"的方式。纳税人在土地增值税清算申报前转让房地产取得销售收入先按预征率申报缴纳税款,办理清算后再多退少补。

(2) 山东省。

根据《国家税务总局山东省税务局关于发布〈国家税务总局山东省税务局土地增值

税清算管理办法〉的公告》(国家税务总局山东省税务局公告 2022 年第 10 号)第九条的规定,房地产开发企业在土地增值税清算申报前转让房地产取得的收入应当按预征率计算申报缴纳土地增值税。

7.7.5 回迁安置房是否可以参照保障性住房不预征土地增值税

根据《国家税务总局关于加强土地增值税征管工作的通知》(国税发〔2010〕53 号)第二条的相关规定,除保障性住房外,均要进行土地增值税预征。

部分省、自治区、直辖市税务局保障性住房的规定列举如下。

(1) 广西壮族自治区。

根据《广西壮族自治区房地产开发项目土地增值税管理办法(试行)》(广西壮族自治区地方税务局公告 2018 年第 1 号发布)第十五条的规定,保障性住房暂不预征土地增值税。

(2) 武汉市。

根据《国家税务总局武汉市税务局关于我市土地增值税预征率和核定征收率有关事项的公告》(国家税务总局武汉市税务局公告 2018 年第 3 号)第五条的规定,房地产开发项目中,对建造的政府廉租房、公共租赁住房等保障性住房,以及建造的限套型、限房价、限销售对象等"双限""三限"房屋,暂停预征土地增值税。

(3) 山东省。

根据《国家税务总局山东省税务局土地增值税清算管理办法》(国家税务总局山东省税务局公告 2022 年第 10 号)第十三条的规定,房地产开发企业转让经政府批准建设的廉租住房、公共租赁住房、经济适用房等保障性住房,棚户区改造安置住房、危旧房改造安置住房等取得的收入,暂不预征土地增值税。

(4) 广州市。

根据《广州市地方税务局关于我市土地增值税预征率的公告》(广州市地方税务局公告 2017 年第 7 号)第一条第(四)项的规定,对符合广州市人民政府"廉租住房""公共租赁住房"及"经济适用住房(含解困房)"规定的房地产开发项目,暂不预征土地增值税,待其项目符合清算条件时按规定进行清算。

(5) 江苏省。

根据《江苏省地方税务局关于调整土地增值税预征率的公告》(苏地税规〔2016〕2 号)第三条的规定,公共租赁住房、廉租住房、经济适用房、城市和国有工矿棚户区改造安置住房等保障性住房,仍暂不预征。

(6) 重庆市。

根据《重庆市地方税务局关于土地增值税若干政策执行问题的公告》(重庆市地方税务局公告 2014 年第 9 号)第四条第(四)项的规定,以下类型的房地产项目,对住宅转让不预征土地增值税:

① 棚户区或危旧房改造安置房项目。

② 经济适用房项目。

③ 政府实施的征地(拆迁)安置房项目。

④ 符合国家规定的其他保障性住宅项目。

(7) 陕西省。

根据《陕西省地方税务局关于调整土地增值税预征率的公告》(陕西省地方税务局公告 2012 年第 3 号)第二条的规定,对符合《陕西省保障性住房管理办法(试行)》规定的房地产开发项目暂不预征土地增值税,待其项目符合清算条件时按规定进行清算。

综上所述,以上各省市关于保障性住房都作出了不予预征的规定,但是保障性住房的范围各不相同,究其原因是国家尚未出台《住房保障法》,一些省市也未制定省级地方性法规和规章,导致各省税务局在出台文件时未对保障性住房范围进行统一。

因此,在判断不予预征的范围时,各省税务局可以结合各省市制定的有关保障性住房的地方性法规和规章以及本地方的土地增值税文件的规定,确定回迁安置房是否可以不预征土地增值税。

7.7.6 未按规定预缴土地增值税但清算结果是退税的,是否需要按规定加收滞纳金

预征土地增值税是在还没有正确计算出房地产项目增值率的情况下,为确保税款平稳、均匀地流入国库,而采取的预先征收土地增值税的办法。按照目前房地产税收政策,开发商需预缴增值税、土地增值税、企业所得税三大税种。如果应当预缴而人为减少预缴或根本不予预缴,就难以达到上述目的。因此,《财政部 国家税务总局关于土地增值税若干问题的通知》(财税〔2006〕21 号)第三条第二款规定,对未按预征规定期限预缴税款的,应根据《税收征收管理法》及其实施细则的有关规定,从限定的缴纳税款期限届满的次日起,加收滞纳金。

但有一种情况不需要加收滞纳金。《国家税务总局关于土地增值税清算有关问题

的通知》(国税函〔2010〕220号)第八条"土地增值税清算后应补缴的土地增值税加收滞纳金问题"明确,纳税人按规定预缴土地增值税后,清算补缴的土地增值税,在主管税务机关规定的期限内补缴的,不加收滞纳金。也就是说,只要纳税人按预售房款及规定的预征率预缴了土地增值税,在土地增值税清算时,即使清算结果为补税,且纳税人能够按规定的期限补缴入库的,不予加收滞纳金。

7.8 土地增值税清算工作的税收征管难点和风险点

7.8.1 尚未建立信息化平台整合信息,缺少常态化涉税信息传递共享机制

房地产开发项目涉及土地征用、项目立项、工程施工、竣工验收、房屋销售等多个环节,时间跨度大,涉及部门多。此外,由于土地增值税征收管理的复杂性,在征收过程中仅仅依靠税务部门的力量是远远不够的,必须取得其他相关职能部门的配合。但是,由于缺乏统一设计,目前尚未形成常态化的涉税信息传递共享机制。这不利于对房地产开发项目进行全流程动态监控,也不利于土地增值税清算工作的开展。

因此,建议加快建设土地增值税管理信息系统。打通税务部门内部不同税种的信息壁垒,搭建起与国土、规划、建设、房管等相关部门的涉税信息传递共享平台,尽快建立覆盖全国的、实时更新的既可以进行信息采集、审核和整理,又可以提示风险实现预警,还可以具备报表统计、流程管理等一系列功能的土地增值税管理信息系统,真正实现信息管税、以数治税。从而能够对房地产开发项目进行全流程动态监控,实现高效率的税收风险管理,有的放矢地开展征管工作,提高征管效能。

7.8.2 中介机构清算鉴证作用缺位,鉴证报告可能有失公允

目前,土地增值税普遍实行清算鉴证制度,大多数房地产开发企业利用中介机构提供纳税鉴证报告。中介机构通过发挥自身专业优势,作为税企之间的沟通桥梁,大大提升了土地增值税的清算效率,发挥了不可或缺的作用。在实务操作中,虽然国家税务总局印发的《土地增值税清算鉴证业务准则》在中介机构从事土地增值税清算鉴证业务过程中,起到一定的监督和指导作用。但是,在土地增值税清算中,中介机构存在清算鉴证作用缺位以及鉴证报告显失公允的问题。

产生上述问题的原因主要有三方面。第一,中介机构对清算的关键问题、业务难点,常常没有根据相关政策作出明确的专业判断,更多是依赖税务机关的最终审核决定,不利于纳税人对政策执行的遵从,从而影响了清算质量。第二,中介机构为获取自身利益,整合出的核算和鉴定报告都是偏向保护委托人的利益,纳税人委托中介机构清算和税务机关利用政府采购方式委托中介机构清算的结论可能大相径庭。第三,由于市场上中介机构实际业务能力良莠不齐,从业人员有的未经过土地增值税业务相关培训,有时难以严格按照鉴证报告的要求,出具符合规范的鉴证报告。多方面原因共同导致了中介机构鉴证作用的缺位。

要想充分发挥中介机构在土地增值税清算过程中的鉴证作用需要做到以下做法。一是加强日常监管,规范中介机构的准入、监督机制,在立法层面明确中介机构的法律责任。严格审核中介机构提供资料的准确性和程序的规范性,定期督查其出具的鉴证报告的质量层次。对涉税中介机构建立信用评价体系,对资质较差、鉴定报告中存在较多漏洞与错误、信用不佳的中介机构,有条件地认可备案;对于提供虚假清算数据和鉴证报告、协助纳税人偷逃税款的中介机构设置退出机制并追究法律责任,从而规范中介机构的行为,提高征管效率。二是转换购买主体,将清算服务的购买主体由纳税人转变为政府。目前,全国诸多省市政府开展了建筑项目辅助清算服务采购的尝试,政府购买中介机构土地增值税清算服务的力度正在逐渐扩大。购买主体的转变,有利于从根本上改变利益关系,进而提高中介机构的公允度。建议省级财政部门可以根据土地增值税清算服务周期长、项目多等特点,探索与之相适应的采购方式、评审制度与合同类型。充分利用中介机构的专业力量,整合资源,减轻税务机关的清算压力,提高土地增值税清算工作的质量和效率。

7.8.3 政策体系不健全,各地政策差异大,导致政策把握和执行难度大

土地增值税已开征近30年,历经多次宏观环境的变化及税制改革,但在具体课税要素如清算对象、计税基数、征管方法等方面调整甚少,与行业的迅猛发展脱轨。正是由于在立法源头上税收要素的不够明确,导致征管层面经常出现税理无法释义的困境。此外,由于土地增值税税制层面与实施层面的不一致,导致各省甚至各县市对于一些税法要素执行口径不同。由此形成了土地增值税征管实践中"一城一策"的现象。

比如,"清算单位"的界定依据不明确。根据规定,土地增值税以国家有关部门审批、备案的房地产开发项目为单位进行清算,对于分期开发的项目,以分期项目为单位

清算。但是房地产项目在审批、开发和销售时涉及的部门较多，各种文件证照如立项批文、用地规划许可证、工程规划许可证、销售许可证、预售证、权属证明书等形式多样。何为"国家有关部门审批、备案"，何为"分期开发"，暂无权威性文件对此进行明确界定。因此，各地税务机关确定"清算单位"时的依据不完全一致。

与以上问题类似，由于缺少规范性文件作为工作依据而产生的征管困难和争议有很多。更加需要警惕的问题是，这些争议或问题的背后都是巨大的利益争议，导致执法风险增加。因此，建议根据基层反映的难点问题，结合实际及时更新政策，出台规范性细化文件，统一政策执行口径。

7.8.4 清算审核周期长，清算难度大，薄弱的征管力量与繁重的征管工作不适应

房地产开发及运营通常采用项目化运作模式，一个项目对应一个公司和会计主体，即项目公司。此类公司临时性强，在取得项目批文及国有土地使用权出让合同等信息资料后，项目立项，公司组建，项目开发完成后，一般就清算解散。如果税务机关不能在项目立项环节及时介入，在后续的施工环节、销售环节就难以准确搜集到公司相关开发建设资料、销售资料等，一旦清算后再介入并逐项追溯甄别核实成本、销售收入，则可能面临难以联系到项目公司相关负责人员的窘境，导致征管成本大大上升。

基层税务人员对房地产开发企业的开发程序、项目运作和日常经营不熟悉，对房地产开发企业财务核算尤其是建筑工程、建筑安装成本核算知识较为生疏，清算时主要以建筑行业标准、发票等为依据，无法从工程本质上判断成本的真实性和合理性，造成了对土地增值税扣除项目定性困难，导致清算工作难有实质性的突破。此外，部分不法企业为了逃避税收义务，虚构工程合同、虚增业务量、交叉重复列支费用，因此，开发成本和费用明细不易查实。另外，房地产项目零星工程、辅助和配套工程众多，加之部分开发商和施工单位属于关联企业，也相应增加了开发成本、费用明细的查实难度。

因此，建议加强一线管理力量，提升税务人员素质。同时，将外部核查与实地查验相结合，加强信息比对。强化对税务人员的培训，为土地增值税清算管理提供素质保障。此外，可以聘请学者、专家讲授税收业务、建筑行业知识；开展实战培训，通过走访企业、实地调研，提高审核建筑成本的业务技能。

7.8.5 土地增值税的改革趋势及建议

未来土地增值税的改革方向应当是与增值税立法结合进行。目前，增值税的立法

处于前期征求意见阶段,但基本上是平移营改增方案,存在的问题仍旧很多,比如税率设置过多,会导致虚开发票及避税行为的发生;进项税额抵扣限制过多且仍旧保留免税政策,会导致增值税"抵扣链条"的断裂等。本书认为,增值税的改革首先要统一税率,取消征收率,确保上一个环节缴纳的增值税能够在下一个环节抵扣,形成增值税的"闭环抵扣",真正体现增值税的价外税特征。因改革导致纳税人税负增加的部分可以给与一定的过渡期,实行即征即退。同时将带有"协商税"特征的土地增值税合并到增值税中,不再单独征收,以充分体现税法的严肃性。

8 房地产开发企业开发流程与会计核算

8.1 房地产开发企业开发流程

房地产开发企业具体开发流程与政府各部门的职能如图 8-1 所示。

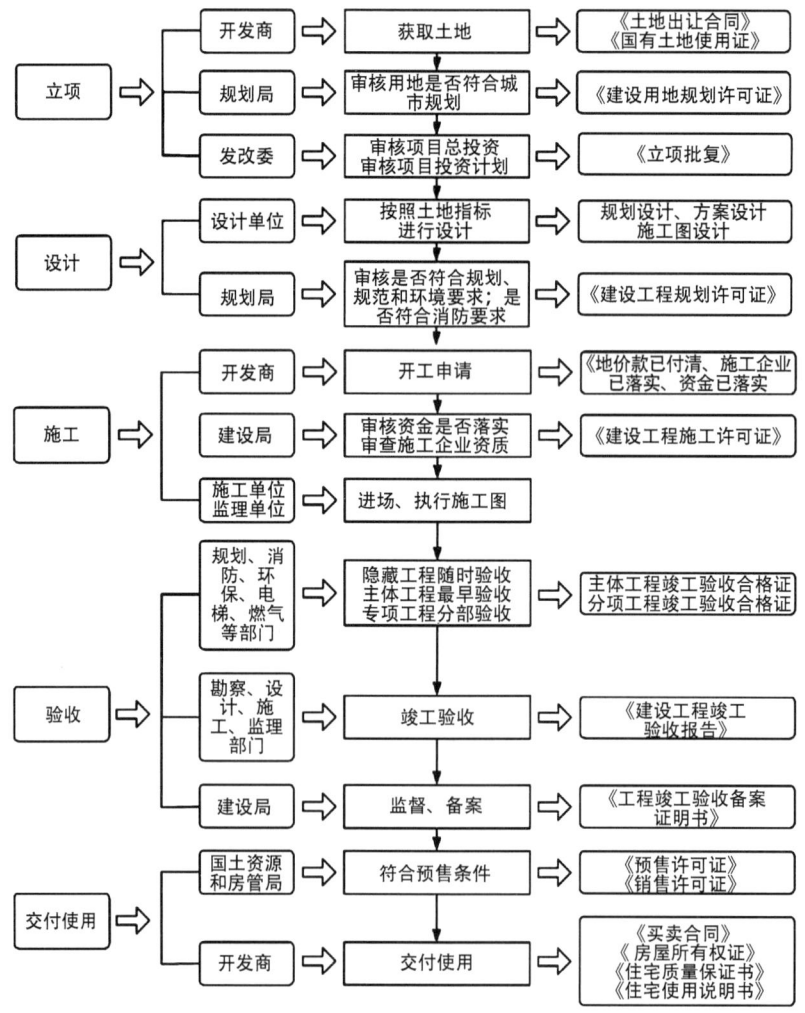

图 8-1 房地产开发流程与政府各部门的职能

8.1.1 获取土地立项开发

该阶段主要包括取得土地使用权和前期准备工作。

取得土地使用权只要是通过各种方式获得开发性质的用地,以拿到土地使用权为目标。取得土地使用权的方式有多种,包括购入方式、置换方式、接受土地使用权投资方式、非货币资产换入方式等。

前期准备工作主要包括房地产项目的立项及可行性分析、项目设计等。同时,房地产开发企业要根据具体情况对投资来源、建设方式、经营模式等方面进行详细的规划和战略决策。战略决定成败,前期准备工作是项目运作的首要环节,也是房地产开发项目取得成功的关键。

8.1.1.1 房地产开发企业前期小规模纳税人期间取得的进项税额在登记为一般纳税人后是否可以抵扣问题

房地产开发企业前期没有销售收入的情况下,先登记为小规模纳税人,并按《财政部 税务总局关于进一步实施小微企业"六税两费"减免政策的公告》(财政部 税务总局公告 2022 年第 10 号)规定,减半缴纳了城镇土地使用税,那么,<u>企业在小规模纳税人期间购进货物或应税服务取得的增值税专用发票注明的进项税额是否可以在登记为一般纳税人后抵扣?</u>

根据《国家税务总局关于纳税人认定或登记为一般纳税人前进项税额抵扣问题的公告》(国家税务总局公告 2015 年第 59 号)的规定,纳税人自办理税务登记至认定或登记为一般纳税人期间,未取得生产经营收入,未按照销售额和征收率简易计算应纳税额申报缴纳增值税的,其在此期间取得的增值税扣税凭证,可以在认定或登记为一般纳税人后抵扣进项税额。

综上所述,在登记为一般纳税人前取得的进项税额能否在登记为一般纳税人后抵扣,看是否同时具备下列条件:

(1) 前期在税务局的系统登记为小规模纳税人。

(2) 在登记为一般纳税人前既没有取得任何形式的销售收入(如果销售了建筑材料、下脚料或提供了增值税应税服务等,也不符合要求),也没有取得预售房款。

(3) 没有以任何税率或征收率缴纳过增值税。

同时具备上述三个条件,可以抵扣,否则不可以。

8.1.1.2 房地产开发企业业务招待费扣除问题

<u>新成立的企业,没有收入,汇算清缴的时候业务招待费是全额调增还是调增40％?</u>

(1) 根据《房地产开发经营业务企业所得税处理办法》(国税发〔2009〕31号印发)第六条的规定,企业通过正式签订《房地产销售合同》或《房地产预售合同》所取得的收入,应确认为销售收入的实现。

根据此项规定,房地产开发企业取得的预售房款会计上虽然没有确认收入实现,但企业所得税已经实现销售收入,只不过由于没有所对应的成本,不符合缴纳企业所得税条件,因此,只能预缴企业所得税,但预售房款可以作为广告宣传费和业务招待费扣除限额的计算基数。

(2) 根据《国家税务总局关于企业所得税应纳税所得额若干税务处理问题的公告》(国家税务总局公告2012年第15号)第五条的规定,关于筹办期业务招待费等费用税前扣除问题,企业在筹建期间,发生的与筹办活动有关的业务招待费支出,可按实际发生额的60％计入企业筹办费,并按有关规定在税前扣除;发生的广告费和业务宣传费,可按实际发生额计入企业筹办费,并按有关规定在税前扣除。

综上所述:

(1) 企业在取得第一笔生产经营收入前(房地产开发企业收到第一笔预售房款前),属于筹建期间,发生的业务招待费按实际发生额×60％扣除,不受销售收入的限额限制。

(2) 如果房地产开发企业收到预售房款了,筹建期间就已经结束,房地产开发企业取得的预售房款可以作为业务招待费及广告宣传费扣除限额的计算基数。

业务招待费的扣除限额=预售房款÷(1+9％)×0.5％,实际发生额的60％超过上述限额部分不允许扣除。

8.1.2 开发建设

在该阶段,房地产开发企业要根据已经确定的规划和设计方案,通过自建、委托代建、发包等方式完成开发产品的建造过程,并使其达到验收标准。该阶段是房地产项目开发的中心环节,决定着开发项目的质量与档次。

8.1.2.1 建筑服务发票备注栏问题

<u>总包单位开工程款发票的时候工程名称可以写某某项目总承包工程吗,不具体写楼号?</u>

根据《国家税务总局关于全面推开营业税改征增值税试点有关税收征收管理事项

的公告》(国家税务总局公告 2016 年第 23 号)第四条第(三)项的规定,提供建筑服务,纳税人自行开具或者税务机关代开增值税发票时,应在发票的备注栏注明建筑服务发生地县(市、区)名称及项目名称。

通常,有建筑工程施工许可证的工程,填写许可证上所载的工程名称;无建筑工程施工许可证的工程,以建设工程规划许可证所载的建设项目名称加上对应的服务内容作为项目名称。既无建筑工程施工许可证也无建设规划许可证的零星工程,以合同载明的项目名称为准。

8.1.2.2 总包合同印花税问题

总包合同的印花税可以按照施工进度缴纳吗？因为总包合同金额不确定性太大,未来结算金额差异较多,可按施工进度来缴纳。这个观点可行吗？

答案是不可行。印花税是行为税,在总包合同书立当日就具有了纳税义务。如果合同明确列示了金额,需要一次性缴纳印花税。如果合同未明确列示金额,根据实际结算金额缴税;多次结算的,实际结算金额为本税款所属期内所有实际结算金额的合计。

根据《印花税法》第五条、第六条和第十五条的规定,应税合同的计税依据,为合同所列的金额,不包括列明的增值税税款。应税合同、产权转移书据未列明金额的,印花税的计税依据按照实际结算的金额确定。印花税的纳税义务发生时间为纳税人书立应税凭证或者完成证券交易的当日。

根据《财政部 税务总局关于印花税若干事项政策执行口径的公告》(财政部 税务总局公告 2022 年第 22 号)第三条(二)项的规定,应税合同、应税产权转移书据所列的金额与实际结算金额不一致,不变更应税凭证所列金额的,以所列金额为计税依据;变更应税凭证所列金额的,以变更后的所列金额为计税依据。已缴纳印花税的应税凭证,变更后所列金额增加的,纳税人应当就增加部分的金额补缴印花税;变更后所列金额减少的,纳税人可以就减少部分的金额向税务机关申请退还或者抵缴印花税。

根据《国家税务总局关于实施〈中华人民共和国印花税法〉等有关事项的公告》(国家税务总局公告 2022 年第 14 号)第一条第(二)项的规定,应税合同、产权转移书据未列明金额,在后续实际结算时确定金额的,纳税人应当于书立应税合同、产权转移书据的首个纳税申报期申报应税合同、产权转移书据书立情况,在实际结算后下一个纳税申报期,以实际结算金额计算申报缴纳印花税。

注意：

合同金额与核算金额不一致情形下该如何缴纳印花税？

(1) 合同(凭证)金额增加。

已缴纳印花税的合同(凭证),修改后所载金额增加的,其增加部分应当补缴印花税。

(2) 实际结算金额比合同(凭证)所载金额大。

对已履行合同(凭证)所载的权利义务,并已缴纳印花税的,发现实际结算金额与合同(凭证)所载金额不一致的,一般不再补缴印花税。

(3) 实际结算金额与合同(凭证)所载金额小。

应纳税凭证应当于书立或者领受时贴花。合同签订时即应贴花,履行完税手续。

因此,不论合同是否兑现或能否按期兑现,都一律按照规定贴花。根据上述规定,无论合同是否按期履行,合同在签订时即应履行完税手续。

(4) 合同(凭证)期满继续。

履约已缴纳印花税的合同(凭证)期满时,所载权利义务关系尚未履行完毕,经合作双方约定继续使用的,其所载内容、金额没有增加的,不用重新缴纳印花税;其所载内容,金额有所增加的,则对增加部分缴纳印花税。

8.1.2.3 施工单位罚款问题

项目上对施工单位的罚款需要考虑增值税吗?

房地产开发企业因施工企业施工质量、工程延期等向施工企业收取的罚款(实质上是违约金),不属于销售商品房收取的价外费用,不属于增值税的应税项目,不需要缴纳增值税。收取时不能向施工企业开具发票,只需要开具收款收据即可。

8.1.3 预售

房产预售阶段,房地产开发企业通过出售房产,回笼资金、获取利润。

三大税种预缴税务处理如下。

(1) 增值税。

根据《营业税改征增值税试点有关事项的规定》(财税〔2016〕36号附件2)第一条第(八)项的规定,房地产开发企业采取预收款方式销售所开发的房地产项目,在收到预收款时按照3%的预征率预缴增值税。

根据《房地产开发企业销售自行开发的房地产项目增值税征收管理暂行办法》(国家税务总局公告2016年第18号发布)第十条的规定,一般纳税人采取预收款方式销售自行开发的房地产项目,应在收到预收款时按照3%的预征率预缴增值税。同时,根据

《房地产开发企业销售自行开发的房地产项目增值税征收管理暂行办法》(国家税务总局公告 2016 年第 18 号发布)第十九条的规定,房地产开发企业中的小规模纳税人采取预收款方式销售自行开发的房地产项目,应在收到预收款时按照 3% 的预征率预缴增值税。

(2) 土地增值税。

根据《财政部 国家税务总局关于土地增值税一些具体问题规定的通知》(财税字〔1995〕48 号)第十四条"关于预售房地产所取得的收入是否申报纳税的问题"的规定,根据《土地增值税暂行条例实施细则》的规定,对纳税人在项目全部竣工结算前转让房地产取得的收入可以预征土地增值税。具体办法由各省、自治区、直辖市税务局根据当地情况制定。因此,对纳税人预售房地产所取得的收入,当地税务机关规定预征土地增值税的,纳税人应当到主管税务机关办理纳税申报,并按规定比例预交,待办理决算后,多退少补;当地税务机关规定不预征土地增值税的,也应在取得收入时先到税务机关登记或备案。

根据《国家税务总局关于加强土地增值税征管工作的通知》(国税发〔2010〕53 号)第二条的规定,除保障性住房外,东部地区省份预征率不得低于 2%,中部和东北地区省份不得低于 1.5%,西部地区省份不得低于 1%,各地要根据不同类型房地产确定适当的预征率(地区的划分按照国务院有关文件的规定执行)。

(3) 企业所得税。

根据《房地产开发经营业务企业所得税处理办法》(国税发〔2009〕31 号印发)第九条的规定,企业销售未完工开发产品取得的收入,应先按预计计税毛利率分季(或月)计算出预计毛利额,计入当期应纳税所得额。开发产品完工后,企业应及时结算其计税成本并计算此前销售收入的实际毛利额,同时将其实际毛利额与其对应的预计毛利额之间的差额,计入当年度企业本项目与其他项目合并计算的应纳税所得额。

8.1.4 完工结算

竣工结算后房地产公司将面临企业所得税的清算及土地增值税的清算,企业所得税清算成本除按规定预提的部分外,其他部分需取得合法凭证,土地增值税成本扣除依据以取得合法凭证的金额为准。因此,竣工结算后该公司应尽早办理结算业务,并尽量全额取得相关发票。

8.1.4.1 开发产品完工的条件

房地产开发企业的开发产品完工条件规定如下:

1) 视同完工的条件

根据《房地产开发经营业务企业所得税处理办法》(国税发〔2009〕31号印发)第三条的规定,企业房地产开发经营业务包括土地的开发,建造、销售住宅、商业用房以及其他建筑物、附着物、配套设施等开发产品。除土地开发之外,其他开发产品符合下列条件之一的,应视为已经完工:

(1) 开发产品竣工证明材料已报房地产管理部门备案。

(2) 开发产品已开始投入使用。

(3) 开发产品已取得了初始产权证明。

2) 房地产开发企业开发产品完工标准

《国家税务总局关于房地产开发企业开发产品完工条件确认问题的通知》(国税函〔2010〕201号)规定,根据《国家税务总局关于房地产开发经营业务征收企业所得税问题的通知》(国税发〔2006〕31号)规定精神和《房地产开发经营业务企业所得税处理办法》(国税发〔2009〕31号印发)第三条规定,房地产开发企业建造、开发的开发产品,无论工程质量是否通过验收合格,或是否办理完工(竣工)备案手续以及会计决算手续,当企业开始办理开发产品交付手续(包括入住手续)、或已开始实际投入使用时,为开发产品开始投入使用,应视为开发产品已经完工。房地产开发企业应按规定及时结算开发产品计税成本,并计算企业当年度应纳税所得额。

8.1.4.2　完工产品的税前扣除

根据《房地产开发经营业务企业所得税处理办法》(国税发〔2009〕31号印发)第三十二条的规定,除以下几项预提(应付)费用外,计税成本均应为实际发生的成本:

(1) 出包工程未最终办理结算而未取得全额发票的,在证明资料充分的前提下,其发票不足金额可以预提,但最高不得超过合同总金额的10%。

(2) 公共配套设施尚未建造或尚未完工的,可按预算造价合理预提建造费用。此类公共配套设施必须符合已在售房合同、协议或广告、模型中明确承诺建造且不可撤销,或按照法律法规规定必须配套建造的条件。

(3) 应向政府上交但尚未上交的报批报建费用、物业完善费用可以按规定预提。物业完善费用是指按规定应由企业承担的物业管理基金、公建维修基金或其他专项基金。

根据国税发〔2009〕31号文件第三十四条的规定,企业在结算计税成本时其实际发生的支出应当取得但未取得合法凭据的,不得计入计税成本,待实际取得合法凭据时,再按规定计入计税成本。

根据国税发〔2009〕31号文件第三十五条的规定,开发产品完工以后,企业可在完工年度企业所得税汇算清缴前选择确定计税成本核算的终止日,不得滞后。凡已完工开发产品在完工年度未按规定结算计税成本,主管税务机关有权确定或核定其计税成本,据此进行纳税调整,并按《税收征收管理法》的有关规定对其进行处理。

 案例分析

完工产品的税前扣除

某公司为房地产开发企业,该公司的单一项目于2015年度竣工备案,完工时工程成本已发生,但仍有大量成本发票未取得。该公司在2015年完工时未按规定结转毛利额并计算企业所得税。后其陆续于2016—2018年取得剩余成本发票。根据《国家税务总局关于企业所得税应纳税所得额若干税务处理问题的公告》(国家税务总局公告2012年第15号)第六条、《企业所得税税前扣除凭证管理办法》(国家税务总局公告2018年第28号发布)第十七条的规定,该公司在2018年追溯调整完工年度(2015年)企业所得税时,可否将2018年以前取得的所有发票成本,按收入配比情况来结转扣除完工年度(2015年)成本,并计算应交企业所得税?

国家税务总局厦门市12366纳税服务中心答复:

(1)完工年度。根据国税发〔2009〕31号文件第三十二条的规定,除以下几项预提(应付)费用外,计税成本均应为实际发生的成本。出包工程未最终办理结算而未取得全额发票的,在证明资料充分的前提下,其发票不足金额可以预提,但最高不得超过合同总金额的10%。

根据国税发〔2009〕31号文件第三十四条的规定,企业在结算计税成本时其实际发生的支出应当取得但未取得合法凭据的,不得计入计税成本,待实际取得合法凭据时,再按规定计入计税成本。

(2)完工年度后,每年对取得发票新增成本进行再次分配。国税发〔2009〕31号文件第二十八条规定,对前期已完工成本对象应负担的成本费用按已销开发产品、未销开发产品和固定资产进行分配,其中应由已销开发产品负担的部分,在当期纳税申报时进行扣除,未销开发产品应负担的成本费用待其实际销售时再予扣除。根据国税发〔2009〕31号文件第二十八条的规定,应由已销开发产品负担的部分,在当期纳税申报时进行扣除,不能进行追溯调整。

此外，国税发〔2009〕31号文件是规范房地产开发业务的特殊规定。特殊规定与一般规定不一致之处，按特殊规定执行。

8.1.4.3 房地产开发企业土地增值税清算涉及的企业所得税退税政策

由于房地产开发企业在达到土地增值税清算条件前预缴的土地增值税是可以在预缴当年应纳税所得额中扣除的，如果在土地增值税清算当年，不存在补缴土地增值税问题，也就不存在企业所得税退税问题。但在土地增值税清算当年，如果需要补缴土地增值税，且当年扣除补缴的土地增值税后的应纳税所得额为亏损，且没有后续开发项目的，就会造成一部分补缴的土地增值税在清算当年得不到扣除的问题，从而使得企业多缴企业所得税。为此，国家税务总局明确规定，在清算当年因补缴土地增值税的扣除造成当年应纳税所得额亏损且没有后续开发项目用于弥补这部分亏损时，可以向主管税务机关申请退还以前年度多交的企业所得税。具体政策根据《国家税务总局关于房地产开发企业土地增值税清算涉及企业所得税退税有关问题的公告》（国家税务总局公告2016年第81号）总结如下。

1) 不予退税情况

企业按规定对开发项目进行土地增值税清算后，当年企业所得税汇算清缴出现亏损且有其他后续开发项目的，该亏损应按照税法规定向以后年度结转，用以后年度所得弥补。

后续开发项目，是指正在开发以及中标的项目。

2) 予以退税情况

企业按规定对开发项目进行土地增值税清算后，当年企业所得税汇算清缴出现亏损，且没有后续开发项目的，可以按照以下方法，计算出该项目由于土地增值税原因导致的项目开发各年度多缴企业所得税税款，并申请退税。

(1) 该项目缴纳的土地增值税总额，应按照该项目开发各年度实现的项目销售收入占整个项目销售收入总额的比例，在项目开发各年度进行分摊，具体按以下公式计算：

$$各年度应分摊的土地增值税 = 土地增值税总额 \times \frac{项目年度销售收入}{整个项目销售收入总额}$$

上述所称销售收入包括视同销售房地产的收入，但不包括企业销售的增值额未超过扣除项目金额20%的普通标准住宅的销售收入。

(2) 该项目开发各年度应分摊的土地增值税减去该年度已经在企业所得税税前扣除的土地增值税后，余额属于当年应补充扣除的土地增值税；企业应调整当年度的应纳税所得额,并按规定计算当年度应退的企业所得税税款;当年度已缴纳的企业所得税税款不足退税的,应作为亏损向以后年度结转,并调整以后年度的应纳税所得额。

(3) 按照上述方法进行土地增值税分摊调整后,导致相应年度应纳税所得额出现正数的,应按规定计算缴纳企业所得税。

(4) 企业按上述方法计算的累计退税额,不得超过其在该项目开发各年度累计实际缴纳的企业所得税;超过部分作为项目清算年度产生的亏损,向以后年度结转。

3) 申请退税报送的资料

企业在申请退税时,应向主管税务机关提供书面材料说明应退企业所得税款的计算过程,包括该项目缴纳的土地增值税总额、项目销售收入总额、项目年度销售收入额、各年度应分摊的土地增值税和已经税前扣除的土地增值税、各年度的适用税率,以及是否存在后续开发项目等情况。

4) 执行时间及衔接

《国家税务总局关于房地产开发企业土地增值税清算涉及企业所得税退税有关问题的公告》(国家税务总局公告 2016 年第 81 号)自 2016 年 12 月 9 日起施行。该公告发布之日前,企业凡已经对土地增值税进行清算且没有后续开发项目的,在该公告发布后仍存在尚未弥补的因土地增值税清算导致的亏损,按照该公告规定的方法计算多缴企业所得税税款,并申请退税。

退还企业所得税的计算步骤:

第一步:

某一年度分摊的土地增值税=土地增值税清算总额×(该年度该项目销售收入÷整个项目销售收入合计)。

第二步:

某一年度申请补扣的土地增值税=某一年度分摊的土地增值税-该年度实际扣除的土地增值税。

第三步:

某一年度应当退还的企业所得税=某一年度申请补扣的土地增值税×该年度企业所得税适用税率。

注意:

如果计算出某一年度应当退还的企业所得税大于该年度实际缴纳的企业所得税,则应当按实际缴纳的企业所得税予以退还,没有得到退还的企业所得税所对应的应纳税所得额确认为该年度的经营亏损,结转到以后年度弥补。

例 8-1 某房地产开发企业 2014 年 1 月开始开发某房地产项目。2016 年 10 月,该项目全部竣工并销售完毕,12 月进行土地增值税清算,整个项目共缴纳土地增值税 1 100 万元,其中 2014—2016 年预缴土地增值税分别为 240 万元、300 万元、60 万元;2016 年清算后补缴土地增值税 500 万元。2014—2016 年实现的项目销售收入分别为 12 000 万元、15 000 万元、3 000 万元,缴纳的企业所得税分别为 45 万元、310 万元、0。该企业 2016 年度汇算清缴出现亏损,应纳税所得额为－400 万元。

企业没有后续开发项目,拟申请退税,具体计算如表 8-1 所示。

表 8-1 该房地产开发企业具体计算表

单位:万元

项目	2014 年	2015 年	2016 年
预缴土地增值税	240	300	60
补缴土地增值税	—	—	500
分摊土地增值税	440[1 100×(12 000÷30 000)]	550[1 100×(15 000÷30 000)]	110[1 100×(3 000÷30 000)]
应纳税所得额调整	－200(240－440)	－270(300－550－20)	450(60＋500－110)
调整后应纳税所得额	—	—	50(－400＋450)
应退企业所得税	50(200×25%)	67.5(270×25%)	—
已缴纳企业所得税	45	310	0
实退企业所得税	45	67.5	—
亏损结转(调整后)	－20[(45－50)÷25%]	—	—
应补企业所得税	—	—	12.5(50×25%)
累计退税额	—	—	100(45＋67.5－12.5)

8.2 房地产开发企业会计核算

8.2.1 会计科目设置

房地产开发企业常用会计科目如表 8-2 所示。

表 8-2　房地产开发企业常用会计科目

编号	会计科目名称	编号	会计科目名称
	一、资产类	1605	工程物资
1001	库存现金	1606	固定资产清理
1002	银行存款	1701	无形资产
1012	其他货币资金	1702	累计摊销
1121	应收票据	1703	无形资产减值准备
1122	应收账款	1711	商誉
1123	预付账款	1801	长期待摊费用
1131	应收股利	1811	递延所得税资产
1221	其他应收款	1901	待处理财产损溢
1231	坏账准备		二、负债类
1401	材料采购	2001	短期借款
1402	在途物资	2201	应付票据
1403	原材料	2202	应付账款
1404	材料成本差异	2203	预收账款
1405	开发产品	2211	应付职工薪酬
1406	委托代销商品	2221	应交税费
1408	委托加工物资	2231	应付利息
1411	周转材料	2232	应付股利
1471	存货跌价准备	2241	其他应付款
1511	长期股权投资	2401	递延收益
1512	长期股权投资减值准备	2501	长期借款
1521	投资性房地产	2701	长期应付款
1531	长期应收款	2702	未确认融资费用
1532	未实现融资收益	2711	专项应付款
1601	固定资产	2801	预计负债
1602	累计折旧	2901	递延所得税负债
1603	固定资产减值准备		四、所有者权益类
1604	在建工程	4001	实收资本

(续表)

编号	会计科目名称	编号	会计科目名称
4002	资本公积	6111	投资收益
4101	盈余公积	6301	营业外收入
4103	本年利润	6401	主营业务成本
4104	利润分配	6402	其他业务成本
4201	库存股	6403	税金及附加
	五、成本类	6601	销售费用
5001	开发成本	6602	管理费用
5101	开发间接费用	6603	财务费用
	六、损益类	6701	资产减值损失
6001	主营业务收入	6711	营业外支出
6051	其他业务收入	6801	所得税费用
6101	公允价值变动损益	6901	以前年度损益调整

开发成本明细如表8-3所示。

房地产开发企业成本核算科目设置，没有标准答案。但至少需要考虑四个方面：一是方便归集成本，二是方便后续成本分析，三是方便成本监控需要，四是适当考虑税务取数。

表8-3 开发成本明细表

一级科目	二级科目	三级科目	明细
开发成本	土地价款	土地出让金	
		土地转让价款	
		缴纳有关税费	契税
	土地征用及拆迁补偿费	土地征用费用	土地拍卖佣金、土地使用权初始登记费、土地交易服务费、征（土）地管理费
		耕地占用税	
		劳动力安置费	
		安置动迁用房支出	房屋安置费用
		拆迁补偿款	土地补偿费、危房补偿费、地上附着物和青苗补偿费

(续表)

一级科目	二级科目	三级科目	明细
开发成本	前期工程费	规划费用	规划设计模型制作费
			方案评审费
			效果图设计费
			总体规划设计费
			修详设计费
		设计费用	地质勘察设计费
			施工图设计费
			装饰专项设计费
			智能化专项设计费
			景观专项设计费
			其他专项设计费
			综合管网设计费
			排水方案设计费
			人防工程设计费
			幕墙设计费
			大堂及公共部位设计费
			标示标牌设计费
			精装设计费
			基坑围护设计费
			代缴方案设计费
			方案评审费、审图费、晒图费
		项目可行性研究费用	市场调查费
			编制费
			项目建设咨询费
			其他费
		水文费用	水文钻探、测井、水文填图、水样化验、报告费用
		地质费用	沉降观测费
		勘探费用	勘探费用
		测绘费用	前期放线测绘、后期房产测绘费用拨地钉桩验线费、复线费、定线费、放线费、建筑面积丈量费

(续表)

一级科目	二级科目	三级科目	明细
开发成本	前期工程费	三(七)通一平费	临时施工道路费
			临时施工用水接入费
			临时施工污水管接入费
			临时施工用电接入费
			临时施工用气接入费
			临时施工办公电话网络接入费
			场地平整
		临时设施	临时办公室费
			临时厕所费
			场地围墙费
			其他费
		其他	建设用地规划许可证、建设工程规划许可证、建设工程施工许可证费、商品房预售许可证、初始产权登记证等报批报建费用
			基础设施建设配套费
			城市建设基金
			白蚁防预费
			施工噪声管理费
			其他报批报建费
			定额外专项检测费
			增容配套费
			招投标管理费、招标代理费
			日照分析费、环境测评、地震安评费等
	建安费用	建筑工程	基础工程
			土方工程
			地基加固处理费
			桩基础
			围护及支撑费
			基槽清理
			主体建筑
			地下主体
			地下主体结构工程

(续表)

一级科目	二级科目	三级科目	明细
开发成本	建安费用	建筑工程	地下室二次结构及装修工程
			地下室防水工程
			车库划线
			环氧地坪
			地上主体
			地上主体结构工程
			二次结构及装修工程
			防水工程
			外墙保温
			外墙装饰
			外墙涂料、外墙真石漆
			外墙干挂、外墙砖
			石材幕墙、玻璃幕墙、混合幕墙
			外立面泛光照明工程
			公共部位装修
			大堂精装修
			电梯厅精装修
			公共走道部位精装修
			楼梯间装修
			门工程
			单元门
			进户门
			防火门
			防火卷帘门
			窗工程
			塑钢/铝合金窗户
			外遮阳系统
			铝合金百叶
			栏杆工程
			阳台栏杆
			护窗栏杆

（续表）

一级科目	二级科目	三级科目	明细
开发成本	建安费用	建筑工程	空调栏杆
			防护栏杆
		安装工程	室内水暖气电管线设备费
			采暖系统及其安装费（钢管、软头、阀门、热量表）
			室内给排水
			室内电气
			室内设备及其安装费
			通风空调系统费
			电梯及安装费
			发电机系统及其安装费
			人防设备及其安装费
			消防系统及其安装费（含防排烟）
			机械车位
			太阳能/风能系统
			停车系统、车挡，及其安装
		其他建筑安装工程费用	室内精装修、样板房装修
			建筑企业养老保障金
			人防易地建设费
			散装水泥专项资金费
			新型墙体基金
			垃圾清运费
	基础设施费	供水工程支出	管道系统排管费
			水泵房土建及安装费
			用水增容费
		供电工程支出	管道及电缆系统（含高低压设备）
			配电房土建及安装
			用电增容费
			小区外线引入电缆
		供气工程支出	室外管道系统
			调压站
			煤气增容费

(续表)

一级科目	二级科目	三级科目	明细
开发成本	基础设施费	供暖工程支出	管道系统
			热交换站
			锅炉房
		排污工程支出	管道系统排管费
			雨污水泵站土建及安装费
		通信工程支出	
		照明工程支出	
		环卫工程支出	
		开发小区内道路	
		绿化费用	绿化建设费
			建筑小品
			道路广场建造费
			围墙建造费
			室外照明
			室外零星设施
			集中灭蚊、喷雾系统
		防雷设施	
		智能化安装	停车管理系统
			小区闭路监控系统
			周界红外防越系统
			小区门禁系统
			电子巡更系统
			电子公告屏
			居家防盗系统
			三表远传系统
			对讲系统
			小区智能化工程
		其他设施工程发生的支出	
	公共配套费	物业管理用房费用	
		变电站费用	
		热力站费用	

(续表)

一级科目	二级科目	三级科目	明细
开发成本	公共配套费	水厂费用	
		居委会用房费用	
		派出所用房费用	
		幼儿园用房费用	
		学校用房费用	
		托儿所用房费用	
		公共厕所费用	
		自行车棚用房费用	
		邮电通信用房费用	
		其他非营业性公共设施费用	信报箱、健身器材
	开发间接费用	工资	
		职工福利费	
		折旧费	
		修理费	
		办公费	
		水电费	
		劳保费	
		周转房摊销	
		其他发生的间接费用	工程造价
			工程监理
			预结算编审费
			工程质量监督费
			安全监督费
			工程保险费
			外来人员城镇保险
			竣工档案编制费
	借款费用		是指符合资本化条件的借款费用

8.2.2 成本核算对象的确定

(1) 确定成本核算对象的方法。

房地产开发企业应结合项目开发地点、规模、周期、开发产品处理方式、功能设计、结构类型、装修档次、施工队伍等因素和管理需要等实际情况,确定具体成本核算对象。具体确定方法如下:

① 单体开发项目、一般以每一独立编制设计概算或施工图预算的单项开发工程为成本核算对象。

② 成片分期开发的项目,可以以各期为成本核算对象。

③ 在同一开发地点、结构类型相同、开竣工时间相近、由同一施工单位施工或总包的群体开发项目,可以合并为一个成本核算对象。

④ 开发规模较大、工期较长的开发项目,可以结合项目特点和成本管理的需要,按开发项目的一定区域或部位或周期划分成本核算对象。

⑤ 同一项目有裙楼、公寓、写字楼等不同功能的,在按期划分成本核算对象的基础上,还应按功能划分成本核算对象。

⑥ 同一分期有高层、多层、复式等不同结构类型的,还应按结构类型划分成本核算对象。

⑦ 独立编制设计概算或施工图预算的配套设施,不论其支出是否摊入房屋等开发产品成本,均应单独作为成本核算对象。

⑧ 只为一个单体开发项目服务的、应摊入开发项目成本且造价较低的配套设施,可以不单独作为成本核算对象,发生的开发费用直接计入单体开发项目的成本。

(2) 房地产开发企业成本对象管理要求。

根据《国家税务总局关于房地产开发企业成本对象管理问题的公告》(国家税务总局公告 2014 年第 35 号)的规定,房地产开发企业应依据计税成本对象确定原则确定已完工开发产品的成本对象,并就确定原则、依据,共同成本分配原则、方法,以及开发项目基本情况、开发计划等出具专项报告,在开发产品完工当年企业所得税年度纳税申报时,随同《企业所得税年度纳税申报表》一并报送主管税务机关。

房地产开发企业将已确定的成本对象报送主管税务机关后,不得随意调整或相互混淆。如确需调整成本对象的,应就调整的原因、依据和调整前后成本变化情况等出具专项报告,在调整当年企业所得税年度纳税申报时报送主管税务机关。

房地产开发企业应建立健全成本对象管理制度,合理区分已完工成本对象、在建成本对象和未建成本对象,及时收集、整理、保存成本对象涉及的证据材料,以备税务机关检查。

各级税务机关要认真清理以前的管理规定,今后不得以任何理由进行变相审批。

主管税务机关应对房地产开发企业报送的成本对象确定专项报告做好归档工作,及时进行分析,加强后续管理。对资料不完整、不规范的,应及时通知房地产开发企业补齐、修正;对成本对象确定不合理或共同成本分配方法不合理的,主管税务机关有权进行合理调整;对成本对象确定情况异常的,主管税务机关应进行专项检查;对不如实出具专项报告或不出具专项报告的,应按《税收征收管理法》的相关规定进行处理。

8.2.3 成本项目的构成

根据《企业产品成本核算制度(试行)》(财会〔2013〕17号印发)的规定,房地产开发企业一般设置土地征用及拆迁补偿费、前期工程费、建筑安装工程费、基础设施建设费、公共配套设施费、开发间接费、借款费用等成本项目。

(1) 土地征用及拆迁补偿费,是指为取得土地开发使用权(或开发权)而发生的各项费用,包括土地买价或出让金、大市政配套费、契税、耕地占用税、土地使用费、土地闲置费、农作物补偿费、危房补偿费、土地变更用途和超面积补交的地价及相关税费、拆迁补偿费用、安置及动迁费用、回迁房建造费用等。

(2) 前期工程费,是指项目开发前期发生的政府许可规费、招标代理费、临时设施费以及水文地质勘察、测绘、规划、设计、可行性研究、咨询论证费、筹建、场地通平等前期费用。

(3) 建筑安装工程费,是指开发项目开发过程中发生的各项主体建筑的建筑工程费、安装工程费及精装修费等。

(4) 基础设施建设费,是指开发项目在开发过程中发生的道路、供水、供电、供气、供暖、排污、排洪、消防、通讯、照明、有线电视、宽带网络、智能化等社区管网工程费和环境卫生、园林绿化等园林、景观环境工程费用等。

(5) 公共配套设施费,是指开发项目内发生的、独立的、非营利性的且产权属于全体业主的,或无偿赠与地方政府、政府公共事业单位的公共配套设施费用等。

(6) 开发间接费,指企业为直接组织和管理开发项目所发生的,且不能将其直接归属于成本核算对象的工程监理费、造价审核费、结算审核费、工程保险费等。为业主代扣代缴的公共维修基金等不得计入产品成本。

(7) 借款费用,是指符合资本化条件的借款费用。

房地产开发企业自行进行基础设施、建筑安装等工程建设的,可以比照建筑企业设置有关成本项目。

建筑企业一般设置直接人工、直接材料、机械使用费、其他直接费用和间接费用等成本项目。建筑企业将部分工程分包的,还可以设置分包成本项目。

8.2.4 会计处理

8.2.4.1 与房地产开发(产品)成本相关的会计处理

1) 开发成本

《〈企业会计准则应用指南〉附录——会计科目和主要账务处理》(财政部 2006 年 7 月发布)规定,企业(房地产开发)开发的产品,达到预定可销售状态时,按实际成本,借记"开发产品"科目,贷记"开发成本"科目。期末,企业结转对外转让、销售和结算开发产品的实际成本,借记"主营业务成本"科目,贷记"开发产品"科目。

企业将开发的营业性配套设施用于本企业从事第三产业经营用房,应视同自用固定资产进行处理,并按营业性配套设施的实际成本,借记"固定资产"科目,贷记"开发产品"科目。

本科目期末借方余额,反映房地产开发企业尚未完工的开发产品的实际成本。

2) 开发间接费用

房地产开发企业同时进行两个以上房地产项目开发时,可单独设置"开发间接费用"科目,归集后按一定比例(如建筑面积等)在不同项目间计算分摊。

(1) 本科目可按开发间接费用项目进行明细核算。

(2) 本科目期末可按一定比例计算分摊,结转至"开发成本",期末无余额。

3) 开发产品

(1) 本科目核算房地产开发企业已完工达到预定可使用或可销售状态的开发产品。

(2) 本科目可按开发项目、开发项目中具有独立经济用途并可单独转让的配套设施进行明细核算。

(3) 本科目期末借方余额,反映企业未实现销售的开发产品的实际成本。

Ⅰ. 开发产品成本的会计处理

（1）开发间接费用的归集。

借：开发间接费用
　　贷：应付职工薪酬、累计折旧、库存现金、银行存款、应付账款等科目

（2）开发间接费用的分配。

借：开发成本——A 成本核算对象
　　　　　　——B 成本核算对象
　　贷：开发间接费用

（3）开发成本的会计处理。

① 开发成本的分类归集。

借：开发成本——A 成本核算对象——建安费用、基础设施费、公共配套费等科目
　　　　　　——B 成本核算对象——建安费用、基础设施费、公共配套费等科目
　　贷：银行存款、应付账款、开发间接费用等科目

② 土地开发成本在不同成本核算对象间的分配。

借：开发成本——A 成本核算对象
　　　　　　——B 成本核算对象
　　贷：开发成本——土地价款、土地征用及拆迁补偿费等科目

③ 配套设施开发成本在不同成本核算对象间的分配。

借：开发成本——A 成本核算对象
　　　　　　——B 成本核算对象
　　贷：开发成本——基础设施费、公共配套费等科目

（4）开发成本的结转

房地产开发企业一般应按实际成本核算开发产品，房地产开发企业已完工的开发产品，按其实际成本进行结转。

Ⅱ. 开发产品结转的会计处理

（1）销售已完工的开发产品。

月末，房地产开发企业应结转对外转让、销售和结算开发产品的实际成本，包括采用分期收款方式销售开发产品，结转销售成本时：

借：主营业务成本
　　贷：开发产品

(2)将开发产品转作经营性资产。

房地产开发企业将开发的住宅、商用项目、营业性配套设施等开发产品用于本房地产开发企业的生产经营,转作经营性资产,应按开发产品的账面价值结转固定资产或投资性房地产。

借:固定资产或投资性房地产
　　贷:开发产品

(3)用开发产品进行非货币性资产交换。

① 以开发产品换入土地使用权。

借:开发成本或无形资产——土地使用权
　　应交税费——应交增值税(进项税额)
　　贷:主营业务收入
　　　　应交税费——应交增值税(销项税额)

同时,结转开发产品销售成本。

借:主营业务成本
　　贷:开发产品

② 以开发产品换入固定资产。

借:固定资产
　　应交税费——应交增值税(进项税额)
　　贷:主营业务收入
　　　　应交税费——应交增值税(销项税额)

同时,结转开发产品销售成本。

借:主营业务成本
　　贷:开发产品

(4)委托代销商品。

① 与受托单位签订委托代销协议,应按开发产品的实际成本。

借:委托代销商品
　　贷:开发产品

② 收到受托单位的代销清单,确认销售收入的同时结转代销商品成本。

借：主营业务成本
　　贷：委托代销商品

③ 委托代销开发产品如发生退回，应按退回开发产品的实际成本。

借：开发产品
　　贷：委托代销商品

8.2.4.2　与房地产开发企业甲供材料相关的会计处理

（1）房地产开发企业购入材料等验收入库，但货款尚未支付，根据有关凭证（发票账单、随货同行发票上记载的实际价款或暂估价值），会计处理如下：

借：在途物资等科目
　　贷：应付账款

接受供应单位提供劳务而发生的应付未付款项，根据供应单位的发票账单，会计处理如下：

借：开发成本、管理费用等科目
　　贷：应付账款

（2）货款支付时，会计处理如下：

借：应付账款
　　贷：银行存款等科目

（3）房地产开发企业与债权人进行债务重组，应当分别债务重组的不同方式进行账务处理。

以房地产开发企业以存货清偿债务为例：

① 老准则。

根据《企业会计准则第12号——债务重组》（财会〔2006〕3号印发）第五条的规定，以非现金资产清偿债务的，债务人应当将重组债务的账面价值与转让的非现金资产公允价值之间的差额，计入当期损益。

借：应付账款（按应付账款的账面余额）
　　贷：主营业务收入或其他业务收入（按用于清偿债务的存货的公允价值）
　　　　应交税费——应交增值税（销项税额）
　　　　营业外收入——债务重组利得（按其差额）

同时，结转存货成本：

借：主营业务成本
　　贷：开发产品(按用于清偿债务的存货的账面价值)

② 新准则。

根据《企业会计准则第 12 号——债务重组》(财会〔2019〕9 号印发修订)第十条的规定,以资产清偿债务方式进行债务重组的,债务人应当在相关资产和所清偿债务符合终止确认条件时予以终止确认,所清偿债务账面价值与转让资产账面价值之间的差额计入当期损益。

借：应付账款(按应付账款的账面余额)
　　贷：开发产品(按用于清偿债务的存货的账面价值)
　　　　应交税费——应交增值税(销项税额)
　　　　其他收益——债务重组利得(按其差额)

(4) 房地产开发企业如有确实无法支付的应付账款,应按其账面余额进行会计处理：

借：应付账款
　　贷：营业外收入

8.2.4.3　与房地产开发企业销(预)售开发产品相关的会计处理

"预收账款"科目核算房地产开发企业按照合同规定向购房单位和个人预收的款项。预收账款情况不多的,也可以不设置本科目,将预收的款项直接记入"应收账款"科目。

"预收账款"科目期末贷方余额,反映房地产开发企业向购房单位和个人预收、未结转收入的款项；期末如为借方余额,反映房地产开发企业应由购房单位和个人补付的款项。

8.2.4.4　用开发产品向投资者进行利润分配的会计处理

房地产开发企业经股东大会或类似机构决议,分配给股东或投资者的开发产品：

借：利润分配——应付现金股利或利润
　　贷：应付股利

借：应付股利
　　贷：主营业务收入
　　　　应交税费——应交增值税(销项税额)

借：主营业务成本
　　贷：开发产品

8.2.4.5　与房地产开发企业增值税相关的会计处理

销售不动产属于增值税征税项目。

1) 征税范围

房地产开发企业销售自行开发的房地产项目适用销售不动产税目。

《销售服务、无形资产、不动产注释》(财税〔2016〕36号附件1所附)规定,销售不动产,是指转让不动产所有权的业务活动。不动产,是指不能移动或者移动后会引起性质、形状改变的财产,包括建筑物、构筑物等。建筑物,包括住宅、商业营业用房、办公楼等可供居住、工作或者进行其他活动的建造物。构筑物,包括道路、桥梁、隧道、水坝等建造物。

同时规定,转让建筑物有限产权或者永久使用权的,转让在建的建筑物或者构筑物所有权的,以及在转让建筑物或者构筑物时一并转让其所占土地的使用权的,按照销售不动产缴纳增值税。

注意:

(1) 不征收增值税项目。

根据《营业税改征增值税试点有关事项的规定》(财税〔2016〕36号附件2)第一条第(二)项的规定,在资产重组过程中,通过合并、分立、出售、置换等方式,将全部或者部分实物资产以及与其相关联的债权、负债和劳动力一并转让给其他单位和个人,其中涉及的不动产、土地使用权转让行为。

(2) 视同销售。

根据《营业税改征增值税试点实施办法》(财税〔2016〕36号附件1)第十四条的规定,单位或者个人向其他单位或者个人无偿转让不动产,视同销售服务不动产,但用于公益事业或者以社会公众为对象的除外。

2) 销售额的确定及计税方法

根据《营业税改征增值税试点实施办法》(财税〔2016〕36号附件1)第三十七条的规定,销售额,是指纳税人发生应税行为取得的全部价款和价外费用,财政部和国家税务总局另有规定的除外。

(1) 一般计税方法的销售额确定及土地价款的扣减。

① 销售额的计算公式。

根据《房地产开发企业销售自行开发的房地产项目增值税征收管理暂行办法》(国家税务总局公告2016年第18号发布)第四条的规定,房地产开发企业中的一般纳税人销售自行开发的房地产项目,适用一般计税方法计税,按照取得的全部价款和价外费

用,扣除当期销售房地产项目对应的土地价款后的余额计算销售额。销售额的计算公式如下:

$$销售额=(全部价款和价外费用-当期允许扣除的土地价款)\div(1+11\%)^{①}$$

② 当期允许扣除的土地价款的计算公式。

根据《房地产开发企业销售自行开发的房地产项目增值税征收管理暂行办法》(国家税务总局公告2016年第18号发布)第五条的规定,当期允许扣除的土地价款按照以下公式计算:

$$当期允许扣除的土地价款=\left(\frac{当期销售房地产项目建筑面积}{房地产项目可供销售建筑面积}\right)\times 支付的土地价款$$

当期销售房地产项目建筑面积,是指当期进行纳税申报的增值税销售额对应的建筑面积。

房地产项目可供销售建筑面积,是指房地产项目可以出售的总建筑面积,不包括销售房地产项目时未单独作价结算的配套公共设施的建筑面积。

支付的土地价款,是指向政府、土地管理部门或受政府委托收取土地价款的单位直接支付的土地价款。

③ 土地价款的具体规定。

根据《财政部 国家税务总局关于明确金融 房地产开发 教育辅助服务等增值税政策的通知》(财税〔2016〕140号)第七条的规定,向政府部门支付的土地价款,包括土地受让人向政府部门支付的征地和拆迁补偿费用、土地前期开发费用和土地出让收益等。

房地产开发企业中的一般纳税人销售其开发的房地产项目(选择简易计税方法的房地产老项目除外),在取得土地时向其他单位或个人支付的拆迁补偿费用也允许在计算销售额时扣除。纳税人按上述规定扣除拆迁补偿费用时,应提供拆迁协议、拆迁双方支付和取得拆迁补偿费用凭证等能够证明拆迁补偿费用真实性的材料。

同时,根据财税〔2016〕140号文件第八条的规定,房地产开发企业(包括多个房地产开发企业组成的联合体)受让土地向政府部门支付土地价款后,设立项目公司对该受让土地进行开发,同时符合下列条件的,可由项目公司按规定扣除房地产开发企业向政府部门支付的土地价款:房地产开发企业、项目公司、政府部门三方签订变更协议或补充合同,将土地受让人变更为项目公司;政府部门出让土地的用途、规划等条件不变的情

---

① 注:现行税率为9%。

况下,签署变更协议或补充合同时,土地价款总额不变;项目公司的全部股权由受让土地的房地产开发企业持有。

根据《房地产开发企业销售自行开发的房地产项目增值税征收管理暂行办法》(国家税务总局公告 2016 年第 18 号发布)第六条的规定,在计算销售额时从全部价款和价外费用中扣除土地价款,应当取得省级以上(含省级)财政部门监(印)制的财政票据。

同时,根据《房地产开发企业销售自行开发的房地产项目增值税征收管理暂行办法》(国家税务总局公告 2016 年第 18 号发布)第七条的规定,一般纳税人应建立台账登记土地价款的扣除情况,扣除的土地价款不得超过纳税人实际支付的土地价款。

(2)适用简易计税方法计税的销售额。

适用简易计税方法计税的,以取得的全部价款和价外费用为销售额,不得扣除对应的土地价款。

(3)核定销售额。

根据《营业税改征增值税试点实施办法》(财税〔2016〕36 号附件 1)第四十四条的规定,纳税人发生应税行为价格明显偏低或者偏高且不具有合理商业目的的,或者发生本办法第十四条所列行为而无销售额的,主管税务机关有权按照下列顺序确定销售额:

① 按照纳税人最近时期销售同类服务、无形资产或者不动产的平均价格确定。

② 按照其他纳税人最近时期销售同类服务、无形资产或者不动产的平均价格确定。

③ 按照组成计税价格确定。组成计税价格的公式为:

$$组成计税价格 = 成本 \times (1 + 成本利润率)$$

成本利润率由国家税务总局确定。

不具有合理商业目的,是指以谋取税收利益为主要目的,通过人为安排,减少、免除、推迟缴纳增值税税款,或者增加退还增值税税款。增值税的销售额如表 8-4 所示。

表 8-4 增值税的销售额

计税方法			增值税销售额
销售自行开发的房地产项目的纳税人	一般纳税人	一般计税方法	销售额 = (全部价款和价外费用 − 当期允许扣除的土地价款) ÷ (1+9%)
		简易计税方法	老项目可选择适用。老项目是指《建筑工程施工许可证》、建筑工程承包合同注明的开工日期在 2016 年 4 月 30 日前的房地产项目。以取得的全部价款和价外费用为销售额,不得扣除对应的土地价款
	小规模纳税人	简易计税方法	以取得的全部价款和价外费用为销售额,不得扣除对应的土地价款

3)进项税额

根据《房地产开发企业销售自行开发的房地产项目增值税征收管理暂行办法》(国家税务总局公告 2016 年第 18 号发布)第十三条的规定,一般纳税人销售自行开发的房地产项目,兼有一般计税方法计税、简易计税方法计税、免征增值税的房地产项目而无法划分不得抵扣的进项税额的,应以《建筑工程施工许可证》注明的"建设规模"为依据进行划分。不得抵扣的进项税额的计算公式为:

$$\text{不得抵扣的进项税额} = \text{当期无法划分的全部进项税额} \times \left(\frac{\text{简易计税、免税房地产项目建设规模}}{\text{房地产项目总建设规模}}\right)$$

4)预缴税款

根据《营业税改征增值税试点有关事项的规定》(财税〔2016〕36 号附件 2)第一条第(八)项的规定,房地产开发企业采取预收款方式销售所开发的房地产项目,在收到预收款时按照 3% 的预征率预缴增值税。

《房地产开发企业销售自行开发的房地产项目增值税征收管理暂行办法》(国家税务总局公告 2016 年第 18 号发布)对房地产开发企业销售自行开发的房地产项目预缴增值税作出了明确规定。

(1) 一般纳税人的预缴。

一般纳税人采取预收款方式销售自行开发的房地产项目,应在收到预收款时按照 3% 的预征率预缴增值税。

应预缴税款按照以下公式计算:

$$\text{应预缴税款} = \text{预收款} \div (1 + \text{适用税率或征收率}) \times 3\%$$

适用一般计税方法计税的,按照 9% 的适用税率计算;适用简易计税方法计税的,按照 5% 的征收率计算。

一般纳税人应在取得预收款的次月纳税申报期向主管税务机关预缴税款。

(2) 小规模纳税人的预缴。

房地产开发企业中的小规模纳税人(以下简称小规模纳税人)采取预收款方式销售自行开发的房地产项目,应在收到预收款时按照 3% 的预征率预缴增值税。

应预缴税款按照以下公式计算:

$$\text{应预缴税款} = \text{预收款} \div (1 + 5\%) \times 3\%$$

小规模纳税人应在取得预收款的次月纳税申报期或主管税务机关核定的纳税期限向主管税务机关预缴税款。

（3）预缴税款抵减应纳税额。

未抵减完的预缴税款可以结转下期继续抵减。

① 一般纳税人销售自行开发的房地产项目适用一般计税方法计税的，应按照《营业税改征增值税试点实施办法》（财税〔2016〕36号附件1）第四十五条规定的纳税义务发生时间，以当期销售额和11%的适用税率（注：现行税率9%）计算当期应纳税额，抵减已预缴税款后，向主管国税机关申报纳税。未抵减完的预缴税款可以结转下期继续抵减。

② 一般纳税人销售自行开发的房地产项目适用简易计税方法计税的，应按照《营业税改征增值税试点实施办法》（财税〔2016〕36号附件1）第四十五条规定的纳税义务发生时间，以当期销售额和5%的征收率计算当期应纳税额，抵减已预缴税款后，向主管国税机关申报纳税。未抵减完的预缴税款可以结转下期继续抵减。

③ 小规模纳税人销售自行开发的房地产项目，应按照《营业税改征增值税试点实施办法》（财税〔2016〕36号附件1）第四十五条规定的纳税义务发生时间，以当期销售额和5%的征收率计算当期应纳税额，抵减已预缴税款后，向主管国税机关申报纳税。未抵减完的预缴税款可以结转下期继续抵减。

（4）预缴增值税的账务处理。

根据《增值税会计处理规定》（财会〔2016〕22号印发）第二条第（七）项的规定，企业预缴增值税时，借记"应交税费——预交增值税"科目，贷记"银行存款"科目。月末，企业应将"预交增值税"明细科目余额转入"未交增值税"明细科目，借记"应交税费——未交增值税"科目，贷记"应交税费——预交增值税"科目。

房地产开发企业等在预缴增值税后，应直至纳税义务发生时方可从"应交税费——预交增值税"科目结转至"应交税费——未交增值税"科目。

注意：

房地产项目预缴税款可以抵减的时间是在项目纳税义务发生之后。纳税义务发生之前，该项目对应的预缴税款不能抵减，只有当项目纳税义务发生了，项目对应预缴税款才予以抵减。

增值税的预缴和申报如表8-5所示。

表 8-5 增值税的预缴和申报

计税方法			收到预收款的次月纳税申报期预缴	纳税义务发生时申报
销售自行开发的房地产项目的纳税人	一般纳税人	一般计税方法	应预缴税款 = $\dfrac{预收款}{1+9\%} \times 3\%$	当期销售额 $\times 9\%$ − 进项税额 − 已预缴税款
		简易计税方法	应预缴税款 = $\dfrac{预收款}{1+5\%} \times 3\%$	当期销售额 $\times 5\%$ − 已预缴税款
	小规模纳税人	简易计税方法	应预缴税款 = $\dfrac{预收款}{1+5\%} \times 3\%$	当期销售额 $\times 5\%$ − 已预缴税款

例 8-2 某房地产开发企业开发新项目,适用一般计税方法。

该项目于 2021 年 8 月开始预售,2022 年 4 月出售房产竣工交付。2021 年 8 月至 2022 年 3 月预售期间共收取预收房款 3 270 万元,2022 年 4 月应确认增值税应税收入价税合计 9 810 万元,已销售房地产项目建筑面积占房地产项目可供销售建筑面积的比例为 80%。

假设支付的土地价款为 2 725 万元,认证应抵扣的进项税额为 500 万元。

会计处理:

(1) 收到预收款。

借:银行存款　　　　　　　　　　　　　　　　　　　　　　　　　32 700 000
　　贷:预收账款　　　　　　　　　　　　　　　　　　　　　　　　32 700 000

(2) 预缴增值税。

预收房款应预缴增值税 = 3 270÷(1+9%)×3% = 3 270÷1.09×0.03 = 90(万元)。

借:应交税费——预交增值税　　　　　　　　　　　　　　　　　　　900 000
　　贷:银行存款　　　　　　　　　　　　　　　　　　　　　　　　　900 000

(3) 2022 年 4 月,确认收入及销项税额。

销项税额 = 9 810÷(1+9%)×9% = 810(万元)。

借:预收账款　　　　　　　　　　　　　　　　　　　　　　　　　98 100 000
　　贷:主营业务收入　　　　　　　　　　　　　　　　　　　　　　90 000 000
　　　　应交税费——应交增值税(销项税额)　　　　　　　　　　　　8 100 000

(4) 土地价款抵扣增值税。

当期允许扣除的土地价款 = (当期销售房地产项目建筑面积÷房地产项目可供销售建筑面积)×支付的土地价款 = 2 725×80% = 2 180(万元)。

土地价款抵扣增值税金额＝2 180÷(1+9%)×9%＝180(万元)。

借：应交税费——应交增值税(销项税额抵减)　　　　　　　　　　1 800 000
　　贷：主营业务成本　　　　　　　　　　　　　　　　　　　　1 800 000

(5) 转出当月未交增值税。

当月应交增值税＝810－500－180＝130(万元)。

借：应交税费——应交增值税(转出未交增值税)　　　　　　　　　1 300 000
　　贷：应交税费——未交增值税　　　　　　　　　　　　　　　1 300 000

(6) 将预缴增值税转入未交增值税。

借：应交税费——未交增值税　　　　　　　　　　　　　　　　　900 000
　　贷：应交税费——预交增值税　　　　　　　　　　　　　　　900 000

(7) 缴纳增值税。

当月应补缴增值税＝130－90＝40(万元)。

借：应交税费——未交增值税　　　　　　　　　　　　　　　　　400 000
　　贷：银行存款　　　　　　　　　　　　　　　　　　　　　　400 000

8.2.4.6　与房地产开发企业城建税及附加相关的会计处理

房地产开发企业按"预收账款""主营业务收入""其他业务收入"计算应交的城市维护建设税、教育费附加、地方教育附加。会计处理如下：

借：税金及附加
　　贷：应交税费——应交城市维护建设税
　　　　　　　　——应交教育费附加
　　　　　　　　——地方教育附加

8.2.4.7　与房地产开发企业企业所得税相关的会计处理

在会计处理中，房地产开发企业销售未完工开发产品取得的预售收入不确认为收入，而是作为预收账款进行核算，待开发产品符合收入确认条件时，再确认销售收入。

根据《房地产开发经营业务企业所得税处理办法》(国税发〔2009〕31号印发)第九条的规定，企业销售未完工开发产品取得的收入，应先按预计计税毛利率分季(或月)计算出预计毛利额，计入当期应纳税所得额。开发产品完工后，企业应及时结算其计税成本并计算此前销售收入的实际毛利额，同时将其实际毛利额与其对应的预计毛利额之间的差额,计入当年度企业本项目与其他项目合并计算的应纳税所得额。在年度纳税申报时,企业须出具对该项开发产品实际毛利额与预计毛利额之间差异调整情况的报告以及税务机关需要的其他相关资料。

《企业会计准则》对预售业务不确认收入,而税法规定取得预收款项时应确认所得,由此产生可抵扣的暂时性差异。

例 8-3 A 房地产公司 2022 年发生预售房款收入 1 000 000 元,当地税务机关规定的预征毛利率为 15%,本期达到收入确认条件的预收款有 300 000 元,相应成本 80 000 元,期间费用及其他相关费用 20 000 元,则年末预收账款的账面价值为 700 000 元,计税基础 = 700 000 × (1 − 15%) = 595 000(元),产生可抵扣暂时性差异 105 000 元,相应确认递延所得税资产 = 105 000 × 25% = 26 250(元)。利润表上企业所得税费用 = (300 000 − 80 000 − 20 000) × 25% = 50 000(元)(假设除预收款外,无其他纳税调整事项);未确认收入的预售房款预缴企业所得税 = 700 000 × 15% × 25% = 26 250(元);年末汇算清缴,按照当期预售房款收入预缴企业所得税 = (700 000 × 15% + 300 000 − 80 000 − 20 000) × 25% = 76 250(元)。相关会计处理为:

借:所得税费用——当期所得税费用　　　　　　　　　　　　　　　50 000
　　应交税费——应交所得税　　　　　　　　　　　　　　　　　　26 250
　　贷:银行存款　　　　　　　　　　　　　　　　　　　　　　　　76 250

年末,确认递延所得税资产。

借:递延所得税资产　　　　　　　　　　　　　　　　　　　　　　26 250
　　贷:应交税费——应交所得税　　　　　　　　　　　　　　　　26 250

例 8-4 B 房地产公司 2022 年发生预售房款收入 1 000 000 元,当地税务机关规定的预征毛利率为 15%,本期无达到收入确认条件的预收款,期间费用及其他相关费用 20 000 元,则年末预收账款的账面价值为 1 000 000 元,计税基础 = 1 000 000 × (1 − 15%) = 850 000(元),产生可抵扣暂时性差异 150 000 元,相应确认递延所得税资产 = 150 000 × 25% = 37 500(元)。年末,按照当期预售房款收入预缴企业所得税 = (1 000 000 × 15% − 20 000) × 25% = 32 500(元)。相关会计处理为:

借:应交税费——应交所得税　　　　　　　　　　　　　　　　　　32 500
　　贷:银行存款　　　　　　　　　　　　　　　　　　　　　　　　32 500

年末,确认递延所得税资产。

借：递延所得税资产　　　　　　　　　　　　　　　　　　　　37 500
　　贷：应交税费——应交所得税　　　　　　　　　　　　　32 500
　　　　所得税费用　　　　　　　　　　　　　　　　　　　 5 000

房地产开发企业应做好企业所得税的会计核算工作，并设置"递延税款备查登记簿"，详细记录每项暂时性差异发生的原因、金额、预计转回期限、已转回金额等。房地产开发企业应做好企业所得税的会计核算工作，并设置"递延税款备查登记簿"，详细记录每项暂时性差异发生的原因、金额、预计转回期限、已转回金额等。同时做到以下规定：原预计多少利润，销售结算时就抵减多少利润；递延所得税资产增加多少，销售结算时就转回多少；哪个项目结算，就抵减哪个项目的预计利润。

8.2.4.8　与房地产开发企业土地增值税相关的会计处理

销售开发产品应交土地增值税的会计处理：

（1）预缴土地增值税。

借：应交税费——应交土地增值税
　　贷：银行存款

（2）根据土地增值税清算结果，计提的土地增值税。

借：税金及附加
　　贷：应交税费——应交土地增值税

（3）多退少补的土地增值税。

借或贷：银行存款
　　贷或借：应交税费——应交土地增值税

8.2.4.9　与房地产开发企业房产税、城镇土地使用税、印花税等相关的会计处理

根据《增值税会计处理规定》（财会〔2016〕22号印发）的规定，全面试行营业税改征增值税后，"营业税金及附加"科目名称调整为"税金及附加"科目，该科目核算企业经营活动发生的消费税、城市维护建设税、资源税、教育费附加及房产税、城镇土地使用税、车船税、印花税等相关税费。

企业发生房产税、城镇土地使用税、印花税等税费会计处理如下：

借：税金及附加——房产税、城镇土地使用税、印花税等
　　贷：应交税费——应交房产税、城镇土地使用税、印花税等

缴纳税费时：

借：应交税费——应交房产税、城镇土地使用税、印花税等
　　贷：银行存款

1）板房是否需要缴纳房产税

根据《财政部 税务总局关于房产税若干具体问题的解释和暂行规定》（财税地字〔1986〕8号）第二十一条的规定，关于基建工地的临时性房屋，应否征收房产税？

凡是在基建工地为基建工地服务的各种工棚、材料棚、休息棚和办公室、食堂、茶炉房、汽车房等临时性房屋，不论是施工企业自行建造还是由基建单位出资建造交施工企业使用的，在施工期间，一律免征房产税。但是，如果在基建工程结束以后，施工企业将这种临时性房屋交还或者估价转让给基建单位的，应当从基建单位接收的次月起，依照规定征收房产税。

2）房地产开发企业房产税征税范围

根据《国家税务总局关于房产税城镇土地使用税有关政策规定的通知》（国税发〔2003〕89号）第一条"关于房地产开发企业开发的商品房征免房产税问题"的规定，鉴于房地产开发企业开发的商品房在出售前，对房地产开发企业而言是一种产品。因此，对房地产开发企业建造的商品房，在售出前，不征收房产税；但对售出前房地产开发企业已使用或出租、出借的商品房应按规定征收房产税。

3）公共租赁住房城镇土地使用税和印花税问题

根据《财政部 税务总局关于公共租赁住房税收优惠政策的公告》（财政部 税务总局公告2019年第61号）第一条的规定，对公租房建设期间用地及公租房建成后占地，免征城镇土地使用税。在其他住房项目中配套建设公租房，按公租房建筑面积占总建筑面积的比例免征建设、管理公租房涉及的城镇土地使用税。同时，根据该文件第二条的规定，对公租房经营管理单位免征建设、管理公租房涉及的印花税。在其他住房项目中配套建设公租房，按公租房建筑面积占总建筑面积的比例免征建设、管理公租房涉及的印花税。

4）房地产开发企业城镇土地使用税纳税义务时间

（1）根据《财政部 国家税务总局关于房产税、城镇土地使用税有关政策的通知》（财税〔2006〕186号）第二条"关于有偿取得土地使用权城镇土地使用税纳税义务发生时间问题"的规定，以出让或转让方式有偿取得土地使用权的，应由受让方从合同约定交付土地时间的次月起缴纳城镇土地使用税；合同未约定交付土地时间的，由受让方从合同签订的次月起缴纳城镇土地使用税。

(2) 根据《财政部 国家税务总局关于房产税、城镇土地使用税有关问题的通知》（财税〔2008〕152号）第三条"关于房产税、城镇土地使用税纳税义务截止时间的问题"的规定,纳税人因房产、土地的实物或权利状态发生变化而依法终止房产税、城镇土地使用税纳税义务的,其应纳税款的计算应截止到房产、土地的实物或权利状态发生变化的当月末。

(3) 根据《国家税务总局关于房产税、城镇土地使用税有关政策规定的通知》（国税发〔2003〕89号）第二条"关于确定房产税、城镇土地使用税纳税义务发生时间问题"的规定,购置新建商品房,自房屋交付使用之次月起计征房产税和城镇土地使用税。

因此,房地产开发企业销售商品房,应以房产、土地的实物或权利状态已发生转移或变化,作为终止城镇土地使用税纳税义务的条件。在实务操作中,可根据房屋交付购房者的时间来确定,停止计算税款的时间为"次月"。购房者从此时开始成为纳税人（个人非生产经营用房占地免征的除外）,房地产开发企业则从此时开始终止纳税义务。

各地市关于房地产开发企业城镇土地使用税纳税义务的截止时间的规定如下。

① 青岛市。

根据《青岛市地方税务局关于明确房地产企业商品房开发期间城镇土地使用税有关问题的通知》（青地税函〔2009〕128号）第二条的规定,纳税义务的截止时间房地产开发企业开发商品房已经销售的,城镇土地使用税纳税义务的截止时间为商品房实物或权利状态发生变化即商品房交付使用的当月末。商品房交付使用,是指地产开发企业将已建成的房屋转移给买受人占有,其外在表现主要是将房屋的钥匙交付给买受人。

同时,根据青地税函〔2009〕128号文件第三条的规定,应纳城镇土地使用税计算公式:

$$\text{每月应纳城镇土地使用税} = \text{开发初期应税城镇土地总面积} \times \left(1 - \frac{\text{截至上月末累计销售商品房交付使用的建筑面积}}{\text{商品房可售总建筑面积}}\right) \times \frac{\text{城镇土地使用税单位税额标准}}{12}$$

② 海南省。

根据《海南省地方税务局关于购销新建商品房城镇土地使用税有关问题的公告》（琼地税公告〔2017〕4号）第一条的规定,房地产开发企业销售新建商品房,应税土地的城镇土地使用税纳税义务截止时间为《商品房买卖合同》或其他协议文件约定房屋交付使用的当月末;纳税人购置新建商品房自《商品房买卖合同》或其他协议文件约定房屋交付使用之次月起计征城镇土地使用税;如房地产开发企业未能按《商品房买卖合同》

或其他协议文件约定时间交付使用的,房地产开发企业城镇土地使用税纳税义务截止时间为房屋实际交付使用的当月末,纳税人购置新建商品房自房屋实际交付使用之次月起计征城镇土地使用税。

例 8-5 甲房地产公司系增值税一般纳税人,开发有 A 项目,占地面积 8 万平方米,总建筑面积 20 万平方米,总可售建筑面积 16 万平方米。2022 年年初,A 项目已售建筑面积 11 万平方米。

2022 年第一季度,已售建筑面积 1 万平方米。已售房屋均在季度末交付业主并办理完土地使用权证。甲公司城镇土地使用税季度申报,该市城镇土地使用税每年单位税额 8 元/每平方米。

2022 年 4 月计算的 2022 年第一季度城镇土地使用税应纳税额=开发初期应税土地总面积×(1-截至上季末累计销售商品房交付使用的建筑面积÷商品房可售总建筑积)×城镇土地使用税单位税额标准÷12×3=8×(1-12÷16)×8÷12×3=4(万元)。

8.2.4.10 房地产开发企业收到政府返还款如何进行财税处理

1) 财政性资金

如果房地产企业收到的政府返还款属于财政性资金,可以分为以下两种方式处理。

方式一:规定了专项用途的财政性资金,准予作为不征税收入,在计算应纳税所得额时从收入总额中减除。

方式二:未规定专项用途的财政性资金,应计入企业当年收入总额缴纳企业所得税。

政策依据:

(1) 根据《企业会计准则第 16 号——政府补助》(财会〔2017〕15 号印发修订)的规定,政府补助定义是指企业从政府无偿取得货币性资产或非货币性资产。

同时,政府补助具有下列特征:

① 来源于政府的经济资源。对于企业收到的来源于其他方的补助,有确凿证据表明政府是补助的实际拨付者,其他方只起到代收代付作用的,该项补助也属于来源于政府的经济资源。

② 无偿性。也就是说,企业取得来源于政府的经济资源,不需要向政府交付商品或服务等对价。

(2) 根据《财政部 国家税务总局关于财政性资金、行政事业性收费、政府性基金有关企业所得税政策问题的通知》(财税〔2008〕151 号)第一条的规定,财政性资金的有关内容如下：

① 企业取得的各类财政性资金，除属于国家投资和资金使用后要求归还本金的以外，均应计入企业当年收入总额。

② 对企业取得的由国务院财政、税务主管部门规定专项用途并经国务院批准的财政性资金，准予作为不征税收入，在计算应纳税所得额时从收入总额中减除。

③ 纳入预算管理的事业单位、社会团体等组织按照核定的预算和经费报领关系收到的由财政部门或上级单位拨入的财政补助收入，准予作为不征税收入，在计算应纳税所得额时从收入总额中减除，但国务院和国务院财政、税务主管部门另有规定的除外。

上述内容所称的财政性资金，是指企业取得的来源于政府及其有关部门的财政补助、补贴、贷款贴息，以及其他各类财政专项资金，包括直接减免的增值税和即征即退、先征后退、先征后返的各种税收，但不包括企业按规定取得的出口退税款；所称的国家投资，是指国家以投资者身份投入企业、并按有关规定相应增加企业实收资本（股本）的直接投资。

综上，财政性资金更强调政府的无偿性拨付，不需要向政府交付商品或服务等对价。而取得的财政性资金如果是以向村民交付房产为对价的，则不符合财政性资金的范围。

2）非财政性资金

如果房地产开发企业收到的政府返还款属于非财政性资金，则需要分析政府款项的性质，按照《国务院办公厅关于规范国有土地使用权出让收支管理的通知》（国办发〔2006〕100号）第三条的规定，规范土地出让收入使用范围，重点向新农村建设倾斜。

土地出让收入使用范围：

（1）征地和拆迁补偿支出。征地和拆迁补偿支出包括土地补偿费、安置补助费、地上附着物和青苗补偿费、拆迁补偿费。

（2）土地开发支出。土地开发支出包括前期土地开发性支出以及按照财政部门规定与前期土地开发相关的费用等。

（3）支农支出。支农支出包括计提农业土地开发资金、补助被征地农民社会保障支出、保持被征地农民原有生活水平补贴支出以及农村基础设施建设支出。

（4）城市建设支出。城市建设支出包括完善国有土地使用功能的配套设施建设支出以及城市基础设施建设支出。

（5）其他支出。其他支出包括土地出让业务费、缴纳新增建设用地土地有偿使用费、计提国有土地收益基金、城镇廉租住房保障支出、支付破产或改制国有企业职工安置费支出等。

如果取得的政府资金属于征地和拆迁补偿支出，那么就属于政府的一种正常拨付资金采购服务的行为。

资金返还流程和协议建议按照以下方式处理：

政府拆迁办把拆迁安置款拨付给村委，由政府拆迁办与村民签订拆迁安置协议，款项由村委代收。由村委与房地产项目公司签订购房协议，村委将代收的村民安置费支付给项目公司作为购房的费用。此形式的实质是政府拆迁安置居民，房地产开发企业销售住房。

会计处理如下：

（1）村委支付政府购房款给房地产开发企业。

借：银行存款
　　贷：其他应付款——村委

（2）房地产开发企业取得预售许可证。

借：其他应付款——村委
　　贷：预收账款——村委

此时预缴增值税、企业所得税和土地增值税。

9 土地增值税清算

9.1 土地增值税清算的含义

根据《土地增值税清算管理规程》(国税发〔2009〕91号印发)第三条的规定,本规程所称土地增值税清算,是指纳税人在符合土地增值税清算条件后,依照税收法律、法规及土地增值税有关政策规定,计算房地产开发项目应缴纳的土地增值税税额,并填写《土地增值税清算申报表》,向主管税务机关提供有关资料,办理土地增值税清算手续,结清该房地产项目应缴纳土地增值税税款的行为。

注意:

非房地产开发企业转让旧房需要进行土地增值税清算吗?

土地增值税清算是针对房地产开发企业在符合土地增值税清算条件后,计算房地产开发项目应缴纳的土地增值税税额的程序,不包括非房地产开发企业转让自有房产的行为。

9.2 土地增值税清算要求

根据《土地增值税清算管理规程》(国税发〔2009〕91号印发)第四条的规定,纳税人应当如实申报应缴纳的土地增值税税额,保证清算申报的真实性、准确性和完整性。

9.3 土地增值税清算单位的确定

根据《土地增值税暂行条例》第八条的规定,土地增值税以纳税人房地产成本核算的最基本的核算项目或核算对象为单位计算。

根据《国家税务总局关于房地产开发企业土地增值税清算管理有关问题的通知》(国税发〔2006〕187号)第一条的规定,土地增值税以国家有关部门审批的房地产开发项目为单位进行清算,对于分期开发的项目,以分期项目为单位清算。

房地产开发项目立项是房地产开发的第一步,即取得政府主管部门(发展和改革委员会)对项目的批准文件。因此,财务人员应以发展和改革委员会立项的项目作为清算单位;分期开发的,以分期项目为单位清算。对于如何理解"分期开发项目",财政部和国家税务总局的文件没有作出解释,导致各省市对清算单位的规定也不尽一致。

9.3.1 各省市照搬国家税务总局办法

各省市照搬国家税务总局的办法,对于如何分期也未给予明确规定,具体内容如下:

(1)根据《天津市地方税务局关于发布〈天津市土地增值税清算管理办法〉的公告》(天津市地方税务局公告2016年第24号)第五条的规定,土地增值税以纳税人与国土房管部门签订的土地出让合同所列范围内的房地产开发项目为单位进行清算。对于分期开发的项目以区级(含)以上发展改革部门备案的项目为单位进行清算,各期的清算方式和扣除项目金额的计算分摊方法应保持一致。

(2)根据《江苏省地方税务局公告关于土地增值税若干问题的公告》(苏地税规〔2015〕8号)第一条的规定,土地增值税以国家有关部门审批、备案的项目为单位进行清算。

(3)根据《国家税务总局江西省税务局关于土地增值税若干征管问题的公告》(国家税务总局江西省税务局公告2018年第16号)第一条的规定,房地产开发项目的土地增值税清算单位应依据发展和改革委员会审批或核准的项目文件确定。

(4)根据《山西省地方税务局关于发布〈房地产开发企业土地增值税清算管理办法〉的公告》(山西省地方税务局公告2014年第3号)第四条的规定,土地增值税清算以纳税人初始填报的《土地增值税项目登记表》中房地产开发项目为清算单位。分期开发的项目以分期项目为清算单位。

（5）根据《宁夏回族自治区人民政府关于印发〈宁夏回族自治区土地增值税征收管理实施暂行办法〉的通知》（宁政发〔2015〕43号）第九条的规定，土地增值税以市、县人民政府所属住房和城乡建设、房管等部门审批（备案）的纳税人房地产开发项目为单位进行清算；对于分期开发的项目，以分期项目为单位清算。

9.3.2 各省市规定灵活掌握清算单位

由纳税人结合立项、用地规划、方案设计审查（修建性详细规划）、工程规划、销售（预售）、竣工验收等确定资料灵活掌握清算单位。各省市规定如下：

（1）根据《北京市地方税务局关于发布〈北京市地方税务局土地增值税清算管理规程〉的公告》（北京市地方税务局公告2016年第7号）第六条的规定，房地产开发项目应以国家有关部门审批、备案的项目为单位进行日常管理和清算。对于分期开发的项目，可以结合项目实际情况及相关材料进行判定，以确定的分期建设项目作为清算单位。

（2）根据《国家税务总局广东省税务局关于发布〈国家税务总局广东省税务局土地增值税清算管理规程〉的公告》（国家税务总局广东省税务局公告2019年第5号）第十九条的规定，土地增值税以房地产主管部门审批、备案的房地产开发项目为单位进行清算。对于分期开发的项目，以分期项目为单位清算。具体结合项目立项、用地规划、方案设计审查（修建性详细规划）、工程规划、销售（预售）、竣工验收等确定。

（3）根据《广西壮族自治区地方税务局关于发布〈广西壮族自治区房地产开发项目土地增值税管理办法（试行）〉的公告》（广西壮族自治区地方税务局公告2018年第1号）第七条的规定，清算单位应以县（市、区）级（含）以上发展改革部门下达项目立项（核准、备案）文件或建设规划主管部门下达的《建设用地规划许可证》为依据。纳税人分期分批开发的项目，根据实际情况确定清算单位。

（4）根据《新疆维吾尔自治区地方税务局关于明确土地增值税相关问题的公告》（新疆维吾尔自治区地方税务局公告2016年第6号）第一条的规定，土地增值税以国家有关部门（以规划部门为主，结合发改委、建设部门的相关项目资料）审批、备案的房地产开发项目（分期项目）为单位进行清算。对开发周期较长，纳税人自行分期的开发项目，可将自行分期项目确定为清算单位，并报主管税务机关备案。

（5）根据《国家税务总局西藏自治区税务局关于发布〈西藏自治区土地增值税清算管理规程（试行）〉的公告》（国家税务总局西藏自治区税务局公告2022年第2号）第八条的规定，土地增值税以房地产主管部门审批、备案的房地产开发项目为单位进行清算。对于分期开发的项目，以分期项目为单位清算。具体结合项目立项、用地规划、方案设计审查（修建性详细规划）、工程规划、销售（预售）、竣工验收等确定。

9.3.3　各省市规定以《工程规划许可证》作为基本清算单位

（1）根据《重庆市地方税务局关于土地增值税若干政策执行问题的公告》（重庆市地方税务局公告2014年第9号）第一条的规定，房地产开发以规划主管部门审批的用地规划项目为清算单位。用地规划项目实施开发工程规划分期的，可选择以工程规划项目（分期）为清算单位。

（2）根据《国家税务总局福建省税务局关于土地增值税若干政策问题的公告》（国家税务总局 福建省税务局公告2018年第21号）第三条的规定，房地产开发企业应当自取得《建设工程规划许可证》的次月15日前，向主管税务机关申报备案《建设工程规划许可证》所载的建设项目名称等基础信息，并以申报备案的建设项目为单位进行土地增值税清算。

（3）根据《四川省地方税务局关于土地增值税清算单位等有关问题的公告》（四川省地方税务局公告2015年第5号）第一条的规定，土地增值税以城市规划行政主管部门颁发的《建设工程规划许可证》所确认的房地产开发项目为清算单位。

（4）根据《湖南省地方税务局关于进一步规范土地增值税管理的公告》（湖南省地方税务局公告2014年第7号）第二条的规定，土地增值税以国家有关部门审批的房地产开发项目为单位进行清算，原则上以《建设工程规划许可证》为依据确认清算单位。

（5）根据《国家税务总局海南省税务局关于发布〈国家税务总局海南省税务局土地增值税清算工作规程〉的公告》（国家税务总局海南省税务局公告2021年第8号）第五条的规定，土地增值税以《建设工程规划许可证》确认的房地产开发项目为单位进行清算。

（6）根据《大连市地方税务局关于土地增值税征收管理若干问题的公告》（大连市地方税务局公告2014年第1号）第一条的规定，土地增值税应以国家有关部门审批、备案的房地产开发项目为单位进行清算。对于分期开发的项目，应以住建部门或国土规划部门下发的《建设工程规划许可证》确定的分期建设项目作为清算单位。

(7) 根据《吉林省地方税务局关于发布〈房地产开发企业土地增值税清算管理办法（试行）〉的公告》（吉林省地方税务局公告2014年第1号）第四条的规定，土地增值税基本清算单位为房地产开发项目；开发项目分期的，为每个分期开发项目。开发项目或分期开发项目的确认以房地产业管理职能部门核发的建设工程规划许可证为主要依据。

(8) 根据《国家税务总局云南省税务局关于土地增值税征管若干事项的公告》（国家税务总局云南省税务局公告2020年第7号）第四条的规定，房地产开发企业在取得房地产开发项目开工许可后30日内，应当向主管税务机关申报办理项目登记，并以《建设工程规划许可证》确认的房地产开发项目为清算单位进行土地增值税清算。按照以上方法难以确定的，经项目所在地主管税务机关确认后，可按实际分期项目确定清算单位。

(9) 根据《国家税务总局贵州省税务局关于发布〈贵州省土地增值税清算管理办法〉的公告》（国家税务总局贵州省税务局公告2022年第12号）第四条的规定，土地增值税以发改部门立项批复确定的房地产开发项目为清算单位。对于分期开发的房地产项目，以房地产开发企业取得的《建设工程规划许可证》确定的分期项目为单位进行清算。

(10) 根据《内蒙古自治区地方税务局关于进一步明确土地增值税有关政策的通知》（内地税字〔2014〕159号）第二条的规定，土地增值税清算以国家有关部门审批的房地产开发项目为单位进行清算，对于分期开发的项目，以分期项目为清算单位，原则上以《建设工程规划许可证》为依据确认清算单位。如果企业的分期与《建设工程规划许可证》不一致的，以企业的分期项目为清算单位。

注意：

也有部分省市在以《建设工程规划许可证》作为基本清算单位的基础上，允许将符合条件的多个《建设工程规划许可证》合并为一个项目进行清算，如：

(1) 根据《国家税务总局安徽省税务局关于修改〈安徽省土地增值税清算管理办法〉的公告》（国家税务总局安徽省税务局公告2018年第21号）第十条的规定，本办法所称房地产开发项目是指经国家有关部门审批、备案的项目。对于分期开发的项目，以分期项目为单位清算。

上述国家有关部门是指发展改革部门，或者履行项目备案职能的经信委、计经委等部门。

上述分期开发的项目，是指规划部门下发的《建设工程规划许可证》中确认的项目。

依据《建设工程规划许可证》难以确认分期开发项目的,纳税人应于取得《建设工程规划许可证》之日起 30 日内向主管税务机关报告,主管税务机关应依据《建设用地规划许可证》《建设工程规划许可证》以及相关《建筑工程施工许可证》《预售许可证》及预售资金回笼等情况,经调查核实、集体审议,综合认定分期开发项目。主管税务机关认定分期开发项目,应当于纳税人报送分期项目最后一个《预售许可证》之日起 15 日内书面告知纳税人。

根据国家税务总局安徽省税务局公告 2018 年第 21 号文件第十一条的规定,房地产开发项目中,符合下列情形的,应当认定为同一分期开发项目:

① 取得多个《建设工程规划许可证》,只取得一个《建筑工程施工许可证》的。

② 取得多个《建设工程规划许可证》,且由若干个《建筑工程施工许可证》确定组织施工,经主管税务机关调查核实该多个《建设工程规划许可证》所确定的项目未利用本分期项目回笼资金开工建造的。

(2) 根据《国家税务总局山东省税务局关于发布〈国家税务总局山东省税务局土地增值税清算管理办法〉的公告》(国家税务总局山东省税务局公告 2022 年第 10 号)第七条的规定,土地增值税以政府规划部门核发的《建设工程规划许可证》确认的房地产开发项目为单位进行清算,对连续 24 个月内规划、施工的房地产开发项目,可将相关《建设工程规划许可证》确认的房地产开发项目合并为一个单位进行清算。例如,某房地产开发项目立项后,取得建设用地规划许可,后续报建取得《建设工程规划许可证》,以《建设工程规划许可证》确认的房地产开发项目为单位进行清算,如果连续 24 个月取得多个《建设工程规划许可证》,并进行施工建设的,可将多个《建设工程规划许可证》确认的房地产开发项目合并为一个单位进行清算。

(3) 根据《国家税务总局湖北省税务局财产和行为税处关于印发〈土地增值税征管工作指引(试行)〉的通知》(鄂税财行便函〔2021〕9 号)第七条的规定,纳税人在自行清算时,按照规划行政主管部门批准的建设工程规划许可证确定开发项目,作为土地增值税的最小清算单位。对连续开发、滚动开发的房地产项目,经向主管税务机关申报后,允许纳税人在同一房地产开发项目内选择相关的建设工程规划许可证,作为一个清算单位合并清算。

9.3.4 以税务局审核后的企业会计核算对象作为分期的标准

根据《深圳市地方税务局关于修订〈土地增值税征管工作规程(试行)〉的公告》(深

圳市地方税务局公告2016年第7号)第十六条的规定,房地产开发项目以项目登记(房地产开发以国家有关部门审批、备案的项目为单位办理项目登记)为单位进行清算。对开发期超过3年的项目,纳税人可以根据其开发进度,选择会计核算相对独立的部分进行分期清算,并将分期计划报送主管税务机关。

本书赞同大部分省市的规定,在国家税务总局没有新规定前,以纳税人根据主管税务机关申报备案的《建设工程规划许可证》所载的建设项目名称等基础信息,并以申报备案的建设项目为单位进行土地增值税清算。

例 9-1 开发项目中同时包含普通住宅和非普通住宅的,是否可以放弃普通住宅优惠政策,而是选择将普通标准住宅与非普通标准住宅合并计算土地增值税?

假设A公司开发住宅项目,其中普通住宅转让房地产收入10 000万元,对应可扣除项目成本总额9 500万元;非普通住宅转让房地产收入25 000万元,对应可扣除项目成本总额12 000万元。

如果普通住宅与非普通住宅分别计算应缴的土地增值税,合计缴纳土地增值税4 700万元(计算过程见表9-1),普通住宅增值额未超过扣除项目金额20%,享受了免税;如果普通住宅与非普通住宅合并计算,合计缴纳土地增值税4 325万元(计算过程见表9-2)。可见后者要少缴纳税款375万元。

表9-1 普通住宅与非普通住宅分别计算

单位:万元

	普通住宅	非普通住宅	合计
转让房地产收入总额	10 000.00	25 000.00	35 000.00
扣除项目金额合计	9 500.00	12 000.00	21 500.00
增值额	500.00	13 000.00	—
增值额与扣除项目金额之比	5.26%	108.33%	—
应交土地增值税	—	4 700.00	4 700.00

表9-2 普通住宅与非普通住宅合并计算

单位:万元

	普通住宅	非普通住宅	合计
转让房地产收入总额	—	35 000.00	35 000.00
扣除项目金额合计	—	21 500.00	21 500.00
增值额	—	13 500.00	—
增值额与扣除项目金额之比	—	62.79%	—
应交土地增值税	—	4 325.00	4 325.00

通过以上案例可以发现,因为其非普通标准住宅的增值率已经超过50%,如果将其合并计算增值额却可以拉低整个项目的增值率,从而达到整体税负降低的目的。这样做是否可以呢? 财务部、国家税务总局的相关文件规定:

(1) 根据《土地增值税暂行条例》第八条的规定,有下列情形之一的,免征土地增值税:

① 纳税人建造普通标准住宅出售,增值额未超过扣除项目金额20%的。

② 因国家建设需要依法征收、收回的房地产。

(2) 根据《财政部 国家税务总局关于土地增值税一些具体问题规定的通知》(财税字〔1995〕48号)第十三条"关于既建普通标准住宅又搞其他类型房地产开发的如何计税的问题"的规定,对纳税人既建普通标准住宅又搞其他房地产开发的,应分别核算增值额。不分别核算增值额或不能准确核算增值额的,其建造的普通标准住宅不能适用《土地增值税暂行条例》第八条第(一)项的免税规定。

(3) 根据《国家税务总局关于房地产开发企业土地增值税清算管理有关问题的通知》(国税发〔2006〕187号)第一条的规定,土地增值税的清算单位:土地增值税以国家有关部门审批的房地产开发项目为单位进行清算,对于分期开发的项目,以分期项目为单位清算。开发项目中同时包含普通住宅和非普通住宅的,应分别计算增值额。

目前各地政策呈两极分化的观点。一种观点认为,免税是一种选择权,可以放弃,放弃后合并至其他类型进行计算,如安徽省规定:

根据《安徽省地方税务局关于土地增值税若干问题的批复》(皖地税函〔2012〕583号)第一条的规定,在计算土地增值税时,对同一开发项目中既建有普通标准住宅又建有非普通标准住宅(其他类型房地产)的,如纳税人在清算报告中就其普通标准住宅申请免征土地增值税,应分别计算增值额、增值率以及应缴的土地增值税;如纳税人在清算报告提出放弃申请免征普通标准住宅土地增值税权利的,应以整个开发项目为对象,统一计算增值额、增值率以及应缴的土地增值税。纳税人在清算报告中未明确是否就其普通标准住宅申请免征土地增值税的,主管税务机关应告知纳税人相关政策,并将清算报告退还纳税人,待纳税人明确后予以受理。

另一种观点认为,普通住宅类型是强制分类的一种类型,必须进行单独区分,单独计算土地增值税,没有选择权,列举如下:

(1) 根据《辽宁省地方税务局关于明确土地增值税清算有关问题的通知》(辽地税函〔2012〕92号)第三条"关于清算项目中同时包含普通住宅和非普通住宅增值额的计算

问题"的规定,对一个清算项目中同时包含普通住宅和非普通住宅的,应分别核算增值额;未分别核算增值额或者分别核算增值额不准确的,地方税务机关一律按照普通住宅和非普通住宅的可售面积占清算项目可售面积的比例计算扣除项目金额后,分别按照普通住宅和非普通住宅的销售收入和计算的扣除项目金额计算增值额。

(2)《海南省地方税务局关于土地增值税清算有关问题的通知》(琼地税发〔2009〕187号)第二条"关于同一清算单位的房地产项目中包含不同类型房地产应如何计算土地增值税的问题"规定,根据《国家税务总局关于房地产开发企业土地增值税清算管理有关问题的通知》(国税发〔2006〕187号)第一条和《土地增值税清算管理规程》(国税发〔2009〕91号印发)第十七条的规定,对同一清算单位的房地产项目中同时包含普通住房和非普通住房的,应该分别计算普通住房和非普通住房的增值额、增值率,征收土地增值税。纳税人在申报土地增值税清算时,未分别计算普通住房和非普通住房增值额、增值率的,税务机关审核时,应分别计算普通住房和非普通住房的增值额、增值率,征收土地增值税。普通住房的增值额未超过扣除项目金额20%的,免征土地增值税。

综上所述,从国税发〔2006〕187号文件精神看,按有关部门批准的开发项目作为土地增值税的清算单位是基本要求,而要使得同一个开发项目中包含的普通标准住宅享受优惠政策,就必须符合分别核算普通标准住宅增值额的条件。并且从法理上来看,免税优惠应该是纳税人享受的一种权利,《税收征收管理法》第八条也明确"纳税人依法享有申请减税、免税、退税的权利",纳税人应可以自行抉择是否享受免税。企业愿意放弃享受优惠政策,而按基本要求就其批准的开发项目作为一个清算单位,没有违背税法的规定,是完全合理合法的。

9.4 土地增值税清算条件

土地增值税清算条件包括强制清算条件和选择清算条件。

9.4.1 强制清算条件

根据《国家税务总局关于房地产开发企业土地增值税清算管理有关问题的通知》(国税发〔2006〕187号)第二条的规定,符合下列情形之一的,纳税人应进土地增值税的清算:

(1) 房地产开发项目全部竣工、完成销售的。
(2) 整体转让未竣工决算房地产开发项目的。
(3) 直接转让土地使用权的。

9.4.2 选择清算条件

根据《国家税务总局关于房地产开发企业土地增值税清算管理有关问题的通知》(国税发〔2006〕187号)第二条的规定,符合下列情形之一的,主管税务机关可要求纳税人进行土地增值税清算:

(1) 已竣工验收的房地产开发项目,已转让的房地产建筑面积占整个项目可售建筑面积的比例在85%以上,或该比例虽未超过85%,但剩余的可售建筑面积已经出租或自用的。
(2) 取得销售(预售)许可证满3年仍未销售完毕的。
(3) 纳税人申请注销税务登记但未办理土地增值税清算手续的。
(4) 省税务机关规定的其他情况。

9.5 土地增值税清算时限要求

根据《土地增值税清算管理规程》(国税发〔2009〕91号印发)第十一条的规定,对于符合强制性清算条件,应进行土地增值税清算的项目,纳税人应当在满足条件之日起90日内到主管税务机关办理清算手续。对于符合选择性清算条件,税务机关可要求纳税人进行土地增值税清算的项目,由主管税务机关确定是否进行清算;对于确定需要进行清算的项目,由主管税务机关下达清算通知,纳税人应当在收到清算通知之日起的90日内办理清算手续。

应进行土地增值税清算的纳税人或经主管税务机关确定需要进行清算的纳税人,在上述规定的期限内拒不清算或不提供清算资料的,主管税务机关可依据《税收征收管理法》有关规定处理。

9.6 土地增值税清算应当报送的资料

根据《国家税务总局关于房地产开发企业土地增值税清算管理有关问题的通知》(国税发〔2006〕187号)第五条的规定,纳税人办理土地增值税清算应报送以下资料:

(1) 房地产开发企业清算土地增值税书面申请、土地增值税纳税申报表。

(2) 项目竣工决算报表、取得土地使用权所支付的地价款凭证、国有土地使用权出让合同、银行贷款利息结算通知单、项目工程合同结算单、商品房购销合同统计表等与转让房地产的收入、成本和费用有关的证明资料。

(3) 主管税务机关要求报送的其他与土地增值税清算有关的证明资料等。

纳税人委托税务中介机构审核鉴证的清算项目,还应报送中介机构出具的《土地增值税清算税款鉴证报告》。

各地对土地增值税清算提交资料都有一些不同的规定,应当遵循其规定。

9.7 土地增值税清算的审核鉴证

土地增值税清算项目的审核鉴证可以委托税务中介机构,税务中介机构受托对清算项目审核鉴证时,应按税务机关规定的格式对审核鉴证情况出具鉴证报告。对符合要求的鉴证报告,税务机关可以采信。

税务机关要对从事土地增值税清算鉴证工作的税务中介机构在准入条件、工作程序、鉴证内容、法律责任等方面提出明确要求,并做好必要的指导和管理工作。

9.7.1 清算前的资料搜集

土地增值税清算资料清单如表9-3所示。

表9-3 土地增值税清算资料清单

材料序号	资料名称	材料说明
1	销售台账(销控表)	相关指标包括:栋号、房号、姓名(身份证)、面积、实测面积、付款等各种情况

(续表)

材料序号	资料名称	材料说明
2	财务账本、凭证、纳税申报表	电子账提供电子版
3	土地出让或转让合同、土地使用权证	国土管理部门等
4	开发立项批复	发展改革委、建委等项目审批部门
5	建设用地规划许可证	规划局核发
6	建设工程规划许可证	规划局核发
7	建设工程施工许可证	建设委员会核发
8	商品房销售(预售)许可证	房管局核发
9	竣工验收备案表	房屋工程竣工验收备案表
10	房屋分户(室)面积对照表	房屋测绘面积表、房地产初始产权登记证
11	工程总、分包合同资料、结算单	指标包括合同(名称、编号、金额)、付款金额、发票金额、决算金额、未付款金额等
12	拆迁资料(有拆迁的需要)	拆迁安置计划、协议、安置明细表等资料
13	项目工程决算审计报告	造价工程事务所决算数据(或甲乙双方自行认定的决算资料)
14	营业执照	—

9.7.2 清算项目收入的审核

9.7.2.1 基本程序和方法

土地增值税清算项目收入审核的基本程序和方法包括：

(1) 评价收入内部控制是否存在、有效且一贯遵守。

(2) 获取或编制土地增值税清算项目收入明细表，复核加计正确，并与报表、总账、明细账及有关申报表等进行核对。

(3) 了解纳税人与土地增值税清算项目相关的合同、协议及执行情况。

(4) 查明收入的确认原则、方法，注意会计制度与税收规定以及不同税种在收入确认上的差异。

(5) 正确划分预售收入与销售收入，防止影响清算数据的准确性。

(6) 必要时，利用专家的工作审核清算项目的收入总额。

9.7.2.2 收入确认

清算项目的收入，是指转让国有土地使用权、地上的建筑物及其附着物(以下简称房地产)并取得的全部价款及有关的经济收益,包括货币收入、实物收入和其他收入。

税务师事务所应当按照税法及有关规定审核纳税人是否准确划分征税收入与不征税收入,确认土地增值税的应税收入。

土地增值税以人民币为计算单位。转让房地产所取得的收入为外国货币的,以取得收入当天或当月 1 日国家公布的市场汇价折合成人民币,据以计算应纳土地增值税税额。

对于以分期收款形式取得的外币收入,应当按实际收款日或收款当月 1 日国家公布的市场汇价折合人民币。

纳税人将开发的房地产用于职工福利、奖励、对外投资、分配给股东或投资人、抵偿债务、换取其他单位和个人的非货币性资产等,发生所有权转移时应视同销售房地产,其视同销售收入按下列方法和顺序审核确认:

(1) 按本企业当月销售的同类房地产的平均价格核定。

(2) 按本企业在同一地区、同一年度销售的同类房地产的平均价格确认。

(3) 参照当地当年、同类房地产的市场价格或评估价值确认。

收入实现时间的确定,按国家税务总局有关规定执行。

9.7.2.3 代收费用

对纳税人按县级以上人民政府的规定在售房时代收的各项费用,应区分不同情形分别处理:

(1) 代收费用计入房价向购买方一并收取的,应将代收费用作为转让房地产所取得的收入计税。实际支付的代收费用,在计算扣除项目金额时,可予以扣除,但不允许作为加计扣除的基数。

(2) 代收费用在房价之外单独收取且未计入房地产价格的,不作为转让房地产的收入,在计算增值额时不允许扣除代收费用。

9.7.2.4 截止性测试

必要时,注册税务师应当运用截止性测试确认收入的真实性和准确性。审核的主要内容包括:

(1) 审核企业按照项目设立的"预售收入备查簿"的相关内容,观察项目合同签订日期、交付使用日期、预售款确认收入日期、收入金额和成本费用的处理情况。

(2) 确认销售退回、销售折扣与折让业务是否真实,内容是否完整,相关手续是否符合规定,折扣与折让的计算和会计处理是否正确。重点审查给予关联方的销售折扣与折让是否合理,是否有利用销售折扣和折让转利于关联方等情况。

(3) 审核企业对于以土地使用权投资开发的项目,是否按规定进行税务处理。

(4) 审核按揭款收入有无申报纳税,有无挂在往来账,如"其他应付款",不作销售收入申报纳税的情形。

(5) 审核纳税人以房换地,在房产移交使用时是否视同销售不动产申报缴纳税款。

(6) 审核纳税人采用"还本"方式销售商品房和以房产补偿给拆迁户时,是否按规定申报纳税。

(7) 审核纳税人在销售不动产过程中收取的价外费用,如天然气初装费、有线电视初装费等收益,是否按规定申报纳税。

(8) 审核将房地产抵债转让给其他单位和个人或被法院拍卖的房产,是否按规定申报纳税。

(9) 审核纳税人转让在建项目是否按规定申报纳税。

(10) 审核以房地产或土地作价入股投资或联营从事房地产开发,或者房地产开发企业以其建造的商品房进行投资或联营,是否按规定申报纳税。

9.7.3 扣除项目的审核

9.7.3.1 扣除项目的具体审核内容

税务师事务所应当审核纳税人申报的扣除项目是否符合《土地增值税暂行条例实施细则》第七条规定的范围。审核的内容具体包括:

(1) 取得土地使用权所支付的金额。

(2) 房地产开发成本,包括土地征用及拆迁补偿费、前期工程费、建筑安装工程费、基础设施费、公共配套设施费、开发间接费用。

(3) 房地产开发费用。

(4) 与转让房地产有关的税金。

(5) 国家规定的其他扣除项目。

9.7.3.2 扣除项目审核的基本程序和方法

扣除项目审核的基本程序和方法包括:

(1) 评价与扣除项目核算相关的内部控制是否存在、有效且一贯遵守。

(2) 获取或编制扣除项目明细表,并与明细账、总账及有关申报表核对是否一致。

(3) 审核相关合同、协议和项目预(概)算资料,并了解其执行情况,审核成本、费用支出项目。

（4）审核扣除项目的记录、归集是否正确，是否取得合法、有效的凭证，会计及税务处理是否正确，确认扣除项目的金额是否准确。

（5）实地查看、询问调查和核实。剔除不属于清算项目所发生的开发成本和费用。

（6）必要时，利用专家审核扣除项目。

9.7.3.3　审核各项扣除项目分配或分摊的顺序和标准

审核各项扣除项目分配或分摊的顺序和标准是否符合下列规定，并确认扣除项目的具体金额：

（1）扣除项目能够直接认定的，审核是否取得合法、有效的凭证。

（2）扣除项目不能够直接认定的，审核当期扣除项目分配标准和口径是否一致，是否按照规定合理分摊。

（3）审核并确认房地产开发土地面积、建筑面积和可售面积，是否与权属证、房产证、预售证、房屋测绘所测量数据、销售记录、销售合同、有关主管部门的文件等载明的面积数据相一致，并确定各项扣除项目分摊所使用的分配标准。

如果上述性质相同的三类面积所获取的各项证据发生冲突、不能相互印证时，税务师事务所应当追加审核程序，并按照外部证据比内部证据更可靠的原则，确认适当的面积。

（4）审核并确认扣除项目的具体金额时，应当考虑总成本、单位成本、可售面积、累计已售面积、累计已售分摊成本、未售分摊成本（存货）等因素。

9.7.3.4　取得土地使用权支付金额的审核

取得土地使用权支付金额的审核应当包括下列内容：

（1）审核取得土地使用权支付的金额是否获取合法有效的凭证，口径是否一致。

（2）如果同一土地有多个开发项目，审核取得土地使用权支付金额的分配比例和具体金额的计算是否正确。

（3）审核取得土地使用权支付金额是否含有关联方的费用。

（4）审核有无将期间费用计入取得土地使用权支付金额的情形。

（5）审核有无预提的取得土地使用权支付金额。

（6）比较、分析相同地段、相同期间、相同档次项目，判断其取得土地使用权支付金额是否存在明显异常。

9.7.3.5　土地征用及拆迁补偿费的审核

土地征用及拆迁补偿费的审核应当包括下列内容：

(1) 审核征地费用、拆迁费用等实际支出与概预算是否存在明显异常。

(2) 审核支付给个人的拆迁补偿款所需的拆迁(回迁)合同和签收花名册,并与相关账目核对。

(3) 审核纳税人在由政府或者他人承担已征用和拆迁好的土地上进行开发的相关扣除项目,是否按税收规定扣除。

9.7.3.6 前期工程费的审核

前期工程费的审核应当包括下列内容:

(1) 审核前期工程费的各项实际支出与概预算是否存在明显异常。

(2) 审核纳税人是否虚列前期工程费,土地开发费用是否按税收规定扣除。

9.7.3.7 建筑安装工程费的审核

建筑安装工程费的审核应当包括下列内容:

(1) 出包方式。重点审核完工决算成本与工程概预算成本是否存在明显异常。当二者差异较大时,应当追加下列审核程序,以获取充分、适当、真实的证据:

① 从合同管理部门获取施工单位与开发商签订的施工合同,并与相关账目进行核对。

② 实地查看项目工程情况,必要时,向建筑监理公司取证。

③ 审核纳税人是否存在利用关联方(尤其是各企业适用不同的征收方式、不同税率,不同时段享受税收优惠时)承包或分包工程,增加或减少建筑安装成本造价的情形。

(2) 自营方式。重点审核施工所发生的人工费、材料费、机械使用费、其他直接费和管理费支出是否取得合法有效的凭证,是否按规定进行会计处理和税务处理。

9.7.3.8 基础设施费和公共配套设施费的审核

基础设施费和公共配套设施费的审核应当包括下列内容:

(1) 审核各项基础设施费和公共配套设施费用是否取得合法有效的凭证。

(2) 如果有多个开发项目,基础设施费和公共配套设施费用是否分项目核算,是否将应记入其他项目的费用计入了清算项目。

(3) 审核各项基础设施费和公共配套设施费用是否含有其他企业的费用。

(4) 审核各项基础设施费和公共配套设施费用是否含有以明显不合理的金额开具的各类凭证。

(5) 审核是否将期间费用计入基础设施费和公共配套设施费用。

(6) 审核有无预提的基础设施费和公共配套设施费用。

(7) 获取项目概预算资料,比较、分析概预算费用与实际费用是否存在明显异常。

(8) 审核基础设施费和公共配套设施应负担各项开发成本是否已经按规定分摊。

(9) 各项基础设施费和公共配套设施费的分摊和扣除是否符合有关税收规定。

9.7.3.9　开发间接费用的审核

开发间接费用的审核应当包括下列内容:

(1) 审核各项开发间接费用是否取得合法有效凭证。

(2) 如果有多个开发项目,开发间接费用是否分项目核算,是否将应记入其他项目的费用计入了清算项目。

(3) 审核各项开发间接费用是否含有其他企业的费用。

(4) 审核各项开发间接费用是否含有以明显不合理的金额开具的各类凭证。

(5) 审核是否将期间费用计入开发间接费用。

(6) 审核有无预提的开发间接费用。

(7) 审核纳税人的预提费用及为管理和组织经营活动而发生的管理费用,是否在本项目中予以剔除。

(8) 在计算加计扣除项目基数时,审核是否剔除了已计入开发成本的借款费用。

9.7.3.10　房地产开发费用审核

房地产开发费用的审核应当包括下列内容:

(1) 审核应据实列支的财务费用是否取得合法有效的凭证,除据实列支的财务费用外的房地产开发费用是否按规定比例计算扣除。

(2) 利息支出的审核。企业开发项目的利息支出不能够提供金融机构证明的,审核其利息支出是否按税收规定的比例计算扣除;开发项目的利息支出能够提供金融机构证明的,应按下列方法进行审核:

① 审核各项利息费用是否取得合法有效的凭证。

② 如果有多个开发项目,利息费用是否分项目核算,是否将应记入其他项目的利息费用记入了清算项目。

③ 审核各项借款合同,判断其相应条款是否符合有关规定。

④ 审核利息费用是否超过按商业银行同类同期贷款利率计算的金额。

9.7.3.11　与转让房地产有关的税金审核

与转让房地产有关的税金审核,应当确认与转让房地产有关的税金及附加扣除的范围是否符合税收有关规定,计算的扣除金额是否正确。

对于不属于清算范围或者不属于转让房地产时发生的税金及附加,或者按照预售收入(不包括已经结转销售收入部分)计算并缴纳的税金及附加,不应作为清算的扣除项目。

9.7.3.12 国家规定的加计扣除项目的审核

国家规定的加计扣除项目的审核,应当包括下列内容:

(1) 对取得土地(不论是生地还是熟地)使用权后,未进行任何形式的开发即转让的,审核是否按税收规定计算扣除项目金额,核实有无违反税收规定加计扣除的情形。

(2) 对于取得土地使用权后,仅进行土地开发(如"三通一平"等),不建造房屋即转让土地使用权的,审核是否按税收规定计算扣除项目金额,是否按取得土地使用权时支付的地价款和开发土地的成本之和计算加计扣除。

(3) 对于取得了房地产产权后,未进行任何实质性的改良或开发即再行转让的,审核是否按税收规定计算扣除项目金额,核实有无违反税收规定加计扣除的情形。

(4) 对于县级以上人民政府要求房地产开发企业在售房时代收的各项费用,审核其代收费用是否计入房价并向购买方一并收取,核实有无将代收费用作为加计扣除的基数的情形。

9.7.3.13 成片受让土地使用权后审核

对于纳税人成片受让土地使用权后,分期分批开发、转让房地产的,审核其扣除项目金额是否按主管税务机关确定的分摊方法计算分摊扣除。

9.7.4 应纳税额的审核

税务师事务所应按照税法规定审核清算项目的收入总额、扣除项目的金额,并确认其增值额及适用税率,正确计算应缴税款。审核程序通常包括:

(1) 审核清算项目的收入总额是否符合税收规定,计算是否正确。

(2) 审核清算项目的扣除金额及其增值额是否符合税收规定,计算是否正确。

① 如果企业有多个开发项目,审核收入与扣除项目金额是否属于同一项目。

② 如果同一个项目既有普通住宅,又有非普通住宅,审核其收入额与扣除项目金额是否分开核算。

③ 对于同一清算项目,一段时间免税、一段时间征税的,应当特别关注收入的实现时间及其扣除项目的配比。

(3) 审核增值额与扣除项目之比的计算是否正确,并确认土地增值税的适用税率。

（4）审核并确认清算项目当期土地增值税应纳税额及应补或应退税额。

9.7.5 鉴证报告的出具

（1）鉴证报告，是指税务师事务所按照相关法律、法规、规章及其他有关规定，在实施必要的审核程序后，出具含有鉴证结论或鉴证意见的书面报告。

（2）鉴证报告的基本内容应当包括：

① 标题。鉴证报告的标题应当统一规范为"土地增值税清算税款鉴证报告"。

② 收件人。鉴证报告的收件人是指注册税务师按照业务约定书的要求致送鉴证报告的对象，一般是指鉴证业务的委托人。鉴证报告应当载明收件人的全称。

③ 引言段。鉴证报告的引言段应当表明委托人和受托人的责任，说明对委托事项已进行鉴证审核以及审核的原则和依据等。

④ 审核过程及实施情况。鉴证报告的审核过程及实施情况应当披露以下内容：

A. 简要评述与土地增值税清算有关的内部控制及其有效性。

B. 简要评述与土地增值税清算有关的各项内部证据和外部证据的相关性和可靠性。

C. 简要陈述对委托单位提供的会计资料及纳税资料等进行审核、验证、计算和进行职业推断的情况。

⑤ 鉴证结论或鉴证意见。注册税务师应当根据鉴证情况，提出鉴证结论或鉴证意见，并确认出具鉴证报告的种类。

⑥ 鉴证报告的要素还应当包括：

A. 税务师事务所所长和注册税务师签名或盖章。

B. 载明税务师事务所的名称和地址，并加盖税务师事务所公章。

C. 注明报告日期。

D. 注明鉴证报告的使用人。

E. 附送与土地增值税清算税款鉴证相关的审核表及有关资料。

（3）税务师事务所经过审核鉴证，应当根据鉴证情况，出具真实、合法的鉴证报告。鉴证报告分为以下四种：

① 无保留意见的鉴证报告。

② 保留意见的鉴证报告。

③ 无法表明意见的鉴证报告。

④ 否定意见的鉴证报告。

上述鉴证报告应当附有《企业基本情况和土地增值税清算税款申报审核事项说明及有关附表》。

(4) 税务师事务所经过审核鉴证,确认涉税鉴证事项符合下列所有条件,应当出具无保留意见的鉴证报告:

① 鉴证事项完全符合法定性标准,涉及的会计资料及纳税资料遵从了国家法律、法规及税收有关规定。

② 注册税务师已经按《土地增值税清算鉴证业务准则》的规定实施了必要的审核程序,审核过程未受到限制。

③ 注册税务师获取了鉴证对象信息所需的充分、适当、真实的证据,完全可以确认土地增值税的具体纳税金额。

税务师事务所出具无保留意见的鉴证报告,可以作为办理土地增值税清算申报或审批事宜的依据。

(5) 税务师事务所经过审核鉴证,认为涉税鉴证事项总体上符合法定性标准,但还存在下列情形之一的,应当出具保留意见的鉴证报告:

① 部分涉税事项因税收法律、法规及其具体政策规定或执行时间不够明确。

② 经过咨询或询证,对鉴证事项所涉及的具体税收政策在理解上与税收执法人员存在分歧,需要提请税务机关裁定。

③ 部分涉税事项因审核范围受到限制,不能获取充分、适当、真实的证据,虽然影响较大,但不至于出具无法表明意见的鉴证报告。

税务师事务所应当对能够获取充分、适当、真实证据的部分涉税事项,确认其土地增值税的具体纳税金额,并对不能确认具体金额的保留事项予以说明,提请税务机关裁定。

税务师事务所出具的保留意见的鉴证报告,可以作为办理土地增值税清算申报或审批事宜的依据。

(6) 税务师事务所因审核范围受到限制,认为对企业土地增值税纳税申报可能产生的影响非常重大和广泛,以至于无法对土地增值税纳税申报发表意见,应当出具无法表明意见的鉴证报告。

税务师事务所出具的无法表明意见的鉴证报告,不能作为办理土地增值税清算申报或审批事宜的依据。

（7）税务师事务所经过审核鉴证,发现涉税事项总体上没有遵从法定性标准,存在违反相关法律、法规或税收规定的情形,经与被审核单位的治理层、管理层沟通或磋商,在所有重大方面未能达成一致意见,不能真实、合法地反映鉴证结果的,应当出具否定意见的鉴证报告。

税务师事务所出具否定意见的鉴证报告,不能作为办理土地增值税清算申报或审批事宜的依据。

9.8 土地增值税清算申请与受理

9.8.1 清算申请

根据《土地增值税清算管理规程》（国税发〔2009〕91号印发）第十一条的规定,对于符合强制清算条件的,应进行土地增值税清算的项目,纳税人应当在满足条件之日起90日内到主管税务机关办理清算手续。对于符合选择清算条件的,税务机关可要求纳税人进行土地增值税清算的项目,由主管税务机关确定是否进行清算；对于确定需要进行清算的项目,由主管税务机关下达清算通知,纳税人应当在收到清算通知之日起90日内办理清算手续。

9.8.2 清算受理

根据《土地增值税清算管理规程》（国税发〔2009〕91号印发）第十三条、第十四条、第十五条的规定,主管税务机关收到纳税人清算资料后,对符合清算条件的项目,且报送的清算资料完备的,予以受理；对纳税人符合清算条件、但报送的清算资料不全的,应要求纳税人在规定限期内补报,纳税人在规定的期限内补齐清算资料后,予以受理；对不符合清算条件的项目,不予受理。上述具体期限由各省、自治区、直辖市、计划单列市税务机关确定。主管税务机关已受理的清算申请,纳税人无正当理由不得撤消。

主管税务机关按照《土地增值税清算管理规程》（国税发〔2009〕91号印发）第六条（主管税务机关应加强房地产开发项目的日常税收管理,实施项目管理。主管税务机关应从纳税人取得土地使用权开始,按项目分别建立档案、设置台账,对纳税人项目立项、规划设计、施工、预售、竣工验收、工程结算、项目清盘等房地产开发全过程情况实行跟踪监控,做到税务管理与纳税人项目开发同步)进行项目管理时,对符合税务机关可要求纳税人进行清算情形的,应当作出评估,并经分管领导批准,确定何时要求纳税人进行清算的时间。对确定暂不通知清算的,应继续做好项目管理,每年作出评估,及时确定清算时间并通知纳税人办理清算。

主管税务机关受理纳税人清算资料后,应在一定期限内及时组织清算审核。具体期限由各省、自治区、直辖市、计划单列市税务机关确定。

9.9 税务机关对土地增值税清算的审核管理措施

根据《土地增值税清算管理规程》(国税发〔2009〕91号印发)第四章的规定:

(1) 清算审核包括案头审核、实地审核。

案头审核是指对纳税人报送的清算资料进行数据、逻辑审核,重点审核项目归集的一致性、数据计算准确性等。

实地审核是指在案头审核的基础上,通过对房地产开发项目实地查验等方式,对纳税人申报情况的客观性、真实性、合理性进行审核。

(2) 清算审核时,应审核房地产开发项目是否以国家有关部门审批、备案的项目为单位进行清算;对于分期开发的项目,是否以分期项目为单位清算;对不同类型房地产是否分别计算增值额、增值率,缴纳土地增值税。

(3) 审核收入情况时,应结合销售发票、销售合同(含房管部门网上备案登记资料)、商品房销售(预售)许可证、房产销售分户明细表及其他有关资料,重点审核销售明细表、房地产销售面积与项目可售面积的数据关联性,以核实计税收入;对销售合同所载商品房面积与有关部门实际测量面积不一致,而发生补、退房款的收入调整情况进行审核;对销售价格进行评估,审核有无价格明显偏低情况。

必要时,主管税务机关可通过实地查验,确认有无少计、漏计事项,确认有无将开发产品用于职工福利、奖励、对外投资、分配给股东或投资人、抵偿债务、换取其他单位和个人的非货币性资产等情况。

(4) 非直接销售和自用房地产的收入确定。

① 房地产开发企业将开发产品用于职工福利、奖励、对外投资、分配给股东或投资人、抵偿债务、换取其他单位和个人的非货币性资产等,发生所有权转移时应视同销售

房地产,其收入按下列方法和顺序确认:

A. 按本企业在同一地区、同一年度销售的同类房地产的平均价格确定。

B. 由主管税务机关参照当地当年、同类房地产的市场价格或评估价值确定。

② 房地产开发企业将开发的部分房地产转为企业自用或用于出租等商业用途时,如果产权未发生转移,不征收土地增值税,在税款清算时不列收入,不扣除相应的成本和费用。

(5) 土地增值税扣除项目审核的内容包括:

① 取得土地使用权所支付的金额。

② 房地产开发成本,包括:土地征用及拆迁补偿费、前期工程费、建筑安装工程费、基础设施费、公共配套设施费、开发间接费用。

③ 房地产开发费用。

④ 与转让房地产有关的税金。

⑤ 国家规定的其他扣除项目。

(6) 审核扣除项目是否符合下列要求:

① 在土地增值税清算中,计算扣除项目金额时,其实际发生的支出应当取得但未取得合法凭据的不得扣除。

② 扣除项目金额中所归集的各项成本和费用,必须是实际发生的。

③ 扣除项目金额应当准确地在各扣除项目中分别归集,不得混淆。

④ 扣除项目金额中所归集的各项成本和费用必须是在清算项目开发中直接发生的或应当分摊的。

⑤ 纳税人分期开发项目或者同时开发多个项目的,或者同一项目中建造不同类型房地产的,应按照受益对象,采用合理的分配方法,分摊共同的成本费用。

⑥ 对同一类事项,应当采取相同的会计政策或处理方法。会计核算与税务处理规定不一致的,以税务处理规定为准。

(7) 审核取得土地使用权支付金额和土地征用及拆迁补偿费时应当重点关注:

① 同一宗土地有多个开发项目,是否予以分摊,分摊办法是否合理、合规,具体金额的计算是否正确。

② 是否存在将房地产开发费用计入取得土地使用权支付金额以及土地征用及拆迁补偿费的情形。

③ 拆迁补偿费是否实际发生,尤其是支付给个人的拆迁补偿款、拆迁(回迁)合同

和签收花名册或签收凭证是否一一对应。

（8）审核前期工程费、基础设施费时应当重点关注：

① 前期工程费、基础设施费是否真实发生，是否存在虚列情形。

② 是否将房地产开发费用计入前期工程费、基础设施费。

③ 多个（或分期）项目共同发生的前期工程费、基础设施费，是否按项目合理分摊。

（9）审核公共配套设施费时应当重点关注：

① 公共配套设施的界定是否准确，公共配套设施费是否真实发生，有无预提的公共配套设施费情况。

② 是否将房地产开发费用计入公共配套设施费。

③ 多个（或分期）项目共同发生的公共配套设施费，是否按项目合理分摊。

（10）审核建筑安装工程费时应当重点关注：

① 发生的费用是否与决算报告、审计报告、工程结算报告、工程施工合同记载的内容相符。

② 房地产开发企业自购建筑材料时，自购建材费用是否重复计算扣除项目。

③ 参照当地当期同类开发项目单位平均建安成本或当地建设部门公布的单位定额成本，验证建筑安装工程费支出是否存在异常。

④ 房地产开发企业采用自营方式自行施工建设的，还应当关注有无虚列、多列施工人工费、材料费、机械使用费等情况。

⑤ 建筑安装发票是否在项目所在地税务机关开具。

（11）审核开发间接费用时应当重点关注：

① 是否存在将企业行政管理部门（总部）为组织和管理生产经营活动而发生的管理费用计入开发间接费用的情形。

② 开发间接费用是否真实发生，有无预提开发间接费用的情况，取得的凭证是否合法有效。

（12）审核利息支出时应当重点关注：

① 是否将利息支出从房地产开发成本中调整至开发费用。

② 分期开发项目或者同时开发多个项目的，其取得的一般性贷款的利息支出，是否按照项目合理分摊。

③ 利用闲置专项借款对外投资取得收益，其收益是否冲减利息支出。

（13）代收费用的审核。

对于县级以上人民政府要求房地产开发企业在售房时代收的各项费用,审核其代收费用是否计入房价并向购买方一并收取;当代收费用计入房价时,审核有无将代收费用计入加计扣除以及房地产开发费用计算基数的情形。

(14) 关联方交易行为的审核。

在审核收入和扣除项目时,应重点关注关联企业交易是否按照公允价值和营业常规进行业务往来。

应当关注企业大额应付款余额,审核交易行为是否真实。

(15) 纳税人委托中介机构审核鉴证的清算项目,主管税务机关应当采取适当方法对有关鉴证报告的合法性、真实性进行审核。

(16) 对纳税人委托中介机构审核鉴证的清算项目,主管税务机关未采信或部分未采信鉴证报告的,应当告知其理由。

(17) 土地增值税清算审核结束,主管税务机关应当将审核结果书面通知纳税人,并确定办理补、退税期限。

10 土地增值税清算实务案例操作

10.1 房地产开发企业直接转让土地使用权

山东省开发投资公司对外转让某地块土地使用权。2022年5月,某税务师事务所接受该房地产公司委托,对该公司转让土地使用权项目进行土地增值税清算,相关清算过程如下。①

10.1.1 制定整体清算流程

第一步:对清算单位调研评估,确定项目可行性。
第二步:收集清算资料。
第三步:审核清算收入。
第四步:审核清算扣除项目。
第五步:计算应纳税额。
第六步:形成审核结论,出具鉴证报告。

10.1.2 具体清算过程

10.1.2.1 对清算单位调研评估,确定项目可行性

1) 了解公司的基本情况

该开发投资公司位于山东省,属于国有企业,经营范围为房地产开发经营;建设工程施工等。

2) 了解项目的基本情况

该地块系2009年通过划拨方式取得,土地占地面积13 387.20平方米,并办理了土地证。2011年5月,经市人民政府批准该开发投资公司补交了土地出让金和契税

---

① 该案例取自山东省,政策以山东省政策为依据。

并签订了《国有建设用地土地使用权出让合同》,协议价格为 200 元/平方米。该项目应缴纳土地出让金 2 677 440.00 元,应缴纳契税 80 323.20 元;实际缴纳土地出让金 2 141 952.00 元,契税 80 323.20 元,并取得了非税收入通用票据 2 141 952.00 元和契税发票 80 323.20 元。

2022 年 5 月 18 日,经上级主管部门批准,该开发投资公司将该地块以 2 945 184.00 元(220 元/平方米)的价格转让给甲公司,并开具了 5%税率的差额征税的增值税专用发票,不含税价格 2 906 934.86 元。

转让过程中,该开发投资公司缴纳增值税 38 249.14 元,缴纳城建税 2 677.44 元,教育费附加 1 147.47 元,地方教育附加 764.98 元,印花税 1 453.47 元;甲公司缴纳印花税 1 453.47 元,契税 87 208.05 元。

3) 确定是否符合清算条件

根据《国家税务总局关于房地产开发企业土地增值税清算管理有关问题的通知》(国税发〔2006〕187 号)第二条的规定,符合下列情形之一的,纳税人应进行土地增值税的清算:

(1) 房地产开发项目全部竣工、完成销售的。
(2) 整体转让未竣工决算房地产开发项目的。
(3) 直接转让土地使用权的。

根据上述政策的规定,本项目符合强制性清算条件,纳税人应进行土地增值税清算。

10.1.2.2 收集清算资料

直接转让土地使用权资料清单如表 10-1 所示。

表 10-1 直接转让土地使用权资料清单

项目	资料	项目	资料
取得土地使用权资料	划拨用地转出让用地批复文件	转让土地使用权资料	国有土地使用权转让合同
	国有建设用地使用权出让合同		转让土地使用权发票
	土地出让价款非税收入通用票据		转让土地相关的税费凭证
	购买土地缴纳的相关税费凭证		土地估价报告
	减免土地出让金文件		转让后变更的土地证
	土地证		出让方、受让方营业执照
	购买土地相关支付凭证		转让土地相关的收款凭证

10.1.2.3 审核清算收入

1) 收入金额的确定

根据《国家税务总局山东省税务局关于发布〈国家税务总局山东省税务局土地增值税清算管理办法〉的公告》(国家税务总局山东省税务局公告 2022 年第 10 号)第十条的规定,营改增后,纳税人转让房地产的土地增值税应税收入不含增值税。适用增值税一般计税方法的纳税人,其转让房地产的土地增值税应税收入不含增值税销项税额;适用简易计税方法的纳税人,其转让房地产的土地增值税应税收入不含增值税应纳税额。

本项目属于纳税人转让 2016 年 4 月 30 日前取得的土地使用权,可以选择适用简易计税方法,以取得的全部价款和价外费用减去取得该土地使用权的原价后的余额为销售额,按照 5% 的征收率计算缴纳增值税。

因此,确定收入金额时应分以下两步。

第一步:审核《国有土地使用权转让合同》的成交价格与开具发票金额以及收款金额否一致。

第二步:审核本项目开具发票是否符合要求。

经审核最终确定本项目土地增值税清算收入为 2 906 934.86 元。

2) 审核销售价格是否明显偏低

关于"销售价格明显偏低"的界定原则应当是具有下列情况之一,即视为偏低:一是销售价格低于转让时交易地的指导价或市场交易价的 70%;二是销售价格低于成本价,包括生产企业低于生产成本销售、商业企业低于进价销售、房地产开发企业低于开发成本销售等,都属于明显偏低的情况。

经审核,最终确定的成交价格按照第三方出具的评估报告价格确认,不属于"销售价格明显偏低"的情形。

因此,最终确定本项目土地增值税清算收入为 2 906 934.86 元。

10.1.2.4 审核清算扣除项目

1) 确定扣除项目范围

根据《土地增值税宣传提纲》(国税函发〔1995〕110 号印发)第六条第(一)项的规定,对取得土地或房地产使用权后,未进行开发即转让的,计算其增值额时,只允许扣除取得土地使用权时支付的地价款,交纳的有关费用,以及在转让环节缴纳的税金。这样规定,其目的主要是抑制"炒"买"炒"卖地皮的行为。

因此，扣除项目范围为：取得土地使用权时支付的地价款，交纳的有关费用，以及在转让环节缴纳的税金。

2）审核扣除项目金额

（1）审核取得土地使用权时支付的地价款金额。

根据《土地增值税宣传提纲》（国税函发〔1995〕110号印发）第五条第（一）项的规定，取得土地使用权所支付的金额具体为：

① 以出让方式取得土地使用权的，为支付的土地出让金。

② 以行政划拨方式取得土地使用权的，为转让土地使用权时按规定补交的出让金。

③ 以转让方式取得土地使用权的，为支付的地价款。

本地块最初是以行政划拨方式，后经批准改为出让方式并补交了土地出让金，审核过程中发现该地块补交的土地出让金与签订《国有建设用地使用权出让合同》中的金额不一致，经沟通该行为属于上级部门批准减免土地出让金的行为，并附有上级部门的批准文件，而且取得的《土地出让金非税收入票据》中土地出让价款金额等于减免后的土地出让金金额，也等于实际付款金额。因此，最终确定本项目取得土地使用权时支付的地价款金额为实际补交的土地出让金金额。

审核确定取得土地使用权时支付的地价款为2 141 952.00元。

（2）审核取得土地使用权时交纳的有关费用。

根据《国家税务总局关于土地增值税清算有关问题的通知》（国税函〔2010〕220号）第五条的规定，房地产开发企业为取得土地使用权所支付的契税，应视同"按国家统一规定交纳的有关费用"，计入"取得土地使用权所支付的金额"中扣除。

① 审核契税的纳税依据与缴纳金额。

根据《国家税务总局关于免征土地出让金出让国有土地使用权征收契税的批复》（国税函〔2005〕436号）的规定，根据《中华人民共和国契税暂行条例》[①]及其细则的有关规定，对承受国有土地使用权所应支付的土地出让金，要计征契税。不得因减免土地出让金，而减免契税。因此，该企业按照合同金额缴纳契税的依据准确。

② 审核是否有合法有效的扣除凭证。

契税取得了合规的完税凭证并附有支付凭证可以税前扣除。因此，最终审核确定取得土地使用权时交纳的有关费用为80 323.20元。

---

① 现为《中华人民共和国契税法》。

(3) 审核转让环节缴纳的税金。

根据《土地增值税宣传提纲》(国税函发〔1995〕110 号印发)第五条第(五)项的规定，与转让房地产有关的税金，是指在转让房地产时缴纳的营业税、城市维护建设税、印花税。因转让房地产交纳的教育费附加，也可视同税金予以扣除。

① 审核税金能够按清算项目准确计算。

税金可以按清算项目明确区分，计税依据准确。

② 审核是否有合法有效的扣除凭证。

城市维护建设税、教育费附加、地方教育附加、印花税均取得了合规的完税凭证并附有支付凭证可以税前扣除。

因此，最终审核确定转让环节缴纳的税金为：城建税 2 677.44 元，教育费附加 1 147.47 元，地方教育附加 764.98 元，印花税 1 453.47 元。

10.1.2.5 计算应纳税额

1) 收入总额

收入总额为 2 906 934.86 元。

2) 扣除项目总额

扣除项目总额＝2 141 952.00＋80 323.20＋6 043.36＝2 228 318.56(元)。

3) 土地增值税增值额

增值额＝转让房地产所取得的收入－扣除项目金额＝2 906 934.86－2 228 318.56＝678 616.30(元)。

4) 土地增值税增值率

增值率＝增值额÷扣除项目总额×100%＝678 616.30÷2 228 318.56×100%＝30.45%。

5) 适用税率

适用税率为 30%。

6) 速算扣除数

速算扣除数为 0。

7) 应交土地增值税税额

应交土地增值税税额＝增值额×适用税率－扣除项目金额×速算扣除系数＝678 616.30×30%－2 228 318.56×0＝203 584.89(元)。

8）减免税额

减免税额为 0。

9）已缴土地增值税税额

已缴土地增值税税额为 0。

10）应补土地增值税税额

应补土地增值税税额＝应交土地增值税税额－减免税额－已缴土地增值税税额＝203 584.89(元)。

10.1.2.6　形成审核结论，出具鉴证报告

土地增值税清算税款鉴证报告

山东＊＊＊＊土增税鉴字〔2022〕8 号

山东省＊＊开发投资公司：

我们接受委托，对山东省＊＊开发投资公司（以下简称贵公司）转让"＊＊＊地块"土地使用权土地增值税清算税款申报进行鉴证审核。贵公司的责任是，对所提供的与土地增值税清算税款相关的会计资料及证明材料的真实性、合法性和完整性负责。我们的责任是，按照国家法律法规及有关规定，对所鉴证的土地增值税纳税申报表及其有关资料的真实性和准确性，在进行职业判断和必要的审核程序的基础上，出具真实、合法的鉴证报告。

在审核过程中，我们本着独立、客观、公正的原则，依据《中华人民共和国土地增值税暂行条例》及其实施细则、有关政策规定，按照《土地增值税清算鉴证业务准则》的要求，实施了包括抽查会计记录等必要的审核程序。现将鉴证结果报告如下。

一、土地增值税清算税款申报的审核过程及主要实施情况

（一）贵公司建立了与土地增值税有关的各项内部控制制度，我们考虑与土地增值税清算相关的内部控制以及各项证据的相关性和可靠性，以设计恰当的审核程序，但目的并非对内部控制的有效性发表意见。

（二）我们对贵公司提供的会计资料及纳税资料等进行了审核、验证、计算和职业推断。我们相信，我们获取的证据是充分、适当的，为发表鉴证意见提供了基础。

二、鉴证结论

经对贵公司直接转让"＊＊＊地块"土地使用权土地增值税清算税款申报进行审核，

我们确认：

1. 收入总额： 2 906 934.86 元；
2. 扣除项目金额： 2 228 318.56 元；

其中：

取得土地使用权所支付的金额 2 222 275.20 元；

房地产开发成本 0；

房地产开发费用 0；

与转让房地产有关的税金等 6 043.36 元；

财政部规定的其他扣除项目 0；

3. 增值额： 678 616.30 元；
4. 增值率（增值额与扣除金额之比）： 30.45%；
5. 适用税率： 30.00%；
6. 速算扣除系数： 0；
7. 应缴土地增值税税额： 203 584.89 元；
8. 减免税额： 0；
9. 已缴土地增值税税额： 0；
10. 应补土地增值税税额： 203 584.89 元；

清算事项的具体情况详见附件。

本鉴证报告仅供贵公司报送主管税务机关受理土地增值税清算审批之用，不得作为其他用途。非法律、行政法规规定，鉴证报告的全部内容不得提供给其他任何单位和个人。

附件：

1. 土地增值税清算报告说明。
2. 土地增值税纳税申报审核主表及其明细项目审核表。
3. 税务师事务所和注册税务师执业证书复印件（略）。
4. 企业营业执照复印件（略）。

山东 *** 税务师事务所有限公司　　　　中国注册税务师：

（所长）

中国注册税务师：

中国·山东　　　　　　　　　　　　二〇二二年五月三十一日

附件 1

土地增值税清算报告说明

一、企业基本情况

1. 企业名称：山东省 ** 开发投资公司

2. 成立日期：** 年 ** 月 ** 日

3. 统一社会信用代码：********

4. 地址：山东省 ** 市 ** 路 ** 号 **

5. 法定代表人：**

6. 注册资本：** 元

7. 企业类型：**

8. 经营范围：一般项目房屋建筑和市政基础设施项目工程总承包；房地产开发经营；各类工程建设活动（依法须经批准的项目，经相关部门批准后方可开展经营活动，具体经营项目以审批结果为准）

二、项目基本情况

本项目是山东省 ** 开发投资公司出让位于"*** 地块"的土地，该宗地用途为 ** 用地，不动产权编号：***，土地使用权终止日期为 ** 年 ** 月 ** 日，土地剩余使用年限为 ** 年，本次转让面积为 13 387.2 平方米。

三、土地增值税的审核情况

（一）土地增值税应税收入的审核

贵公司本次将该地块转让给 **** 有限公司，整体转让价格为 2 945 184.00 元，20 ** 年 ** 月 ** 日山东 ** 资产评估土地房地产估价有限公司对该项目的整体价格进行了评估，并出具鲁 *** 估字〔20 **〕第 ** 号《土地估价报告》，评估价格为 294.51 万元。

截至 2022 年 5 月 31 日止，贵公司直接转让位于"*** 地块"土地使用权土地增值税账面应税收入 2 906 934.86 元，经审核核定土地增值税应税收入为 2 906 934.86 元。

（二）土地增值税扣除项目的审核

1. 取得土地使用权所支付的金额

贵公司土地使用权账面列支金额为 2 222 275.20 元，经审核，应调减数为 0，核定取得土地使用权所支付的金额为 2 222 275.20 元，此次可扣除取得土地使用权所支付的金额为 2 222 275.20 元。

2. 房地产开发成本

贵公司可扣除前期开发费用金额为0。

贵公司可扣除建筑安装工程费金额为0。

贵公司可扣除基础设施费金额为0。

贵公司可扣除公共配套设施费金额为0。

贵公司可扣除开发间接费用金额为0。

3. 房地产开发费用

贵公司可扣除的房地产开发费用为0。

4. 与转让土地使用权有关的税金

贵公司账面转让土地使用权有关税金为6 043.36元。经审核,贵公司可扣除的转让土地使用权有关税金为6 043.36元。其中:

(1)贵公司账面转让土地使用权有关营业税为0;经审核,贵公司可扣除的转让土地使用权有关营业税为0。

(2)贵公司账面转让土地使用权有关城市维护建设税为2 677.44元;经审核,贵公司可扣除的转让土地使用权有关城市维护建设税为2 677.44元。

(3)贵公司账面转让土地使用权有关教育费附加为1 912.45元;经审核,贵公司可扣除的转让土地使用权有关教育费附加为1 912.45元。

(4)贵公司账面转让土地使用权有关印花税为1 453.47元;经审核,贵公司可扣除的转让土地使用权有关教育费附加为1 453.47元。

5. 税收规定的其他扣除项目

贵公司可扣除的其他扣除项目金额为0。

(三)增值额及增值率的审核

截至2022年5月31日,直接转让位于"***地块"土地使用权项目土地增值税的增值额与增值率鉴证结果如下:

土地增值税增值额678 616.30元;土地增值税增值率30.45%。

(四)土地增值税税款计算的审核

1. 应缴土地增值税税额审核

经鉴证应缴土地增值税税款203 584.89元。

2. 已缴土地增值税税款审核

经鉴证,截至2022年5月31日,被鉴证人直接转让位于"***地块"土地使用权项目已缴土地增值税为 0。

3. 应补(退)土地增值税税款审核

经鉴证,截至 2022 年 5 月 31 日,被鉴证人直接转让位于"***地块"土地使用权项目应补土地增值 203 584.89 元。

附件 2

土地增值税纳税申报审核主表及其明细项目审核表

附件 2-1　土地增值税纳税申报表(六)

（纳税人整体转让在建工程适用）

税款所属时间:2022 年 5 月 1 日至 2022 年 5 月 31 日　　　　填表日期:2022 年 5 月 31 日

纳税人识别号 ******************

金额单位:元至角分　面积单位:平方米

纳税人名称	**	项目名称	**	项目编号	**	项目地址	**
所属行业	**	登记注册类型	**	纳税人地址	**	邮政编码	**
开户银行	**	银行账号	**	主管部门	**	电话	**
项目					行次		
一、转让房地产收入总额　1=2+3+4					1	2 906 934.86		
其中	货币收入				2	2 906 934.86		
	实物收入及其他收入				3	—		
	视同销售收入				4	—		
二、扣除项目金额合计　5=6+7+14+17+21					5	2 228 318.56		
1. 取得土地使用权所支付的金额					6	2 222 275.20		
2. 房地产开发成本　7=8+9+10+11+12+13					7	—		
其中	土地征用及拆迁补偿费				8	—		
	前期工程费				9	—		
	建筑安装工程费				10	—		
	基础设施费				11	—		
	公共配套设施费				12	—		
	开发间接费用				13	—		

(续表)

项目	行次	
3. 房地产开发费用 14＝15＋16	14	—
其中　利息支出	15	—
其中　其他房地产开发费用	16	—
4. 与转让房地产有关的税金等 17＝18＋19＋20	17	6 043.36
其中　营业税	18	
其中　城市维护建设税	19	2 677.44
其中　教育费附加	20	3 365.92
5. 财政部规定的其他扣除项目	21	—
三、增值额 22＝1－5	22	678 616.30
四、增值额与扣除项目金额之比(%)23＝22÷5	23	30.45%
五、适用税率(核定征收率)(%)	24	30.00%
六、速算扣除系数(%)	25	—
七、应缴土地增值税税额 26＝22×24－5×25	26	203 584.89
八、减免税额(减免性质代码：)	27	—
九、已缴土地增值税税额	28	—
十、应补(退)土地增值税税额 29＝26－27－28	29	203 584.89

以下由纳税人填写：

纳税人声明：此纳税申报表是根据《中华人民共和国土地增值税暂行条例》及其实施细则和国家有关税收规定填报的，是真实的、可靠的、完整的

纳税人签章	代理人签章	代理人身份证号	

以下由税务机关填写：

受理人	受理日期	年月日	受理税务机关签章	

附件2-2　与收入相关的面积明细鉴证表

单位：平方米

项目	行次	普通住宅	非普通住宅	商铺	储藏室	车库	物业用房	学校等公共配套设施	其他	合计
		1	2	3	4	5	6	7	8	9＝1＋2＋3＋4＋5＋6＋7＋8
使用土地面积	1	0	0	0	0	0	0	0	0	13 387.20
总建筑面积	2	0	0	0	0	0	0	0	0	0

(续表)

项目	行次	普通住宅	非普通住宅	商铺	储藏室	车库	物业用房	学校等公共配套设施	其他	合计
		1	2	3	4	5	6	7	8	9＝1＋2＋3＋4＋5＋6＋7＋8
可售建筑面积	3	0	0	0	0	0	0	0	0	0
已售建筑面积	4	0	0	0	0	0	0	0	0	0
未售建筑面积	5	0	0	0	0	0	0	0	0	0
自用建筑面积	6	0	0	0	0	0	0	0	0	0

附件 2-3 转让房地产收入明细鉴证表

金额单位：元

形式或类别	项目	金额	备注
转让收入形式	货币形式取得的收入	2 906 934.86	
	非货币性收入		
	视同销售收入		
	合计	2 906 934.86	
转让收入类别	销售货币金额	2 906 934.86	
	换取非货币性资产作价金额		
	分配股东作价金额		
	分配投资人作价金额		
	用于职工福利作价金额		
	用于职工奖励作价金额		
	用于赞助作价金额		
	对外投资金额		
	抵偿债务金额		
	取得其他收益金额		
	合计	2 906 934.86	

附件 2-4 扣除项目汇总鉴证表

金额单位：元

项目		有效凭证金额	本次扣除金额	本次未扣除金额	备注
1. 取得土地使用权所支付的金额		2 222 275.20	2 222 275.20	0	
2. 房地产开发成本		0	0	0	
其中	土地征用及拆迁补偿费	0	0	0	
	前期工程费	0	0	0	
	建筑安装工程费	0	0	0	
	基础设施费	0	0	0	
	公共配套设施费	0	0	0	
	开发间接费用	0	0	0	
3. 房地产开发费用		0	0	0	
其中	利息支出	0	0	0	
	其他房地产开发费用	0	0	0	
4. 与转让房地产有关的税金		6 043.36	6 043.36	0	
其中	营业税	0	0	0	
	城市维护建设税	2 677.44	2 677.44	0	
	教育费附加	1 912.45	1 912.45	0	
	印花税	1 453.47	1 453.47	0	
5. 财政部、省政府规定的其他扣除项目		0	0	0	
6. 财政部规定的加计 20% 扣除数		0	0	0	
合计		2 228 318.56	2 228 318.56	0	

附件 2-4-1 扣除项目及成本结转明细鉴证表

单位：元/平方米

项目	总成本费用	可售建筑（土地）面积	单位造价	累计已售建筑(土地)面积	已售面积占总可售建筑面积(已售土地面积占总土地面积)%	销售成本	账面已结成本	差异数
	1	2	3=1/2	4	5	6	7	8=6-7
一、取得土地使用权所支付的金额	2 222 275.20	13 387.20	166.00		100%			0
二、房地产开发成本	0	0	0		100%			0
土地征用及拆迁补偿费	0	0	0		100%			0
前期工程费	0	0	0		100%			0

(续表)

项目	总成本费用	可售建筑(土地)面积	单位造价	累计已售建筑(土地)面积	已售面积占总可售面积(已售土地面积占总土地面积)%	销售成本	账面已结成本	差异数
	1	2	3=1/2	4	5	6	7	8=6-7
建筑安装工程费	0	0	0		100%			0
基础设施费	0	0	0		100%			0
公共配套设施费	0	0	0		100%			0
开发间接费用	0	0	0		100%			0
三、房地产开发费用	0	0	0		100%			0
利息支出	0	0	0		100%			0
其他房地产开发费用	0	0	0		100%			0
合计	2 222 275.20	13 387.20	166.00		100%	0	0	

附件2-4-2 取得土地使用权所支付的金额明细鉴证表

金额单位：元

项目	项目名称	有效凭证金额	本次扣除金额	本次未扣除金额	备注
支付土地价款支付情况	支付的土地出让金	2 141 952.00	2 141 952.00	0	
	支付地价款金额				
	交纳的有关税费	80 323.20	80 323.20	0	
	其中：				
	契税	80 323.20	80 323.20	0	
	合计	2 222 275.20	2 222 275.20	0	
支付土地征用费用情况	土地征用费用				
	耕地占用税				
	劳动力安置费				
	安置动迁用房支出				
支付土地征用费用情况	拆迁补偿款				
	其他费用				
	其中：水土补偿款				
	合计	0	0	0	

附件 2-4-3　前期工程费明细鉴证表

金额单位：元

项目名称	有效凭证金额		本次扣除金额		本次未扣除金额
	总计	其中：非招投标合同金额			
规划费用					
设计费用					
项目可行性研究费用					
水文费用					
地质费用					
勘探费用					
测绘费用					
七通一平支出					
其他					
合计	0	0	0		0

附件 2-4-4　建筑安装工程费明细鉴证表

金额单位：元

项目名称	有效凭证金额		本次扣除金额	本次未扣除金额
	总计	其中：非招投标合同金额		
建筑工程费用				
安装工程费用				
其他建筑安装工程费用				
合计	0	0	0	0

附件 2-4-5 基础设施费明细鉴证表

金额单位：元

项目名称	有效凭证金额		本次扣除金额	本次未扣除金额
	总计	其中：非招投标合同金额		
开发小区内道路				
供水工程支出				
供电工程支出				
供气工程支出				
排污工程支出				
排洪工程支出				
通讯工程支出				
照明工程支出				
环卫工程支出				
绿化费用				
其他设施工程发生的支出				
合计	0	0	0	0

附件 2-4-6 公共配套设施费明细鉴证表

金额单位：元

项目名称	有效凭证金额		本次扣除金额	本次未扣除金额
	总计	其中：非招投标合同金额		
物业管理用房费用				
变电站费用				
热力站费用				
水厂费用				
居委会用房费用				
派出所用房费用				
幼儿园用房费用				
学校用房费用				
托儿所用房费用				
公共厕所费用				
自行车棚用房费用				
邮电通讯用房费用				
其他非营业性公共设施费用				
合计	0	0	0	0

附件 2-4-7　开发间接费用明细鉴证表

金额单位：元

项目名称	有效凭证金额	本次扣除金额	本次未扣除金额	备注
管理人员工资		—		
职工福利费				
折旧费				
修理费		—		
办公费		—		
水电费				
劳动保护费		—		
周转房摊销费				
其他发生的间接费用		—		
合计	0	0	0	

附件 2-4-8　利息支出明细鉴证表

金额单位：元

行次	金融机构名称	借款金额	借款期限	利率	允许列支利息金额
1					
2					
3					
4					
6					
7					
合计					

附件 2-4-9　与转让房地产有关的税金明细鉴证表

金额单位：元

项目	行次	应缴纳税款金额	实际缴纳税款金额	备注
营业税	1	0	0	
城市维护建设税	2	2 677.44	2 677.44	
教育费附加	3	1 912.45	1 912.45	
印花税	4	1 453.47	1 453.47	
	5			
	6			
	7			
合计	8	6 043.36	6 043.36	

10.2 土地增值税清算综合案例

鸿达置业有限公司投资建设"中央商务区"项目,2022年10月至2022年12月,某税务师事务所接受该房地产公司委托,对该公司"中央商务区"项目进行土地增值税清算,相关清算过程如下。

10.2.1 制定整体清算流程

第一步：对清算单位调研评估,确定项目可行性。

第二步：收集清算资料。

第三步：确定清算单位。

第四步：确定清算范围。

第五步：确定清算对象的各房产类型及清算面积。

第六步：审核清算收入。

第七步：审核清算扣除项目。

第八步：成本分配。

第九步：计算应纳税额。

第十步：形成审核结论,出具鉴证报告。

10.2.2 具体清算过程

10.2.2.1 对清算单位调研评估,确定项目可行性

1) 了解企业基本情况

鸿达置业有限公司位于山东省,该企业成立于2006年8月,注册资本2 000万元,经营范围为房地产开发经营。2011年,该企业投资开发了"中央商务区"项目,企业成立以来投资开发了十几个项目。

2) 了解项目基本情况

鸿达置业有限公司投资建设"中央商务区"项目,是经山东省***市发展计划委员会批准投资开发的项目,坐落于*****号,规划批准总占地面积62 937.40平方米。

该项目属于旧城改造项目,项目采用政府以成本价回购住房安置拆迁户的方案,回

购明细如表 10-2 所示。

表 10-2 回迁明细表

房地产类型		面积	单价	金额
住宅		15 539.00	2 420.00	37 604 380.00
储藏室		443.50	1 500.00	665 250.00
商业	一楼	2 053.08	6 800.00	13 960 944
	二楼	1 786.67	4 800.00	8 576 016
	三楼	102.03	2 420.00	246 912.60
合计		19 924.28	—	61 053 502.6

本项目共计开发住宅楼 22 栋,商业楼 2 栋。项目分三期开发。第一期于 2011 年 5 月开工建设,包含 1#—8# 商业住宅楼;第二期于 2013 年 2 月开工建设,包含 9#—16# 商业住宅楼和两条步行街;第三期于 2015 年 9 月开工建设,包含 17#—22# 商业住宅楼。

项目总建筑面积 137 971.42 平方米,可售面积 123 494.37 平方米,已售面积 93 176.26 平方米(包含政府回购面积);未售面积 30 318.11 平方米,包括 2 套住宅 311.34 平方米,4 个储藏室 66.88 平方米,3 个车库 64.32 平方米,353 套商业用房 29 875.57 平方米,其中商业用房部分出租,出租面积 25 051.33 平方米;不可售面积包括 490.64 平方米物业用房和 13 986.41 平方米无产权地下车位。具体如表 10-3 所示。

表 10-3 面积明细表

房地产类型	总套数	建筑面积	可售面积	已售面积	未售套数	未售面积	出租面积
普通住宅	598	67 044.48	67 044.48	66 902.19	1	142.29	—
非普通住宅	47	7 228.95	7 228.95	7 059.90	1	169.05	—
车库	103	2 388.66	2 388.66	2 324.34	3	64.32	—
车位(无产权)	148	13 986.41	—	—	—	—	—
储藏室	634	9 080.84	9 080.84	9 013.96	4	66.88	—
商业	406	37 751.44	37 751.44	7 875.87	353	29 875.57	25 051.33
物业	4	490.64	—	—	—	—	—
总计	1 940	137 971.42	123 494.37	93 176.26	362	30 318.11	25 051.33

3)验收情况

该项目在 2018 年 12 月通过全部工程质量验收,并取得了山东省 ** 市建设工程质量监督站颁发的《工程竣工验收备案表》。

4) 测算是否符合清算条件

根据《国家税务总局山东省税务局关于发布〈国家税务总局山东省税务局土地增值税清算管理办法〉的公告》(国家税务总局山东省税务局公告2022年第10号)第十六条的规定,对符合以下条件之一的,主管税务机关可要求房地产开发企业进行土地增值税清算:

(1) 已竣工验收的房地产开发项目,已转让的房地产建筑面积占整个项目可售建筑面积的比例在85%以上,或该比例虽未超过85%,但剩余的可售建筑面积已经出租或自用的。

(2) 取得销售(预售)许可证满3年仍未销售完毕的。

(3) 房地产开发企业申请注销税务登记但未办理土地增值税清算手续的。

对前款所列第(3)项情形,应在办理注销登记前进行土地增值税清算。

测算过程:

条件一:已转让的房地产建筑面积占整个项目可售建筑面积的比例=93 176.26÷123 494.37×100%=75.45%<85%。

<u>依据有关文件的规定,该比例虽未超过85%,但是剩余的可售建筑面积已经部分出租,那么是否符合清算条件呢?</u>

山东省文件未对此作出规定,那么参照其他省市关于该指标的计算办法:"剩余的可售建筑面积已经出租或自用的"是指已售建筑面积、视同销售面积以及用于出租与自用的可售建筑面积之和÷项目总可售建筑面积×100%≥85%。

那么已转让的房地产建筑面积占整个项目可售建筑面积的比例=(93 176.26+25 051.33)÷123 494.37×100%=95.74%>85%,因此,符合清算条件。

条件二:最后一份预售许可证取得时间为2017年10月7日,已经满3年,符合清算条件。

综上,经过计算得出本项目已经达到税务机关可要求房地产开发企业进行土地增值税清算的条件。

经了解该项目手续完备、资料齐全、账面清晰、达到清算条件,可以进行土地增值税清算。

10.2.2.2 收集清算资料

土地增值税清算资料清单如表10-4所示。

表 10-4　土地增值税清算资料清单

材料序号	资料名称	材料说明
1	销售台账(销控表)	相关指标包括：栋号、房号、姓名(身份证)、面积、实测面积、付款等各种情况
2	财务账本、凭证、纳税申报表	电子账提供电子版
3	土地出让或转让合同、土地使用权证	国土管理部门等
4	开发立项批复	发展改革委、建委等项目审批部门
5	建设用地规划许可证	规划局核发
6	建设工程规划许可证	规划局核发
7	建设工程施工许可证	建设委员会核发
8	商品房销售(预售)许可证	房管局核发
9	竣工验收备案表	房屋工程竣工验收备案表
10	房屋分户(室)面积对照表	房屋测绘面积表、房地产初始产权登记证
11	工程总、分包合同资料、结算单	指标包括合同(名称、编号、金额)、付款金额、发票金额、决算金额、未付款金额等
12	拆迁资料(有拆迁的需要)	拆迁安置计划、协议、安置明细表等资料
13	项目工程决算审计报告	造价工程事务所决算数据(或甲乙双方自行认定的决算资料)
14	营业执照	

10.2.2.3　确定清算单位

根据《国家税务总局山东省税务局关于发布〈国家税务总局山东省税务局土地增值税清算管理办法〉的公告》(国家税务总局山东省税务局公告 2022 年第 10 号)第七条的规定,土地增值税以政府规划部门核发的《建设工程规划许可证》确认的房地产开发项目为单位进行清算,对连续 24 个月内规划、施工的房地产开发项目,可将相关《建设工程规划许可证》确认的房地产开发项目合并为一个单位进行清算。

本项目发改委立项批复文件如表 10-5 所示。

表 10-5　立项明细表

项目名称	核准号	计划投资(万元)	建筑面积(平方米)	批准日期
中央商务区项目(一期)	***发改〔2011〕2号	9 972.50	39 286.01	2011 年 1 月 9 日
中央商务区项目(二期)	**发改〔2012〕40号	11 587.20	59 017.70	2012 年 12 月 26 日
中央商务区项目(三期)	**发改〔2016〕41号	9 197.60	39 667.71	2016 年 6 月 26 日

《建设用地规划许可证》明细如表 10-6 所示。

表 10-6 《建设用地规划许可证》明细表

建设项目名称	建设位置	证书编号	用地面积(平方米)	发证日期
中央商务区(一期)	**	地字第 *** 号	总规划面积：22 308	2011 年 3 月 3 日
中央商务区(二期)	**	地字第 *** 号	总规划面积：33 512	2013 年 1 月 27 日
中央商务区(三期)	**	地字第 *** 号	总规划面积：22 525	2016 年 7 月 14 日

《建设工程规划许可证》明细如表 10-7 所示。

表 10-7 《建设工程规划许可证》明细表

建设项目名称	建设位置	建设规模（平方米）	证书编号	发证日期
中央商务区回迁房 1#商住楼,2#商住楼,3#商住楼,4#,5#商住楼,6#住宅楼,7#商住楼,8#住宅楼	**	39 286.01	建字第 ** 号	2011 年 7 月 21 日
中央商务区商业步行街 1#商业楼、商业步行街 2#商业楼、9#商住楼、回迁 10#、12#、14#住宅楼,16#商住楼,住宅楼 11#13#15#	**	59 017.70	建字第 ** 号	2013 年 4 月 20 日
中央商务区 17#、18#19#商住楼,商住楼 22#、住宅楼 20#21#及地下车库	**	39 667.71	建字第 ** 号	2016 年 8 月 8 日

综上所述,确定土地增值税清算的单位为中央商务区(一期)、中央商务区(二期)、中央商务区(三期)3 个清算单位。

10.2.2.4 确定清算范围

本项目涉及的房产类型包括普通住宅、非普通住宅、储藏室、车库、商业以及无产权的车位(只有使用权不能办理房产证),那么本次清算范围的确定主要争议点在于无产权的地下车位是否纳入清算范围。

查看无产权车位签订的销售合同为单独签订的买卖合同,且未办理其他手续,暂不纳入清算范围,相应成本费用不能扣除。

10.2.2.5 确定清算对象的各房产类型及清算面积

《财政部 国家税务总局关于土地增值税一些具体问题规定的通知》(财税字〔1995〕48 号)第十三条中首次提到将开发项目分别按"普通住宅"和"其他房地产"核算增值额,否则其建造的普通标准住宅不能适用于 20%以下免征土地增值税的规定,从而出现了业态分类(二分法)。《国家税务总局关于房地产开发企业土地增值税清算管理有关问题的通知》(国税发〔2006〕187 号)第一条则首次引入"非普通住宅"的概念,明确开发项目中同时包含普通住宅和非普通住宅的,应分别计算增值额,各地税务局出台了三分法,甚至四分法。金税三期上线之后,全国统一了土地增值税申报表,《国家税务总局关于修订财产行为税部分税种申报表的通知》(税总发〔2015〕114号)中土地增值税纳税申报表内增加了房产类型子目分别为:"普通住宅""非普通住宅""其他类型房地产",同时规定三种子目由各省自行设定维护,但部分地区仍然沿用二分法。

根据以上文件确定的本项目清算对象房地产类型包括普通住宅、非普通住宅、其他类型房地(商业、储藏室、车库)三种。清算面积按照当地房管部门出具的测绘报告确定,同时审核销售合同所载商品房面积与测绘面积是否一致,经审核最终确定的清算面积如表10-8至表10-10所示。

表 10-8 中央商务区(一期)清算面积

单位:平方米

地上/地下	楼号	房产类型	清算房产类型	建筑面积	可售面积	已售面积	未售面积
地上	1#	普通住宅	普通住宅	4 620.96	4 620.96	4 620.96	—
地上	1#	储藏室	其他类型房地产	464.56	464.56	464.56	—
地上	1#	商业	其他类型房地产	1 957.67	1 957.67	1 957.67	—
地上	2#	普通住宅	普通住宅	5 923.35	5 923.35	5 923.35	—
地上	2#	储藏室	其他类型房地产	606.28	606.28	606.28	—
地上	2#	商业	其他类型房地产	1 851.43	1 851.43	1 851.43	—
地上	3#	普通住宅	普通住宅	2 785.48	2 785.48	2 785.48	—
地上	3#	储藏室	其他类型房地产	311.22	311.22	311.22	—
地上	3#	车库	其他类型房地产	216.27	216.27	216.27	—
地上	3#	商业	其他类型房地产	812.16	812.16	812.16	—
地上	4#	普通住宅	普通住宅	3 085.60	3 085.60	3 085.60	—
地上	4#	储藏室	其他类型房地产	307.96	307.96	269.78	38.18
地上	4#	车库	其他类型房地产	349.24	349.24	349.24	—
地上	5#	普通住宅	普通住宅	2 782.61	2 782.61	2 782.61	—
地上	5#	储藏室	其他类型房地产	310.55	310.55	310.55	—
地上	5#	车库	其他类型房地产	216.32	216.32	171.12	45.20
地上	5#	商业	其他类型房地产	1 004.66	1 004.66	1 004.66	—
地上	6#	普通住宅	普通住宅	3 085.60	3 085.60	3 085.60	—
地上	6#	储藏室	其他类型房地产	307.30	307.30	307.30	—
地上	6#	车库	其他类型房地产	349.86	349.86	330.74	19.12
地上	7#	普通住宅	普通住宅	2 781.98	2 781.98	2 781.98	—

(续表)

地上/地下	楼号	房产类型	清算房产类型	建筑面积	可售面积	已售面积	未售面积
地上	7#	储藏室	其他类型房地产	310.54	310.54	310.54	—
地上	7#	车库	其他类型房地产	216.29	216.29	216.29	—
地上	7#	商业	其他类型房地产	885.32	885.32	885.32	—
地上	8#	普通住宅	普通住宅	3 085.60	3 085.60	3 085.60	—
地上	8#	储藏室	其他类型房地产	307.96	307.96	307.96	—
地上	8#	车库	其他类型房地产	349.24	349.24	349.24	—
合计				39 286.01	39 286.01	39 183.51	102.50

表 10-9 中央商务区(二期)清算面积

单位：平方米

地上/地下	楼号	房产类型	清算房产类型	建筑面积	可售面积	已售面积	未售面积
地上	9#	普通住宅	普通住宅	4 803.12	4 803.12	4 803.12	—
地上	9#	储藏室	其他类型房地产	496.44	496.44	496.44	—
地上	9#	商业	其他类型房地产	1 546.97	1 546.97	885.48	661.49
地上	10#	普通住宅	普通住宅	2 055.40	2 055.40	2 055.40	—
地上	10#	储藏室	其他类型房地产	187.97	187.97	187.97	—
地上	10#	车库	其他类型房地产	230.48	230.48	230.48	—
地上	11#	普通住宅	普通住宅	2 277.40	2 277.40	2 277.40	—
地上	11#	储藏室	其他类型房地产	461.16	461.16	461.16	—
地上	12#	普通住宅	普通住宅	2 055.40	2 055.40	2 055.40	—
地上	12#	储藏室	其他类型房地产	187.97	187.97	187.97	—
地上	12#	车库	其他类型房地产	230.48	230.48	230.48	—
地上	13#	普通住宅	普通住宅	2 277.40	2 277.40	2 277.40	—
地上	13#	储藏室	其他类型房地产	461.16	461.16	461.16	—
地上	14#	普通住宅	普通住宅	2 055.40	2 055.40	2 055.40	—
地上	14#	储藏室	其他类型房地产	187.97	187.97	187.97	—
地上	14#	车库	其他类型房地产	230.48	230.48	230.48	—
地上	15#	普通住宅	普通住宅	2 277.40	2 277.40	2 277.40	—
地上	15#	储藏室	其他类型房地产	461.16	461.16	461.16	—
地上	16#	普通住宅	普通住宅	1 050.24	1 050.24	1 050.24	—
地上	16#	储藏室	其他类型房地产	70.05	70.05	70.05	—
地上	16#	商业	其他类型房地产	1 143.23	1 143.23	362.96	780.27
地上	步行街1#	商业	其他类型房地产	15 615.28	15 615.28	—	15 615.28

(续表)

地上/地下	楼号	房产类型	清算房产类型	建筑面积	可售面积	已售面积	未售面积
地上	步行街2#	物业	公共配套	490.64	—	—	—
地上	步行街2#	商业	其他类型房地产	9 436.05	9 436.05	—	9 436.05
	合计	—	—	50 289.25	49 798.61	23 305.52	26 493.09

表 10-10 中央商务区(三期)清算面积

单位：平方米

地上/地下	楼号	房产类型	清算房产类型	建筑面积	可售面积	已售面积	未售面积
地上	17#	普通住宅	普通住宅	1 568.40	1 568.40	1 568.40	0
地上	17#	储藏室	其他类型房地产	139.5	139.5	139.5	0
地上	17#	商业	其他类型房地产	702.63	702.63	0	702.63
地上	18#	普通住宅	普通住宅	1 568.40	1 568.40	1 568.40	0
地上	18#	储藏室	其他类型房地产	139.5	139.5	139.5	0
地上	18#	商业	其他类型房地产	702.63	702.63	0	702.63
地上	19#	普通住宅	普通住宅	1 055.28	1 055.28	1 055.28	0
地上	19#	储藏室	其他类型房地产	70.00	70.00	70.00	0
地上	19#	商业	其他类型房地产	569.81	569.81	116.19	453.62
地上	20#	普通住宅	普通住宅	2 049.52	2 049.52	2 049.52	0.00
地上	20#	非普通住宅	非普通住宅	2 873.85	2 873.85	2 704.80	169.05
地下	20#	储藏室	其他类型房地产	539.86	539.86	528.56	11.30
地上	21#	普通住宅	普通住宅	9 564.24	9 564.24	9 421.95	142.29
地下	21#	储藏室	其他类型房地产	1 138.60	1 138.60	1 121.20	17.40
地上	22#	普通住宅	普通住宅	4 235.70	4 235.70	4 235.7	0
地上	22#	非普通住宅	非普通住宅	4 355.10	4 355.10	4 355.10	0
地下	22#	储藏室	其他类型房地产	1 613.13	1 613.13	1 613.13	0
地上	22#	商业	其他类型房地产	1 523.6	1 523.6	0	1 523.60
合计	—	—	—	34 409.75	34 409.75	30 687.23	3 722.52

10.2.2.6 审核清算收入

1) 重点关注

(1) 收入完整性审核。

① 是否有少计收入的情形,已经达到收入确认条件但未确认收入。

② 审核视同销售情况是否确认土地增值税清算收入。

③ 实地查验,确认有无少计、漏计事项。

(2) 收入准确性审核——分类和计价。(价格有无偏低)

① 审核普通住宅和非普通住宅的区分是否准确。

② 结合销售发票、销售合同(含房管部门网上备案登记资料)、商品房销售(预售)许可证、房产销售分户明细表及其他有关资料,重点审核销售明细表、房地产销售面积与项目可售面积的数据关联性,以核实计税收入;对销售合同所载商品房面积与有关部门实际测量面积不一致,而发生补、退房款的收入调整情况进行审核。

③ 审核有无价格明显偏低情况。

2) 存在问题

经审核发现政府回购房产都按照成本价回购明显低于市场价格,但在《网上交易成交确认书》中明确政府以该价格回购房产,因此,判定其属于正当理由,不应核定其销售价格。

3) 审核结论

获取或编制土地增值税清算项目收入明细表,复核加计正确,并与报表、总账、明细账及有关申报表等进行核对。

(1) 中央商务区(一期)取得普通住宅收入 71 766 442.67 元;非普通住宅收入为 0;其他房地产类型收入 41 903 211.53 元,其中商业收入 29 510 042.93 元,车库收入 7 577 461.90 元,储藏室收入 4 815 706.70 元。具体内容如表 10-11 所示。

表 10-11 中央商务区(一期)收入明细表

单位:元

楼号	普通住宅	非普通住宅	商业	车库	车位	储藏室	总计
1#	10 947 059.00		8 743 198.20			723 656.00	20 413 913.20
2#	16 226 335.05		6 977 620.06			1 004 496.85	24 208 451.96
3#	7 257 754.33		3 965 317.00	950 461.90		584 170.14	12 757 703.37
4#	7 628 777.00			1 512 000.00		485 250.00	9 626 027.00
5#	7 360 463.00		5 202 537.67	814 000.00		531 187.00	13 908 187.67
6#	7 641 686.00			1 584 000.00		487 023.00	9 712 709.00
7#	7 346 755.29		4 621 370.00	1 061 000.00		537 983.71	13 567 109.00
8#	7 357 613.00			1 656 000.00		461 940.00	9 475 553.00
合计	71 766 442.67	—	29 510 042.93	7 577 461.90	—	4 815 706.70	113 669 654.20

(2) 中央商务区(二期)取得普通住宅收入 81 633 566.84 元;非普通住宅收入为 0;其他房地产类型收入 21 302 767.13 元,其中商业收入 8 162 849.53 元,车库收入 4 500 000.00 元,储藏室收入 8 639 917.60 元。具体内容如表 10-12 所示。

表 10-12 中央商务区(二期)收入明细表

单位:元

楼号	普通住宅	非普通住宅	商业	车库	车位	储藏室	总计
10#	8 692 755.24			1 500 000.00		488 592.00	10 681 347.24
11#	10 329 396.33					1 990 117.94	12 319 514.27
12#	8 849 660.34			1 500 000.00		488 722.00	10 838 382.34
13#	10 191 301.82					1 989 709.10	12 181 010.92
14#	8 781 473.81			1 500 000.00		488 722.00	10 770 195.81
15#	10 406 973.96					1 991 695.04	12 398 669.00
16#	4 348 894.67		3 208 019.05			210 150.00	7 767 063.72
9#	20 033 110.67		4 954 830.48			992 209.52	25 980 150.67
步行街1#							
步行街2#							
合计	81 633 566.84	—	8 162 849.53	4 500 000.00		8 639 917.60	102 936 333.97

(3) 中央商务区(三期)取得普通住宅收入 101 184 502.14 元,非普通住宅收入 34 347 439.52 元,其他房地产类型收入 10 105 129.21 元,其中商业收入 1 006 980.00 元,储藏室收入 9 098 149.21 元。具体内容如表 10-13 所示。

表 10-13 中央商务区(三期)收入明细表

单位:元

楼号	普通住宅	非普通住宅	商业	车库	车位	储藏室	总计
17#	6 479 550.19		—			418 500.00	6 898 050.19
18#	6 443 793.00		—			418 500.00	6 862 293.00
19#	4 357 676.29		1 006 980.00			210 000.00	5 574 656.29
20#	11 770 394.49	15 845 791.75				1 356 418.33	28 972 604.57
21#	54 054 417.50					3 164 807.34	57 219 224.84
22#	18 078 670.67	18 501 647.77				3 529 923.54	40 110 241.98
合计	101 184 502.14	34 347 439.52	1 006 980.00	—	—	9 098 149.21	145 637 070.87

10.2.2.7 审核清算扣除项目

扣除项目审核步骤如下：

第一，编制《开发成本审核》工作底稿。

根据账面列支的"开发成本"编制《开发成本审核》工作底稿(表10-14)，将开发成本明细账导入到工作底稿，并按照《土地增值税清算科目管理》的要求(表10-15)进行科目重分类。

表10-14 开发成本——中央商务区审核表

委托单位：　　　　　　　　　　　　　　　　　索引号：
审核项目：　　　　　　　　　　　　　　　　　编制人：
所属期间：　　　　　　　　　　　　　　　　　复核人：

金额单位：元

序号	入账时间	凭证号	入账科目	成本对象	摘要	账载金额	审定科目	审计调整	审定数	调整原因	开票单位	发票类型	发票号码
合计						—		—	—				

表 10-15 土地增值税清算科目管理

一级科目	二级科目	三级科目	明细
开发成本	土地价款	土地出让金	
		土地转让价款	
		缴纳有关税费	契税
	土地征用及拆迁补偿费	土地征用费用	土地拍卖佣金、土地使用权初始登记费、土地交易服务费、征(土)地管理费
		耕地占用税	
		劳动力安置费	
		安置动迁用房支出	房屋安置费用
		拆迁补偿款	土地补偿费、危房补偿费、地上附着物和青苗补偿费
	前期工程费	规划费用	规划设计模型制作费
			方案评审费
			效果图设计费
			总体规划设计费
			修详设计费
		设计费用	地质勘察设计费
			施工图设计费
			装饰专项设计费
			智能化专项设计费
			景观专项设计费
			其他专项设计费
			综合管网设计费
			排水方案设计费
			人防工程设计费
			幕墙设计费
			大堂及公共部位设计费
			标示标牌设计费
			精装设计费
			基坑围护设计费
			代缴方案设计费
			方案评审费、审图费、晒图费

(续表)

一级科目	二级科目	三级科目	明细
开发成本	前期工程费	项目可行性研究费用	市场调查费
			编制费
			项目建设咨询费
			其他费
		水文费用	水文钻探、测井、水文填图、水样化验、报告费用
		地质费用	沉降观测费
		勘探费用	勘探费用
		测绘费用	前期放线测绘、后期房产测绘费用、拨地钉桩验线费、复线费、定线费、放线费、建筑面积丈量费
		三(七)通一平费	临时施工道路费
			临时施工用水接入费
			临时施工污水管接入费
			临时施工用电接入费
			临时施工用气接入费
			临时施工办公电话网络接入费
			场地平整
		临时设施	临时办公室费
			临时厕所费
			场地围墙费
			其他费
		其他	建设用地规划许可证、建设工程规划许可证、建设工程施工许可证费、商品房预售许可证、初始产权登记证等报批报建费用
			基础设施建设配套费
			城市建设基金
			白蚁防预费
			施工噪声管理费
			其他报批报建费
			定额外专项检测费
			增容配套费

（续表）

一级科目	二级科目	三级科目	明细
开发成本	前期工程费	其他	招投标管理费、招标代理费
			日照分析费、环境测评、地震安评费等
			人防易地建设费
	建安费用	建筑工程	基础工程
			土方工程
			地基加固处理费
			桩基础
			围护及支撑费
			基槽清理
			主体建筑
			地下主体
			地下主体结构工程
			地下室二次结构及装修工程
			地下室防水工程
			车库划线
			环氧地坪
			地上主体
			地上主体结构工程
			二次结构及装修工程
			防水工程
			外墙保温
			外墙装饰
			外墙涂料、外墙真石漆
			外墙干挂、外墙砖
			石材幕墙、玻璃幕墙、混合幕墙
			外立面泛光照明工程
			公共部位装修
			大堂精装修
			电梯厅精装修
			公共走道部位精装修
			楼梯间装修

(续表)

一级科目	二级科目	三级科目	明细
开发成本	建安费用	建筑工程	门工程
			单元门
			进户门
			防火门
			防火卷帘门
			窗工程
			塑钢/铝合金窗户
			外遮阳系统
			铝合金百叶
			栏杆工程
			阳台栏杆
			护窗栏杆
			空调栏杆
			防护栏杆
		安装工程	室内水暖气电管线设备费
			采暖系统及其安装费(钢管、软头、阀门、热量表)
			室内给排水
			室内电气
			室内设备及其安装费
			通风空调系统费
			电梯及安装费
			发电机系统及其安装费
			人防设备及其安装费
			消防系统及其安装费(含防排烟)
			机械车位
			太阳能/风能系统
			停车系统、车挡,及其安装
		其他建筑安装工程费用	室内精装修、样板房装修
			垃圾清运费
		供水工程支出	管道系统排管费
			水泵房土建及安装费

(续表)

一级科目	二级科目	三级科目	明细
开发成本	基础设施费	供水工程支出	用水增容费
		供电工程支出	管道及电缆系统(含高低压设备)
			配电房土建及安装
			用电增容费
			小区外线引入电缆
		供气工程支出	室外管道系统
			调压站
			煤气增容费
		供暖工程支出	管道系统
			热交换站
			锅炉房
		排污工程支出	管道系统排管费
			雨污水泵站土建及安装费
		通信工程支出	
		照明工程支出	
		环卫工程支出	
		开发小区内道路	
		绿化费用	绿化建设费
			建筑小品
			道路广场建造费
			围墙建造费
			室外照明
			室外零星设施
			集中灭蚊、喷雾系统
		防雷设施	
		智能化安装	停车管理系统
			小区闭路监控系统
			周界红外防越系统
			小区门禁系统
			电子巡更系统
			电子公告屏

(续表)

一级科目	二级科目	三级科目	明细
开发成本	基础设施费	智能化安装	居家防盗系统
			三表远传系统
			对讲系统
			小区智能化工程
		其他设施工程发生的支出	
	公共配套费	物业管理用房费用	
		变电站费用	
		热力站费用	
		水厂费用	
		居委会用房费用	
		派出所用房费用	
		幼儿园用房费用	
		学校用房费用	
		托儿所用房费用	
		公共厕所费用	
		自行车棚用房费用	
		邮电通讯用房费用	
		其他非营业性公共设施费用	信报箱、健身器材
	开发间接费用	工资	
		职工福利费	
		折旧费	
		修理费	
		办公费	
		水电费	
		劳保费	
		周转房摊销	
		其他发生的间接费用	

第二，审核各扣除项目并进行审计调整。

其一，取得土地使用权所支付的金额的审核。

(1) 重点关注：

① 取得土地使用权所支付的金额是否真实发生并取得合规的扣除凭证，是否存在虚列情形。

② 同一宗土地有多个开发项目，是否予以分摊，分摊办法是否合理、合规，具体金额的计算是否正确。

③ 是否存在将房地产开发费用计入取得土地使用权支付金额的情形。

④ 是否存在土地返还款。

(2) 存在问题：

通过审核企业的"开发成本——取得土地使用权所支付的金额"科目，账面借方列支土地价款 152 500 000.00 元，契税 4 575 000.00 元，并取得了《国有建设用地使用权出让合同》与取得的政府开具的非税收据、支付凭证与契税完税证明，比对一致。

在"营业外收入"科目发现一笔 50 000 000.00 元的记录，后附相关的政府拨款文件，经核查该笔资金为政府拨付的补助资金，与项目无关，不需要进行调整。

(3) 审核结论如表 10-16 所示。

表 10-16 取得土地使用权所支付的金额审核明细表

单位：元

审定科目	账面金额	审计调整	审定金额	备注
土地出让金	152 500 000.00	—	152 500 000.00	—
缴纳的相关税费	4 575 000.00	—	4 575 000.00	—
合计	157 075 000.00	—	157 075 000.00	—

取得土地使用权所支付的金额账面列支 157 075 000.00 元，审计调减为 0，可土地增值税前扣除金额 157 075 000.00 元。

其二，审核房地产开发成本。

(1) 土地征用及拆迁补偿费的审核。

① 重点关注：

A. 取得相关资料判定拆迁安置形式：政府公布的拆迁文件、拆迁补偿标准，委托拆迁公司的委托合同，拆迁补偿协议和回迁安置协议书，补偿款签收花名册和领款人身份证复印件，被拆迁户原房产权证复印件。

B. 比对拆迁文件、拆迁补偿标准和委托拆迁合同，审核拆迁补偿费实际支出与预算是否存在明显异常。

C. 审核领款人的身份证明、签章等手续是否齐备,拆迁补偿协议、签收花名册和被拆迁户原房产权证复印件是否存在虚增拆迁人数。

D. 审核拆迁款项是否已实际支付,审核回迁户支付给房地产开发企业的补差价款是否已抵减本项目拆迁补偿费。

E. 异地安置的房屋属于自行开发建造的,房屋视同销售价格计算是否准确。

② 存在问题:

本项目属于政府回购住房安置被拆迁户的情况,企业无拆迁补偿费列支。

③ 审核结论:

土地征用及拆迁补偿费列支金额为 0,审计调减为 0,可土地增值税前扣除金额 0 元。

(2) 前期工程费的审核。

① 重点关注:

A. 前期工程费是否真实发生并取得合规的扣除凭证,是否存在虚列情形。

B. 是否将房地产开发费用计入前期工程费。

C. 多个(或分期)项目共同发生的前期工程费,是否按项目合理分摊。

② 存在问题:

A. 未取得合规扣除凭证金额 = 24 580 + 155 668 = 180 248(元)。

B. 将房地产开发费用计入前期工程费(8 666 580.98 元)。

C. 账面列支的是三个清算项目的前期工程费,未按照项目合理分摊。

③ 审核结论如表 10-17 所示。

表 10-17 前期工程费审核明细表

单位:元

审定科目	账面金额	审计调整	审定金额	备注
测绘费	81 606.30	-24 580.00	57 026.30	无发票
勘察费	92 675.48	—	92 675.48	
项目可行性研究费用	8 000.00	—	8 000.00	
七通一平	1 540 333.36	-155 668.00	1 384 665.36	无发票
其他	13 524 119.08	-8 666 580.98	4 857 538.10	房地产开发费用
设计费	3 728 818.37		3 728 818.37	
合计	18 975 552.59	-8 846 828.98	10 128 723.61	

前期工程费账面列支金额 18 975 552.59 元,审计调减 8 846 828.98 元,允许土地增值税前扣除金额 10 128 723.61 元,前期工程费没有按项目核算。

(3) 建筑安装工程费的审核。

① 重点关注:

A. 建筑安装工程费是否真实发生并取得合规的扣除凭证,建筑服务发票备注栏是否注明建筑服务发票地省(市、区)名称及栏目名称。

B. 账面列支的建筑安装工程费是否与决算报告、审计报告、工程结算报告、工程施工合同记载的内容相符。

C. 土建工程平方米造价比对:申报的建筑工程单位成本,与开工年份建筑工程主管部门公布的相应建设工程单位(平方米)造价进行比对分析。

D. 房地产开发企业采用自营方式自行施工建设的,还应当关注有无虚列、多列施工人工费、材料费、机械使用费等情况。

E. 房地产开发企业自购建筑材料时,自购建材费用是否重复计算扣除项目。

F. 审核工程款项支付情况。现金支付或转账支付,是否存在实际支付款小于发票金额而将余款长期挂应付账款的情况。建筑安装施工企业就质量保证金对房地产开发企业开具发票的,按发票所载金额予以扣除;未开具发票的,扣留的质量保证金不得计算扣除。一般说来会按照合同约定,预留施工单位 3‰~5‰的工程质量保证金。

G. 审核开发成本中是否包括小区红线外的支出。

② 存在问题:

A. 未取得合规扣除凭证,调减扣除项目金额。

B. 账面列支的建筑安装工程费超过工程结算报告金额,经审核为房地产开发企业代垫水电费重复开票,调减扣除项目金额。

C. 账面预提施工保证金,未开具发票,调减扣除项目金额。

③ 审核结论如表 10-18 至表 10-20 所示。

表 10-18 建筑安装工程费——建筑工程审核明细表

单位:元

楼号	建筑工程			
	账面金额	审计调整	审定金额	定案金额
1#	8 202 148.39	−252 603.00	7 949 545.39	7 949 545.39
2#	9 933 552.05	−63 500.00	9 870 052.05	9 870 052.05
3#	4 187 445.59	−198 984.10	3 988 461.49	3 988 461.49

(续表)

楼号	建筑工程			
	账面金额	审计调整	审定金额	定案金额
4#	3 550 291.90	−90 909.09	3 459 382.81	3 459 382.81
5#	4 342 843.77	−90 909.09	4 251 934.68	4 251 934.68
6#	3 314 899.67	−99 329.45	3 215 570.22	3 215 570.22
7#	4 327 499.78	−9 177.00	4 318 322.78	4 318 322.78
8#	3 442 147.10	−7 983.99	3 434 163.11	3 434 163.11
步行街1#	19 604 290.45	87 014.00	19 691 304.45	19 691 304.45
步行街2#	12 877 833.50	−360 000.00	12 517 833.50	12 517 833.50
9#	7 060 871.81	−143 985.00	6 916 886.81	6 916 886.81
10#	2 508 081.74	−67 562.40	2 440 519.34	2 440 519.34
11#	2 699 808.41	−52 641.97	2 647 166.44	2 647 166.44
12#	2 518 521.33	−81 743.10	2 436 778.23	2 436 778.23
13#	2 377 762.98	−63 691.03	2 314 071.95	2 314 071.95
14#	2 448 335.51	−11 000.00	2 437 335.51	2 437 335.51
15#	24 00 032.34	−97 200.00	2 302 832.34	2 302 832.34
16#	3 012 631.65	−2 376.00	3 010 255.65	3 010 255.65
17#	3 127 029.83	−4 680.00	3 122 349.83	3 122 349.83
18#	3 152 365.08	−28 173.82	3 124 191.26	3 124 191.26
19#	2 603 562.14	−377 308.96	2 226 253.18	2 226 253.18
20#	4 640 989.62	555 625.00	5 196 614.62	5 196 614.62
21#	10 070 988.99	−555 625.00	9 515 363.99	9 515 363.99
22#	11 315 973.27	−56 700.00	11 259 273.27	11 259 273.27
车位	7 967 597.88	−3 238.00	7 964 359.88	7 964 359.88
合计	141 687 504.78	−2 076 682.00	139 610 822.78	139 610 822.78

表 10-19 建筑安装工程费——安装工程审核明细表

单位：元

楼号	安装工程			
	账面金额	审计调整	审定金额	定案金额
1#	1 340 323.57	−90 000.00	1 250 323.57	1 250 323.57
2#	1 509 145.96		1 509 145.96	1 509 145.96
3#	509 098.78	−29 975.48	479 123.30	479 123.30
4#	434 108.24		434 108.24	434 108.24
5#	472 020.89		472 020.89	472 020.89
6#	427 878.73		427 878.73	427 878.73

(续表)

楼号	安装工程			
	账面金额	审计调整	审定金额	定案金额
7#	474 458.82		474 458.82	474 458.82
8#	434 117.73		434 117.73	434 117.73
步行街1#	3 502 850.00		3 502 850.00	3 502 850.00
步行街2#	5 541 121.59		5 541 121.59	5 541 121.59
9#	1 335 996.21	−82 568.81	1 253 427.40	1 253 427.40
10#	682 951.92		682 951.92	682 951.92
11#	693 947.33		693 947.33	693 947.33
12#	817 924.32		817 924.32	817 924.32
13#	693 947.33		693 947.33	693 947.33
14#	817 924.32		817 924.32	817 924.32
15#	440 428.29	−82 568.81	357 859.48	357 859.48
16#	337 468.73		337 468.73	337 468.73
17#	801 076.37		801 076.37	801 076.37
18#	801 076.37		801 076.37	801 076.37
19#	284 794.03		284 794.03	284 794.03
20#	1 002 040.46	−91 491.61	910 548.85	910 548.85
21#	1 776 894.00		1 776 894.00	1 776 894.00
22#	2 050 985.55		2 050 985.55	2 050 985.55
车位	1 079 611.71		1 079 611.71	1 079 611.71
合计	28 262 191.25	−376 604.71	27 885 586.54	27 885 586.54

表 10-20 建筑安装工程费——其他建筑工程审核明细表

单位：元

楼号	其他建筑安装工程			
	账面金额	审计调整	审定金额	定案金额
1#	100 520.90	−1 000.00	99 520.90	99 520.90
2#	27 420.35		27 420.35	27 420.35
3#	17 709.51	−852.00	16 857.51	16 857.51
4#	14 945.22		14 945.22	14 945.22
5#	20 931.39		20 931.39	20 931.39
6#	15 484.02		15 484.02	15 484.02
7#	18 812.16		18 812.16	18 812.16
8#	106 026.79		106 026.79	106 026.79

(续表)

楼号	其他建筑安装工程			
	账面金额	审计调整	审定金额	定案金额
步行街1#	112 095.12	−1 560.00	110 535.12	110 535.12
步行街2#	129 904.56		129 904.56	129 904.56
9#	114 945.94		114 945.94	114 945.94
10#	41 533.30		41 533.30	41 533.30
11#	—			
12#	41 533.30		41 533.30	41 533.30
13#	—			
14#	41 533.30		41 533.30	41 533.30
15#				
16#	38 002.09		38 002.09	38 002.09
17#	40 470.23		40 470.23	40 470.23
18#	40 792.23	−322.00	40 470.23	40 470.23
19#	28 458.75		28 458.75	28 458.75
20#	—			
21#	—			
22#	—			
车位	—			
合计	951 119.16	−3 734.00	947 385.16	947 385.16

建筑安装工程费账面列支金额170 900 815.20元，审计调减2 457 020.71元，可土地增值税前扣除金额168 443 794.49元，建筑安装工程费按楼号核算清晰。

(4) 基础设施费的审核。

① 重点关注：

A. 审核基础设施费是否取得合法有效的凭证。

B. 审核发生的费用是否与工程结算报告、工程施工合同记载的内容相符。

C. 审核有无预提的基础设施费。

D. 如果有多个开发项目，基础设施费是否分项目核算，是否将应计入其他项目的费用计入了清算项目。

E. 基础设施费是否真实发生，有无虚列的情形，绿化等工程应当进行实地核实，了解所发生的费用是否有实物佐证，特别关注绿化工程出包关联方情况。

② 存在问题：

A. 建筑服务发票备注栏标注不合规，调减扣除项目金额。

B. 部分工程开票金额超过工程结算报告金额，超过部分调减扣除项目金额。

③ 审核结论如表10-21所示。

表10-21 基础设施费审核明细表

单位：元

审定科目	账面金额	审计调整	审定金额	结算金额	备注
供电工程	1 328 139.45	−31 900.00	1 296 239.45	1 296 239.45	
供气工程	548 335.45	−6 079.92	542 255.53	542 255.53	
供水工程	347 071.87	−5 764.60	341 307.27	341 307.27	
环卫工程	46 800.00	−3 600.00	43 200.00	43 200.00	
开发小区内道路	1 953 108.01	−350.00	1 952 758.01	1 952 758.01	
绿化费用	12 460 377.36	−148 300.00	12 312 077.36	12 312 077.36	
其他	6 958 022.59	−19 500.00	6 938 522.59	6 938 522.59	
通讯工程	7 750.00		7 750.00	7 750.00	
照明工程	13 422.00		13 422.00	13 422.00	
合计	23 663 026.73	−215 494.52	23 447 532.21	23 447 532.21	

基础设施费账面列支金额23 663 026.73元，审计调减215 494.52元，可土地增值税前扣除金额23 447 532.21元，基础设施费没有按项目核算。

（5）公共配套设施费的审核。

① 重点关注：

A. 审核公共配套设施费用是否取得合法有效的凭证。

B. 审核公共配套设施费用是否含有期间费用。

C. 审核有无预提的公共配套设施费用。

D. 如果有多个开发项目，基础设施费用和公共配套设施费用是否分项目核算，是否将应记入其他项目的费用计入了清算项目。

E. 审核该配套设施产权归属关系和是否改变用途、是否属于非营利性设施。产权归属主要审核规划资料和竣工验收资料。

建成后产权属于全体业主所有的，其成本、费用可以扣除。

建成后无偿移交给政府、公用事业单位用于非营利性社会公共事业的，其成本、费用可以扣除。

建成后有偿转让的，应计算收入，并准予扣除成本、费用。

② 存在问题：

公共配套费用应包含物业用房自建成本，查看规划资料包含该物业用房，物业用房产权属于全体业主，因此成本费用可以扣除，物业用房属于整个项目共用，应在三个项目之间分摊。

③ 审核结论：

根据后续计算结果确定物业用房的成本，作为公共配套设施费扣除。

(6) 开发间接费用的审核。

① 重点关注：

A. 开发间接费用是否真实发生，有无预提开发间接费用的情况，取得的凭证是否合法有效。

B. 是否存在将企业行政管理部门（总部）为组织和管理生产经营活动而发生的管理费用计入"开发间接费用"的情形。

C. 施工方应承担的水电费是否计入"开发间接费用"。

D. 审核计入"开发间接费用"的工资是否属于直接组织和管理项目的人员的工资，有无将非项目部人员工资计入的情形。

E. 如果有多个开发项目，开发间接费用是否分项目核算，是否将应计入其他项目的费用计入了清算项目。

F. 重点审核项目竣工验收后发生的"开发间接费用"。

② 存在问题：

A. 办公费 3 520.00 元未取得合规发票，调减扣除项目金额。

B. 项目竣工验收后列支水电费 52 360.00 元，调减扣除项目金额。

C. 开发间接费用中列支期间费用 4 426 967.46 元，调减扣除项目金额。

③ 审核结论如表 10-22 所示。

表 10-22　开发间接费审核明细表

单位：元

审定科目	账面金额	审计调整	审定金额	备注
管理人员工资	7 660 769.83		7 660 769.83	
职工福利费	78 646.80		78 646.80	
折旧费				
修理费	25 611.00		25 611.00	
办公费	240 357.38	−3 520.00	236 837.38	

(续表)

审定科目	账面金额	审计调整	审定金额	备注
水电费	105 923.12	−52 360.00	53 563.12	
劳动保护费	6 565.10		6 565.10	
周转房摊销费				
其他发生的间接费用	4 426 967.46	−4 426 967.46		
合计	12 544 840.69	−4 482 847.46	8 061 993.23	—

开发间接费账面列支金额 12 544 840.69 元,审计调减 4 482 847.46 元,可土地增值税前扣除金额 8 061 993.23 元,开发间接费用没有按项目核算。

其三,审核房地产开发费用。

(1) 重点关注:

① 开发项目的利息支出能够提供金融机构证明的,应按下列方法进行审核:

A. 审核各项利息费用是否取得合法有效的凭证。

B. 如果有多个开发项目,利息费用是否分项目核算,是否将应计入其他项目的利息费用计入了清算项目。

C. 审核各项借款合同,判断其相应条款是否符合有关规定。

D. 审核利息费用是否超过按商业银行同类同期贷款利率计算的金额。

② 凡不能按转让房地产项目计算分摊利息支出或不能提供金融机构证明的,房地产开发费用按照"取得土地使用权所支付的金额"与"房地产开发成本"金额之和的 10% 计算扣除。

(2) 存在问题:

本项目不能按转让房地产项目计算分摊利息支出也不能提供金融机构证明。

(3) 审核结论:

本项目房地产开发费用按照"取得土地使用权所支付的金额"与"房地产开发成本"金额之和的 10% 计算扣除。

其四,审核与转让房地产有关的税金。

(1) 重点关注:

① 应当确认与转让房地产有关的税金是否符合税收有关规定,计算的扣除金额是否正确。

② 凡能够按清算项目准确计算的,允许据实扣除。凡不能按清算项目准确计算的,则按该清算项目预缴增值税时实际缴纳的城建税、教育费附加扣除。

(2) 存在问题：

本项目与转让房地产有关的税金不能按清算项目准确计算。

(3) 审核结论：

本项目与转让房地产有关的税金按该清算项目预缴增值税时实际缴纳的城建税、教育费附加扣除。

其五，审核财政部规定的加计扣除金额。

(1) 重点关注：

① 对取得土地（不论是生地还是熟地）使用权后，未进行任何形式的开发即转让的，审核是否按税收规定计算扣除项目金额，核实有无违反税收规定加计扣除的情形。

② 对于取得土地使用权后，仅进行土地开发（如"三通一平"等），不建造房屋即转让土地使用权的，审核是否按税收规定计算扣除项目金额，是否按取得土地使用权时支付的地价款和开发土地的成本之和计算加计扣除。

③ 对于取得了房地产产权后，未进行任何实质性的改良或开发即再行转让的，审核是否按税收规定计算扣除项目金额，核实有无违反税收规定加计扣除的情形。

④ 对于县级以上人民政府要求房地产开发企业在售房时代收的各项费用，审核其代收费用是否计入房价并向购买方一并收取，核实有无将代收费用作为加计扣除的基数的情形。

(2) 存在问题：

无。

(3) 审核结论：

本项目加计扣除金额按照"取得土地使用权所支付的金额"与"房地产开发成本"金额之和的 20% 计算扣除。

10.2.2.8 成本分配

1) 取得土地使用权所支付的金额的分配

计算公式：

项目一：

$$\text{取得土地使用权所支付的金额可税前扣除金额} = \frac{\text{取得土地使用权所支付的金额}}{\text{总可售建筑面积（地上部分）}} \times \text{项目一已售建筑面积}$$

项目二：

$$\text{取得土地使用权所支付的金额可税前扣除金额} = \frac{\text{取得土地使用权所支付的金额}}{\text{总可售建筑面积（地上部分）}} \times \text{项目二已售建筑面积}$$

项目三：

$$\text{取得土地使用权所支付的金额可税前扣除金额} = \frac{\text{取得土地使用权所支付的金额}}{\text{总可售建筑面积（地上部分）}} \times \text{项目三已售建筑面积}$$

2）前期工程费的分配

计算公式：

项目一：

$$\text{前期工程费可税前扣除金额} = \frac{\text{前期工程费总金额}}{\text{总可售建筑面积}} \times \text{项目一已售建筑面积}$$

项目二：

$$\text{前期工程费可税前扣除金额} = \frac{\text{前期工程费总金额}}{\text{总可售建筑面积}} \times \text{项目二已售建筑面积}$$

项目三：

$$\text{前期工程费可税前扣除金额} = \frac{\text{前期工程费总金额}}{\text{总可售建筑面积}} \times \text{项目三已售建筑面积}$$

3）建筑安装工程费的分配

计算公式：

项目一：

建筑安装工程费可税前扣除金额＝直接计入的建筑安装工程费金额（调整后）

项目二：

建筑安装工程费可税前扣除金额＝直接计入的建筑安装工程费金额（调整后）

项目三：

建筑安装工程费可税前扣除金额＝直接计入的建筑安装工程费金额（调整后）

4）基础设施费的分配

计算公式：

项目一：

$$\text{基础设施费可税前扣除金额} = \frac{\text{基础设施费总金额}}{\text{总可售建筑面积}} \times \text{项目一已售建筑面积}$$

项目二：

$$\text{基础设施费可税前扣除金额} = \frac{\text{基础设施费总金额}}{\text{总可售建筑面积}} \times \text{项目二已售建筑面积}$$

项目三：

$$基础设施费可税前扣除金额 = \frac{基础设施费总金额}{总可售建筑面积} \times 项目三已售建筑面积$$

5）公共配套设施费的分配

分配步骤：

（1）按照上述公式计算的物业用房的成本＝取得土地使用权所支付的金额＋前期工程费＋建筑安装工程费＋基础设施费。

（2）将物业用房成本在三个项目之间按照建筑面积分摊。

计算公式：

项目一：

$$公共配套设施费可税前扣除金额 = \frac{公共配套设施费总金额}{总可售建筑面积} \times 项目一已售建筑面积$$

项目二：

$$公共配套设施费可税前扣除金额 = \frac{公共配套设施费总金额}{总可售建筑面积} \times 项目二已售建筑面积$$

项目三：

$$公共配套设施费可税前扣除金额 = \frac{公共配套设施费总金额}{总可售建筑面积} \times 项目三已售建筑面积$$

6）开发间接费的分配

计算公式：

项目一：

$$开发间接费可税前扣除金额 = \frac{开发间接费总金额}{总可售建筑面积} \times 项目一已售建筑面积$$

项目二：

$$开发间接费可税前扣除金额 = \frac{开发间接费总金额}{总可售建筑面积} \times 项目二已售建筑面积$$

项目三：

$$开发间接费可税前扣除金额 = \frac{开发间接费总金额}{总可售建筑面积} \times 项目三已售建筑面积$$

有关金额分配内容如表 10-23 至表 10-31 所示。

表10-23 取得土地使用权所支付的金额分配表

金额单位：元　面积单位：平方米

			地上部分	120 693.42	120 693.42	90 404.01	1 263.53	37.91	1 301.44
分配率（单位成本）									
本次未扣除金额							38 271 639.21	1 148 149.22	39 419 788.43
本次扣除金额							114 228 360.79	3 426 850.78	117 655 211.57
有效凭证金额				137 971.42	123 985.01	93 666.90	152 500 000.00	4 575 000.00	157 075 000.00
							152 500 000.00	4 575 000.00	157 075 000.00
地上/地下	清算单位	楼号	类型	户数	总建筑面积	总可售面积	已售面积	土地价款	契税	合计
地上	一期	1#	普通住宅	36.00	4 620.96	4 620.96	4 620.96	5 838 730.89	175 161.93	6 013 892.82
地上	一期	1#	储藏室	36.00	464.56	464.56	464.56	586 986.43	17 609.59	604 596.02
地上	一期	1#	商业	12.00	1 957.67	1 957.67	1 957.67	2 473 578.72	74 207.36	2 547 786.08
地上	一期	2#	普通住宅	54.00	5 923.35	5 923.35	5 923.35	7 484 342.35	224 530.27	7 708 872.62
地上	一期	2#	储藏室	54.00	606.28	606.28	606.28	766 054.19	22 981.63	789 035.82
地上	一期	2#	商业	10.00	1 851.43	1 851.43	1 851.43	2 339 341.08	70 180.23	2 409 521.31
地上	一期	3#	普通住宅	29.00	2 785.48	2 785.48	2 785.48	3 519 543.15	105 586.29	3 625 129.44
地上	一期	3#	储藏室	29.00	311.22	311.22	311.22	393 236.43	11 797.09	405 033.52
地上	一期	3#	车库	7.00	216.27	216.27	216.27	273 264.07	8 197.92	281 461.99
地上	一期	3#	商业	8.00	812.16	812.16	812.16	1 026 190.16	30 785.70	1 056 975.86
地上	一期	4#	普通住宅	30.00	3 085.60	3 085.60	3 085.60	3 898 754.38	116 962.63	4 015 717.01
地上	一期	4#	储藏室	30.00	307.96	307.96	269.78	340 875.67	10 226.27	351 101.94
地上	一期	4#	车库	16.00	349.24	349.24	349.24	441 275.92	13 238.28	454 514.20
地上	一期	5#	普通住宅	29.00	2 782.61	2 782.61	2 782.61	3 515 916.82	105 477.50	3 621 394.32
地上	一期	5#	储藏室	29.00	310.55	310.55	310.55	392 389.87	11 771.70	404 161.57
地上	一期	5#	车库	9.00	216.32	216.32	171.12	216 215.60	6 486.47	222 702.07

(续表)

地上/地下	清算单位	楼号	类型	户数	总建筑面积	总可售面积	已售面积	土地价款	契税	合计
地上	一期	5#	商业	9.00	1 004.66	1 004.66	1 004.66	1 269 420.07	38 082.60	1 307 502.67
地上	一期	6#	普通住宅	30.00	3 085.60	3 085.60	3 085.60	3 898 754.38	116 962.63	4 015 717.01
地上	一期	6#	储藏室	30.00	307.30	307.30	307.30	388 283.39	11 648.50	399 931.89
地上	一期	6#	车库	15.00	349.86	349.86	330.74	417 900.58	12 537.02	430 437.60
地上	一期	7#	普通住宅	29.00	2 781.98	2 781.98	2 781.98	3 515 120.79	105 453.62	3 620 574.41
地上	一期	7#	储藏室	29.00	310.54	310.54	310.54	392 377.23	11 771.32	404 148.55
地上	一期	7#	车库	10.00	216.29	216.29	216.29	273 289.34	8 198.68	281 488.02
地上	一期	7#	商业	7.00	885.32	885.32	885.32	1 118 630.16	33 558.90	1 152 189.06
地上	一期	8#	普通住宅	30.00	3 085.60	3 085.60	3 085.60	3 898 754.38	116 962.63	4 015 717.01
地上	一期	8#	储藏室	30.00	307.96	307.96	307.96	389 117.32	11 673.52	400 790.84
地上	一期	8#	车库	16.00	349.24	349.24	349.24	441 275.92	13 238.28	454 514.20
地上	二期	9#	普通住宅	36.00	4 803.12	4 803.12	4 803.12	6 068 895.89	182 066.88	6 250 962.77
地上	二期	9#	储藏室	36.00	496.44	496.44	496.44	627 267.83	18 818.03	646 085.86
地上	二期	9#	商业	7.00	1 546.97	1 546.97	885.48	1 118 832.33	33 564.97	1 152 397.30
地上	二期	10#	普通住宅	20.00	2 055.40	2 055.40	2 055.40	2 597 063.70	77 911.91	2 674 975.61
地上	二期	10#	储藏室	11.00	187.97	187.97	187.97	237 506.11	7 125.18	244 631.29
地上	二期	10#	车库	10.00	230.48	230.48	230.48	291 218.86	8 736.57	299 955.43
地上	二期	11#	普通住宅	20.00	2 277.40	2 277.40	2 277.40	2 877 567.81	86 327.03	2 963 894.84
地上	二期	11#	储藏室	28.00	461.16	461.16	461.16	582 690.42	17 480.71	600 171.13
地上	二期	12#	普通住宅	20.00	2 055.40	2 055.40	2 055.40	2 597 063.70	77 911.91	2 674 975.61
地上	二期	12#	储藏室	11.00	187.97	187.97	187.97	237 506.11	7 125.18	244 631.29

(续表)

地上/地下	清算单位	楼号	类型	户数	总建筑面积	总可售面积	已售面积	土地价款	契税	合计
地上	二期	12#	车库	10.00	230.48	230.48	230.48	291 218.86	8 736.57	299 955.43
地上	二期	13#	普通住宅	20.00	2 277.40	2 277.40	2 277.40	2 877 567.81	86 327.03	2 963 894.84
地上	二期	13#	储藏室	28.00	461.16	461.16	461.16	582 690.42	17 480.71	600 171.13
地上	二期	14#	普通住宅	20.00	2 055.40	2 055.40	2 055.40	2 597 063.70	77 911.91	2 674 975.61
地上	二期	14#	储藏室	11.00	187.97	187.97	187.97	237 506.11	7 125.18	244 631.29
地上	二期	14#	车库	10.00	230.48	230.48	230.48	291 218.86	8 736.57	299 955.43
地上	二期	15#	普通住宅	20.00	2 277.40	2 277.40	2 277.40	2 877 567.81	86 327.03	2 963 894.84
地上	二期	15#	储藏室	28.00	461.16	461.16	461.16	582 690.42	17 480.71	600 171.13
地上	二期	16#	普通住宅	12.00	1 050.24	1 050.24	1 050.24	1 327 011.86	39 810.36	1 366 822.22
地上	二期	16#	储藏室	10.00	70.05	70.05	70.05	88 510.42	2 655.31	91 165.73
地上	二期	16#	商业	9.00	1 143.23	1 143.23	362.96	458 611.58	13 758.35	472 369.93
地上	二期	步行街1#	商业	144.00	15 615.28	15 615.28	—	—	—	—
地上		步行街2#	物业	4.00	490.64	490.64	490.64	619 939.35	18 598.18	638 537.53
地上	二期	步行街2#	商业	171.00	9 436.05	9 436.05	—	—	—	—
地上	三期	17#	普通住宅	18.00	1 568.40	1 568.40	1 568.40	1 981 723.61	59 451.71	2 041 175.32
地上	三期	17#	储藏室	20.00	139.50	139.50	139.50	176 262.72	5 287.88	181 550.60
地上	三期	17#	商业	8.00	702.63	702.63	—	—	—	—
地上	三期	18#	普通住宅	18.00	1 568.40	1 568.40	1 568.40	1 981 723.61	59 451.71	2 041 175.32
地上	三期	18#	储藏室	20.00	139.50	139.50	139.50	176 262.72	5 287.88	181 550.60
地上	三期	18#	商业	8.00	702.63	702.63	—	—	—	—

(续表)

地上/地下	清算单位	楼号	类型	户数	总建筑面积	总可售面积	已售面积	土地价款	契税	合计
地上	三期	19#	普通住宅	12.00	1 055.28	1 055.28	1 055.28	1 333 380.06	40 001.40	1 373 381.46
地上	三期	19#	储藏室	10.00	70.00	70.00	70.00	88 447.24	2 653.42	91 100.66
地上	三期	19#	商业	6.00	569.81	569.81	116.19	146 809.78	4 404.29	151 214.07
地上	三期	20#	普通住宅	17.00	2 049.52	2 049.52	2 049.52	2 589 634.13	77 689.02	2 667 323.15
地上	三期	20#	非普通住宅	17.00	2 873.85	2 873.85	2 704.80	3 417 601.39	102 528.04	3 520 129.43
地下	三期	20#	储藏室	34.00	539.86	539.86	528.56	—	—	—
地上	三期	21#	普通住宅	68.00	9 564.24	9 564.24	9 421.95	11 904 935.46	357 148.06	12 262 083.52
地下	三期	21#	储藏室	60.00	1 138.60	1 138.60	1 121.20	—	—	—
地上	三期	22#	普通住宅	30.00	4 235.70	4 235.70	4 235.70	5 351 942.55	160 558.28	5 512 500.83
地上	三期	22#	非普通住宅	30.00	4 355.10	4 355.10	4 355.10	5 502 808.27	165 084.25	5 667 892.52
地下	三期	22#	储藏室	60.00	1 613.13	1 613.13	1 613.13	—	—	—
地上	三期	22#	商业	7.00	1 523.60	1 523.60	—	—	—	—
地下	三期		车位	148.00	13 986.41					
							合计	114 228 360.79	3 426 850.78	117 655 211.57
							差异			
			普通住宅					84 533 058.84	2 535 991.74	87 069 050.58
			非普通住宅					8 920 409.66	267 612.29	9 188 021.95
			商业					9 951 413.88	298 542.40	10 249 956.28
			储藏室					7 266 661.05	217 999.81	7 484 660.86
			车库					2 936 878.01	88 106.36	3 024 984.37
			车位					—	—	—
其他类型房地产合计								20 154 952.94	604 648.57	20 759 601.51

表 10-24 前期工程费分配表

金额单位：元　面积单位：平方米

分配率（单位成本）	清算单位	楼号	类型	户数	总建筑面积	总可售面积	已售面积	设计费用	项目可行性研究费用	勘探费用	测绘费用	七通一平支出	其他	合计
								30.07	0.06	0.75	0.46	11.17	39.18	81.69
本次未扣除金额								911 809.64	1 956.24	22 661.96	13 944.62	338 592.84	1 187 815.95	2 476 781.25
本次扣除金额							93 666.90	2 817 008.73	6 043.76	70 013.52	43 081.68	1 046 072.52	3 669 722.15	7 651 942.36
有效凭证金额					137 971.42	123 985.01		3 728 818.37	8 000.00	92 675.48	57 026.30	1 384 665.36	4 857 538.10	10 128 723.61
地上/地下														
地上	一期	1#	普通住宅	36.00	4 620.96	4 620.96	4 620.96	138 974.22	298.16	3 454.04	2 125.39	51 606.91	181 041.96	377 500.68
地上	一期	1#	储藏室	36.00	464.56	464.56	464.56	13 971.53	29.98	347.25	213.67	5 188.21	18 200.73	37 951.37
地上	一期	1#	商业	12.00	1 957.67	1 957.67	1 957.67	58 876.44	126.32	1 463.31	900.42	21 863.27	76 698.44	159 928.20
地上	一期	2#	普通住宅	54.00	5 923.35	5 923.35	5 923.35	178 143.28	382.20	4 427.55	2 724.42	66 152.01	232 067.56	483 897.02
地上	一期	2#	储藏室	54.00	606.28	606.28	606.28	18 233.72	39.12	453.18	278.86	6 770.94	23 753.10	49 528.92
地上	一期	2#	商业	10.00	1 851.43	1 851.43	1 851.43	55 681.30	119.46	1 383.89	851.56	20 676.78	72 536.12	151 249.11
地上	一期	3#	普通住宅	29.00	2 785.48	2 785.48	2 785.48	83 772.62	179.73	2 082.07	1 281.17	31 108.26	109 130.73	227 554.58
地上	一期	3#	储藏室	29.00	311.22	311.22	311.22	9 359.86	20.08	232.63	143.14	3 475.71	12 193.11	25 424.53
地上	一期	3#	车库	7.00	216.27	216.27	216.27	6 504.27	13.95	161.66	99.47	2 415.30	8 473.12	17 667.77
地上	一期	3#	商业	8.00	812.16	812.16	812.16	24 425.51	52.40	607.07	373.55	9 070.21	31 819.15	66 347.89
地上	一期	4#	普通住宅	30.00	3 085.60	3 085.60	3 085.60	92 798.65	199.10	2 306.40	1 419.21	34 460.00	120 888.97	252 072.33
地上	一期	4#	储藏室	30.00	307.96	307.96	269.78	8 113.57	17.41	201.65	124.08	3 012.90	10 569.56	22 039.17
地上	一期	4#	车库	16.00	349.24	349.24	349.24	10 503.31	22.53	261.05	160.63	3 900.31	13 682.68	28 530.51
地上	一期	5#	普通住宅	29.00	2 782.61	2 782.61	2 782.61	83 686.30	179.54	2 079.93	1 279.85	31 076.21	109 018.29	227 320.12
地上	一期	5#	储藏室	29.00	310.55	310.55	310.55	9 339.71	20.04	232.13	142.84	3 468.22	12 166.86	25 369.80
地上	一期	5#	车库	9.00	216.32	216.32	171.12	5 146.39	11.04	127.91	78.71	1 911.07	6 704.21	13 979.33

(续表)

地上/地下	清算单位	楼号	类型	户数	总建筑面积	总可售面积	已售面积	设计费用	项目可行性研究费用	勘探费用	测绘费用	七通一平支出	其他	合计
地上	一期	5#	商业	9.00	1 004.66	1 004.66	1 004.66	30 214.90	64.82	750.96	462.09	11 220.05	39 361.00	82 073.82
地上	一期	6#	普通住宅	30.00	3 085.60	3 085.60	3 085.60	92 798.65	199.10	2 306.40	1 419.21	34 460.00	120 888.97	252 072.33
地上	一期	6#	储藏室	30.00	307.30	307.30	307.30	9 241.97	19.83	229.70	141.34	3 431.93	12 039.53	25 104.30
地上	一期	6#	车库	15.00	349.86	349.86	330.74	9 946.92	21.34	247.22	152.12	3 693.71	12 957.87	27 019.18
地上	一期	7#	普通住宅	29.00	2 781.98	2 781.98	2 781.98	83 667.36	179.50	2 079.46	1 279.56	31 069.17	108 993.61	227 268.66
地上	一期	7#	储藏室	29.00	310.54	310.54	310.54	9 339.41	20.04	232.12	142.83	3 468.11	12 166.47	25 368.98
地上	一期	7#	车库	10.00	216.29	216.29	216.29	6 504.87	13.96	161.67	99.48	2 415.53	8 473.90	17 669.41
地上	一期	7#	商业	7.00	885.32	885.32	885.32	26 625.78	57.12	661.75	407.20	9 887.26	34 685.45	72 324.56
地上	一期	8#	普通住宅	30.00	3 085.60	3 085.60	3 085.60	92 798.65	199.10	2 306.40	1 419.21	34 460.00	120 888.97	252 072.33
地上	一期	8#	储藏室	30.00	307.96	307.96	307.96	9 261.82	19.87	230.19	141.64	3 439.30	12 065.39	25 158.21
地上	一期	8#	车库	16.00	349.24	349.24	349.24	10 503.31	22.53	261.05	160.63	3 900.31	13 682.68	28 530.51
地上	二期	9#	普通住宅	36.00	4 803.12	4 803.12	4 803.12	144 452.64	309.92	3 590.20	2 209.17	53 641.27	188 178.70	392 381.90
地上	二期	9#	储藏室	36.00	496.44	496.44	496.44	14 930.31	32.03	371.08	228.34	5 544.24	19 449.74	40 555.74
地上	二期	9#	商业	7.00	1 546.97	885.48	885.48	26 630.59	57.13	661.87	407.27	9 889.05	34 691.72	72 337.63
地上	二期	10#	普通住宅	20.00	2 055.40	2 055.40	2 055.40	61 815.64	132.62	1 536.36	945.37	22 954.72	80 527.35	167 912.06
地上	二期	10#	储藏室	11.00	187.97	187.97	187.97	5 653.15	12.13	140.50	86.46	2 099.25	7 364.37	15 355.86
地上	二期	10#	车库	10.00	230.48	230.48	230.48	6 931.63	14.87	172.28	106.01	2 574.00	9 029.84	18 828.63
地上	二期	11#	普通住宅	20.00	2 277.40	2 277.40	2 277.40	68 492.24	146.95	1 702.30	1 047.48	25 434.02	89 224.96	186 047.95
地上	二期	11#	储藏室	28.00	461.16	461.16	461.16	13 869.27	29.76	344.70	212.11	5 150.24	18 067.53	37 673.61
地上	二期	12#	普通住宅	20.00	2 055.40	2 055.40	2 055.40	61 815.64	132.62	1 536.36	945.37	22 954.72	80 527.35	167 912.06
地上	二期	12#	储藏室	11.00	187.97	187.97	187.97	5 653.15	12.13	140.50	86.46	2 099.25	7 364.37	15 355.86
地上	二期	12#	车库	10.00	230.48	230.48	230.48	6 931.63	14.87	172.28	106.01	2 574.00	9 029.84	18 828.63

（续表）

地上/地下	清算单位	楼号	类型	户数	总建筑面积	总可售面积	已售面积	设计费用	项目可行性研究费用	勘探费用	测绘费用	七通一平支出	其他	合计
地上	二期	13#	普通住宅	20.00	2 277.40	2 277.40	2 277.40	68 492.24	146.95	1 702.30	1 047.48	25 434.02	89 224.96	186 047.95
地上	二期	13#	储藏室	28.00	461.16	461.16	461.16	13 869.27	29.76	344.70	212.11	5 150.24	18 067.53	37 673.61
地上	二期	14#	普通住宅	20.00	2 055.40	2 055.40	2 055.40	61 815.64	132.62	1 536.36	945.37	22 954.72	80 527.35	167 912.06
地上	二期	14#	储藏室	11.00	187.97	187.97	187.97	5 653.15	12.13	140.50	86.46	2 099.25	7 364.37	15 355.86
地上	二期	14#	车库	10.00	230.48	230.48	230.48	6 931.82	14.87	172.28	106.01	2 574.00	9 029.84	18 828.63
地上	二期	15#	普通住宅	20.00	2 277.40	2 277.40	2 277.40	68 492.24	146.95	1 702.30	1 047.48	25 434.02	89 224.96	186 047.95
地上	二期	15#	储藏室	28.00	461.16	461.16	461.16	13 869.27	29.76	344.70	212.11	5 150.24	18 067.53	37 673.61
地上	二期	16#	普通住宅	12.00	1 050.24	1 050.24	1 050.24	31 585.71	67.77	785.03	483.05	11 729.09	41 146.75	85 797.40
地上	二期	16#	储藏室	10.00	70.05	70.05	70.05	2 106.74	4.52	52.36	32.22	782.32	2 744.45	5 722.61
地上	二期	16#	商业	9.00	1 143.23	1 143.23	362.96	10 915.93	23.42	271.30	166.94	4 053.54	14 220.20	29 651.33
地上	二期	步行街1#	商业	144.00	15 615.28	15 615.28	—	—	—	—	—	—	—	—
地上		步行街2#	物业	4.00	490.64	490.64	490.64	14 755.88	31.66	366.74	225.67	5 479.47	19 222.51	40 081.93
地上	二期	步行街2#	商业	171.00	9 436.05	9 436.05	—	—	—	—	—	—	—	—
地上	三期	17#	普通住宅	18.00	1 568.40	1 568.40	1 568.40	47 169.24	101.20	1 172.34	721.38	17 515.90	61 447.45	128 127.51
地上	三期	17#	储藏室	20.00	139.50	139.50	139.50	4 195.43	9.00	104.27	64.16	1 557.94	5 465.39	11 396.19
地上	三期	17#	商业	8.00	702.63	702.63	—	—	—	—	—	—	—	—
地上	三期	18#	普通住宅	18.00	1 568.40	1 568.40	1 568.40	47 169.24	101.20	1 172.34	721.38	17 515.90	61 447.45	128 127.51
地上	三期	18#	储藏室	20.00	139.50	139.50	139.50	4 195.43	9.00	104.27	64.16	1 557.94	5 465.39	11 396.19
地上	三期	18#	商业	8.00	702.63	702.63	—	—	—	—	—	—	—	—
地上	三期	19#	普通住宅	12.00	1 055.28	1 055.28	1 055.28	31 737.28	68.09	788.79	485.37	11 785.37	41 344.21	86 209.11
地上	三期	19#	储藏室	10.00	70.00	70.00	70.00	2 105.23	4.52	52.32	32.20	781.76	2 742.49	5 718.52

(续表)

地上/地下	清算单位	楼号	类型	户数	总建筑面积	总可售面积	已售面积	设计费用	项目可行性研究费用	勘探费用	测绘费用	七通一平支出	其他	合计
地上	三期	19#	商业	6.00	569.81	569.81	116.19	3 494.39	7.50	86.85	53.44	1 297.61	4 552.14	9 491.93
地上	三期	20#	普通住宅	17.00	2 049.52	2 049.52	2 049.52	61 638.80	132.24	1 531.96	942.67	22 889.05	80 296.98	167 431.70
地上	三期	20#	非普通住宅	17.00	2 873.85	2 873.85	2 704.80	81 346.19	174.52	2 021.77	1 244.06	30 207.22	105 969.82	220 963.58
地下	三期	20#	储藏室	34.00	539.86	539.86	528.56	15 896.31	34.10	395.08	243.11	5 902.96	20 708.15	43 179.71
地上	三期	21#	普通住宅	68.00	9 564.24	9 564.24	9 421.95	283 362.81	607.94	7 042.66	4 333.58	105 224.40	369 137.21	769 708.60
地下	三期	21#	储藏室	60.00	1 138.60	1 138.60	1 121.20	33 719.81	72.34	838.07	515.69	12 521.57	43 926.86	91 594.34
地上	三期	22#	普通住宅	30.00	4 235.70	4 235.70	4 235.70	127 387.63	273.30	3 166.07	1 948.19	47 304.32	165 948.08	346 027.59
地上	三期	22#	非普通住宅	30.00	4 355.10	4 355.10	4 355.10	130 978.55	281.01	3 255.32	2 003.11	48 637.78	170 625.98	355 781.75
地下	三期	22#	储藏室	60.00	1 613.13	1 613.13	1 613.13	48 514.48	104.09	1 205.77	741.95	18 015.45	63 199.90	131 781.64
地上	三期	22#	商业	7.00	1 523.60	1 523.60	—	—	—	—	—	—	—	—
地下	三期	22#	车位	148.00	13 986.41									
							合计	2 817 008.73	6 043.76	70 013.52	43 081.68	1 046 072.52	3 669 722.15	7 651 942.36
							差异							
			普通住宅					2 012 066.72	4 316.80	50 007.62	30 771.36	747 164.08	2 621 122.82	5 465 449.40
			非普通住宅					212 324.74	455.53	5 277.09	3 247.17	78 845.00	276 595.80	576 745.33
			商业					236 864.84	508.17	5 887.00	3 622.47	87 957.77	308 564.22	643 404.47
			储藏室					271 092.59	581.64	6 737.67	4 145.94	100 667.97	353 152.82	736 378.63
			车库					598 549.21	1 284.15	14 876.27	9 153.86	222 266.23	779 731.08	189 882.60
			车位											
			其他类型房地产合计					1 106 506.64	2 373.96	27 500.94	16 922.27	410 891.97	1 441 448.12	1 569 665.70

表 10-25 建筑安装费用分配表

金额单位：元　面积单位：平方米

	清算单位	楼号	类型	户数	总建筑面积	总可售面积	已售面积	建筑工程费	安装工程款	其他建筑安装工程款	合计
本次未扣除金额								44 556 190.93	11 213 774.50	225 390.57	55 995 356.00
本次扣除金额								95 054 631.85	16 671 812.04	721 994.60	112 448 438.49
有效凭证金额								139 610 822.78	27 885 586.54	947 385.17	168 443 794.49
地上/地下					137 971.42	123 985.01	93 666.90				
地上	一期	1#	普通住宅	36.00	4 620.96	4 620.96	4 620.96	7 949 545.39	1 250 323.57	99 520.90	9 299 389.86
地上	一期	1#	储藏室	36.00	464.56	464.56	464.56	5 215 609.87	820 323.63	65 294.58	6 101 228.08
地上	一期	1#	商业	12.00	1 957.67	1 957.67	1 957.67	524 342.07	82 469.78	6 564.27	613 376.12
地上	一期	1#						2 209 593.45	347 530.16	27 662.05	2 584 785.66
地上	一期	2#	普通住宅	54.00	5 923.35	5 923.35	5 923.35	9 870 052.05	1 509 145.96	27 420.35	11 406 618.36
地上	一期	2#	储藏室	54.00	606.28	606.28	606.28	6 975 701.50	1 066 595.36	19 379.45	8 061 676.31
地上	一期	2#	商业	10.00	1 851.43	1 851.43	1 851.43	713 992.64	109 170.56	1 983.57	825 146.77
地上	一期	2#						2 180 357.91	333 380.04	6 057.33	2 519 795.28
地上	一期	3#	普通住宅	29.00	2 785.48	2 785.48	2 785.48	3 988 461.49	479 123.30	16 857.51	4 484 442.30
地上	一期	3#	储藏室	29.00	311.22	311.22	311.22	2 693 195.05	323 526.38	11 382.98	3 028 104.41
地上	一期	3#	车库	7.00	216.27	216.27	216.27	300 909.06	36 147.41	1 271.81	338 328.28
地上	一期	3#	商业	8.00	812.16	812.16	812.16	209 104.82	25 119.21	883.80	235 107.83
地上	一期	3#						785 252.56	94 330.31	3 318.92	882 901.79
地上	一期	4#	普通住宅	30.00	3 085.60	3 085.60	3 085.60	3 459 382.81	434 108.24	14 945.22	3 908 436.27
地上	一期	4#	储藏室	30.00	307.96	307.96	269.78	2 851 948.17	357 882.97	12 320.98	3 222 152.12
地上	一期	4#	车库	16.00	349.24	349.24	349.24	249 351.37	31 290.40	1 077.25	281 719.02
地上	一期	4#						322 794.39	40 506.56	1 394.54	364 695.49
地上	一期	5#						4 251 934.68	472 020.89	20 931.39	4 744 886.96

(续表)

地上/地下	清算单位	楼号	类型	户数	总建筑面积	总可售面积	已售面积	建筑工程费	安装工程款	其他建筑安装工程款	合计
地上	一期	5#	普通住宅	29.00	2 782.61	2 782.61	2 782.61	2 742 487.72	304 452.35	13 500.70	3 060 440.77
地上	一期	5#	储藏室	29.00	310.55	310.55	310.55	306 072.20	33 978.06	1 506.73	341 556.99
地上	一期	5#	车库	9.00	216.32	216.32	171.12	168 652.63	18 722.67	830.24	188 205.54
地上	一期	5#	商业	9.00	1 004.66	1 004.66	1 004.66	990 173.87	109 922.37	4 874.42	1 104 970.66
		6#						3 215 570.22	427 878.73	15 484.02	3 658 932.97
地上	一期	6#	普通住宅	30.00	3 085.60	3 085.60	3 085.60	2 650 975.07	352 751.07	12 765.31	3 016 491.45
地上	一期	6#	储藏室	30.00	307.96	307.30	307.30	264 014.99	35 131.06	1 271.32	300 417.37
地上	一期	6#	车库	15.00	349.86	349.86	330.74	284 153.32	37 810.76	1 368.29	323 332.37
		7#						4 318 322.78	474 458.82	18 812.16	4 811 593.76
地上	一期	7#	普通住宅	29.00	2 781.98	2 781.98	2 781.98	2 864 357.47	314 710.07	12 478.16	3 191 545.70
地上	一期	7#	储藏室	29.00	310.54	310.54	310.54	319 735.43	35 129.68	1 392.88	356 257.99
地上	一期	7#	车库	10.00	216.29	216.29	216.29	222 694.58	24 467.70	970.14	248 132.42
地上	一期	7#	商业	7.00	885.32	885.32	885.32	911 535.29	100 151.37	3 970.97	1 015 657.63
		8#						3 434 163.11	434 117.73	106 026.79	3 974 307.63
地上	一期	8#	普通住宅	30.00	3 085.60	3 085.60	3 085.60	2 831 156.81	357 890.80	87 409.50	3 276 457.11
地上	一期	8#	储藏室	30.00	307.96	307.96	307.96	282 565.16	35 719.49	8 723.95	327 008.60
地上	一期	8#	车库	16.00	349.24	349.24	349.24	320 441.15	40 507.45	9 893.34	370 841.94
		9#						6 916 886.81	1 253 427.40	114 945.94	8 285 260.15
地上	二期	9#	普通住宅	36.00	4 803.12	4 803.12	4 803.12	4 852 478.17	879 330.44	80 639.26	5 812 447.87
地上	二期	9#	储藏室	36.00	496.44	496.44	496.44	501 541.55	90 885.67	8 334.70	600 761.92
地上	二期	9#	商业	7.00	1 546.97	1 546.97	885.48	894 579.43	162 109.11	14 866.27	1 071 554.81
地上		10#						2 440 519.34	682 951.92	41 533.30	3 165 004.57

(续表)

地上/地下	清算单位	楼号	类型	户数	总建筑面积	总可售面积	已售面积	建筑工程费	安装工程款	其他建筑安装工程款	合计
地上	二期	10#	普通住宅	20.00	2 055.40	2 055.40	2 055.40	2 853 276.82	360 687.02	88 092.43	3 302 056.27
地上	二期	10#	储藏室	11.00	187.97	187.97	187.97	260 937.26	32 985.47	8 056.21	301 978.94
地上	二期	10#	车库	10.00	230.48	230.48	230.48	319 949.03	40 445.24	9 878.15	370 272.42
地上	二期	11#						2 647 166.44	693 947.33	—	3 341 113.77
地上	二期	11#	普通住宅	20.00	2 277.40	2 277.40	2 277.40	2 201 396.66	577 090.02	—	2 778 486.68
地上	二期	11#	储藏室	28.00	461.16	461.16	461.16	445 769.78	116 857.31	—	562 627.09
地上	二期	12#						2 436 778.23	817 924.32	41 533.30	3 296 235.85
地上	二期	12#	普通住宅	20.00	2 055.40	2 055.40	2 055.40	2 024 598.89	679 572.99	34 507.97	2 738 679.85
地上	二期	12#	储藏室	11.00	187.97	187.97	187.97	185 153.18	62 148.16	3 155.82	250 457.16
地上	二期	12#	车库	10.00	230.48	230.48	230.48	227 026.15	76 203.16	3 869.51	307 098.82
地上	二期	13#						2 314 071.95	693 947.33	—	3 008 019.28
地上	二期	13#	普通住宅	20.00	2 277.40	2 277.40	2 277.40	1 924 393.64	577 090.02	—	2 501 483.66
地上	二期	13#	储藏室	28.00	461.16	461.16	461.16	389 678.31	116 857.31	—	506 535.62
地上	二期	14#						2 437 335.51	817 924.32	41 533.30	3 296 793.13
地上	二期	14#	普通住宅	20.00	2 055.40	2 055.40	2 055.40	2 025 061.91	679 572.99	34 507.97	2 739 142.87
地上	二期	14#	储藏室	11.00	187.97	187.97	187.97	185 195.53	62 148.16	3 155.82	250 499.51
地上	二期	14#	车库	10.00	230.48	230.48	230.48	227 078.07	76 203.16	3 869.51	307 150.74
地上	二期	15#						2 302 832.34	357 859.48	—	2 660 691.82
地上	二期	15#	普通住宅	20.00	2 277.40	2 277.40	2 277.40	1 915 046.73	297 597.71	—	2 212 644.44
地上	二期	15#	储藏室	28.00	461.16	461.16	461.16	387 785.61	60 261.77	—	448 047.38
地上	二期	16#						3 010 255.65	337 468.73	38 002.09	3 385 726.47
地上	二期	16#	普通住宅	12.00	1 050.24	1 050.24	1 050.24	1 396 714.36	156 580.53	17 632.41	1 570 927.30

(续表)

地上/地下	清算单位	楼号	类型	户数	总建筑面积	总可售面积	已售面积	建筑工程费	安装工程款	其他建筑安装工程款	合计
地上	二期	16#	储藏室	10.00	70.05	70.05	70.05	93 159.51	10 443.77	1 176.06	104 779.34
地上	二期	16#	商业	9.00	1 143.23	1 143.23	362.96	482 700.57	54 113.79	6 093.71	542 908.07
地上	二期	步行街1#						19 691 304.45	3 502 850.00	110 535.12	23 304 689.57
地上	二期	步行街1#	商业	144.00	15 615.28	15 615.28	—				
地上	二期	步行街2#						12 517 833.50	5 541 121.59	129 904.56	18 188 859.65
地上		步行街2#	物业	4.00	490.64	490.64	490.64	618 710.75	273 877.38	6 420.71	899 008.84
地上	二期	步行街2#	商业	171.00	9 436.05	9 436.05	—	3 122 349.83	801 076.37	40 470.23	3 963 896.43
地上	三期	17#	普通住宅	18.00	1 568.40	1 568.40	1 568.40	2 031 542.22	521 216.57	26 331.76	2 579 090.55
地上	三期	17#	储藏室	20.00	139.50	139.50	139.50	180 693.79	46 359.16	2 342.06	229 395.01
地上	三期	17#	商业	8.00	702.63	702.63	—				
地上	三期	18#	普通住宅	18.00	1 568.40	1 568.40	1 568.40	3 124 191.26	801 076.37	40 470.23	3 965 737.86
地上	三期	18#	储藏室	20.00	139.50	139.50	139.50	2 032 740.34	521 216.57	26 331.76	2 580 288.67
地上	三期	18#	商业	8.00	702.63	702.63	—	180 800.36	46 359.16	2 342.06	229 501.58
地上	三期	19#	普通住宅	12.00	1 055.28	1 055.28	1 055.28	2 226 253.18	284 794.03	28 458.75	2 539 505.96
地上	三期	19#	储藏室	10.00	70.00	70.00	70.00	1 385 956.18	177 298.81	17 717.03	1 580 972.02
地上	三期	19#	商业	6.00	569.81	569.81	116.19	91 934.78	11 760.78	1 175.23	104 870.79
地上	三期	20#						152 598.60	19 521.22	1 950.71	174 070.53
地上	三期	20#	普通住宅	17.00	2 049.52	2 049.52	2 049.52	5 196 614.62	910 548.85	—	6 107 163.47
地上	三期	20#	非普通住宅	17.00	2 873.85	2 873.85	2 704.80	1 949 499.76	341 590.61	—	2 291 090.37
								2 572 800.93	450 805.21	—	3 023 606.14

(续表)

地上/地下	清算单位	楼号	类型	户数	总建筑面积	总可售面积	已售面积	建筑工程费	安装工程款	其他建筑安装工程款	合计
地下	三期	20#	储藏室	34.00	539.86	539.86	528.56	502 765.33	88 094.35	—	590 859.68
		21#						9 515 363.99	1 776 894.00	—	11 292 257.99
地上	三期	21#	普通住宅	68.00	9 564.24	9 564.24	9 421.95	8 376 588.25	1 564 239.62	—	9 940 827.87
地下	三期	21#	储藏室	60.00	1 138.60	1 138.60	1 121.20	996 803.29	186 142.51	—	1 182 945.80
		22#						11 259 273.27	2 050 985.55	—	13 310 258.82
地上	三期	22#	普通住宅	30.00	4 235.70	4 235.70	4 235.70	4 066 577.00	740 766.34	—	4 807 343.34
地上	三期	22#	非普通住宅	30.00	4 355.10	4 355.10	4 355.10	4 181 209.60	761 647.78	—	4 942 857.38
地上	三期	22#	储藏室	60.00	1 613.13	1 613.13	1 613.13	1 548 720.96	282 114.50	—	1 830 835.46
地上	三期	22#	商业	7.00	1 523.60	1 523.60	—	—	—	—	—
地下	三期	车位	车位	148.00	13 986.41			7 964 359.88	1 079 611.71	—	9 043 971.59
							合计				
							差异				
			普通住宅					95 054 631.85	16 671 812.04	721 994.60	112 448 438.49
			非普通住宅					67 861 302.59	11 971 982.87	560 292.25	80 393 577.71
			商业					6 754 010.53	1 212 452.99	—	7 966 463.52
			储藏室					8 606 791.68	1 221 058.37	68 794.38	9 896 644.43
			车库					8 911 922.16	1 612 454.52	53 529.74	10 577 906.42
			车位					2 301 894.14	379 985.91	32 957.52	2 714 837.57
其他类型房地产合计								19 820 607.98	3 213 498.80	155 281.64	23 189 388.42
								618 710.75			

表 10-26 基础设施费分配表

金额单位：元　　面积单位：平方米

								10.45	4.37	2.75	0.35	15.75	99.30	55.96	0.06	0.11	189.12
分配率（单位成本）																	
本次未扣除金额								316 970.02	132 597.95	83 459.96	10 563.75	477 508.79	3 010 677.77	1 696 680.02	1 895.12	3 282.10	5 733 635.48
本次扣除金额								979 269.43	409 657.58	257 847.31	32 636.25	1 475 249.22	9 301 399.59	5 241 842.57	5 854.88	10 139.90	17 713 896.73
有效凭证金额				137 971.42	123 985.01	123 985.01	93 666.90	1 296 239.45	542 255.53	341 307.27	43 200.00	1 952 758.01	12 312 077.36	6 938 522.59	7 750.00	13 422.00	23 447 532.21
地上/地下	清算单位	楼号	类型	户数	总建筑面积	总可售面积	已售面积	供电工程	供气工程	供水工程	环卫工程	开发小区内道路	绿化费用	其他	通讯工程	照明工程	合计
地上	一期	1#	普通住宅	36.00	4 620.96	4 620.96	4 620.96	48 311.25	20 210.03	12 720.63	1 610.08	72 779.90	458 874.96	258 600.90	288.84	500.24	873 896.83
地上	一期	1#	储藏室	36.00	464.56	464.56	464.56	4 856.89	2 031.78	1 278.85	161.87	7 316.80	46 132.18	25 997.98	29.04	50.29	87 855.68
地上	一期	1#	商业	12.00	1 957.67	1 957.67	1 957.67	20 467.06	8 561.98	5 389.10	682.11	30 833.21	194 402.41	109 556.29	122.37	211.93	370 226.46
地上	一期	2#	普通住宅	54.00	5 923.35	5 923.35	5 923.35	61 927.49	25 906.11	16 305.86	2 063.87	93 292.48	588 206.13	331 486.02	370.25	641.23	1 120 199.44
地上	一期	2#	储藏室	54.00	606.28	606.28	606.28	6 338.54	2 651.60	1 668.97	211.25	9 548.88	60 205.39	33 929.00	37.90	65.63	114 657.16
地上	一期	2#	商业	10.00	1 851.43	1 851.43	1 851.43	19 356.34	8 097.33	5 096.64	645.09	29 159.93	183 852.46	103 610.82	115.73	200.43	350 134.77
地上	一期	3#	普通住宅	29.00	2 785.48	2 785.48	2 785.48	29 121.66	12 182.46	7 667.90	970.54	43 871.18	276 606.38	155 882.68	174.11	301.54	526 778.45
地上	一期	3#	储藏室	29.00	311.22	311.22	311.22	3 253.75	1 361.14	856.73	108.44	4 901.70	30 905.06	17 416.68	19.45	33.69	58 856.64
地上	一期	3#	车库	7.00	216.27	216.27	216.27	2 261.06	945.87	595.35	75.35	3 406.24	21 476.25	12 103.03	13.52	23.41	40 900.08
地上	一期	3#	商业	8.00	812.16	812.16	812.16	8 490.98	3 552.03	2 235.72	282.98	12 791.48	80 649.88	45 450.58	50.77	87.92	153 592.34
地上	一期	4#	普通住宅	30.00	3 085.60	3 085.60	3 085.60	32 259.35	13 495.05	8 494.07	1 075.11	48 598.05	306 409.19	172 678.18	192.87	334.03	583 535.90
地上	一期	4#	储藏室	30.00	307.96	307.96	269.78	2 820.50	1 179.90	742.65	94.00	4 249.02	26 789.95	15 097.59	16.86	29.21	51 019.68
地上	一期	4#	车库	16.00	349.24	349.24	349.24	3 651.24	1 527.42	961.39	121.69	5 500.51	34 680.56	19 544.38	21.83	37.81	66 046.83
地上	一期	5#	普通住宅	29.00	2 782.61	2 782.61	2 782.61	29 091.65	12 169.90	7 660.00	969.54	43 825.98	276 321.38	155 722.07	173.93	301.23	526 235.68
地上	一期	5#	储藏室	29.00	310.55	310.55	310.55	3 246.74	1 358.21	854.89	108.20	4 891.15	30 838.53	17 379.18	19.41	33.62	58 729.93
地上	一期	5#	车库	9.00	216.32	216.32	171.12	1 789.03	748.40	471.06	59.62	2 695.13	16 992.72	9 576.32	10.70	18.52	32 361.50
地上	一期	5#	商业	9.00	1 004.66	1 004.66	1 004.66	10 503.53	4 393.94	2 765.64	350.05	15 823.35	99 765.70	56 223.38	62.80	108.76	189 997.15
地上	一期	6#	普通住宅	30.00	3 085.60	3 085.60	3 085.60	32 259.35	13 495.05	8 494.07	1 075.11	48 598.05	306 409.19	172 678.18	192.87	334.03	583 535.90

(续表)

地上/地下	清算单位	楼号	类型	户数	总建筑面积	总可售面积	已售面积	供电工程	供气工程	供水工程	环卫工程	开发小区内道路	绿化费用	其他	通讯工程	照明工程	合计
地上	一期	6#	储藏室	30.00	307.30	307.30	307.30	3 212.76	1 343.99	845.94	107.07	4 839.96	30 515.80	17 197.30	19.21	33.27	58 115.30
地下	一期	6#	车库	15.00	349.86	349.86	330.74	3 457.82	1 446.51	910.46	115.24	5 209.14	32 843.46	18 509.07	20.67	35.80	62 548.17
地上	一期	7#	普通住宅	29.00	2 781.98	2 781.98	2 781.98	29 085.07	12 167.15	7 658.26	969.32	43 816.05	276 258.82	155 686.81	173.89	301.16	526 116.53
地上	一期	7#	储藏室	29.00	310.54	310.54	310.54	3 246.64	1 358.16	854.86	108.20	4 890.99	30 837.54	17 378.62	19.41	33.62	58 728.04
地下	一期	7#	车库	10.00	216.29	216.29	216.29	2 261.27	945.96	595.41	75.36	3 406.56	21 478.24	12 104.15	13.52	23.41	40 903.88
地上	一期	7#	商业	7.00	885.32	885.32	885.32	9 255.85	3 872.00	2 437.12	308.47	13 943.75	87 914.89	49 544.80	55.34	95.84	167 428.06
地上	一期	8#	普通住宅	30.00	3 085.60	3 085.60	3 085.60	32 259.35	13 495.05	8 494.07	1 075.11	48 598.05	306 409.19	172 678.18	192.87	334.03	583 535.90
地上	一期	8#	储藏室	30.00	307.96	307.96	307.96	3 219.66	1 346.88	847.76	107.30	4 850.36	30 581.34	17 234.24	19.25	33.34	58 240.13
地下	一期	8#	车库	16.00	349.24	349.24	349.24	3 651.24	1 527.42	961.39	121.69	5 500.51	34 680.56	19 544.38	21.83	37.81	66 046.83
地上	二期	9#	普通住宅	36.00	4 803.12	4 803.12	4 803.12	50 215.70	21 006.72	13 222.08	1 673.55	75 648.91	476 963.99	268 795.05	300.23	519.96	908 346.19
地上	二期	9#	储藏室	36.00	496.44	496.44	496.44	5 190.18	2 171.21	1 366.61	172.97	7 818.91	49 297.96	27 782.07	31.03	53.74	93 884.68
地上	二期	9#	商业	7.00	1 546.97	1 546.97	885.48	9 257.52	3 872.70	2 437.56	308.53	13 946.27	87 930.78	49 553.76	55.35	95.86	167 458.33
地上	二期	10#	普通住宅	20.00	2 055.40	2 055.40	2 055.40	21 488.81	8 989.41	5 658.13	716.16	32 372.45	204 107.29	115 025.51	128.48	222.51	388 708.75
地上	二期	10#	储藏室	11.00	187.97	187.97	187.97	1 965.19	822.10	517.45	65.49	2 960.52	18 665.98	10 519.29	11.75	20.35	35 548.12
地下	二期	10#	车库	10.00	230.48	230.48	230.48	2 409.62	1 008.02	634.47	80.31	3 630.05	22 887.34	12 898.26	14.41	24.95	43 587.43
地上	二期	11#	普通住宅	20.00	2 277.40	2 277.40	2 277.40	23 809.78	9 960.34	6 269.25	793.51	35 868.94	226 152.54	127 449.21	142.35	246.54	430 692.46
地上	二期	11#	储藏室	28.00	461.16	461.16	461.16	4 821.34	2 016.91	1 269.49	160.68	7 263.25	45 794.55	25 807.71	28.83	49.92	87 212.68
地上	二期	12#	普通住宅	20.00	2 055.40	2 055.40	2 055.40	21 488.81	8 989.41	5 658.13	716.16	32 372.45	204 107.29	115 025.51	128.48	222.51	388 708.75
地上	二期	12#	储藏室	11.00	187.97	187.97	187.97	1 965.19	822.10	517.45	65.49	2 960.52	18 665.98	10 519.29	11.75	20.35	35 548.12
地下	二期	12#	车库	10.00	230.48	230.48	230.48	2 409.62	1 008.02	634.47	80.31	3 630.05	22 887.34	12 898.26	14.41	24.95	43 587.43
地上	二期	13#	普通住宅	20.00	2 277.40	2 277.40	2 277.40	23 809.78	9 960.34	6 269.25	793.51	35 868.94	226 152.54	127 449.21	142.35	246.54	430 692.46
地上	二期	13#	储藏室	28.00	461.16	461.16	461.16	4 821.34	2 016.91	1 269.49	160.68	7 263.25	45 794.55	25 807.71	28.83	49.92	87 212.68

(续表)

地上/地下	清算单位	楼号	类型	户数	总建筑面积	总可售面积	已售面积	供电工程	供气工程	供水工程	环卫工程	开发小区内道路	绿化费用	其他	通讯工程	照明工程	合计
地上	二期	14#	普通住宅	20.00	2 055.40	2 055.40	2 055.40	21 488.81	8 989.41	5 658.13	716.16	32 372.45	204 107.29	115 025.51	128.48	222.51	388 708.75
地上	二期	14#	储藏室	11.00	187.97	187.97	187.97	1 965.19	822.10	517.45	65.49	2 960.52	18 665.98	10 519.29	11.75	20.35	35 548.12
地上	二期	14#	车库	10.00	230.48	230.48	230.48	2 409.62	1 008.02	634.47	80.31	3 630.05	22 887.34	12 898.26	14.41	24.95	43 587.43
地上	二期	15#	普通住宅	20.00	2 277.40	2 277.40	2 277.40	23 809.78	9 960.34	6 269.25	793.51	35 868.94	226 152.54	127 449.21	142.35	246.54	430 692.46
地上	二期	15#	储藏室	28.00	461.16	461.16	461.16	4 821.34	2 016.91	1 269.49	160.68	7 263.25	45 794.55	25 807.71	28.83	49.92	87 212.68
地上	二期	16#	普通住宅	12.00	1 050.24	1 050.24	1 050.24	10 980.06	4 593.28	2 891.11	365.93	16 541.23	104 291.93	58 774.15	65.65	113.69	198 617.03
地上	二期	16#	储藏室	10.00	70.05	70.05	70.05	732.36	306.37	192.83	24.41	1 103.28	6 956.17	3 920.18	4.38	7.58	13 247.56
地上	二期	16#	商业	9.00	1 143.23	1 143.23	362.96	3 794.68	1 587.43	999.16	126.47	5 716.60	36 043.00	20 312.18	22.69	39.29	68 641.50
地上	二期	步行街1#	商业	144.00	15 615.28	15 615.28	—	—	—	—	—	—	—	—	—	—	—
地上		步行街2#	物业	4.00	490.64	490.64	490.64	5 129.55	2 145.84	1 350.64	170.95	7 727.56	48 722.00	27 457.49	30.67	53.11	92 787.81
地上	二期	步行街2#	商业	171.00	9 436.05	9 436.05	—	—	—	—	—	—	—	—	—	—	—
地上	三期	17#	普通住宅	18.00	1 568.40	1 568.40	1 568.40	16 397.32	6 859.49	4 317.51	546.48	24 702.23	155 746.75	87 771.73	98.04	169.79	296 609.34
地上	三期	17#	储藏室	20.00	139.50	139.50	139.50	1 458.45	610.11	384.02	48.61	2 197.12	13 852.76	7 806.78	8.72	15.10	26 381.67
地上	三期	17#	商业	8.00	702.63	702.63	—	—	—	—	—	—	—	—	—	—	—
地上	三期	18#	普通住宅	18.00	1 568.40	1 568.40	1 568.40	16 397.32	6 859.49	4 317.51	546.48	24 702.23	155 746.75	87 771.73	98.04	169.79	296 609.34
地上	三期	18#	储藏室	20.00	139.50	139.50	139.50	1 458.45	610.11	384.02	48.61	2 197.12	13 852.76	7 806.78	8.72	15.10	26 381.67
地上	三期	18#	商业	8.00	702.63	702.63	—	—	—	—	—	—	—	—	—	—	—
地上	三期	19#	普通住宅	12.00	1 055.28	1 055.28	1 055.28	11 032.75	4 615.33	2 904.99	367.69	16 620.61	104 792.42	59 056.20	65.96	114.24	199 570.19
地上	三期	19#	储藏室	10.00	70.00	70.00	70.00	731.84	306.15	192.70	24.39	1 102.50	6 951.21	3 917.38	4.38	7.58	13 238.13
地上	三期	19#	商业	6.00	569.81	569.81	116.19	1 214.74	508.16	319.85	40.48	1 829.99	11 538.01	6 502.29	7.26	12.58	21 973.36

（续表）

地上/地下	清算单位	楼号	类型	户数	总建筑面积	总可售面积	已售面积	供电工程	供气工程	供水工程	环卫工程	开发小区内道路	绿化费用	其他	通讯工程	照明工程	合计
地上	三期	20#	普通住宅	17.00	2 049.52	2 049.52	2 049.52	21 427.34	8 963.69	5 641.94	714.11	32 279.84	203 523.38	114 696.45	128.11	221.87	387 596.73
地上	三期	20#	非普通住宅	17.00	2 873.85	2 873.85	2 704.80	28 278.16	11 829.60	7 445.80	942.43	42 600.47	268 594.62	151 367.62	169.07	292.81	511 520.58
地下	三期	20#	储藏室	34.00	539.86	539.86	528.56	5 525.99	2 311.69	1 455.03	184.17	8 324.79	52 487.57	29 579.59	33.04	57.22	99 959.09
地上	三期	21#	普通住宅	68.00	9 564.24	9 564.24	9 421.95	98 504.68	41 207.44	25 936.85	3 282.88	148 395.26	935 627.44	527 276.75	588.94	1 019.97	1 781 840.21
地下	三期	21#	储藏室	60.00	1 138.60	1 138.60	1 121.20	11 721.93	4 903.63	3 086.45	390.66	17 658.85	111 338.47	62 745.26	70.08	121.38	212 036.71
地上	三期	22#	普通住宅	30.00	4 235.70	4 235.70	4 235.70	44 283.43	18 525.08	11 660.08	1 475.84	66 712.07	420 617.51	237 040.75	264.76	458.54	801 038.06
地上	三期	22#	非普通住宅	30.00	4 355.10	4 355.10	4 355.10	45 531.73	19 047.28	11 988.77	1 517.44	68 592.62	432 474.28	243 722.69	272.23	471.46	823 618.50
地下	三期	22#	储藏室	60.00	1 613.13	1 613.13	1 613.13	16 864.96	7 055.12	4 440.64	562.06	25 406.72	160 188.57	90 274.94	100.83	174.63	305 068.47
地上	三期	22#	商业	7.00	1 523.60	1 523.60	—	—	—	—	—	—	—	—	—	—	—
地下	三期	22#	车位	148.00	13 986.41												
			合计					979 269.43	409 657.58	257 847.31	32 636.25	1 475 249.22	9 301 399.59	5 241 842.57	5 854.88	10 139.90	17 713 896.73
			差异														
			普通住宅					699 449.54	292 600.57	184 169.07	23 310.65	1 053 706.29	6 643 584.90	3 744 019.99	4 181.85	7 242.49	12 652 265.35
			非普通住宅					73 809.89	30 876.88	19 434.57	2 459.87	111 193.09	701 068.90	395 090.31	441.30	764.27	1 335 139.08
			商业					82 340.70	34 445.57	21 680.79	2 744.18	124 044.58	782 097.13	440 754.10	492.31	852.61	1 489 451.97
			储藏室					94 239.23	39 423.08	24 813.77	3 140.72	141 969.46	895 112.85	504 444.57	563.45	975.81	1 704 682.94
			车库					24 300.52	10 165.64	6 398.47	809.88	36 608.24	230 813.81	130 076.11	145.30	251.61	439 569.58
			车位														
			其他类型房地产合计					200 880.45	84 034.29	52 893.03	6 694.78	302 622.28	1 908 023.79	1 075 274.78	1 201.06	2 080.03	3 633 704.49

表 10-27 公共配套设施费分配表

金额单位：元　面积单位：平方米

分配率（单位成本）									13.78	
本次未扣除金额									417 922.79	417 922.79
本次扣除金额									1 284 396.67	1 284 396.67
有效凭证金额									1 702 319.46	1 702 319.46
地上/地下	清算单位	楼号	类型	户数	总建筑面积	总可售面积	已售面积	物业管理用房费用	合计
地上	一期	1#	普通住宅	36.00	4 620.96	4 620.96	4 620.96	63 698.05	63 698.05
地上	一期	1#	储藏室	36.00	464.56	464.56	464.56	6 403.77	6 403.77
地上	一期	1#	商业	12.00	1 957.67	1 957.67	1 957.67	26 985.68	26 985.68
地上	一期	2#	普通住宅	54.00	5 923.35	5 923.35	5 923.35	81 650.96	81 650.96
地上	一期	2#	储藏室	54.00	606.28	606.28	606.28	8 357.32	8 357.32
地上	一期	2#	商业	10.00	1 851.43	1 851.43	1 851.43	25 521.21	25 521.21
地上	一期	3#	普通住宅	29.00	2 785.48	2 785.48	2 785.48	38 396.70	38 396.70
地上	一期	3#	储藏室	29.00	311.22	311.22	311.22	4 290.04	4 290.04
地上	一期	3#	车库	7.00	216.27	216.27	216.27	2 981.19	2 981.19
地上	一期	3#	商业	8.00	812.16	812.16	812.16	11 195.29	11 195.29
地上	一期	4#	普通住宅	30.00	3 085.60	3 085.60	3 085.60	42 533.74	42 533.74
地上	一期	4#	储藏室	30.00	307.96	269.78	269.78	3 718.81	3 718.81
地上	一期	4#	车库	16.00	349.24	349.24	349.24	4 814.13	4 814.13
地上	一期	5#	普通住宅	29.00	2 782.61	2 782.61	2 782.61	38 357.14	38 357.14
地上	一期	5#	储藏室	29.00	310.55	310.55	310.55	4 280.80	4 280.80
地上	一期	5#	车库	9.00	216.32	171.12	171.12	2 358.82	2 358.82
地上	一期	5#	商业	9.00	1 004.66	1 004.66	1 004.66	13 848.83	13 848.83

(续表)

地上/地下	清算单位	楼号	类型	户数	总建筑面积	总可售面积	已售面积	物业管理用房费用	合计
地上	一期	6#	普通住宅	30.00	3 085.60	3 085.60	3 085.60	42 533.74	42 533.74
地上	一期	6#	储藏室	30.00	307.30	307.30	307.30	4 236.01	4 236.01
地上	一期	6#	车库	15.00	349.86	349.86	330.74	4 559.12	4 559.12
地上	一期	7#	普通住宅	29.00	2 781.98	2 781.98	2 781.98	38 348.46	38 348.46
地上	一期	7#	储藏室	29.00	310.54	310.54	310.54	4 280.67	4 280.67
地上	一期	7#	车库	10.00	216.29	216.29	216.29	2 981.47	2 981.47
地上	一期	7#	商业	7.00	885.32	885.32	885.32	12 203.77	12 203.77
地上	一期	8#	普通住宅	30.00	3 085.60	3 085.60	3 085.60	42 533.74	42 533.74
地上	一期	8#	储藏室	30.00	307.96	307.96	307.96	4 245.10	4 245.10
地上	一期	8#	车库	16.00	349.24	349.24	349.24	4 814.13	4 814.13
地上	二期	9#	普通住宅	36.00	4 803.12	4 803.12	4 803.12	66 209.05	66 209.05
地上	二期	9#	储藏室	36.00	496.44	496.44	496.44	6 843.22	6 843.22
地上	二期	9#	商业	7.00	1 546.97	1 546.97	885.48	12 205.98	12 205.98
地上	二期	10#	普通住宅	20.00	2 055.40	2 055.40	2 055.40	28 332.85	28 332.85
地上	二期	10#	储藏室	11.00	187.97	187.97	187.97	2 591.09	2 591.09
地上	二期	10#	车库	10.00	230.48	230.48	230.48	3 177.07	3 177.07
地上	二期	11#	普通住宅	20.00	2 277.40	2 277.40	2 277.40	31 393.03	31 393.03
地上	二期	11#	储藏室	28.00	461.16	461.16	461.16	6 356.90	6 356.90
地上	二期	12#	普通住宅	20.00	2 055.40	2 055.40	2 055.40	28 332.85	28 332.85
地上	二期	12#	储藏室	11.00	187.97	187.97	187.97	2 591.09	2 591.09
地上	二期	12#	车库	10.00	230.48	230.48	230.48	3 177.07	3 177.07

(续表)

地上/地下	清算单位	楼号	类型	户数	总建筑面积	总可售面积	已售面积	物业管理用房费用	合计
地上	二期	13#	普通住宅	20.00	2 277.40	2 277.40	2 277.40	31 393.03	31 393.03
地上	二期	13#	储藏室	28.00	461.16	461.16	461.16	6 356.90	6 356.90
地上	二期	14#	普通住宅	20.00	2 055.40	2 055.40	2 055.40	28 332.85	28 332.85
地上	二期	14#	储藏室	11.00	187.97	187.97	187.97	2 591.09	2 591.09
地上	二期	14#	车库	10.00	230.48	230.48	230.48	3 177.07	3 177.07
地上	二期	15#	普通住宅	20.00	2 277.40	2 277.40	2 277.40	31 393.03	31 393.03
地上	二期	15#	储藏室	28.00	461.16	461.16	461.16	6 356.90	6 356.90
地上	二期	16#	普通住宅	12.00	1 050.24	1 050.24	1 050.24	14 477.13	14 477.13
地上	二期	16#	储藏室	10.00	70.05	70.05	70.05	965.61	965.61
地上	二期	16#	商业	9.00	1 143.23	1 143.23	362.96	5 003.26	5 003.26
地上	二期	步行街1#	商业	144.00	15 615.28	15 615.28	—	—	—
地上	二期	步行街2#	物业	4.00	490.64	—	—	—	—
地上	二期	步行街2#	商业	171.00	9 436.05	9 436.05	—	—	—
地上	三期	17#	普通住宅	18.00	1 568.40	1 568.40	1 568.40	21 619.75	21 619.75
地上	三期	17#	储藏室	20.00	139.50	139.50	139.50	1 922.95	1 922.95
地上	三期	17#	商业	8.00	702.63	702.63	—	—	—
地上	三期	18#	普通住宅	18.00	1 568.40	1 568.40	1 568.40	21 619.75	21 619.75
地上	三期	18#	储藏室	20.00	139.50	139.50	139.50	1 922.95	1 922.95
地上	三期	18#	商业	8.00	702.63	702.63	—	—	—
地上	三期	19#	普通住宅	12.00	1 055.28	1 055.28	1 055.28	14 546.60	14 546.60
地上	三期	19#	储藏室	10.00	70.00	70.00	70.00	964.92	964.92

(续表)

地上/地下	清算单位	楼号	类型	户数	总建筑面积	总可售面积	已售面积	物业管理用房费用	合计
地上	三期	19#	商业	6.00	569.81	569.81	116.19	1 601.63	1 601.63
地上	三期	20#	普通住宅	17.00	2 049.52	2 049.52	2 049.52	28 251.80	28 251.80
地上	三期	20#	非普通住宅	17.00	2 873.85	2 873.85	2 704.80	37 284.56	37 284.56
地下	三期	20#	储藏室	34.00	539.86	539.86	528.56	7 285.98	7 285.98
地上	三期	21#	普通住宅	68.00	9 564.24	9 564.24	9 421.95	129 877.73	129 877.73
地下	三期	21#	储藏室	60.00	1 138.60	1 138.60	1 121.20	15 455.28	15 455.28
地上	三期	22#	普通住宅	30.00	4 235.70	4 235.70	4 235.70	58 387.39	58 387.39
地下	三期	22#	非普通住宅	30.00	4 355.10	4 355.10	4 355.10	60 033.28	60 033.28
地下	三期	22#	储藏室	60.00	1 613.13	1 613.13	1 613.13	22 236.34	22 236.34
地上	三期	22#	商业	7.00	1 523.60	1 523.60	—	—	—
地下	三期	22#	车位	148.00	13 986.41				
							合计	1 284 396.67	1 284 396.67
							差异		
			普通住宅					922 219.37	922 219.37
			非普通住宅					97 317.84	97 317.84
			商业					108 565.65	108 565.65
			储藏室					124 253.74	124 253.74
			车库					32 040.07	32 040.07
			车位					—	—
			其他类型房地产合计					264 859.46	264 859.46

表 10-28 开发间接费用分配表

金额单位：元　面积单位：平方米

分配率 (单位成本)									1.91	61.79	0.05	0.43	0.21	0.63	65.02
本次未扣除金额					137 971.42	123 985.01	93 666.90		57 913.93	1 873 291.46	1 605.41	13 097.78	6 262.65	19 231.55	1 971 402.78
本次扣除金额									178 923.45	5 787 478.37	4 959.69	40 465.34	19 348.35	59 415.25	6 090 590.45
有效凭证金额									236 837.38	7 660 769.83	6 565.10	53 563.12	25 611.00	78 646.80	8 061 993.23
地上/地下	清算单位	楼号	类型	户数	总建筑面积	总可售面积	已售面积		办公费	工资	劳保费	水电费	维修费	职工福利费	合计
地上	一期	1#	普通住宅	36.00	4 620.96	4 620.96	4 620.96		8 827.00	285 519.28	244.68	1 996.31	954.53	2 931.19	300 472.99
地上	一期	1#	储藏室	36.00	464.56	464.56	464.56		887.41	28 704.17	24.60	200.70	95.96	294.68	30 207.52
地上	一期	1#	商业	12.00	1 957.67	1 957.67	1 957.67		3 739.56	120 960.26	103.66	845.74	404.39	1 241.80	127 295.41
地上	一期	2#	普通住宅	54.00	5 923.35	5 923.35	5 923.35		11 314.84	365 991.19	313.65	2 558.96	1 223.56	3 757.33	385 159.53
地上	一期	2#	储藏室	54.00	606.28	606.28	606.28		1 158.12	37 460.75	32.10	261.92	125.24	384.58	39 422.71
地上	一期	2#	商业	10.00	1 851.43	1 851.43	1 851.43		3 536.62	114 395.92	98.03	799.84	382.44	1 174.41	120 387.26
地上	一期	3#	普通住宅	29.00	2 785.48	2 785.48	2 785.48		5 320.85	172 108.88	147.49	1 203.36	575.38	1 766.90	181 122.86
地上	一期	3#	储藏室	29.00	311.22	311.22	311.22		594.50	19 229.62	16.48	134.45	64.29	197.41	20 236.75
地上	一期	3#	车库	7.00	216.27	216.27	216.27		413.12	13 362.86	11.45	93.43	44.67	137.19	14 062.72
地上	一期	3#	商业	8.00	812.16	812.16	812.16		1 551.40	50 181.64	43.00	350.86	167.76	515.17	52 809.83
地上	一期	4#	普通住宅	30.00	3 085.60	3 085.60	3 085.60		5 894.14	190 652.66	163.38	1 333.02	637.38	1 957.27	200 637.85
地上	一期	4#	储藏室	30.00	307.96	307.96	269.78		515.34	16 669.13	14.29	116.55	55.73	171.13	17 542.17
地上	一期	4#	车库	16.00	349.24	349.24	349.24		667.12	21 578.80	18.49	150.88	72.14	221.53	22 708.96
地上	一期	5#	普通住宅	29.00	2 782.61	2 782.61	2 782.61		5 315.37	171 931.55	147.34	1 202.12	574.79	1 765.08	180 936.25
地上	一期	5#	储藏室	29.00	310.55	310.55	310.55		593.22	19 188.22	16.44	134.16	64.15	196.99	20 193.18
地上	一期	5#	车库	9.00	216.32	216.32	171.12		326.88	10 573.14	9.06	73.93	35.35	108.55	11 126.91
地上	一期	5#	商业	9.00	1 004.66	1 004.66	1 004.66		1 919.11	62 075.80	53.20	434.03	207.53	637.28	65 326.95

(续表)

地上/地下	清算单位	楼号	类型	户数	总建筑面积	总可售面积	已售面积	办公费	工资	劳保费	水电费	维修费	职工福利费	合计
地上	一期	6#	普通住宅	30.00	3 085.60	3 085.60	3 085.60	5 894.14	190 652.66	163.38	1 333.02	637.38	1 957.27	200 637.85
地上	一期	6#	储藏室	30.00	307.30	307.30	307.30	587.01	18 987.41	16.27	132.76	63.48	194.93	19 981.86
地上	一期	6#	车库	15.00	349.86	349.86	330.74	631.78	20 435.72	17.51	142.88	68.32	209.80	21 506.01
地上	一期	7#	普通住宅	29.00	2 781.98	2 781.98	2 781.98	5 314.17	171 892.62	147.31	1 201.85	574.66	1 764.68	180 895.29
地上	一期	7#	储藏室	29.00	310.54	310.54	310.54	593.20	19 187.61	16.44	134.16	64.15	196.98	20 192.54
地上	一期	7#	车库	10.00	216.29	216.29	216.29	413.16	13 364.10	11.45	93.44	44.68	137.20	14 064.03
地上	一期	7#	商业	7.00	885.32	885.32	885.32	1 691.15	54 702.04	46.88	382.47	182.88	561.58	57 567.00
地上	一期	8#	普通住宅	30.00	3 085.60	3 085.60	3 085.60	5 894.14	190 652.66	163.38	1 333.02	637.38	1 957.27	200 637.85
地上	一期	8#	储藏室	30.00	307.96	307.96	307.96	588.27	19 028.19	16.31	133.04	63.61	195.35	20 024.77
地上	一期	8#	车库	16.00	349.24	349.24	349.24	667.12	21 578.80	18.49	150.88	72.14	221.53	22 708.96
地上	二期	9#	普通住宅	36.00	4 803.12	4 803.12	4 803.12	9 174.97	296 774.56	254.33	2 075.01	992.16	3 046.74	312 317.77
地上	二期	9#	储藏室	36.00	496.44	496.44	496.44	948.30	30 673.97	26.29	214.47	102.55	314.90	32 280.48
地上	二期	9#	商业	7.00	1 546.97	1 546.97	885.48	1 691.45	54 711.92	46.89	382.54	182.91	561.68	57 577.39
地上	二期	10#	普通住宅	20.00	2 055.40	2 055.40	2 055.40	3 926.25	126 998.79	108.83	887.96	424.57	1 303.79	133 650.19
地上	二期	10#	储藏室	11.00	187.97	187.97	187.97	359.06	11 614.27	9.95	81.21	38.83	119.23	12 222.55
地上	二期	10#	车库	10.00	230.48	230.48	230.48	440.27	14 240.87	12.20	99.57	47.61	146.20	14 986.72
地上	二期	11#	普通住宅	20.00	2 277.40	2 277.40	2 277.40	4 350.31	140 715.70	120.59	983.87	470.43	1 444.61	148 085.51
地上	二期	11#	商业	28.00	461.16	461.16	461.16	880.91	28 494.09	24.42	199.23	95.26	292.53	29 986.44
地上	二期	12#	普通住宅	20.00	2 055.40	2 055.40	2 055.40	3 926.25	126 998.79	108.83	887.96	424.57	1 303.79	133 650.19
地上	二期	12#	储藏室	11.00	187.97	187.97	187.97	359.06	11 614.27	9.95	81.21	38.83	119.23	12 222.55
地上	二期	12#	车库	10.00	230.48	230.48	230.48	440.27	14 240.87	12.20	99.57	47.61	146.20	14 986.72

(续表)

地上/地下	清算单位	楼号	类型	户数	总建筑面积	总可售面积	已售面积	办公费	工资	劳保费	水电费	维修费	职工福利费	合计
地上	二期	13#	普通住宅	20.00	2 277.40	2 277.40	2 277.40	4 350.31	140 715.70	120.59	983.87	470.43	1 444.61	148 085.51
地上	二期	13#	储藏室	28.00	461.16	461.16	461.16	880.91	28 494.09	24.42	199.23	95.26	292.53	29 986.44
地上	二期	14#	普通住宅	20.00	2 055.40	2 055.40	2 055.40	3 926.25	126 998.79	108.83	887.96	424.57	1 303.79	133 650.19
地上	二期	14#	储藏室	11.00	187.97	187.97	187.97	359.06	11 614.27	9.95	81.21	38.83	119.23	12 222.55
地上	二期	14#	车库	10.00	230.48	230.48	230.48	440.27	14 240.87	12.20	99.57	47.61	146.20	14 986.72
地上	二期	15#	普通住宅	20.00	2 277.40	2 277.40	2 277.40	4 350.31	140 715.70	120.59	983.87	470.43	1 444.61	148 085.51
地上	二期	15#	储藏室	28.00	461.16	461.16	461.16	880.91	28 494.09	24.42	199.23	95.26	292.53	29 986.44
地上	二期	16#	普通住宅	12.00	1 050.24	1 050.24	1 050.24	2 006.18	64 892.09	55.61	453.72	216.94	666.19	68 290.73
地上	二期	16#	储藏室	10.00	70.05	70.05	70.05	133.81	4 328.24	3.71	30.26	14.47	44.43	4 554.92
地上	二期	16#	商业	9.00	1 143.23	1 143.23	362.96	693.33	22 426.53	19.22	156.80	74.97	230.23	23 601.08
地上	二期	步行街1#	商业	144.00	15 615.28	15 615.28	—	—	—	—	—	—	—	—
地上	二期	步行街2#	物业	4.00	490.64	490.64	490.64	937.23	30 315.60	25.98	211.96	101.35	311.23	31 903.35
地上		步行街2#	商业	171.00	9 436.05	9 436.05	—	—	—	—	—	—	—	—
地上	三期	17#	普通住宅	18.00	1 568.40	1 568.40	1 568.40	2 995.97	96 908.10	83.05	677.57	323.98	994.88	101 983.55
地上	三期	17#	储藏室	20.00	139.50	139.50	139.50	266.47	8 619.41	7.39	60.27	28.82	88.49	9 070.85
地上	三期	17#	商业	8.00	702.63	702.63	—	—	—	—	—	—	—	—
地上	三期	18#	普通住宅	18.00	1 568.40	1 568.40	1 568.40	2 995.97	96 908.10	83.05	677.57	323.98	994.88	101 983.55
地上	三期	18#	储藏室	20.00	139.50	139.50	139.50	266.47	8 619.41	7.39	60.27	28.82	88.49	9 070.85
地上	三期	18#	商业	8.00	702.63	702.63	—	—	—	—	—	—	—	—
地上	三期	19#	普通住宅	12.00	1 055.28	1 055.28	1 055.28	2 015.81	65 203.50	55.88	455.89	217.98	669.39	68 618.45

(续表)

地上/地下	清算单位	楼号	类型	户数	总建筑面积	总可售面积	已售面积	办公费	工资	劳保费	水电费	维修费	职工福利费	合计
地上	三期	19#	储藏室	10.00	70.00	70.00	70.00	133.71	4 325.15	3.71	30.24	14.46	44.40	4 551.67
地上	三期	19#	商业	6.00	569.81	569.81	116.19	221.95	7 179.13	6.15	50.20	24.00	73.70	7 555.13
地上	三期	20#	普通住宅	17.00	2 049.52	2 049.52	2 049.52	3 915.01	126 635.48	108.52	885.42	423.36	1 300.06	133 267.85
地上	三期	20#	非普通住宅	17.00	2 873.85	2 873.85	2 704.80	5 166.74	167 123.83	143.22	1 168.51	558.72	1 715.72	175 876.74
地下	三期	20#	储藏室	34.00	539.86	539.86	528.56	1 009.66	32 658.60	27.99	228.34	109.18	335.28	34 369.05
地上	三期	21#	普通住宅	68.00	9 564.24	9 564.24	9 421.95	17 997.90	582 162.23	498.90	4 070.40	1 946.25	5 976.58	612 652.26
地下	三期	21#	储藏室	60.00	1 138.60	1 138.60	1 121.20	2 141.73	69 276.56	59.37	484.37	231.60	711.21	72 904.84
地上	三期	22#	普通住宅	30.00	4 235.70	4 235.70	4 235.70	8 091.08	261 714.89	224.28	1 829.88	874.95	2 686.81	275 421.89
地上	三期	22#	非普通住宅	30.00	4 355.10	4 355.10	4 355.10	8 319.15	269 092.36	230.61	1 881.46	899.61	2 762.55	283 185.74
地下	三期	22#	储藏室	60.00	1 613.13	1 613.13	1 613.13	3 081.42	99 671.87	85.42	696.89	333.22	1 023.25	104 892.07
地上	三期	22#	商业	7.00	1 523.60	1 523.60	—	—	—	—	—	—	—	—
地下	三期		车位	148.00	13 986.41									
							合计	178 923.45	5 787 478.37	4 959.69	40 465.34	19 348.35	59 415.25	6 090 590.45
							差异							
			普通住宅					127 797.22	4 133 743.92	3 542.49	28 902.61	13 819.66	42 437.72	4 350 243.62
			非普通住宅					13 485.89	436 216.19	373.83	3 049.97	1 458.33	4 478.27	459 062.48
			商业					15 044.57	486 633.24	417.03	3 402.48	1 626.88	4 995.85	512 120.05
			储藏室					17 218.55	556 953.39	477.31	3 894.17	1 862.00	5 717.78	586 123.20
			车库					4 439.99	143 616.03	123.05	1 004.15	480.13	1 474.40	151 137.75
			车位					—	—	—	—	—	—	—
			其他类型房地产合计					32 263.12	1 043 586.63	894.34	8 300.80	3 969.01	12 188.03	1 249 381.00

表 10-29 中央商务区(一期)扣除金额明细表

金额单位:元　面积单位:平方米

地上/地下	总建筑面积	总可售面积	已售面积	取得土地所支付的金额	土地征用及拆迁补偿费	前期工程费	建安工程	基础设施费	公共配套	开发间接费用	合计
普通住宅	28 151.18	28 151.18	28 151.18	36 637 014.64	—	2 299 758.05	32 958 095.95	5 323 834.63	388 052.53	1 830 500.47	79 437 256.27
非普通住宅	—	—	—	—	—	—	—	—	—	—	—
商业	6 511.24	6 511.24	6 511.24	8 473 974.98	—	531 923.58	8 108 111.02	1 231 378.78	89 754.78	423 386.45	18 858 529.59
储藏室	2 926.37	2 926.37	2 888.19	3 758 800.15	—	235 945.28	3 383 811.14	546 202.56	39 812.52	187 801.50	8 152 373.15
车库	1 697.22	1 697.22	1 632.90	2 125 118.08	—	133 396.71	1 730 315.59	308 807.29	22 508.86	106 177.59	4 426 324.12
车位	—	—	—	—	—	—	—	—	—	—	—
其他类型房地产合计	11 134.83	11 134.83	11 032.33	14 357 893.21	—	901 265.57	13 222 237.75	2 086 388.63	152 076.16	717 365.54	31 437 226.86
总计	39 286.01	39 286.01	39 183.51	50 994 907.85	—	3 201 023.62	46 180 333.70	7 410 223.26	540 128.69	2 547 866.01	110 874 483.13

表 10-30 中央商务区(二期)扣除金额明细表

金额单位:元　面积单位:平方米

地上/地下	总建筑面积	总可售面积	已售面积	取得土地所支付的金额	土地征用及拆迁补偿费	前期工程费	建安工程	基础设施费	公共配套	开发间接费用	合计
普通住宅	18 851.76	18 851.76	18 851.76	24 534 396.34	—	1 540 059.33	23 655 868.94	3 565 166.85	259 863.82	1 225 815.60	54 781 170.88
非普通住宅	—	—	—	—	—	—	—	—	—	—	—
商业	27 741.53	27 741.53	1 248.44	1 624 767.23	—	101 988.96	1 614 462.88	236 099.83	17 209.24	81 178.47	3 675 706.61
储藏室	2 513.88	2 513.88	2 513.88	3 271 658.85	—	205 366.76	3 025 686.96	475 414.64	34 652.80	163 462.37	7 176 242.38
车库	691.44	691.44	691.44	899 866.29	—	56 485.89	984 522.00	130 762.29	9 531.26	44 960.16	2 126 127.82
车位	—	—	—	—	—	—	—	—	—	—	—
其他类型房地产合计	30 946.85	30 946.85	4 453.76	5 796 292.37	—	363 841.61	5 624 671.84	842 276.76	61 393.25	289 601.00	12 978 076.81
总计	49 798.61	49 798.61	23 305.52	30 330 688.71	—	1 903 900.94	29 280 540.81	4 407 443.61	321 257.07	1 515 416.60	67 759 247.69

表 10-31 中央商务区（三期）扣除金额明细表

金额单位：元　面积单位：平方米

地上/地下	总建筑面积	总可售面积	已售面积	取得土地所支付的金额	土地征用及拆迁补偿费	前期工程费	建安工程	基础设施费	公共配套	开发间接费用	合计
普通住宅	20 041.54	20 041.54	19 899.25	25 897 639.60	—	1 625 632.02	23 779 612.82	3 763 263.87	274 303.02	1 293 927.55	56 634 378.88
非普通住宅	7 228.95	7 228.95	7 059.90	9 188 021.95	—	576 745.33	7 966 463.52	1 335 139.08	97 317.84	459 062.48	19 622 750.20
商业	3 498.67	3 498.67	116.19	151 214.07	—	9 491.93	174 070.53	21 973.36	1 601.63	7 555.13	365 906.65
储藏室	3 640.59	3 640.59	3 611.89	454 201.86	—	290 757.90	4 168 408.32	683 065.74	49 788.42	234 859.33	5 885 390.26
车库	13 986.41	—	—	—	—	—	—	—	—	—	—
车位	—	—	—	—	—	—	—	—	—	—	—
其他类型房地产合计	21 125.67	7 139.26	3 728.08	605 415.93	—	300 558.52	4 342 478.85	705 039.10	51 390.05	242 414.46	6 251 296.91
总计	48 396.16	34 409.75	30 687.23	35 691 077.48	—	2 506 935.87	36 088 555.19	5 803 442.05	423 010.91	1 995 404.49	82 508 425.99

10.2.2.9 计算应纳税额

1) 中央商务区(一期)应纳税额计算

(1) 房地产转让收入为 113 669 654.20 元。

普通住宅：71 766 442.67 元。

其他房地产类型：41 903 211.53 元。

(2) 扣除项目金额合计 150 012 827.20 元。

普通住宅：107 209 595.35 元。

其他房地产类型：42 803 231.85 元。

其中：

① 取得土地使用权所支付的金额为 50 994 907.85 元。

普通住宅：36 637 014.64 元。

其他房地产：14 357 893.21 元。

② 房地产开发成本为 59 879 575.28 元。

普通住宅：42 800 241.63 元。

其他房地产类型：17 079 333.65 元。

③ 房地产开发费用为 11 087 448.32 元。

普通住宅：7 943 725.63 元。

其他房地产类型：3 143 722.69 元。

④ 与转让房地产有关的税金为 5 875 999.13 元。

普通住宅：3 941 162.20 元。

其他房地产类型：1 934 836.93 元。

⑤ 财政部规定的其他扣除项目为 22 174 896.62 元。

普通住宅：15 887 451.25 元。

其他房地产类型：6 287 445.37 元。

(3) 增值额。

普通住宅=71 766 442.67－107 209 595.35=－35 443 152.68(元)。

其他房地产类型=41 903 211.53－42 803 231.85=－900 020.32(元)。

(4) 增值率(增值额与扣除金额之比)。

普通住宅=－35 443 152.68÷107 209 595.35×100％=－33.06％。

其他房地产类型=－900 020.32÷42 803 231.85×100％=－2.10％。

(5) 适用税率。

普通住宅：30％。

其他房地产类型：30％。

(6) 速算扣除数。

普通住宅：0。

其他房地产类型：0。

(7) 应缴土地增值税税额。

普通住宅＝－35 443 152.68×30％＝－10 632 945.80(元)，应纳税额不能小于0，因此普通住宅＝0。

其他房地产类型＝－900 020.32×30％＝－270 006.10(元)，应纳税额不能小于0，因此其他房地产类型＝0。

(8) 减免税额。

普通住宅：0元。

其他房地产类型：0元。

(9) 已缴土地增值税税额：2 692 425.21元。

普通住宅：1 435 328.86元。

其他房地产类型：1 257 096.35元。

(10) 应退土地增值税税额：2 692 425.21元。

普通住宅：1 435 328.86元。

其他房地产类型：1 257 096.35元。

2) 中央商务区(二期)应纳税额计算

(1) 房地产转让收入：102 936 333.97元。

普通住宅：81 633 566.84元。

其他房地产类型：21 302 767.13元。

(2) 扣除项目金额合计 91 369 955.72元。

普通住宅：74 047 431.50元。

其他房地产类型：17 322 524.22元。

其中：

① 取得土地使用权所支付的金额为 30 330 688.71元。

普通住宅：24 534 396.34元。

其他房地产：5 796 292.37 元。

② 房地产开发成本为 37 428 558.98 元。

普通住宅：30 246 774.54 元。

其他房地产类型：7 181 784.44 元。

③ 房地产开发费用为 6 775 924.77 元。

普通住宅：5 478 117.09 元。

其他房地产类型：1 297 807.68 元。

④ 与转让房地产有关的税金为 3 282 933.72 元。

普通住宅：2 831 909.35 元。

其他房地产类型：451 024.37 元。

⑤ 财政部规定的其他扣除项目为 13 551 849.54 元。

普通住宅：10 956 234.18 元。

其他房地产类型：2 595 615.36 元。

(3) 增值额。

普通住宅＝81 633 566.84－74 047 431.50＝7 586 135.34(元)。

其他房地产类型＝21 302 767.13－17 322 524.22＝3 980 242.91(元)。

(4) 增值额与扣除项目金额之比。

普通住宅＝7 586 135.34÷74 047 431.50×100％＝10.24％。

其他房地产类型＝3 980 242.91÷17 322 524.22×100％＝22.98％。

(5) 适用税率。

普通住宅：30％。

其他房地产类型：30％。

(6) 速算扣除数。

普通住宅：0。

其他房地产类型：0。

(7) 应缴土地增值税税额。

普通住宅＝7 586 135.34×30％＝2 275 840.60 元。

其他房地产类型＝3 980 242.91×30％＝1 194 072.87 元。

(8) 减免税额。

普通住宅：2 275 840.60 元。

其他房地产类型：0。

（9）已缴土地增值税税额：2 271 754.35 元。

普通住宅：1 632 671.34 元。

其他房地产类型：639 083.01 元。

（10）应退土地增值税税额为 1 077 681.48 元。

普通住宅应退土地增值税税额：1 632 671.34 元。

其他房地产类型应补土地增值税税额：554 989.86 元。

3）中央商务区（三期）应纳税额计算

（1）房地产转让收入为 145 637 070.87 元。

普通住宅：101 184 502.14 元。

非普通住宅：34 347 439.52 元。

其他房地产类型：10 105 129.21 元。

（2）扣除项目金额合计 108 722 546.46 元。

普通住宅：74 871 393.16 元。

非普通住宅：25 633 226.04 元。

其他房地产类型：8 217 927.26 元。

其中：

① 取得土地使用权所支付的金额为 35 691 077.48 元。

普通住宅：25 897 639.60 元。

非普通住宅：9 188 021.95 元。

其他房地产：605 415.93 元。

② 房地产开发成本为 46 817 348.51 元。

普通住宅：30 736 739.28 元。

非普通住宅：10 434 728.25 元。

其他房地产类型：5 645 880.98 元。

③ 房地产开发费用为 8 250 842.60 元。

普通住宅：5 663 437.89 元。

非普通住宅：1 962 275.02 元。

其他房地产类型：625 129.69 元。

④ 与转让房地产有关的税金为 1 461 592.67 元。

普通住宅：1 246 700.61 元。

非普通住宅：123 650.78 元。

其他房地产类型：91 241.28 元。

⑤ 财政部规定的其他扣除项目为 16 501 685.20 元。

普通住宅：11 326 875.78 元。

非普通住宅：3 924 550.04 元。

其他房地产类型：1 250 259.38 元。

（3）增值额。

普通住宅＝101 184 502.14－74 871 393.16＝26 313 108.98(元)。

非普通住宅＝34 347 439.52－25 633 226.04＝8 714 213.48(元)。

其他房地产类型＝10 105 129.21－8 217 927.26＝1 887 201.95(元)。

（4）增值额与扣除项目金额之比。

普通住宅＝26 313 108.98÷74 871 393.16×100％＝35.14％。

非普通住宅＝8 714 213.48÷25 633 226.04×100％＝34.00％。

其他房地产类型＝1 887 201.95÷8 217 927.26×100％＝22.96％。

（5）适用税率。

普通住宅：30％。

非普通住宅：30％。

其他房地产类型：30％。

（6）速算扣除数。

普通住宅：0。

非普通住宅：0。

其他房地产类型：0。

（7）应缴土地增值税税额。

普通住宅＝26 313 108.98×30％＝7 893 932.69(元)。

非普通住宅＝8 714 213.48×30％＝2 614 264.04(元)。

其他房地产类型＝1 887 201.95×30％＝566 160.59(元)。

（8）减免税额。

普通住宅：0。

非普通住宅：0。

其他房地产类型：0。

（9）已缴土地增值税税额为 3 357 267.10 元。

普通住宅：2 023 690.04 元。

非普通住宅：1 030 423.18 元。

其他房地产类型：303 153.88 元。

（10）应补土地增值税税额为 7 717 090.22 元。

普通住宅：5 870 242.65 元。

非普通住宅：1 583 840.86 元。

其他房地产类型：263 006.71 元。

10.2.2.10　形成审核结论，出具鉴证报告

中央商务区（一期）项目清算鉴证报告

土地增值税清算税款鉴证报告

山东＊＊＊＊土增税鉴字〔2022〕28 号

鸿达置业有限公司：

我们接受委托，于 2022 年 8 月对鸿达置业有限公司（以下简称贵公司）中央商务区（一期）项目土地增值税清算申报事项进行签证，并出具鉴证报告。

我们是本着独立、客观、公正的原则，依据《土地增值税暂行条例》及其实施细则和有关政策、规定，按照国家税务总局制定的《涉税专业服务监管办法（试行）》和《国家税务总局山东省税务局关于发布〈国家税务总局山东省税务局土地增值税清算管理办法〉的公告》（国家税务总局山东省税务局公告 2022 年第 10 号）等行业规范要求，对本公司中央商务区（一期）项目土地增值税清算申报的真实性、准确性、完整性和合法性实施审核，发表清算意见。

在审核过程中，我们考虑了与土地增值税清算相关的清算材料的证据资格和证明能力，对会计资料及纳税资料等实施了审核、验证、计算和职业推断等必要的审核清算程序。我们相信，我们获取的清算证据是充分的、适当的，为发表清算意见提供了基础。现将审核清算结果报告如下：

经对中央商务区（一期）项目土地增值税清算申报事项进行审核，我们认为，本报告后附的《土地增值税清算申报表》及其附表已经按照《土地增值税暂行条例》及实施细则、《土地增值税暂行条例》及其实施细则以及其他税收法规的相关规定填报，在所有重

大事项方面真实、准确、完整地反映了贵公司中央商务区(一期)项目土地增值税清算申报情况。

经对贵公司转让中央商务区(一期)项目土地增值税清算税款申报进行审核,我们确认:

1. 收入总额:　　　　　　　　　　　　　　　　　　113 669 654.20 元;

其中:

普通住宅　　　　　　　　　　　　　　　　　　　　71 766 442.67 元;

其他房地产类型　　　　　　　　　　　　　　　　　41 903 211.53 元;

2. 扣除项目金额合计　　　　　　　　　　　　　　150 012 827.20 元;

其中:

取得土地使用权所支付的金额　　　　　　　　　　50 994 907.85 元;

房地产开发成本　　　　　　　　　　　　　　　　59 879 575.28 元;

房地产开发费用　　　　　　　　　　　　　　　　11 087 448.32 元;

与转让房地产有关的税金等　　　　　　　　　　　 5 875 999.13 元;

财政部规定的其他扣除项目　　　　　　　　　　　22 174 896.62 元;

3. 增值额:　　　　　　　　　　　　　　　　　　−36 343 173.00 元;

其中:

普通住宅　　　　　　　　　　　　　　　　　　　−35 443 152.68 元;

其他房地产类型　　　　　　　　　　　　　　　　　−900 020.32 元;

4. 增值率(增值额与扣除金额之比):

其中:

普通住宅　　　　　　　　　　　　　　　　　　　　　　−33.06%;

其他房地产类型　　　　　　　　　　　　　　　　　　　　−2.1%;

5. 适用税率

其中:

普通住宅　　　　　　　　　　　　　　　　　　　　　　　　30%;

其他房地产类型　　　　　　　　　　　　　　　　　　　　　30%;

6. 速算扣除数

其中:

普通住宅　　　　　　　　　　　　　　　　　　　　　　　　　0;

其他房地产类型 0；

7. 应缴土地增值税税额

其中：

普通住宅 0.00 元；

其他房地产类型 0.00 元；

8. 减免税额

其中：

普通住宅 0.00 元；

其他房地产类型 0.00 元；

9. 已缴土地增值税税额 2 692 425.21 元；

其中：

普通住宅 1 435 328.86 元；

其他房地产类型 1 257 096.35 元；

10. 应退土地增值税税额 2 692 460.21 元；

其中：

普通住宅 1 435 328.86 元；

其他房地产类型 1 257 096.35 元；

经审核，中央商务区（一期）项目应缴土地增值税款 0.00 元，减免土地增值税款 0.00 元，实际已缴土地增值税税款 2 692 460.21 元，应退土地增值税税款 2 692 460.21 元。

清算事项的具体情况详见附送资料。

本报告仅供贵公司中央商务区（一期）项目向主管税务机关办理土地增值清算申报时使用，不作其他用途。

附件：

1. 土地增值税清算报告说明。

2. 土地增值税纳税申报审核主表及其明细项目审核表，包括：

（1）土地增值税纳税申报表（二）。

（2）与收入相关的面积明细鉴证表。

（3）转让房地产收入明细鉴证表。

（4）扣除项目汇总鉴证表。

① 扣除项目及成本结转明细鉴证表。

② 取得土地使用权所支付的金额明细鉴证表。

③ 前期工程费明细鉴证表。

④ 建筑安装工程费明细鉴证表。

⑤ 基础设施费明细鉴证表。

⑥ 公共配套设施费明细鉴证表。

⑦ 开发间接费明细鉴证表。

⑧ 利息支出明细鉴证表。

⑨ 与转让房地产有关税金明细鉴证表。

3. 税务师事务所和注册税务师执业证书复印件(略)。

4. 企业营业执照复印件(略)。

山东****事务所有限公司　　　　　　　　中国注册税务师：

　　　　　　　　　　　　　　　　　　　　　　（所长）

　　　　　　　　　　　　　　　　　　　　中国注册税务师：

中国·山东　　　　　　　　　　　　　　二〇二二年十月三十日

附件 1

土地增值税清算报告说明

一、基本情况

（一）企业基本情况

1. 企业名称：鸿达置业有限公司

2. 社会信用代码：**

3. 注册资本：**

4. 公司类型：有限责任公司

5. 成立日期：2006 年 8 月 15 日

6. 法定代表人：**

7. 营业期限：2006 年 8 月 15 日至****年**月**日

8. 经营范围：房地产开发经营。(凭资质经营)建筑材料、装潢材料的销售；物业管理(依法须经批准的项目、经有关部门批准后方可开展经营活动)

9. 住所:****

(二)项目基本情况

1. 项目概况:鸿达置业有限公司中央商务区(一期)项目位于**东,五证取得情况如下:

(1)项目立项情况表如表1所示。

表1 项目立项情况表

项目名称	核准号	计划投资(万元)	建筑面积(m^2)	批准日期
中央商务区项目(一期)	***发改〔2011〕2号	9 972.50	39 286.01	2011年1月9日

(2)土地证取得情况表如表2所示。

表2 土地证取得情况表

证号	房产使用权人	地类(用途)	使用权面积(m^2)	发证日期	地号
**	鸿达置业有限公司	批发零售用地、城镇住宅用地	62 937.40	2011年8月22日	**

(3)建设用地规划许可证取得情况表如表3所示。

表3 建设用地规划许可证取得情况表

建设项目名称	建设位置	证书编号	用地面积(m^2)	发证日期
中央商务区(一期)	**	地字第***号	总规划面积:22 308	2011年3月3日

(4)建设工程规划许可证取得情况表如表4所示。

表4 建设工程规划许可证取得情况

建设项目名称	建设位置	建设规模(m^2)	证书编号	发证日期
中央商务区回迁房1#商住楼,2#商住楼,3#商住楼,4#,5#商住楼,6#住宅楼,7#商住楼,8#住宅楼	**	39 286.01	建字第**号	2011年7月21日

(5)施工许可证取得情况表如表5所示。

表5 施工许可证取得情况表

建设项目名称	建设位置	建设规模(m^2)	证书编号	发证日期
中央商务区1#商住楼,2#商住楼,3#商住楼,4#6#8#住宅楼,5#商住楼,7#商住楼	**	37 994.96	**	2010年12月28日

(6)竣工验收备案表如表6所示。

表 6 竣工验收备案表

工程名称	结构类型	开工日期	竣工验收日期	备案表建筑面积(m^2)
中央商务区(一期)1#商住楼	框架、剪力墙	2010年12月28日	2016年1月20日	7 043.19
中央商务区(一期)2#商住楼	框架	2010年12月28日	2016年1月20日	8 381.06
中央商务区(一期)3#商住楼	框架—砌体	2010年11月1日	2016年10月18日	4 125.13
中央商务区(一期)5#商住楼	框架—砌体	2010年12月3日	2016年1月18日	3 742.80
中央商务区(一期)4#住宅楼	砌体	2010年11月1日	2016年1月18日	4 314.14
中央商务区(一期)6#住宅楼	砌体结构	2010年12月3日	2016年1月18日	3 742.76
中央商务区(一期)7#商住楼	框架砌体结构	2010年11月3日	2016年1月18日	4 194.13
中央商务区(一期)8#住宅楼	砌体结构	2010年12月3日	2016年1月18日	3 742.80

(7) 预售许可证表如表 7 所示。

表 7 预售许可证表

发证日期	项目名称	房屋坐落地点	证书号码	预售总建筑面积(m^2)
2013.9.2	中央商务区(一期)	***71号1幢等8幢楼	**	39 286.01

2. 项目建设情况：

中央商务区(一期)总建筑面积 39 286.01 平方米，其中普通住宅建筑面积 28 151.18 平方米，非普通住宅建筑面积 0 平方米，商业建筑面积 6 511.24 平方米，地下储藏室建筑面积 2 926.37 平方米，地上车库建筑面积 1 697.22 平方米。

3. 项目销售情况：

中央商务区(一期)已取得预售许可证，实际销售日期为 2015 年 9 月，可售面积 39 286.01 平方米，其中普通住宅可售面积 28 151.18 平方米，非普通住宅可售面积 0 平方米，商业可售面积 6 511.24 平方米；截至清算基准日已售面积 39 183.51 平方米，其中普通住宅可已售面积 28 151.18 平方米，非普通住宅已售面积 0 平方米，商业已售面积 6 511.24 平方米，地下储藏室已售面积 2 888.19 平方米，地上车库已售面积 1 632.90 平方米。已售比例为 99.74%。

二、土地增值税的审核情况

鸿达置业有限公司的中央商务区(一期)项目截至 2022 年 08 月 15 日已符合土地增值税清算条件，土地增值税清算审核情况如下：

(一) 土地增值税应税收入的审核

截至清算审核日,中央商务区(一期)项目土地增值税应税收入为 113 669 654.20 元。经审核,核定本项目土地增值税应税收入为 113 669 654.20 元。

(二)土地增值税扣除项目的审核

截至清算审核日,经过审核,核定本公司本次清算的允许扣除项目金额为 150 012 827.20 元,其中:

1. 取得土地使用权所支付的金额

取得土地使用权共计所支付的金额为 157 075 000.00 元(三个项目合计金额),经审核调整 0 元,可扣除金额 157 075 000.00 元。

按照建筑面积分摊计入本项目扣除的金额为 50 994 907.85 元,本次清算允许扣除金额为 50 994 907.85 元。

2. 房地产开发成本

房地产开发成本 226 084 235.21 元,经审核调减 23 966 551.55 元,可扣除金额为 202 117 683.66 元,本次清算允许扣除的房地产开发成本为 59 879 575.28 元。

(1)土地征用及拆迁补偿费账面金额 0 元,经审核调减 0 元,可扣除金额为 0 元,本次清算允许扣除的土地征用及拆迁补偿费为 0 元。

(2)前期工程费账面金额 18 975 552.59 元(三个项目合计金额),经审核调减 8 846 828.98 元,可扣除金额 10 128 723.61 元。

按照建筑面积分摊计入本项目扣除的金额 3 201 023.62 元,本次清算允许扣除的前期工程费为 3 201 023.62 元。

(3)建筑安装工程费账面金额 47 223 831.31 元(直接计入对应项目),经审核调减 935 223.20 元,可扣除金额 46 288 608.11 元,本次清算允许扣除金额 46 180 333.70 元。

(4)本次清算基础设施费账面金额 23 663 026.73 元(三个项目合计金额),经审核调减 215 494.52 元,可扣除金额 23 447 532.21 元。

按照建筑面积分摊计入本项目扣除的金额 7 410 223.26 元,本次清算允许扣除金额 7 410 223.26 元。

(5)本次清算公共配套设施费账面 0 元。

中央商务区(二期)物业用房整个中央商务区共同使用,该物业用房分摊土地价款 638 537.53 元,分摊前期工程费金额 40 081.93 元,分摊建筑安装工程费金额 899 008.84 元,分摊基础设施费金额 92 787.81 元,分摊开发间接费金额 31 903.35 元,分摊后物业用房成本 1 702 319.46 元。

按照建筑面积分摊计入本项目扣除的金额 540 128.69 元,本次清算允许扣除金额 540 128.69 元。

(6) 本次清算开发间接费用 12 544 840.69 元(三个项目合计金额),经审核调减 4 482 847.46 元,可扣除金额 8 061 993.23 元。

按照建筑面积分摊计入本项目扣除的金额 2 547 866.01 元,本次清算允许扣除金额 2 547 866.01 元。

3. 房地产开发费用

房地产开发费用 11 087 448.32 元,由本次允许扣除的取得土地使用权所支付的金额 50 994 907.85 元与房地产开发成本 59 879 575.28 元之和乘以 10% 计算得出。

4. 与转让房地产有关的税金

与转让房地产有关的税金为 5 875 999.13 元,经审核,本次清算允许扣除的与转让房地产有关的税金为 5 875 999.13 元。

其中:

与转让房地产有关的营业税 5 216 401.09 元,经审核,本次清算允许扣除的与转让房地产有关的营业税为 5 216 401.09 元。

与转让房地产有关的城建税为 384 765.52 元,经审核,本次清算允许扣除的与转让房地产有关的城建税为 384 765.52 元。

与转让房地产有关的教育费附加 274 832.52 元,经审核,本次清算允许扣除的与转让房地产有关的教育费附加为 274 832.52 元。

5. 财政部规定的其他扣除项目

根据税收法规的相关规定,本次清算的其他扣除项目金额 22 174 896.62 元,由本次允许扣除的取得土地使用权所支付的金额 50 994 907.85 元与房地产开发成本 59 879 575.28 元之和乘以 20% 计算得出。

(三) 增值额及增值率的审核

经审核,本项目本次清算转让房地产土地增值税的增值额为 −36 343 173.00 元。其中:普通住宅的土地增值税增值额为 −35 443 152.68 元,增值率 −33.06%;其他房地产的土地增值税增值额为 −900 020.32 元,增值率 −2.1%。

(四) 应缴土地增值税的审核

经审核,本项目本次清算应缴土地增值税 0 元,免缴土地增值税 0 元,已交土地增值税 2 692 425.21 元,应退土地增值税 2 692 425.21 元。

附件2

土地增值税纳税申报审核主表及其明细项目审核表

附件2-1 土地增值税纳税申报表(二)

(从事房地产开发的纳税人清算适用)

税款所属时间:2011年1月1日至2022年8月15日　　　　　　　填表日期:2022年8月15日

金额单位:元至角分　　面积单位:平方米

纳税人名称	鸿达置业有限公司		项目名称	中央商务区(一期)		项目编号	**
所属行业	**		登记注册类型	**		纳税人地址	**
开户银行	**		银行账号	**		主管部门	**
总可售面积			39 286.01	自用和出租面积			—
已售面积	39 183.51	其中:普通住宅已售面积	28 151.18	其中:非普通住宅已售面积	—	其中:其他类型房地产已售面积	11 032.33

项目		行次	金额			
			普通住宅	非普通住宅	其他类型房地产	合计
一、转让房地产收入总额　1=2+3+4		1	71 766 442.67	—	41 903 211.53	113 669 654.20
其中	货币收入	2	71 766 442.67		41 903 211.53	113 669 654.20
	实物收入及其他收入	3	—		—	—
	视同销售收入	4	—		—	—
二、扣除项目金额合计　5=6+7+14+17+21+22		5	107 209 595.35		42 803 231.85	150 012 827.20
1. 取得土地使用权所支付的金额		6	36 637 014.64		14 357 893.21	50 994 907.85
2. 房地产开发成本　7=8+9+10+11+12+13		7	42 800 241.63		17 079 333.65	59 879 575.28
其中	土地征用及拆迁补偿费	8	—		—	—
	前期工程费	9	2 299 758.05		901 265.57	3 201 023.62
	建筑安装工程费	10	32 958 095.95		13 222 237.75	46 180 333.70
	基础设施费	11	5 323 834.63		2 086 388.63	7 410 223.26
	公共配套设施费	12	388 052.53		152 076.16	540 128.69
	开发间接费用	13	1 830 500.47		717 365.54	2 547 866.01
3. 房地产开发费用　14=15+16		14	7 943 725.63		3 143 722.69	11 087 448.32
其中	利息支出	15	—		—	—
	其他房地产开发费用	16	7 943 725.63		3 143 722.69	11 087 448.32
4. 与转让房地产有关的税金等　17=18+19+20		17	3 941 162.20		1 934 836.93	5 875 999.13
其中	营业税	18	3 514 124.99		1 702 276.10	5 216 401.09
	城市维护建设税	19	249 105.04		135 660.48	384 765.52
	教育费附加	20	177 932.17		96 900.35	274 832.52

(续表)

项目	行次	金额			
		普通住宅	非普通住宅	其他类型房地产	合计
5. 财政部规定的其他扣除项目	21	15 887 451.25	—	6 287 445.37	22 174 896.62
6. 代收费用	22				—
三、增值额 23=1-5	23	-35 443 152.68	—	-900 020.32	-36 343 173.00
四、增值额与扣除项目金额之比(%)24=23÷5	24	-33.06%	0.00%	-2.10%	
五、适用税率(%)	25	30.00%	30.00%	30.00%	
六、速算扣除系数(%)	26				
七、应缴土地增值税税额 27=23×25-5×26	27				
八、减免税额 28=30+32+34	28				
其中 减免税(1) 减免性质代码(1)	29				
减免税额(1)	30				
减免税(2) 减免性质代码(2)	31				
减免税额(2)	32				
减免税(3) 减免性质代码(3)	33				
减免税额(3)	34				
九、已缴土地增值税税额	35	1 435 328.86	—	1 257 096.35	2 692 425.21
十、应补(退)土地增值税税额 36=27-28-35	36	-1 435 328.86	—	-1 257 096.35	-2 692 425.21

以下由纳税人填写:

纳税人声明:此纳税申报表是根据《中华人民共和国土地增值税暂行条例》及其实施细则和国家有关税收规定填报的,是真实的、可靠的、完整的。

纳税人签章		代理人签章		代理人身份证号	

以下由税务机关填写:

受理人		受理日期	年 月 日	受理税务机关签章	

附件 2-2 与收入相关的面积明细鉴证表

面积单位:平方米

项目	行次	普通住宅	非普通住宅	商铺	储藏室	车库	物业用房	学校等公共配套设施	其他	合计
		1	2	3	4	5	6	7	8	9=1+2+3+4+5+6+7+8
使用土地面积	1	—	—	—	—	—	—	—	—	
总建筑面积	2	28 151.18	—	6 511.24	2 926.37	1 697.22				39 286.01
可建建筑面积	3	28 151.18	—	6 511.24	2 926.37	1 697.22				39 286.01
已售建筑面积	4	28 151.18	—	6 511.24	2 888.19	1 632.90				39 183.51
未售建筑面积	5	—	—	—	38.18	64.32				102.50
自用建筑面积	6	—	—	—						

附件 2-3 转让房地产收入明细鉴证表

金额单位：元

形式或类别	项目	金额	备注
转让收入形式	货币形式取得的收入	113 669 654.20	
	非货币性收入		
	视同销售收入		
	合计	113 669 654.20	
转让收入类别	销售货币金额	113 669 654.20	
	换取非货币性资产作价金额		
	分配股东作价金额		
	分配投资人作价金额		
	用于职工福利作价金额		
	用于职工奖励作价金额		
	用于赞助作价金额		
	对外投资金额		
	抵偿债务金额		
	取得其他收益金额		
	合计	113 669 654.20	

附件 2-4 扣除项目汇总鉴证表

金额单位：元

项目		有效凭证金额	本次扣除金额	本次未扣除金额	备注
1. 取得土地使用权所支付的金额		50 994 907.85	50 994 907.85	—	
2. 房地产开发成本		59 879 575.28	59 879 575.28		
其中	土地征用及拆迁补偿费	—	—	—	
	前期工程费	3 201 023.62	3 201 023.62		
	建筑安装工程费	46 180 333.70	46 180 333.70		
	基础设施费	7 410 223.26	7 410 223.26		
	公共配套设施费	540 128.69	540 128.69		
	开发间接费用	2 547 866.01	2 547 866.01		
3. 房地产开发费用		11 087 448.32	11 087 448.32		
其中	利息支出	—	—		
	其他房地产开发费用	11 087 448.32	11 087 448.32	—	

(续表)

项目		有效凭证金额	本次扣除金额	本次未扣除金额	备注
4. 与转让房地产有关的税金		5 875 999.13	5 875 999.13	—	
其中	营业税	5 216 401.09	5 216 401.09	—	
	城市维护建设税	384 765.52	384 765.52	—	
	教育费附加	274 832.52	274 832.52	—	
	印花税	—	—	—	
5. 财政部、省政府规定的其他扣除项目		—	—	—	
6. 财政部规定的加计20%扣除数		22 174 896.62	22 174 896.62	—	
合计		150 012 827.20	150 012 827.20	—	

附件2-4-1　扣除项目及成本结转明细鉴证表

单位:元、平方米

项目	总成本费用	可售建筑(土地)面积	单位造价	累计已售建筑(土地)面积	已售面积占总可售面积(已售土地面积占总土地面积)%	销售成本	账面已结成本	差异数
	1	2	3=1/2	4	5	6	7	8=6-7
一、取得土地使用权所支付的金额	50 994 907.85							
二、房地产开发成本	59 879 575.28							
土地征用及拆迁补偿费	0							
前期工程费	3 201 023.62							
建筑安装工程费	46 180 333.70							
基础设施费	7 410 223.26							
公共配套设施费	540 128.69							
开发间接费用	2 547 866.01							
三、房地产开发费用	11 033 435.44							
利息支出	0							
其他房地产开发费用	11 087 448.32							
合计	121 961 931.45							

附件 2-4-2　取得土地使用权所支付的金额明细鉴证表

金额单位:元

<table>
<tr><th colspan="2">项目名称</th><th>有效凭证金额</th><th>本次扣除金额</th><th>本次未扣除金额</th><th>备注</th></tr>
<tr><td rowspan="7">支付土地价款支付情况</td><td>支付的土地出让金</td><td>49 509 619.29</td><td>49 509 619.29</td><td>—</td><td></td></tr>
<tr><td>支付地价款金额</td><td></td><td></td><td></td><td></td></tr>
<tr><td>交纳的有关税费</td><td>1 485 288.56</td><td>1 485 288.56</td><td>—</td><td></td></tr>
<tr><td>其中:</td><td></td><td></td><td></td><td></td></tr>
<tr><td>契税</td><td>1 485 288.56</td><td>1 485 288.56</td><td>—</td><td></td></tr>
<tr><td></td><td></td><td></td><td></td><td></td></tr>
<tr><td>合计</td><td>50 994 907.85</td><td>50 994 907.85</td><td>—</td><td></td></tr>
<tr><td rowspan="8">支付土地征用费用情况</td><td>土地征用费用</td><td></td><td></td><td></td><td></td></tr>
<tr><td>耕地占用税</td><td></td><td></td><td></td><td></td></tr>
<tr><td>劳动力安置费</td><td></td><td></td><td></td><td></td></tr>
<tr><td>安置动迁用房支出</td><td></td><td></td><td></td><td></td></tr>
<tr><td>拆迁补偿款</td><td></td><td></td><td></td><td></td></tr>
<tr><td>其他费用</td><td></td><td></td><td></td><td></td></tr>
<tr><td>其中:水土补偿款</td><td></td><td></td><td></td><td></td></tr>
<tr><td>合　计</td><td>0</td><td>0</td><td>0</td><td></td></tr>
</table>

附件 2-4-3　前期工程费明细鉴证表

金额单位:元

<table>
<tr><th rowspan="2">项目名称</th><th colspan="2">有效凭证金额</th><th rowspan="2">本次扣除金额</th><th rowspan="2">本次未扣除金额</th></tr>
<tr><th>总计</th><th>其中:非招投标合同金额</th></tr>
<tr><td>规划费用</td><td></td><td></td><td></td><td></td></tr>
<tr><td>设计费用</td><td>1 178 434.32</td><td></td><td>1 178 434.32</td><td></td></tr>
<tr><td>项目可行性研究费用</td><td>2 528.27</td><td></td><td>2 528.27</td><td></td></tr>
<tr><td>水文费用</td><td></td><td></td><td>0.00</td><td></td></tr>
<tr><td>地质费用</td><td></td><td></td><td>0.00</td><td></td></tr>
<tr><td>勘探费用</td><td>29 288.64</td><td></td><td>29 288.64</td><td></td></tr>
<tr><td>测绘费用</td><td>18 022.28</td><td></td><td>18 022.28</td><td></td></tr>
<tr><td>七通一平支出</td><td>437 601.68</td><td></td><td>437 601.68</td><td></td></tr>
<tr><td>其他</td><td>1 535 148.43</td><td></td><td>1 535 148.43</td><td></td></tr>
</table>

(续表)

项目名称	有效凭证金额		本次扣除金额	本次未扣除金额
	总计	其中:非招投标合同金额		
合计	3 201 023.62	—	3 201 023.62	—

附件 2-4-4　建筑安装工程费明细鉴证表

金额单位:元

项目名称	有效凭证金额		本次扣除金额	本次未扣除金额
	总计	其中:非招投标合同金额		
建筑工程费用	40 391 168.55		40 391 168.55	
安装工程费用	5 469 617.67		5 469 617.67	
其他建筑安装工程费用	319 547.48		319 547.48	
合计	46 180 333.70	0	46 180 333.70	0

附件 2-4-5　基础设施费明细鉴证表

金额单位:元

项目名称	有效凭证金额		本次扣除金额	本次未扣除金额
	总计	其中:非招投标合同金额		
开发小区内道路	617 138.41		617 138.41	
供水工程支出	107 864.79		107 864.79	
供电工程支出	409 656.07		409 656.07	
供气工程支出	171 371.32		171 371.32	
排污工程支出	—		—	
排洪工程支出	—		—	
通讯工程支出	2 449.24		2 449.24	
照明工程支出	4 241.80		4 241.80	
环卫工程支出	13 652.66		13 652.66	
绿化费用	3 891 038.16		3 891 038.16	
其他设施工程发生的支出	2 192 810.81		2 192 810.81	
合计	7 410 223.26	—	7 410 223.26	—

附件 2-4-6 公共配套设施费明细鉴证表

金额单位:元

项目名称	有效凭证金额		本次扣除金额	本次未扣除金额
	总计	其中:非招投标合同金额		
物业管理用房费用	540 128.69		540 128.69	
变电站费用				
热力站费用				
水厂费用				
居委会用房费用				
派出所用房费用				
幼儿园用房费用				
学校用房费用				
托儿所用房费用				
公共厕所费用				
自行车棚用房费用				
邮电通讯用房费用				
其他非营业性公共设施费用				
合计	540 128.69	—	540 128.69	—

附件 2-4-7 开发间接费用明细鉴证表

金额单位:元

项目名称	有效凭证金额	本次扣除金额	本次未扣除金额	备注
管理人员工资	2 421 065.68	2 421 065.68		
职工福利费	24 855.08	24 855.08		
折旧费	—			
修理费	8 093.97	8 093.97		
办公费	74 848.74	74 848.74		
水电费	16 927.78	16 927.78		
劳动保护费	2 074.76	2 074.76		
周转房摊销费	—			
其他发生的间接费用	—			
合计	2 547 866.01	2 547 866.01	—	

附件 2-4-8　利息支出明细鉴证表

金额单位:元

行次	金融机构名称	借款金额	借款期限	利率	允许列支利息金额
1					
2					
3					
4					
6					
7					
合计					

附件 2-4-9　与转让房地产有关的税金明细鉴证表

金额单位:元

项目	行次	应缴纳税款金额	实际缴纳税款金额	备注
营业税	1	5 216 401.09	5 216 401.09	
城市维护建设税	2	384 765.52	384 765.52	
教育费附加	3	274 832.52	274 832.52	
	4			
	5			
	6			
	7			
合　计	8	5 875 999.13	5 875 999.13	

中央商务区(二期)项目清算鉴证报告

土地增值税清算税款鉴证报告
山东****土增税鉴字〔2022〕29号

鸿达置业有限公司:

　　我们接受委托,于2022年8月对鸿达置业有限公司(以下简称贵公司)中央商务区(二期)项目土地增值税清算申报事项进行签证,并出具鉴证报告。

　　我们是本着独立、客观、公正的原则,依据《土地增值税暂行条例》及其实施细则和有关政策、规定,按照国家税务总局制定的《涉税专业服务监管办法(试行)》和《国家税务总局山东省税务局关于发布〈国家税务总局山东省税务局土地增值税清算管理办法〉的公告》(国家税务总局山东省税务局公告2022年第10号)等行业规范要求,对本公司中央商务区(二期)项目土地增值税清算申报的真实性、准确性、完整性和合法性实施审核,发表清算意见。

在审核过程中,我们考虑了与土地增值税清算相关的清算材料的证据资格和证明能力,对会计资料及纳税资料等实施了审核、验证、计算和职业推断等必要的审核清算程序。我们相信,我们获取的清算证据是充分的、适当的,为发表清算意见提供了基础。现将审核清算结果报告如下:

经对中央商务区(二期)项目土地增值税清算申报事项进行审核,我们认为,本报告后附的《土地增值税清算申报表》及其附表已经按照《土地增值税暂行条例》及实施细则、《土地增值税暂行条例》及其实施细则以及其他税收法规的相关规定填报,在所有重大事项方面真实、准确、完整地反映了贵公司中央商务区(二期)项目土地增值税清算申报情况。

经对贵公司转让中央商务区(二期)项目土地增值税清算税款申报进行审核,我们确认:

1. 收入总额　　　　　　　　　　　　　　　　　102 936 333.97元;
其中:
普通住宅　　　　　　　　　　　　　　　　　　81 633 566.84元;
其他房地产类型　　　　　　　　　　　　　　　21 302 767.13元;
2. 扣除项目金额合计　　　　　　　　　　　　　91 369 955.72元;
其中:
取得土地使用权所支付的金额　　　　　　　　　30 330 688.71元;
房地产开发成本　　　　　　　　　　　　　　　37 428 558.98元;
房地产开发费用　　　　　　　　　　　　　　　 6 775 924.77元;
与转让房地产有关的税金等　　　　　　　　　　 3 282 933.72元;
财政部规定的其他扣除项目　　　　　　　　　　13 551 849.54元;
3. 增值额　　　　　　　　　　　　　　　　　　11 566 378.25元;
其中:
普通住宅　　　　　　　　　　　　　　　　　　 7 586 135.34元;
其他房地产类型　　　　　　　　　　　　　　　 3 980 242.91元;
4. 增值率(增值额与扣除金额之比)
其中:
普通住宅　　　　　　　　　　　　　　　　　　　　　　　10.24%

其他房地产类型 22.98%；

5. 适用税率

其中：

普通住宅 30%；

其他房地产类型 30%；

6. 速算扣除数

其中：

普通住宅 0%；

其他房地产类型 0%；

7. 应缴土地增值税税额 3 469 913.47 元；

其中：

普通住宅 2 275 840.60 元；

其他房地产类型 1 194 072.87 元；

8. 减免税额 2 275 840.60 元；

其中：

普通住宅 2 275 840.60 元；

其他房地产类型 0.00 元；

9. 已缴土地增值税税额 2 271 789.35 元；

其中：

普通住宅 1 632 671.34 元；

其他房地产类型 639 083.01 元；

10. 应补土地增值税税额 −1 077 681.48 元；

其中：

普通住宅 −1 632 671.34 元；

其他房地产类型 554 989.86 元；

经审核，中央商务区（二期）项目应缴土地增值税款 3 469 913.47 元，减免土地增值税款 2 275 840.60 元，实际已缴土地增值税税款 2 271 789.35 元，应退土地增值税税款 1 077 681.48 元。

清算事项的具体情况详见附送资料。

本报告仅供贵公司中央商务区（二期）项目向主管税务机关办理土地增值清算申报时使用，不作其他用途。

附件：

1. 土地增值税清算报告说明。

2. 土地增值税纳税申报审核主表及其明细项目审核表，包括：

(1) 土地增值税纳税申报表(二)。

(2) 与收入相关的面积明细鉴证表。

(3) 转让房地产收入明细鉴证表。

(4) 扣除项目汇总鉴证表。

① 扣除项目及成本结转明细鉴证表。

② 取得土地使用权所支付的金额明细鉴证表。

③ 前期工程费明细鉴证表。

④ 建筑安装工程费明细鉴证表。

⑤ 基础设施费明细鉴证表。

⑥ 公共配套设施费明细鉴证表。

⑦ 开发间接费明细鉴证表。

⑧ 利息支出明细鉴证表。

⑨ 与转让房地产有关税金明细鉴证表。

3. 税务师事务所和注册税务师执业证书复印件(略)。

4. 企业营业执照复印件(略)。

山东*********事务所有限公司　　　　　　中国注册税务师：

　　　　　　　　　　　　　　　　　　　　　　　（所长）

　　　　　　　　　　　　　　　　　　　　中国注册税务师：

中国·山东　　　　　　　　　　　　　　　二〇二二年十月三十日

附件1

土地增值税清算报告说明

一、基本情况

(一) 企业基本情况

1. 企业名称：鸿达置业有限公司

2. 社会信用代码：**

3. 注册资本：**

4. 公司类型:有限责任公司

5. 成立日期:2006年8月15日

6. 法定代表人:**

7. 营业期限:2006年8月15日至****年**月**日

8. 经营范围:房地产开发经营。(凭资质经营)建筑材料、装潢材料的销售;物业管理(依法须经批准的项目、经有关部门批准后方可开展经营活动)

9. 住所:****

(二)项目基本情况

1. 项目概况:鸿达置业有限公司中央商务区(二期)项目位于**东,五证取得情况如下:

(1)项目立项情况表如表1所示。

表1 项目立项情况表

项目名称	核准号	计划投资(万元)	建筑面积(m^2)	批准日期
中央商务区项目(二期)	***发改〔2011〕40号	11 587.20	59 017.70	2011年1月9日

(2)土地证取得情况表如表2所示。

表2 土地证取得情况表

证号	房产使用权人	地类(用途)	使用权面积(m^2)	发证日期	地号
**	鸿达置业有限公司	批发零售用地、城镇住宅用地	62 937.40	2011年8月22日	**

(3)建设用地规划许可证取得情况表如表3所示。

表3 建设用地规划许可证取得情况表

建设项目名称	建设位置	证书编号	用地面积(m^2)	发证日期
中央商务区(二期)	**	地字第***号	总规划面积:33 512	2013年1月27日

(4)建设工程规划许可证取得情况表如表4所示。

表4 建设工程规划许可证取得情况表

建设项目名称	建设位置	建设规模(m^2)	证书编号	发证日期
中央商务区商业步行街1#商业楼、商业步行街2#商业楼、9#商住楼,回迁10#、12#、14#住宅楼,16#商住楼,住宅楼11#13#15#	**	59 017.70	建字第**号	2013年4月20日

(5) 施工许可证取得情况表如表5所示。

表5 施工许可证取得情况

建设项目名称	建设位置	建设规模(m²)	证书编号	发证日期
中央商务区(二期)商业步行街	**	28 609.17	**	2015年8月26日
中央商务区(二期)9#、10#、11#、12#、13#、14#、15#、16#楼	**	24 289.68	**	2015年8月26日

(6) 竣工验收备案表如表6所示。

表6 竣工验收备案表

工程名称	结构类型	开工日期	竣工验收日期	备案表建筑面积(m²)
中央商务区(二期)商业步行街1#商业楼	框架	2013年3月1日	2016年1月20日	15 615.28
中央商务区(二期)商业步行街2#商业楼	框架	2013年3月1日	2016年1月20日	9 926.69
中央商务区(二期)9#商住楼	框剪结构	2013年8月15日	2016年1月20日	6 846.53
中央商务区(二期)住宅楼10#住宅楼	砌体结构	2013年3月22日	2016年1月20日	2 473.85
中央商务区(二期)住宅楼11#楼	砌体	2013年3月22日	2016年1月20日	2 738.56
中央商务区(二期)住宅楼12#楼	砌体结构	2013年3月22日	2016年1月20日	2 473.85
中央商务区(二期)住宅楼13#	砌体	2013年3月22日	2016年1月20日	2 738.56
中央商务区(二期)住宅楼14#	砌体	2013年3月22日	2016年1月20日	2 473.85
中央商务区(二期)住宅楼15#	砌体	2013年3月22日	2016年1月20日	2 738.56
中央商务区(二期)16#商住楼	框架	2013年5月10日	2016年1月20日	2 263.52

(7) 预售许可证表如表7所示。

表7 预售许可证表

发证日期	项目名称	房屋坐落地点	证书号码	预售总建筑面积(m²)
2015年9月2日	中央商务区(二期)	商业步行街1#2#楼	**	25 541.97
2015年9月2日	中央商务区(二期)	9#—16#楼等8幢楼	**	24 747.28

2. 项目建设情况：

中央商务区(二期)总建筑面积50 289.25平方米，其中普通住宅建筑面积18 851.76平方米，商业建筑面积27 741.53平方米，地上储藏室建筑面积2 513.88平方米，地上车库建筑面积691.44平方米，物业用房建筑面积490.64平方米。

3. 项目销售情况：

中央商务区（二期）已取得预售许可证，实际销售日期为2015年09月，可售面积49 798.61平方米，其中普通住宅可售面积18 851.76平方米，商业可售面积27 741.53平方米，地上储藏室可售面积2 513.88平方米，地上车库可售面积691.44平方米；截至清算基准日已售面积23 305.52平方米，其中普通住宅已售面积18 851.76平方米，商业已售面积1 248.44平方米 出租面积26 493.09平方米，地上储藏室已售面积2 513.88平方米，地上车库已售面积691.44平方米，已售比例为47%，剩余部分全部出租。

二、土地增值税的审核情况

鸿达置业有限公司的中央商务区（二期）项目截至2022年8月15日已符合土地增值税清算条件，土地增值税清算审核情况如下：

（一）土地增值税应税收入的审核

截至清算审核日，中央商务区（二期）项目土地增值税应税收入为102 936 333.97元。经审核，核定本项目土地增值税应税收入为102 936 333.97元。

（二）土地增值税扣除项目的审核

截至清算审核日，经过审核，核定本公司本次清算的允许扣除项目金额为91 369 955.72元，其中：

1. 取得土地使用权所支付的金额

取得土地使用权共计所支付的金额为157 075 000.00元（三个项目合计金额），经审核调整0.00元，可扣除金额157 075 000.00元。

按照建筑面积分摊计入本项目扣除的金额为30 330 688.71元，本次清算允许扣除金额为30 330 688.71元。

2. 房地产开发成本

房地产开发成本226 084 235.21元，经审核调减23 966 551.55元，可扣除金额为202 117 683.66元，本次清算允许扣除的房地产开发成本为37 428 558.98元。

（1）土地征用及拆迁补偿费账面金额0.00元，经审核调减0.00元，可扣除金额为0元，本次清算允许扣除的土地征用及拆迁补偿费为0元。

（2）前期工程费账面金额18 975 552.59元（三个项目合计金额），经审核调减8 846 828.98元，可扣除金额10 128 723.61元。

按照建筑面积分摊计入本项目扣除的金额1 903 900.94元，本次清算允许扣除的前期工程费为1 903 900.94元。

(3) 建筑安装工程费账面金额 72 892 277.38 元(直接计入对应项目),经审核调减 959 883.12 元,可扣除金额 71 932 394.26 元,本次清算允许扣除金额 29 280 540.76 元。

(4) 本次清算基础设施费账面金额 23 663 026.73 元(三个项目合计金额),经审核调减 215 494.52 元,可扣除金额 23 447 532.21 元。

按照建筑面积分摊计入本项目扣除的金额 4 407 443.61 元,本次清算允许扣除金额 4 407 443.61 元。

(5) 本次清算公共配套设施费账面 0.00 元。

中央商务区(二期)物业用房整个中央商务区共同使用,该物业用房分摊土地价款 638 537.53 元,分摊前期工程费金额 40 081.93 元,分摊建筑安装工程费金额 899 008.84 元,分摊基础设施费金额 92 787.81 元,分摊开发间接费金额 31 903.35 元,分摊后物业用房成本 1 702 319.46 元。

按照建筑面积分摊计入本项目扣除的金额 321 257.07 元,本次清算允许扣除金额 321 257.07 元。

(6) 本次清算开发间接费用 12 544 840.69 元(三个项目合计金额),经审核调减 4 482 847.46 元,可扣除金额 8 061 993.23 元。

按照建筑面积分摊计入本项目扣除的金额 1 515 416.60 元,本次清算允许扣除金额 1 515 416.60 元。

3. 房地产开发费用

房地产开发费用 6 775 924.77 元,由本次允许扣除的取得土地使用权所支付的金额 30 330 688.72 元与房地产开发成本 37 428 558.98 元之和乘以 10% 计算得出。

4. 与转让房地产有关的税金

与转让房地产有关的税金为 3 282 933.72 元,经审核,本次清算允许扣除的与转让房地产有关的税金为 3 282 933.72 元。

其中:

与转让房地产有关的营业税 2 778 972.25 元,经审核,本次清算允许扣除的与转让房地产有关的营业税为 2 778 972.25 元。

与转让房地产有关的城建税为 293 977.52 元,经审核,本次清算允许扣除的与转让房地产有关的城建税为 293 977.52 元。

与转让房地产有关的教育费附加 209 983.95 元,经审核,本次清算允许扣除的与转让房地产有关的教育费附加为 209 983.95 元。

5. 财政部规定的其他扣除项目

根据税收法规的相关规定,本次清算的其他扣除项目金额13 551 849.54元,由本次允许扣除的取得土地使用权所支付的金额30 330 688.72元与房地产开发成本37 428 558.98元之和乘以20%计算得出。

(三)增值额及增值率的审核

经审核,本项目本次清算转让房地产土地增值税的增值额为11 566 378.25元。其中:普通住宅的土地增值税增值额为7 586 135.34元,增值率10.24%;其他房地产的土地增值税增值额为3 980 242.91元,增值率22.98%。

(四)应缴土地增值税的审核

经审核,本项目本次清算应缴土地增值税3 469 913.47元,减免土地增值税2 275 840.60元,已交土地增值税2 271 789.35元,应退土地增值税1 077 681.48元。

附件2

土地增值税纳税申报主表及其明细项目申报表

附件2-1 土地增值税纳税申报表(二)

(从事房地产开发的纳税人清算适用)

税款所属时间:2011年1月1日至2022年8月15日　　　　　填表日期:2022年8月15日

金额单位:元至角分　　面积单位:平方米

纳税人名称	鸿达置业有限公司	项目名称	中央商务区(二期)	项目编号	**		
所属行业	**	登记注册类型	**	纳税人地址	**		
开户银行	**	银行账号	**	主管部门	**		
总可售面积		49 798.61		自用和出租面积	—		
已售面积	23 305.52	其中:普通住宅已售面积	18 851.76	其中:非普通住宅已售面积	—	其中:其他类型房地产已售面积	4 453.76

项目	行次	金额			
		普通住宅	非普通住宅	其他类型房地产	合计
一、转让房地产收入总额 1=2+3+4	1	81 633 566.84	—	21 302 767.13	102 936 333.97
其中 货币收入	2	81 633 566.84		21 302 767.13	102 936 333.97
实物收入及其他收入	3				—
视同销售收入	4				—
二、扣除项目金额合计 5=6+7+14+17+21+22	5	74 047 431.50	—	17 322 524.22	91 369 955.72
1. 取得土地使用权所支付的金额	6	24 534 396.34		5 796 292.37	30 330 688.71
2. 房地产开发成本 7=8+9+10+11+12+13	7	30 246 774.54		7 181 784.44	37 428 558.98

(续表)

项目		行次	金额			
			普通住宅	非普通住宅	其他类型房地产	合计
其中	土地征用及拆迁补偿费	8	—	—		—
	前期工程费	9	1 540 059.33	—	363 841.61	1 903 900.94
	建筑安装工程费	10	23 655 868.94	—	5 624 671.82	29 280 540.76
	基础设施费	11	3 565 166.85		842 276.76	4 407 443.61
	公共配套设施费	12	259 863.82		61 393.25	321 257.07
	开发间接费用	13	1 225 815.60		289 601.00	1 515 416.60
3. 房地产开发费用 14=15+16		14	5 478 117.09	—	1 297 807.68	6 775 924.77
其中	利息支出	15				
	其他房地产开发费用	16	5 478 117.09		1 297 807.68	6 775 924.77
4. 与转让房地产有关的税金等 17=18+19+20		17	2 831 909.35		451 024.37	3 282 933.72
其中	营业税	18	2 421 782.95		357 189.30	2 778 972.25
	城市维护建设税	19	239 240.40		54 737.12	293 977.52
	教育费附加	20	170 886.00		39 097.95	209 983.95
5. 财政部规定的其他扣除项目		21	10 956 234.18	—	2 595 615.36	13 551 849.54
6. 代收费用		22				—
三、增值额 23=1-5		23	7 586 135.34	—	3 980 242.91	11 566 378.25
四、增值额与扣除项目金额之比(%)24=23÷5		24	10.24%	0.00%	22.98%	
五、适用税率(%)		25	30.00%	30.00%	30.00%	
六、速算扣除系数(%)		26				—
七、应缴土地增值税税额 27=23×25-5×26		27	2 275 840.60		1 194 072.87	3 469 913.47
八、减免税额 28=30+32+34		28	2 275 840.60	—	—	2 275 840.60
其中	减免税(1) 减免性质代码(1)	29				
	减免税(1) 减免税额(1)	30	2 275 840.60			
	减免税(2) 减免性质代码(2)	31				
	减免税(2) 减免税额(2)	32				
	减免税(3) 减免性质代码(3)	33				
	减免税(3) 减免税额(3)	34				
九、已缴土地增值税税额		35	1 632 671.34		639 083.01	2 271 754.35
十、应补(退)土地增值税税额 36=27-28-35		36	-1 632 671.34	—	554 989.86	-1 077 681.48

以下由纳税人填写:

纳税人声明:此纳税申报表是根据《中华人民共和国土地增值税暂行条例》及其实施细则和国家有关税收规定填报的,是真实的、可靠的、完整的。

(续表)

纳税人签章		代理人签章		代理人身份证号	
以下由税务机关填写：					
受理人		受理日期	年　月　日	受理税务机关签章	

附件 2-2　与收入相关的面积明细鉴证表

面积单位：平方米

项目	行次	普通住宅	非普通住宅	商铺	储藏室	车库	物业用房	学校等公共配套设施	其他	合计
		1	2	3	4	5	6	7	8	9＝1＋2＋3＋4＋5＋6＋7＋8
使用土地面积	1	—	—	—	—	—	—	—	—	—
总建筑面积	2	18 851.76	—	27 741.53	2 513.88	691.44	490.64			50 289.25
可售建筑面积	3	18 851.76	—	27 741.53	2 513.88	691.44	—			49 798.61
已售建筑面积	4	18 851.76		1 248.44	2 513.88	691.44	—			23 305.52
未售建筑面积	5	—		26 493.09	—	—	—			26 493.09
自用建筑面积	6			26 493.09						26 493.09

附件 2-3　转让房地产收入明细鉴证表

金额单位：元

形式或类别	项目	金额	备注
转让收入形式	货币形式取得的收入	102 936 333.97	
	非货币性收入		
	视同销售收入		
	合计	102 936 333.97	
转让收入类别	销售货币金额	102 936 333.97	
	换取非货币性资产作价金额		
	分配股东作价金额		
	分配投资人作价金额		
	用于职工福利作价金额		
	用于职工奖励作价金额		
	用于赞助作价金额		
	对外投资金额		
	抵偿债务金额		
	取得其他收益金额		
	合计	102 936 333.97	

附件 2-4 扣除项目汇总鉴证表

金额单位:元

项目		有效凭证金额	本次扣除金额	本次未扣除金额	备注
1. 取得土地使用权所支付的金额		30 330 688.71	30 330 688.71	—	
2. 房地产开发成本		37 428 558.98	37 428 558.98		
其中	土地征用及拆迁补偿费	—	—		
	前期工程费	1 903 900.94	1 903 900.94	—	
	建筑安装工程费	29 280 540.76	29 280 540.76		
	基础设施费	4 407 443.61	4 407 443.61		
	公共配套设施费	321 257.07	321 257.07		
	开发间接费用	1 515 416.60	1 515 416.60		
3. 房地产开发费用		6 775 924.77	6 775 924.77		
其中	利息支出	0.00	0.00		
	其他房地产开发费用	6 775 924.77	6 775 924.77		
4. 与转让房地产有关的税金		3 282 933.72	3 282 933.72		
其中	营业税	2 778 972.25	2 778 972.25		
	城市维护建设税	293 977.52	293 977.52		
	教育费附加	209 983.95	209 983.95		
	印花税	0.00	0.00		
5. 财政部、省政府规定的其他扣除项目		0.00	0.00		
6. 财政部规定的加计20%扣除数		13 551 849.55	13 551 849.55		
合计		91 369 955.72	91 369 955.72	—	

附件 2-4-1 扣除项目及成本结转明细鉴证表

单位:元、平方米

项目	总成本费用	可售建筑(土地)面积	单位造价	累计已售建筑(土地)面积	已售面积占总可售面积(已售土地面积占总土地面积)%	销售成本	账面已结成本	差异数
	1	2	3=1/2	4	5	6	7	8=6−7
一、取得土地使用权所支付的金额	30 330 688.71							
二、房地产开发成本	37 428 558.98							
土地征用及拆迁补偿费	—							

(续表)

项目	总成本费用	可售建筑（土地）面积	单位造价	累计已售建筑（土地）面积	已售面积占总可售面积（已售土地面积占总土地面积）%	销售成本	账面已结成本	差异数
	1	2	3=1/2	4	5	6	7	8=6-7
前期工程费	1 903 900.94							
建筑安装工程费	29 280 540.76							
基础设施费	4 407 443.61							
公共配套设施费	321 257.07							
开发间接费用	1 515 416.60							
三、房地产开发费用	6 775 924.77							
利息支出	—							
其他房地产开发费用	6 775 924.77							
合计	74 535 172.46							

附件 2-4-2　取得土地使用权所支付的金额明细鉴证表

金额单位：元

	项目名称	有效凭证金额	本次扣除金额	本次未扣除金额	备注
支付土地价款支付情况	支付的土地出让金	29 447 270.61	29 447 270.61	—	
	支付地价款金额				
	交纳的有关税费	883 418.10	883 418.10	—	
	其中：				
	契税	883 418.10	883 418.10	—	—
	合计	30 330 688.71	30 330 688.71	—	
支付土地征用费用情况	土地征用费用				
	耕地占用税				
	劳动力安置费				
	安置动迁用房支出				
	拆迁补偿款				
	其他费用				
	其中：水土补偿款				
	合计	—	—	—	

附件 2-4-3　前期工程费明细鉴证表

金额单位：元

项目名称	有效凭证金额		本次扣除金额	本次未扣除金额
	总计	其中：非招投标合同金额		
规划费用				
设计费用	700 907.71		700 907.71	
项目可行性研究费用	1 503.78		1 503.78	
水文费用			—	
地质费用			—	
勘探费用	17 420.26		17 420.26	
测绘费用	10 719.28		10 719.28	
七通一平支出	260 276.20		260 276.20	
其他	913 073.71		913 073.71	
合计	1 903 900.94	—	1 903 900.94	—

附件 2-4-4　建筑安装工程费明细鉴证表

金额单位：元

项目名称	有效凭证金额		本次扣除金额	本次未扣除金额
	总计	其中：非招投标合同金额		
建筑工程费用	23 793 521.16		23 793 521.16	
安装工程费用	5 169 183.80		5 169 183.80	
其他建筑安装工程费用	317 835.80		317 835.80	
合计	29 280 540.76	—	29 280 540.76	—

附件 2-4-5　基础设施费明细鉴证表

金额单位：元

项目名称	有效凭证金额		本次扣除金额	本次未扣除金额
	总计	其中：非招投标合同金额		
开发小区内道路	367 060.83		367 060.83	
供水工程支出	64 155.72		64 155.72	

(续表)

项目名称	有效凭证金额		本次扣除金额	本次未扣除金额
	总计	其中:非招投标合同金额		
供电工程支出	243 654.72		243 654.72	
供气工程支出	101 928.05		101 928.05	
排污工程支出	—			
排洪工程支出	—		—	
通讯工程支出	1 456.79		1 456.79	
照明工程支出	2 522.93		2 522.93	
环卫工程支出	8 120.31		8 120.31	
绿化费用	2 314 306.93		2 314 306.93	
其他设施工程发生的支出	1 304 237.33		1 304 237.33	
合计	4 407 443.61	—	4 407 443.61	—

附件2-4-6 公共配套设施费明细鉴证表

金额单位:元

项目名称	有效凭证金额		本次扣除金额	本次未扣除金额
	总计	其中:非招投标合同金额		
物业管理用房费用	321 257.07		321 257.07	
变电站费用				
热力站费用				
水厂费用				
居委会用房费用				
派出所用房费用				
幼儿园用房费用				
学校用房费用				
托儿所用房费用				
公共厕所费用				
自行车棚用房费用				
邮电通讯用房费用				
其他非营业性公共设施费用				
合计	321 257.07	—	321 257.07	—

附件 2-4-7　开发间接费用明细鉴证表

金额单位：元

项目名称	有效凭证金额	本次扣除金额	本次未扣除金额	备注
管理人员工资	1 439 998.47	1 439 998.47		
职工福利费	14 783.25	14 783.25		
折旧费	—			
修理费	4 814.10	4 814.10		
办公费	44 518.44	44 518.44		
水电费	10 068.32	10 068.32		
劳动保护费	1 234.02	1 234.02		
周转房摊销费	—	—		
其他发生的间接费用	—	—		
合计	1 515 416.60	1 515 416.60	—	

附件 2-4-8　利息支出明细鉴证表

金额单位：元

行次	金融机构名称	借款金额	借款期限	利率	允许列支利息金额
1					
2					
3					
4					
6					
7					
合计					

附件 2-4-9　与转让房地产有关的税金明细鉴证表

金额单位：元

项目	行次	应缴纳税款金额	实际缴纳税款金额	备注
营业税	1	2 778 972.25	2 778 972.25	
城市维护建设税	2	293 977.52	293 977.52	
教育费附加	3	209 983.95	209 983.95	
	4			
	5			
	6			
	7			
合计	8	3 282 933.72	3 282 933.72	

中央商务区(三期)项目清算鉴证报告

土地增值税清算税款鉴证报告
山东****土增税鉴字〔2022〕30号

鸿达置业有限公司：

我们接受委托，于2022年8月对鸿达置业有限公司(以下简称贵公司)中央商务区(三期)项目土地增值税清算申报事项进行签证，并出具鉴证报告。

我们是本着独立、客观、公正的原则，依据《土地增值税暂行条例》及其实施细则和有关政策、规定，按照国家税务总局制定的《涉税专业服务监管办法(试行)》和《国家税务总局山东省税务局关于发布〈国家税务总局山东省税务局土地增值税清算管理办法〉的公告》(国家税务总局山东省税务局公告2022年第10号)等行业规范要求，对本公司中央商务区(三期)项目土地增值税清算申报的真实性、准确性、完整性和合法性实施审核，发表清算意见。

在审核过程中，我们考虑了与土地增值税清算相关的清算材料的证据资格和证明能力，对会计资料及纳税资料等实施了审核、验证、计算和职业推断等必要的审核清算程序。我们相信，我们获取的清算证据是充分的、适当的，为发表清算意见提供了基础。现将审核清算结果报告如下：

经对中央商务区(三期)项目土地增值税清算申报事项进行审核，我们认为，本报告后附的《土地增值税清算申报表》及其附表已经按照《土地增值税暂行条例》及实施细则、《土地增值税暂行条例》及其实施细则以及其他税收法规的相关规定填报，在所有重大事项方面真实、准确、完整地反映了贵公司中央商务区(三期)项目土地增值税清算申报情况。

经对贵公司转让中央商务区(三期)项目土地增值税清算税款申报进行审核，我们确认：

  1. 收入总额：   145 637 070.87元；

  其中：

  普通住宅   101 184 502.14元；

  非普通住宅   34 347 439.52元；

  其他房地产类型   10 105 129.21元；

  2. 扣除项目金额合计   108 722 546.46元；

  其中：

取得土地使用权所支付的金额	35 691 077.48 元；
房地产开发成本	46 817 348.51 元；
房地产开发费用	8 250 842.60 元；
与转让房地产有关的税金等	1 461 592.67 元；
财政部规定的其他扣除项目	16 501 685.20 元；

3. 增值额：36 914 524.41 元；

其中：

普通住宅	26 313 108.98 元；
非普通住宅	8 714 213.48 元；
其他房地产类型	1 887 201.95 元；

4. 增值率（增值额与扣除金额之比）：

其中：

普通住宅	35.14%；
非普通住宅	34.00%；
其他房地产类型	22.96%；

5. 适用税率

其中：

普通住宅	30%；
非普通住宅	30%；
其他房地产类型	30%；

6. 速算扣除数

其中：

普通住宅	0%；
非普通住宅	0%；
其他房地产类型	0%；

7. 应缴土地增值税税额：11 074 357.32 元；

其中：

普通住宅	7 893 932.69 元；
非普通住宅	2 614 264.04 元；
其他房地产类型	566 160.59 元；

8. 减免税额   0.00 元;

其中:

普通住宅   0.00 元;

非普通住宅   0.00 元;

其他房地产类型   0.00 元;

9. 已缴土地增值税税额   3 357 267.10 元;

其中:

普通住宅   2 023 690.04 元;

非普通住宅   1 030 423.18 元;

其他房地产类型   303 153.88 元;

10. 应补土地增值税税额   7 717 090.22 元;

其中:

普通住宅   5 870 242.65 元;

非普通住宅   1 583 840.86 元;

其他房地产类型   263 006.71 元;

经审核,中央商务区(三期)项目应缴土地增值税款 11 074 357.32 元,减免土地增值税款 0.00 元,实际已缴土地增值税税款 3 357 267.10 元,应退土地增值税税款 7 717 090.22 元。

清算事项的具体情况详见附送资料。

本报告仅供贵公司中央商务区(三期)项目向主管税务机关办理土地增值清算申报时使用,不作其他用途。

附件:

1. 土地增值税清算报告说明。

2. 土地增值税纳税申报审核主表及其明细项目审核表,包括:

(1) 土地增值税纳税申报表(二)。

(2) 与收入相关的面积明细鉴证表。

(3) 转让房地产收入明细鉴证表。

(4) 扣除项目汇总鉴证表。

① 扣除项目及成本结转明细鉴证表。

② 取得土地使用权所支付的金额明细鉴证表。

③ 前期工程费明细鉴证表。

④ 建筑安装工程费明细鉴证表。

⑤ 基础设施费明细鉴证表。

⑥ 公共配套设施费明细鉴证表。

⑦ 开发间接费明细鉴证表。

⑧ 利息支出明细鉴证表。

⑨ 与转让房地产有关税金明细鉴证表。

3. 税务师事务所和注册税务师执业证书复印件(略)。

4. 企业营业执照复印件(略)。

山东 **** 事务所有限公司　　　　　　　　中国注册税务师：

　　　　　　　　　　　　　　　　　　　　　　（所长）

　　　　　　　　　　　　　　　　　　　　中国注册税务师：

中国·山东　　　　　　　　　　　　　　　二〇二二年十月三十日

附件 1

土地增值税清算报告说明

一、基本情况

(一) 企业基本情况

1. 企业名称：鸿达置业有限公司

2. 社会信用代码：**

3. 注册资本：**

4. 公司类型：有限责任公司

5. 成立日期：2006 年 8 月 15 日

6. 法定代表人：**

7. 营业期限：2006 年 8 月 15 日至 **** 年 ** 月 ** 日

8. 经营范围：房地产开发经营。(凭资质经营)建筑材料、装潢材料的销售；物业管理(依法须经批准的项目、经有关部门批准后方可开展经营活动)

9. 住所：****

(二) 项目基本情况

1. 项目概况：鸿达置业有限公司中央商务区（三期）项目位于**。该项目占地总面积***平方米，用地总面积**平方米。五证取得情况如下：

（1）项目立项情况表如表1所示。

表1 项目立项情况表

项目名称	核准号	计划投资（万元）	建筑面积（m^2）	批准日期
中央商务区项目（三期）	**发改〔2016〕41号	3 197.60	39 667.71	2016年6月26日

（2）土地证取得情况表如表2所示。

表2 土地证取得情况表

证号	房产使用权人	地类（用途）	使用权面积（m^2）	发证日期	地号
**	鸿达置业有限公司	批发零售用地、城镇住宅用地	62 937.40	2011年8月22日	**

（3）建设用地规划许可证取得情况表如表3所示。

表3 建设用地规划许可证取得情况表

建设项目名称	建设位置	证书编号	用地面积（m^2）	发证日期
中央商务区（三期）	**	地字第***号	总规划面积：22 525	2016年7月14日

（4）建设工程规划许可证取得情况表如表4所示。

表4 建设工程规划许可证取得情况表

建设项目名称	建设位置	建设规模（m^2）	证书编号	发证日期
中央商务区17#、18#19#商住楼，商住楼22#、住宅楼20#21#及地下车库	**	39 667.71	建字第**号	2016年8月8日

（5）施工许可证取得情况表如表5所示。

表5 施工许可证取得情况表

建设项目名称	建设位置	建设规模（m^2）	证书编号	发证日期
中央商务区（三期）17#、18#、19#、20#、21#、22#	**	28 609.17	**	2016年8月26日

（6）竣工验收备案表如表6所示。

表 6 竣工验收备案表如表

工程名称	结构类型	开工日期	竣工验收日期	备案表建筑面积(m²)
中央商务区(三期)17#商住楼	框架	2016年9月15日	2018年12月21日	2 410.53
中央商务区(三期)18#商住楼	框架	2016年9月15日	2018年12月21日	2 410.53
中央商务区(三期)19#商住楼	框架	2016年9月15日	2018年12月21日	1 695.09
中央商务区(三期)住宅楼20#	剪力墙	2016年9月15日	2018年12月21日	5 463.23
中央商务区(三期)住宅楼21#	剪力墙	2016年9月15日	2018年12月21日	10 702.84
中央商务区(三期)住宅楼22#	剪力墙结构	2016年9月15日	2018年1月23日	11 727.53

(7) 预售许可证表如表 7 所示。

表 7 预售许可证表

发证日期	项目名称	房屋坐落地点	证书号码	预售总建筑面积(m²)
2017年10月7日	中央商务区(三期)17#、18#、19#、20#、21#、22#	**	**	34 409.75

2. 项目建设情况：

中央商务区(三期)总建筑面积 34 409.75 平方米，其中普通住宅建筑面积 20 041.54 平方米，非普通住宅建筑面积 7 228.95 平方米，商业建筑面积 3 498.67 平方米，地上储藏室建筑面积 3 640.59 平方米。

3. 项目销售情况：

中央商务区(三期)已取得预售许可证，实际销售日期为 2015 年 09 月，可售面积 34 409.75 平方米，其中普通住宅可售面积 20 041.54 平方米，非普通住宅可售面积 7 228.95 平方米，商业可售面积 3 498.67 平方米；截至清算基准日已售面积 30 687.23 平方米，其中普通住宅已售面积 19 899.25 平方米，非普通住宅已售面积 7 059.90 平方米，商业已售面积 116.19 平方米 地上储藏室已售面积 3 611.89 平方米，已售比例为 89.18%。

二、土地增值税的审核情况

鸿达置业有限公司的中央商务区(三期)项目截至 2022 年 08 月 15 日已符合土地增值税清算条件，土地增值税清算审核情况如下：

(一) 土地增值税应税收入的审核

截至清算审核日，中央商务区(三期)项目土地增值税应税收入为 145 637 070.87 元。经审核，核定本项目土地增值税应税收入为 145 637 070.87 元。

（二）土地增值税扣除项目的审核

截至清算审核日，经过审核，核定本公司本次清算的允许扣除项目金额为 108 722 546.46 元，其中：

1. 取得土地使用权所支付的金额

取得土地使用权共计所支付的金额为 157 075 000.00 元（三个项目合计金额），经审核调整 0 元，可扣除金额 157 075 000.00 元。

按照建筑面积分摊计入本项目扣除的金额为 35 691 077.48 元，本次清算允许扣除金额为 35 691 077.48 元。

2. 房地产开发成本

房地产开发成本 226 084 235.21 元，经审核调减 23 966 551.55 元，可扣除金额为 202 117 683.66 元，本次清算允许扣除的房地产开发成本为 46 817 348.51 元。

（1）土地征用及拆迁补偿费账面金额 0 元，经审核调减 0 元，可扣除金额为 0 元，本次清算允许扣除的土地征用及拆迁补偿费为 0 元。

（2）前期工程费账面金额 18 975 552.59 元（三个项目合计金额），经审核调减 8 846 828.98 元，可扣除金额 10 128 723.61 元。

按照建筑面积分摊计入本项目扣除的金额 2 506 935.87 元，本次清算允许扣除的前期工程费为 2 506 935.87 元。

（3）建筑安装工程费账面金额 50 784 706.51 元（直接计入对应项目），经审核调减 8 526 274.27 元，可扣除金额 42 258 432.24 元，本次清算允许扣除金额 36 088 555.19 元。

（4）本次清算基础设施费账面金额 23 663 026.73 元（三个项目合计金额），经审核调减 215 494.52 元，可扣除金额 23 447 532.21 元。

按照建筑面积分摊计入本项目扣除的金额 5 803 442.05 元，本次清算允许扣除金额 5 803 442.05 元。

（5）本次清算公共配套设施费账面 0 元。

中央商务区（二期）物业用房整个中央商务区共同使用，该物业用房分摊土地价款 638 537.53 元，分摊前期工程费金额 40 081.93 元，分摊建筑安装工程费金额 899 008.84 元，分摊基础设施费金额 92 787.81 元，分摊开发间接费金额 31 903.35 元，分摊后物业用房成本 1 702 319.46 元。

按照建筑面积分摊计入本项目扣除的金额 423 010.91 元，本次清算允许扣除金额

423 010.91元。

(6) 本次清算开发间接费用12 544 840.69元(三个项目合计金额),经审核调减4 482 847.46元,可扣除金额8 061 993.23元。

按照建筑面积分摊计入本项目扣除的金额1 995 404.49元,本次清算允许扣除金额1 995 404.49元。

3. 房地产开发费用

房地产开发费用8 250 842.60元,由本次允许扣除的取得土地使用权所支付的金额35 691 077.48元与房地产开发成本46 817 348.51元之和乘以10%计算得出。

4. 与转让房地产有关的税金

与转让房地产有关的税金为1 461 592.67元,经审核,本次清算允许扣除的与转让房地产有关的税金为1 461 592.67元。

其中:

与转让房地产有关的营业税894 369.45元,经审核,本次清算允许扣除的与转让房地产有关的营业税为894 369.45元。

与转让房地产有关的城建税为330 880.21元,经审核,本次清算允许扣除的与转让房地产有关的城建税为330 880.21元。

与转让房地产有关的教育费附加236 343.01元,经审核,本次清算允许扣除的与转让房地产有关的教育费附加为236 343.01元。

5. 财政部规定的其他扣除项目

根据税收法规的相关规定,本次清算的其他扣除项目金额16 501 685.20元,由本次允许扣除的取得土地使用权所支付的金额35 691 077.48元与房地产开发成本46 817 348.51元之和乘以20%计算得出。

(三) 增值额及增值率的审核

经审核,本项目本次清算转让房地产土地增值税的增值额为36 914 524.41元。其中:普通住宅的土地增值税增值额为26 313 108.98元,增值率35.14%;非普通住宅的土地增值税增值额为8 714 213.48元,增值率34.00%;其他房地产的土地增值税增值额为1 887 201.95元,增值率22.96%。

(四) 应缴土地增值税的审核

经审核,本项目本次清算应缴土地增值税11 074 357.32元,减免土地增值税0元,已交土地增值税3 357 267.10元,应补土地增值税7 717 090.22元。

附件 2

土地增值税纳税申报审核主表及其明细项目审核表

附件 2-1　土地增值税纳税申报表（二）

（从事房地产开发的纳税人清算适用）

税款所属时间：2011 年 1 月 1 日至 2022 年 8 月 15 日　　　　　　填表日期：2022 年 8 月 15 日

金额单位：元至角分　　面积单位：平方米

纳税人名称	鸿达置业有限公司	项目名称	中央商务区（三期）	项目编号	**
所属行业	**	登记注册类型	**	纳税人地址	**
开户银行	**	银行账号	**	主管部门	**
总可售面积		34 409.75	自用和出租面积		—
已售面积	30 687.23	其中：普通住宅已售面积	19 899.25	其中：非普通住宅已售面积	7 059.90	其中：其他类型房地产已售面积	3 728.08

项目	行次	金额			
		普通住宅	非普通住宅	其他类型房地产	合计
一、转让房地产收入总额　1＝2＋3＋4	1	101 184 502.14	34 347 439.52	10 105 129.21	145 637 070.87
其中　货币收入	2	101 184 502.14	34 347 439.52	10 105 129.21	145 637 070.87
实物收入及其他收入	3				—
视同销售收入	4				—
二、扣除项目金额合计　5＝6＋7＋14＋17＋21＋22	5	74 871 393.16	25 633 226.04	8 217 927.26	108 722 546.46
1. 取得土地使用权所支付的金额	6	25 897 639.60	9 188 021.95	605 415.93	35 691 077.48
2. 房地产开发成本　7＝8＋9＋10＋11＋12＋13	7	30 736 739.28	10 434 728.25	5 645 880.98	46 817 348.51
其中　土地征用及拆迁补偿费	8	—	—		—
前期工程费	9	1 625 632.02	576 745.33	304 558.52	2 506 935.87
建筑安装工程费	10	23 779 612.82	7 966 463.52	4 342 478.85	36 088 555.19
基础设施费	11	3 763 263.87	1 335 139.08	705 039.10	5 803 442.05
公共配套设施费	12	274 303.02	97 317.84	51 390.05	423 010.91
开发间接费用	13	1 293 927.55	459 062.48	242 414.46	1 995 404.49
3. 房地产开发费用　14＝15＋16	14	5 663 437.89	1 962 275.02	625 129.69	8 250 842.60
其中　利息支出	15				—
其他房地产开发费用	16	5 663 437.89	1 962 275.02	625 129.69	8 250 842.60
4. 与转让房地产有关的税金等　17＝18＋19＋20	17	1 246 700.61	123 650.78	91 241.28	1 461 592.67
其中　营业税	18	842 019.45		52 350.00	894 369.45
城市维护建设税	19	236 064.01	72 129.62	22 686.58	330 880.21
教育费附加	20	168 617.15	51 521.16	16 204.70	236 343.01
5. 财政部规定的其他扣除项目	21	11 326 875.78	3 924 550.04	1 250 259.38	16 501 685.20
6. 代收费用	22				—

(续表)

项目	行次	全额			
		普通住宅	非普通住宅	其他类型房地产	合计
三、增值额 23=1-5	23	26 313 108.98	8 714 213.48	1 887 201.95	36 914 524.41
四、增值额与扣除项目全额之比(%)24=23÷5	24	35.14%	34.00%	22.96%	
五、适用税率(%)	25	30.00%	30.00%	30.00%	
六、速算扣除系数(%)	26	—	—	—	
七、应缴土地增值税税额 27=23×25-5×26	27	7 893 932.69	2 614 264.04	566 160.59	11 074 357.32
八、减免税额 28=30+32+34	28	—			
其中 减免税(1) 减免性质代码(1)	29				
其中 减免税(1) 减免税额(1)	30	7 893 932.69			
其中 减免税(2) 减免性质代码(2)	31				
其中 减免税(2) 减免税额(2)	32				
其中 减免税(3) 减免性质代码(3)	33				
其中 减免税(3) 减免税额(3)	34				
九、已缴土地增值税税额	35	2 023 690.04	1 030 423.18	303 153.88	3 357 267.10
十、应补(退)土地增值税税额 36=27-28-35	36	5 870 242.65	1 583 840.86	263 006.71	7 717 090.22

以下由纳税人填写：

纳税人声明：此纳税申报表是根据《中华人民共和国土地增值税暂行条例》及其实施细则和国家有关税收规定填报的，是真实的、可靠的、完整的。

纳税人签章		代理人签章		代理人身份证号	

以下由税务机关填写：

受理人		受理日期	年 月 日	受理税务机关签章	

附件2-2 与收入相关的面积明细鉴证表

面积单位：平方米

项目	行次	普通住宅	非普通住宅	商铺	储藏室	车库	物业用房	学校等公共配套设施	其他	合计
		1	2	3	4	5	6	7	8	9=1+2+3+4+5+6+7+8
使用土地面积	1	—	—	—	—	—	—	—	—	—
总建筑面积	2	20 041.54	7 228.95	3 498.67	3 640.59					34 409.75
可售建筑面积	3	20 041.54	7 228.95	3 498.67	3 640.59					34 409.75
已售建筑面积	4	19 899.25	7 059.90	116.19	3 611.89					30 687.23
未售建筑面积	5	—	169.05	3 382.48	28.70					3 580.23
自用建筑面积	6	—	—							

附件 2-3　转让房地产收入明细鉴证表

金额单位:元

形式或类别	项目	金额	备注
转让收入形式	货币形式取得的收入	145 637 070.87	
	非货币性收入		
	视同销售收入		
	合计	145 637 070.87	
转让收入类别	销售货币金额	145 637 070.87	
	换取非货币性资产作价金额		
	分配股东作价金额		
	分配投资人作价金额		
	用于职工福利作价金额		
	用于职工奖励作价金额		
	用于赞助作价金额		
	对外投资金额		
	抵偿债务金额		
	取得其他收益金额		
	合计	145 637 070.87	

附件 2-4　扣除项目汇总鉴证表

金额单位:元

项目		有效凭证金额	本次扣除金额	本次未扣除金额	备注
1. 取得土地使用权所支付的金额		35 691 077.48	35 691 077.48	—	
2. 房地产开发成本		46 817 348.51	46 817 348.51	—	
其中	土地征用及拆迁补偿费	—	—	—	
	前期工程费	2 506 935.87	2 506 935.87	—	
	建筑安装工程费	36 088 555.19	36 088 555.19	—	
	基础设施费	5 803 442.05	5 803 442.05	—	
	公共配套设施费	423 010.91	423 010.91	—	
	开发间接费用	1 995 404.49	1 995 404.49	—	
3. 房地产开发费用		8 250 842.60	8 250 842.60	—	
其中	利息支出	—	—	—	
	其他房地产开发费用	8 250 842.60	8 250 842.60	—	

(续表)

	项目	有效凭证金额	本次扣除金额	本次未扣除金额	备注
4. 与转让房地产有关的税金		1 461 592.67	1 461 592.67	—	
其中	营业税	894 369.45	894 369.45	—	
	城市维护建设税	330 880.21	330 880.21	—	
	教育费附加	236 343.01	236 343.01	—	
	印花税	—	—	—	
5. 财政部、省政府规定的其他扣除项目		—	—	—	
6. 财政部规定的加计20%扣除数		16 501 685.20	16 501 685.20	—	
合计		108 722 546.46	108 722 546.46	—	

附件 2-4-1 扣除项目及成本结转明细鉴证表

单位：元、平方米

项目	总成本费用	可售建筑（土地）面积	单位造价	累计已售建筑（土地）面积	已售面积占总可售面积（已售土地面积占总土地面积）%	销售成本	账面已结成本	差异数
	1	2	3=1/2	4	5	6	7	8=6−7
一、取得土地使用权所支付的金额	35 691 077.48							—
二、房地产开发成本	46 817 348.51							—
土地征用及拆迁补偿费	0							—
前期工程费	2 506 935.87							—
建筑安装工程费	36 088 555.19							—
基础设施费	5 803 442.05							—
公共配套设施费	423 010.91							—
开发间接费用	1 995 404.49							—
三、房地产开发费用	8 250 842.60							—
利息支出	0							—
其他房地产开发费用	8 250 842.60							—
合计	90 759 268.59					—	—	

附件 2-4-2　取得土地使用权所支付的金额明细鉴证表

金额单位：元

	项目名称	有效凭证金额	本次扣除金额	本次未扣除金额	备注
支付土地价款支付情况	支付的土地出让金	34 651 531.54	34 651 531.54	—	
	支付地价款金额				
	交纳的有关税费	1 039 545.94	1 039 545.94		
	其中：				
	契税	1 039 545.94	1 039 545.94	—	—
	合　计	35 691 077.48	35 691 077.48	—	
支付土地征用费用情况	土地征用费用				
	耕地占用税				
	劳动力安置费				
	安置动迁用房支出				
	拆迁补偿款				
	其他费用				
	其中：水土补偿款				
	合计	—	—	—	

附件 2-4-3　前期工程费明细鉴证表

金额单位：元

项目名称	有效凭证金额		本次扣除金额	本次未扣除金额
	总计	其中：非招投标合同金额		
规划费用				
设计费用	922 910.82		922 910.82	
项目可行性研究费用	1 980.05		1 980.05	
水文费用			—	
地质费用			—	
勘探费用	22 937.88		22 937.88	
测绘费用	14 114.45		14 114.45	

(续表)

项目名称	有效凭证金额		本次扣除金额	本次未扣除金额
	总计	其中:非招投标合同金额		
七通一平支出	342 715.17		342 715.17	
其他	1 202 277.50		1 202 277.50	
合计	2 506 935.87	—	2 506 935.87	—

附件 2-4-4　建筑安装工程费明细鉴证表

金额单位:元

项目名称	有效凭证金额		本次扣除金额	本次未扣除金额
	总计	其中:非招投标合同金额		
建筑工程费用	30 251 231.39		30 251 231.39	
安装工程费用	5 759 133.19		5 759 133.19	
其他建筑安装工程费用	78 190.61		78 190.61	
合计	36 088 555.19	—	36 088 555.19	—

附件 2-4-5　基础设施费明细鉴证表

金额单位:元

项目名称	有效凭证金额		本次扣除金额	本次未扣除金额
	总计	其中:非招投标合同金额		
开发小区内道路	483 322.42		483 322.42	
供水工程支出	84 476.16		84 476.16	
供电工程支出	320 829.09		320 829.09	
供气工程支出	134 212.37		134 212.37	
排污工程支出	—		—	
排洪工程支出	—		—	
通讯工程支出	1 918.18		1 918.18	
照明工程支出	3 322.06		3 322.06	

(续表)

项目名称	有效凭证金额		本次扣除金额	本次未扣除金额
	总计	其中:非招投标合同金额		
环卫工程支出	10 692.33		10 692.33	
绿化费用	3 047 332.50		3 047 332.50	
其他设施工程发生的支出	1 717 336.94		1 717 336.94	
合计	5 803 442.05	—	5 803 442.05	—

附件 2-4-6　公共配套设施费明细鉴证表

金额单位:元

项目名称	有效凭证金额		本次扣除金额	本次未扣除金额
	总计	其中:非招投标合同金额		
物业管理用房费用	423 010.91		423 010.91	
变电站费用				
热力站费用				
水厂费用				
居委会用房费用				
派出所用房费用				
幼儿园用房费用				
学校用房费用				
托儿所用房费用				
公共厕所费用				
自行车棚用房费用				
邮电通讯用房费用				
其他非营业性公共设施费用				
合计	423 010.91	—	423 010.91	—

附件 2-4-7　开发间接费用明细鉴证表

金额单位:元

项目名称	有效凭证金额	本次扣除金额	本次未扣除金额	备注
管理人员工资	1 896 098.62	1 896 098.62		
职工福利费	19 465.69	19 465.69		
折旧费	—			
修理费	6 338.93	6 338.93		

(续表)

项目名称	有效凭证金额	本次扣除金额	本次未扣除金额	备注
办公费	58 619.04	58 619.04		
水电费	13 257.28	13 257.28		
劳动保护费	1 624.93	1 624.93		
周转房摊销费	—	—		
其他发生的间接费用	—	—		
合计	1 995 404.49	1 995 404.49	—	

附件 2-4-8　利息支出明细鉴证表

金额单位:元

行次	金融机构名称	借款金额	借款期限	利率	允许列支利息金额
1					
2					
3					
4					
6					
7					
合计					

附件 2-4-9　与转让房地产有关的税金明细鉴证表

金额单位:元

项目	行次	应缴纳税款金额	实际缴纳税款金额	备注
营业税	1	894 369.45	894 369.45	
城市维护建设税	2	330 880.21	330 880.21	
教育费附加	3	236 343.01	236 343.01	
	4			
	5			
	6			
	7			
合　计	8	1 461 592.67	1 461 592.67